BEYOND LEFT AND RIGHT
THE THIRD WAY OF CURRICULUM REFORM

超越左与右：

课程改革的第三条道路

郝德永◎著

教育科学出版社
·北京·

目　　录

引　论

课程改革逻辑与方法的世纪审判及转换

改革不仅是现当代教育发展中的普遍现象，而且是现当代教育发展的根本动力与途径，构成了现当代教育发展的常态形式。无疑，对于承担越来越繁重与神圣使命的现当代教育而言，改革是必要的、必须的。

课程改革是教育改革的重心与主体。课程从来不曾拥有某种一成不变的形态、逻辑、模式、机制与方法。无论是课程理论还是课程实践，都是伴随着人类教育实践的发展而不断发生范式意义上的转换。任何企图为课程规定、寻找某种永恒不变的戒律或"真理"的努力都是徒劳的、危险的。因而，关于课程改革的理论研究尤其是课程改革的方法论研究应成为教育理论探究的核心问题。

理论探究在于形成一定的逻辑支撑。逻辑存在的根本性依据在于给人类行为以指导，给人类社会发展路线、方式以理由与辩护。而逻辑的发展在任何领域都经历了由模糊的经验到常态的规范理论，再经由范式的转换而形成新的理论形态的过程。因而，逻辑的东西作为历史积淀的结果常常否定、超越原初的理路。人类社会的发展揭示出了这样的一个毋庸置疑的结论，即社会的变迁注定要以反思昨日的合理性、合法性为契机，寻找恰切性的新指标、新内涵。这便意味着，历史上曾被视为"金科玉律"的东西却可能成为明日黄花而不再具有存在的理由和辩护性品质；而那些在昨天看来不仅论据不足甚至还异常荒谬的命题，在今天却可能显得既必要、充分，又十分迫切。因而，那种企图借昨日的辉煌求证今日的选择，用历史的魅力烘托当代的氛围，从既定的戒律与定式了的惯习中演绎未来的逻辑的思维方式必须被消解与超越！据此，我们便可断言：历史上的事实与惯例绝不等于未来的逻辑。

人类社会的发展不能没有逻辑支撑。而人类的教育实践赖以运行的学校课程，更不能缺少逻辑依据。有了逻辑支撑，课程发展与改革才会顺理成章。因而，正是为了寻找恰切的逻辑依据，才有了课程理论的繁荣。课程发展逻辑的寻找与确认，是一项十分艰苦的、复杂的事情，正因为如此，才有了课程理论探究中的冲突与分歧乃至混乱与迷茫。可见，为了逻辑的科学、合理、恰切，我们不仅需要发现、归纳与维护，更需要批判、反思与超越。显然，课程探究不仅包括认识论层面的归纳与演绎式的研究，而且还包括方法论层面的批判与反思性研究，尤其是在人类教育事业蓬勃发展、兴旺发达之际却又遭遇了社会各方面的强烈抨击与批判的今天，在课程理论探究一片繁荣景象却又难以掩盖内在的空虚与贫乏的当代，我们更需要对课程理论与改革实践进行冷静而严肃的反思。

新世纪，常常赋予人类告别过去、开创未来的难得契机。因而，反思、批判与重构的呼声在新世纪之初常常显得尤其迫切与强烈，同时，人类在新世纪之初所持有的理念与方法常常影响着整个世纪的发展路线与路径。在教育的历史发展过程中，每当世纪交替之际，常常涌现影响整个世纪的理论与思想。"纵观西方近代教育学理论的演进，我们惊奇地发现，每当世纪交替的时候，人们对教育学理论发展的关注程度似乎比平时要更加强烈。17 世纪末，英国教育学家洛克发表《教育漫话》，该书所倡导的'绅士教育'理论几乎塑造了传统英国人的全部性格；18、19 世纪之交，康德对教育的思考，特别是赫尔巴特《普通教育学》的问世，规定了 19 世纪整个欧洲的教育模式，赫尔巴特教育学理论成为传统教育学的代名词；刚刚跨入 20 世纪的门槛，美国教育学家杜威倡导一种以儿童为中心的教育学理论，奠定了 20 世纪美国教育的基调，在美国乃至全世界造成了深远的影响。历史上这种在世纪交替时刻对教育学理论的关注与建树，绝不是一种偶然现象，是人们对过去教育的一种反思，对新世纪教育的一种选择。"[①]

反思、批判主要是针对前期的问题而进行的。"任何真正的研究都是从问题开始的，真正的教育研究也是从问题开始的。一个好的问题的提出，就是一个好的研究的开始。"[②] 科学研究因为问题的存在才有意义和价值。同样，科学研究也正是因为问题的发现与解决才会有所突破，因为问题的变化而发生范式转换。对此，有人曾做了这样的深刻论述："科学研究起源于'问题'，而不是单纯的观察或理论。'问题'既是科学研究的动力也反映科学研究的价值，指示科学研究的方向。一部人类的科学史在某种意义上就可

---

① 王坤庆. 20 世纪西方教育学科的发展与反思 [M]. 上海：上海教育出版社，2000：序言.
② 张楚廷. 教育研究中一个难以无视的问题——教育学最好少说"必须"、"应当"之类 [J].
教育研究，2010（6）.

以归结为科学'问题'的发展史：'问题'的深入表明科学研究领域的深入；'问题'的拓展表明科学研究领域的拓展；'问题'的转换就表明科学研究的转向。提出一个有价值的问题比解决一个有价值的问题更为重要，前者需要一个人，乃至历史上许多人的经验和智慧，是一种创造性的劳动，而后者只不过是寻找合适的解决途径与办法。"①围绕这样那样的问题，人们便反思其成因，透析其症结，批判其错误的信念与立场、方法与路径，在此基础上形成新的认识论基础，并探寻、重构新的方法论体系。因此，我们今日的课程理论与实践反思、批判与重构，主要针对20世纪人类课程理论探究与课程实践发展所暴露出的种种问题。

在20世纪，人类教育事业的发展，无论是教育理论探究领域，还是教育实践发展领域，尤其是课程理论研究与实践改革中，都呈现出比以往更加繁荣的景象。可以说，在人类社会发展史上，20世纪是人类教育事业发展最快的一个世纪。20世纪的课程理论探究领域显得异常活跃，出现了众多的课程哲学流派、课程发展模式，并产生了多种多样的具有革命性的和里程碑意义的课程理论与思想。因而，在20世纪，课程理论探究取得了比以往任何一个世纪更多、更伟大的学术成果，取得了以往任何一个世纪都不曾拥有的重大突破。在课程实践领域，20世纪所发生的轰轰烈烈的课程现代化运动、课程改革运动也是以往任何一个世纪所未曾发生过的。然而，空前的繁荣盛况与空前的发展局面并不意味着20世纪的课程已至善至美，没有任何问题。相反，20世纪的学校课程，无论是在理论探究领域，还是在实践发展与改革领域，所暴露出的问题不仅在数量上是前所未有的，在性质上也是空前严重的。正是这么多严重的问题的存在，学校教育遭到了前所未有的批评与抨击，面临着前所未有的危机、困惑与挑战。诸如课程理论探究中的冲突、对立问题，课程理论繁荣背后的思想贫困问题，课程理论性质与知识属性的片面化问题，课程研究方法的绝对化问题，课程研究范式的茧式化问题以及课程理论与实践相脱节问题，课程的目的、内容、方法的认识论与方法论上的扭曲问题，课程改革指导思想与方法的钟摆波动问题，课程发展实践中的模式僵化问题、内容超载问题、价值失调问题等等，所有这些问题都迫切需要我们在21世纪之初加以解决。

对问题的反思、批判、检视并不意味着表面化的分析或浅层次的具体方法的解决，更为重要的是对潜存于问题背后的命题或思维方式的剖析与解构。新世纪课程重建的关键在于对旧命题或思维方式消解后新命题或新思维

——————————————

① 石中英. 教育学的文化性格［M］. 太原：山西教育出版社，1999：11.

方式的重构。在人类社会历史发展过程中，无论是理论的发展还是实践的改革，都深刻而充分地揭示出了这样的结论：不仅科学、技术、文化等领域的重大突破表现为命题或思维方式的根本性变革，而且政治、经济、教育等领域重大改革也都表现为命题或思维方式的根本性转换。其根本原因在于理论或实践模式的生成首先依赖于某种命题或思维方式被广泛认同、接受与应用。这便意味着模式的僵化也主要根源于命题或思维方式的生命力的萎缩与枯竭。因而，理论或实践模式的转变应始于对旧的命题或思维方式的解构与摧毁，重塑一种新的命题或思维方式。否则，一味地停留于治标性措施的花样翻新、修修补补，不仅难以从根本上解决问题，而且还会陷入钟摆波动、恶性循环的境地。总之，命题或思维方式是问题解决的根本，问题源于命题或思维方式的僵化与滞后，问题的解决依存于命题或思维方式的解构与重塑。

在 20 世纪的课程发展中所出现的种种问题，无论是理论上的还是实践中的，都根源于特定的思维方式与方法论的片面、滞后或僵化，只有消解这些片面的、滞后的、僵化的思维方式与方法论，才能使问题从根本上得以解决。因而，对课程的世纪审判，必须立足于对潜存于问题背后的思维方式与方法论的透视、辨析、解构与重塑。而就课程改革而言，方法论层面的审视与超越显得尤其必要与迫切。其主要原因如下。

其一，在课程发展的历史长河中，并不缺乏改革，课程改革作为一种现象性存在并不令人陌生。尤其是在现当代，世界各国频繁地对学校课程进行调整，掀起了一浪高过一浪的课程重建运动，使改革成为课程发展的常态形式。但更多的课程改革运动缺乏充分准备，仓促启动，盲目推进，过度化、钟摆化、片面化以及以改革代替发展等现象与问题十分明显、异常突出，并普遍暴露出必要性、可行性、针对性、专业性、过程性品质的缺乏，致使众多的课程改革运动中几乎没有经典的成功案例，值得借鉴的经验也不多，而失败的教训却不少。

其二，课程改革的关键不在于是否改了，而在于是否变了。但更多的课程改革运动及其倡导者、发起者、实施者，似乎只关心"是否改"的问题，而不在意"是否变"的问题，致使课程改革收效甚微，尤其是教师变化的缺乏造成课程改革的"无效"状况。其主要表现与症结包括："专家操纵"造成教师的"未改变"状况，致使课程改革陷入未曾"发生"状态；课程改革权力的缺乏造成教师主观上不支持改革，致使课程改革只是得到有限的、支离破碎的执行；课程改革能力的缺乏造成教师客观上不适应改革，致使课程改革形式上变化较多，实质性的进步很小。

其三，课程改革是一个教育工作者使用异常频繁的术语。人们常常草率地甚至肤浅地使用、谈论与实施。然而，课程改革是什么、为什么改、改什么、怎么改、谁来改的方法论问题，却是一个严重缺乏深刻、系统、全面思考的问题。在课程改革过程中，人们通常遵循简单化、线性化、操作化、控制化的思维与流程推进课程改革，并期待着必然到来的预设的、明确的、理想化的结果。然而，不仅这种理想化的结果从未实现过，而且常常因为片面化和极端化的定位、操作与期待，而使课程改革总是面临着难以调和的纷争与冲突，总是遭遇强烈的抨击与抵触，总是陷入无穷的困惑与困境，最终走向穷途末路，不了了之，并造成严重的教学秩序混乱、教育质量滑坡等不良后果。显然，课程改革失败的主要原因在于不当的改革方法与路径。因而，课程改革方法论应成为当代课程理论与课程改革探究的核心问题之一。

课程改革方法论研究并不仅仅意味着具体的课程改革实践技术与方法的归纳与梳理，而且是关于课程改革的理论基础、逻辑、立场、性质、路线、主体及方法等方面的理论探索。显然，教育作为一种重要的社会历史性实践活动，始终面临着时代性问题、课题与难题，课程则始终面临着恰切性与合理性实现的问题。而改革永远是解决这一问题的根本性途径。但课程发展与改革的历史表明，并不是什么样的改革都能恰当地解决课程的恰切与合理状态问题。不当的改革不仅使原有的问题得不到圆满解决，而且还会引发种种新问题。因而，关于课程改革的研究，首先应明确课程改革过程中所存在的方法论问题及症结，在此基础上建构当代课程改革的方法论体系。

纵观此起彼伏的现当代课程改革运动，在方法论意义上主要存在以下几方面问题。

其一，课程改革理论基础的"门户"纷争与"元素主义"取向。理论基础决定课程改革的方法论取向。学校课程改革需具有明确的哲学、社会学立场。有什么样的哲学、社会学理论基础，就有什么样的课程理论思维及课程改革逻辑、信念、立场与方法。长期以来，课程改革普遍立足于本质主义及二元论的哲学、社会学理论基础，遵循机械论、化约论、决定论的逻辑、立场与方法，造成盲人摸象式的课程改革信条、"主义化"的课程改革逻辑、"茧式化"的课程改革立场及单向度的课程改革"处方"。在课程研究与改革过程中，研究者将各种复杂的课程现象肢解后还原为单一的、抽象的、"普适性"的结论，并形成了众多的呈冲突、对峙状态的学术门户。而不同的学术门户在课程的信念、内涵、标准、方法等方面的认识与理解具有本质性的区别。某一学术门户倍加推崇的课程理论信条与立场在另一个学术门户那里却可能是缺乏常识的表现。门户纷争造成课程诠释与定位过程中严重的

"价值性""要素性"与"机能性"流失现象。无论是对课程内涵的探讨、对制约课程因素的分析，还是对课程指导思想的定位及对课程实施模式、方法的构建，课程探究者无不执迷于非此即彼的思维方式，使课程理论呈现出十足的"茧式化"特征与品性。而在课程改革过程中，改革者普遍遵循"要么……要么……"的原则，在两极方法论之间进行选择与定位。这种"一维变唯一"的机械还原论方法及其所造成的单向度路线与路径，使课程发展与改革作茧自缚，陷入偏执、狭隘的极端化境遇中，尤其是二战以来，英、美、日等发达国家学校课程改革的立足点始终流转于各种单向度的价值标准、立场与方法，顾此失彼。于是，失败成为课程改革的一种宿命与状态，不仅使课程发展陷入久挣不脱的改革怪圈与困境，而且，种种片面的、教条的课程改革"处方"遭遇了广泛的抵触与排斥，普遍显露出无奈与无为状态。

其二，课程改革定位的错位。改革定位决定课程改革实践的路线、方针、政策、方式、方法的确定与走向。因而，在课程改革过程中，必须首先明确改革的定位问题。定位不恰切，不仅难以使课程改革富有成效，而且势必造成关于课程改革的性质、指导思想、思维方式以及措施等各个方面的错位与混乱。纵观课程改革的发展历程，频繁的改革运动不仅没有使学校课程达到最佳的、理想的状态，相反，课程发展常常因改革定位不准确而无所适从，并陷入困境与误区。具体地说，课程改革定位不当主要表现为以下三方面。

（1）课程改革作为一种政治运动，即将课程改革定位为一种政府行为、一种政治任务。课程改革的进行完全由政府启动、推进与实施，政府成为改革的主体，"政府改革"成为改革的常态形式，以至于课程改革的每个环节与步骤的进行不仅完全依靠政府的支持与力量，而且完全依据政府的立场、指令与政策。这种"外推型"的课程改革呈现出明显的强制性、接受性的品质与特点，造成课程改革缺乏有效性、针对性和可行性品质。

（2）课程改革作为一种社会"疗方"，即将社会问题的解决作为课程改革的逻辑起点、目的与手段。课程改革的酝酿与启动，只从社会政治、经济的角度寻求立论依据与支撑点，使课程改革表现为社会问题的"晴雨表"。这种基于社会问题的课程改革路线，严重缺乏关于教育内在价值的定位，从而使课程改革明显呈现出外源性特点，缺乏内在性、自主性品质。

（3）课程改革作为一种新政"要件"，即将课程改革指向推行或试验某种新课程政策。课程改革的缘起不是因为有问题，而是因为有新意；课程改革的动力不在于排解旧障碍，而在于贯彻新路线；课程改革的目的不是为了调适与完善，而是为了试验与标新立异，从而使课程发展实践中充斥着大量的缺乏必要性或必要性不充分的改革项目，使课程为大量形式上的、片面化的改革项目所困扰。

显然，这三种不当的课程改革定位都严重缺乏专业化的改革品质与立场。课程改革是教育活动的承担者所进行的一项专业性的建构与调整活动。课程改革的基本依据是课程发展过程中所暴露出来的种种问题。课程问题使课程改革的必要性与充分性得以解释。因而，明确专业化的改革定位是当代课程改革研究与实践所面临的重要课题。

其三，课程改革方式的扭曲。课程改革方式主要表现为课程改革的具体措施、方法及风格，是课程改革方法论探究的核心内容，也是课程改革实践的根本性制约因素。采取什么样的改革方式，就有什么样的改革状态与效果。无论多么充分、必要的改革都会因为不当的改革方式而事与愿违、陷入困境，并因引发一系列难以克服与解决的新矛盾、新问题而使改革在付出高昂代价后走向失败。

在现当代世界各国课程改革过程中，改革方式的不恰切问题尤其突出与严重。几乎所有大规模的课程改革运动都存在某种不当的改革方式。在各种各样不当的改革方式中，具有代表性的有三种。

（1）突变式改革，即通过"休克式"方法与手段，在短期内对整个课程范式进行全方位的、根本性的变革。突变强调变化过程的间断或突然转换。突变式课程改革严重缺乏把课程改革当作一种过程加以理解的立场与思维，仅仅把课程改革视为一种具体的"事件"，急于求成，盲目推进。因而，突变式课程改革往往由于课程的逻辑性间断而造成课程发展过程的脱节。

（2）垂直型改革，即采取自上而下或自下而上的单向度路径实施与推行的课程改革，尤其是自上而下的改革方式是现当代课程改革运动普遍采用的主流方式与路径。这种垂直型改革尽管能够有效地解决改革的推进速度与范围问题，但却因严重缺乏支持性环境与平台而使课程改革难以取得实质性的进步与效果。

（3）革命化改革，即全盘否定性的"告别式"课程改革方式。改革无疑要解决以往课程所存在的某方面的问题，为了解决这些问题，课程改革必然要采取某些有针对性的新措施、新办法与新途径。但革命化改革则采取极端的方式与办法，彻底抛弃、否定以往的课程逻辑、立场、模式及方法，与传统一刀两断，推倒重来，赋予课程全新的、完全不同的理论基础与实践模式。这种严重缺乏继承性品质的改革方式因其历史虚无主义的态度与立场，必然造成片面化的改革方案、措施与行动，给学校教育造成严重的甚至灾难性的后果，使课程改革毫无悬念地走向失败。

显然，现当代课程改革运动无不因这些不当的改革方式而陷入恶性循环的境地。前一轮改革运动的失败引发了新一轮改革运动的登场，而且新的改革运动往往坚持与失败的改革运动完全相反的方法论立场。于是，无休止地进行改革与调整成为不当的课程改革方式带给学校教育难以避免的动荡状态与结局。课程改革无疑是必要的，但学校不应没完没了地成为那些肤浅的改革运动的试验场。课程改革艰难曲折的历程，使完善、调整课程改革方式显得十分必要与迫切。

其四，课程改革主体的"缺场"。主体问题是制约课程改革基本的理论问题之一。它关涉到对课程改革的理解与定位、价值导向与方法选择等根本性的问题。然而，在现当代课程改革研究与实践发展过程中，对改革主体问题缺乏深入的研究与明确的定位。因而，无论是在理论上还是在实践中，"谁来改"的课程改革主体问题都显得含糊不清。课程改革作为一种重要的教育实践活动自然不能没有主体，也不存在没有主体的状况。在课程改革过程中，主体问题不在于有没有的问题，而在于应然主体的"缺场"问题。

主体是指有目的的社会实践活动的承担者。对主体的理解应从两个层面来把握。一是形式上的包括主体角色、地位与权力的赋予，二是实质性的主体状态、能力与品质的实现。如果就主体的常识性定义而言，毫无疑问，教师是课程改革当然的主体。但在有史以来的课程改革过程中，教师从来都不曾被视作课程改革的主体，不具备课程改革的主体角色、地位与权力，而且教师也很少具有课程改革主体的品质，缺乏自主进行课程改革的意识、动力、能力与方法。在课程改革过程中，从酝酿与启动、试验与推广到评估与调整的各个阶段，课程理论专家、学科专家充当主体角色、行使主体权力，而教师只是课程改革的被动的接受者与执行者。于是，课程改革者与教师被截然区分开来，造成普遍的课程实施主体却不是课程改革主体的不可思议现象，进而使课程改革因得不到教师的支持与支撑而失败。因而，赋予教师课程改革的主体角色、地位与权力，使其具有课程改革的知识、能力与方法，是当代课程改革研究与实践必须很好解决的重要问题。

纵观现当代课程发展与改革的历史进程，异常频繁的课程改革运动让人应接不暇、不知所措，屡屡失败的改革结果令人茫然、困惑、迷惘与沮丧，收效甚微的改革境遇遭到四面八方的批评与责难。课程改革陷入了困境，面临严峻的挑战。显然，再多的问题与困惑也不是改革必然带来的结果，而是简单化的、不恰切的改革方法论使然。不从方法层面检视课程改革的弊端与误区，就难以诊断出课程改革运动失败的症结所在；不解决方法问题，课程改革就会因为旧有思维方式与路径的制约而难以摆脱困境。如今，超越"幼稚病"与"流行病"，明确课程改革方法论恰切性品质，规范课程改革的定位、立场与方法，不仅显得尤为重要与迫切，而且也是走出课程改革误区的必然选择。基于百余年课程改革的历史经验与教训，当代课程改革应实现以下几方面的方法论突破。

其一，转换本质主义的课程认识论立场。课程改革方法论的突破取决于对教育、课程及学习认识论立场的转换。课程改革不仅仅是教育教学内容的调整，而是关于教育的一种专业化的重建活动。因而，课程改革方法论探究不能只局限于技术性手段的梳理与完善，更为重要的是改革立场的时代性转换。不同时代，制约课程改革立场的基本要素均有不同的理解与定位。课程改革立场的转换，关键在于明确诸如教育、课程、学习等课程改革要素的时代性内涵、价值、品质、功能等。

长期以来，基于非历史性、完成性、永恒性的本质主义逻辑、立场与法则，教育探究者普遍遵循"定义式"的思维方式，致力于对客观性、普遍性教育逻辑以及准确无误的教育标准、毋庸置疑的教育结论的分析与归纳。于是，教育研究一直遵循严格的"定义式"语言、逻辑、态度、方法与表达方式，并呈现出了一种"定义式"的研究状态与研究风格，取得了一系列"定义式"的研究成果，最终形成具有明显"定义式"特点与品质的知识体系。然而，千百年来，令人困惑不解的是，围绕教育的定义式追求与追问，不仅没有获得一个令人满意的结果，相反，还使诸如教育、教学、课程等成为定义最多但效果最差的术语，并使课程改革因对教育、课程、学习等概念的错位诠释、片面诠释、僵化诠释而陷入误区与困境。因而，当代课程改革须建立在关于教育、课程、学习的认识论转换基础上，明确当代教育的超越性、建构性、内在性的逻辑与品质；消解"课程作为知识传承工具"的命题，打破知识"压缩饼干"的课程定位，超越"肯定性"的课程知识思维，转变"特殊认识过程"的课程实施立场，明确当代课程的生成性品质及"对话中心"的课程实施模式；转变基于教育者信条的"掌握学习""占有式学习"的学习逻辑与实践，建立基于学习者信条的民主协商性的、探究式的学习逻辑与模式，使学习真正成为学习者的学习。

其二，超越二元对立的哲学社会学方法论基础。课程改革方法论的突破应立足于当代哲学社会学方法论的新视角、新思维、新立场与新规则，使课程改革跳出实在论的"非左即右"怪圈，摆脱、超越由来已久的二元对立、左右两难困境。现当代课程发展与改革面临众多的问题，其原因也异常复杂，但无论是钟摆现象、单向度品质、非理性状态还是过度改革、路线冲突、失败困境等，无不源于二元论的哲学社会学方法论基础。如今，超越二元对立，已成为现当代哲学社会学方法论探究的轴心原则、立场与重要的发展趋势，并使课程改革方法论基础的确立具有了新的视野与选择。超越根深蒂固的排斥性的、单向度的、极端化的二元对立的哲学社会学方法论的关键在于哲学社会学理论的创新与突破。为此，建设性后现代主义提出了整体有机论、辩证否定论、生成创造论、多元共生论等哲学方法论；布迪厄的反思性社会学提出了总体性社会实践理论、关系主义方法论、反思性思维方式等社会学方法论；吉登斯的二重性社会学提出了实践论立场及视角、双重解释逻辑及品质、二重性原理及方法等社会学方法论。这些标新立异的哲学社会学新理论，不仅有力地批判了长期以来一直困扰哲学社会学研究的二元方法论，而且卓有成效地构建了具有明显辩证性品质的哲学社会学研究方法论体系，为哲学社会学研究确立了新的视野、逻辑、立场与方法，同时也使立足于哲学社会学方法论的课程改革方法论探究具有了崭新的理论基础与路线选择。

其三，走向第三条课程改革道路。课程改革方法论的突破关键在于超越简单化的极左与极右的改革道路，从两极走向中介，使课程改革走向具有明显辩证性品质的第三条道路。课程改革的第三条道路将课程改革视为复杂、系统的课程改造与重建工程，反对任何将课程改革简单化、绝对化、极端化的想法与做法，强调无论是对课程改革的诠释、定位，还是对课程改革的酝酿、启动、实施，都需使研究者与实施者明确课程改革的复杂过程、程序与品质。课程改革的第三条道路坚持当代课程改革的出路在于突破本质主义思维方式、二元对立价值取向、"主义化"逻辑与化约论方法的束缚，立足于"既是……又是……"的结构化、兼容性原则与立场，坚持从坐标点的漂移转向坐标系构建的整体性方法论范式与实践性路径，从而实现课程改革路径与方法的根本转变，并使课程改革摆脱屡改屡败、屡败屡改困境具有现实性与可能性。

第一章

变革的力量：改变课程改变教育

　　课程是教育的核心性、决定性元素。教育发展的历史表明，对于教育领域的任何问题甚至是社会文化领域的某些问题，人们往往都倾向于在课程层面进行归因，并在课程改革中寻找问题解决的途径与办法。无疑，课程具有明显的功能性起源、时代性依据与发展性特征。对课程赋予任何固定不变的定位、解释与追求都是徒劳的，不具备辩护性。改革不仅是课程发展中的普遍现象，而且是课程发展的重要途径、动力与源泉。课程实际上决定着教育的面貌与状态，改变课程意味着改变教育。课程改革是教育领域最活跃、最关键的改革活动，也是制约教育发展的根本途径之一。没有课程改革，教育改革与发展不仅缺少动力与依据，而且缺少立足点与突破点。然而，多年来，无论是理论研究还是实践发展与改革，课程领域无不矛盾重重、四分五裂、左右为难。因而，进行课程改革必须首先明确课程改革的缘起与动因、要义与意义及其时代发展状况。

一、课程改革的缘起与动因

　　课程改革是教育工作者时刻都要面对的问题。无论是教育理论工作者还是教育实践工作者，都无法回避课程改革的问题。倡导、赞同、热衷也好，反对、抵制、拒绝也罢，谁都不得不面对、思考、探究课程改革问题。而对普遍、频繁的改革现象的认识与把握，首先需要深入分析与诊断课程改革发生的缘起与动因问题。纵观课程发展史，课程实践中主要存在三方面问题：因一成不变而产生的课程僵化问题，因累加叠积而产生的课程超载问题，因二元对立思维而产生的课程失调问题。课程改革主要缘起于对这些问题的解决。

（一）社会需求的时代性与课程功效的滞后性

课程缘起于满足并促进社会发展的需求，文化传承、年轻一代的社会化、社会秩序的维护等，是学校课程所肩负的重要职责与使命。从历史发展来看，课程是作为社会政治、经济、文化的"产物"而产生和发展的。尤其是在等级制社会中，课程往往直接"取材"于社会政治与文化，社会的意识形态对学校课程的目标、内容具有决定性作用。尽管当代学校课程已从被动地维持社会现状转换为主动适应与促进社会的发展，课程的社会性责任也由传统的对政治经济制度及社会意识形态的解释、辩护转换为对社会的文化、经济和科技发展的促进，但课程社会责任与使命的内涵及促进社会发展方式的转变，并未改变课程的社会制约性品质。

纵观学校教育发展与改革的历史进程，"任何关于教育政策的讨论都应从提供社会和历史背景开始，因为我们不能离开随着时间流逝而发生的社会总体发展而孤立地理解教育。教育是要为其社会目的服务的，所以教育的理念亦将随那些社会目的的变化而变化"①。社会性作为课程发展的重要原则与依据之一，要求学校课程必须伴随着社会的发展而不断改革与调整。然而，作为社会发展的支持与促进系统，学校课程常常显现出相对滞后的状态与特征。人类社会发展的历史表明，社会发展具有明显的动态性、时代性倾向与品质。在不同的历史时期与发展阶段，社会发展的目标、任务、使命、内容以及发展的指导思想、范式、途径、方法等无不呈现出不同的内涵与特点，并对其支持系统提出不同的甚至是全新的要求与期待。而学校课程的发展则具有相对稳定性的倾向与特点，造成学校课程的使命、功能、效果等与社会发展需要之间的不平衡、不对称状态。对社会发展的不支持、不适应状况，使那种一成不变的、呈现出僵化品质的学校课程必然遭遇来自社会各个领域的抨击、批判与否定之音。如今，学校教育的社会期待已不再局限于对社会文化的维持与传承。促进社会文化的革新与重构成为学校教育的重要使命。"教育必须为变化作好准备，使人民知道如何接受这些变化并从中得到好处，从而培养一种能动的、非顺从的、非保守的精神状态。同时，教育必须在纠正人与社会的缺点的过程中发挥作用。"② 于是，社会发展需要构成了课程改革的直接动力。课程变革的直接原因常常是社会发展过程中所出现的各种危

---

① Benjamin Levin. 教育改革——从启动到成果 [M]. 项贤明，洪成文，译. 北京：教育科学出版社，2004：7.

② 联合国教科文组织国际教育发展委员会. 学会生存——教育世界的今天和明天 [M]. 华东师范大学比较教育研究所，译. 北京：教育科学出版社，1996：137.

机及问题。在当代社会，诸如"人口剧增、生物圈的毁坏与恶化、世界经济危机、军备竞赛、科学技术发展的无政府状况、东西方冲突和南北分化"①等困扰社会发展与进步的棘手问题，都迫切需要学校课程密切关注，并将这些问题的解决作为改革的重要依据、目标与内容。如二战后美国、英国、日本等国家的课程改革无不围绕特定的社会问题而展开。经济衰退、政治局势动荡以及青少年犯罪、行为不良、教育荒废等社会性问题，不仅导致课程目标、结构、内容及范围的变革，而且也是各国课程管理体制及方式转换的根本原因。因而，解决社会需求的时代性与课程功效的滞后性之间的矛盾，是课程改革永恒的主题与基本动因。

（二）教育性资源的丰富性与课程空间的有限性

就存在的状态与方式而言，课程主要表现为系列化的教育性资源。课程研制过程就是对教育性资源的选择与加工过程。教育性资源作为课程内容的本体，从根本上决定课程的恰切性依据与品质。无论是课程理论研究还是课程实践发展，所面临的根本性问题即课程内容的选择与更新。教育的针对性、有效性、平衡性等品质的缺乏无不突出地表现为课程对教育性资源选择的恰切性品质的缺乏。因而，对教育性资源的重构与调整成为课程改革的核心内容。教育性资源无疑是指具有教育意义与价值的学习资源。千百年来，在学校课程漫长的历史发展过程中，尽可能选择更多的、先进的、高效的、广泛的教育性资源，一直是学校课程研制的轴心原则与根本追求。传递与保存人类优秀文化遗产一直是学校课程的重要职责与使命。为了实现传递与保存的高效率和高质量目标，课程主要采取单纯的扩张与堆积的方式吸纳教育性资源。

伴随着人类社会实践活动的发展尤其是文化变革与科学技术的进步，作为人类优秀文化遗产与宝贵财富，作为人类认识成果的精华与主体，教育性资源以惊人的速度剧增，其丰富性品质与程度让人难以进行实证性的统计与测算，甚至令人难以置信与想象。于是，课程不断面临着种种如同潮水般的新资源的冲击与挑战。如今课程研制的焦点与难点问题已不再是资源的匮乏问题。浩瀚的知识海洋已使课程如同越滚越大的雪球而不堪重负。解决课程内容恰切性问题从来没有像今天这样复杂与迫切。"面对现代世界和其中发生的各种迅速变化向教育体系提出的日益增多的要求，如何避免课程的超载和教育各层次和各类型中（尤其是一般教学中）科目和学科的增殖？在各种

---

① S. 拉塞克，G. 维迪努. 从现在到 2000 年教育内容发展的全球展望［M］. 马胜利，等，译. 北京：教育科学出版社，1992：99.

情况下，应按照哪些标准来选择教学的科目和学科？怎样在看起来都很重要的各科目之间、根据哪些标准来保证合理的平衡？怎样为每个科目选定最基本的、首要的内容和较次要的内容，以便赋予课程一种最低限度的'生命的希望'，并避免过于频繁而仓促的修改？跨学科有些什么好处、贯彻办法和局限性？终身教育的前景和教育内容的民主化会产生一些什么影响？各层次和各类型课程的个性化有哪些可能性和局限性？在教育内容中加强理论和实际之间的联系可以采取哪些途径和方法？怎样组织课程和教材的改革和修正而不致损害教育过程的必要的延续性？怎样在大众带来的信息增殖及其影响的情况下设计教育内容？"①　显然，在现当代学校课程发展与改革过程中，课程恰切性问题的核心不是如何丰富教育性资源的问题，而是课程空间的充分、有效、合理地利用问题。要教的、应该教的、值得教的东西太多了，学校教育无论如何都不可能教授所有有价值的东西。课程不可能无限制地吸纳新的教育性资源而不去掉过时的、不合适的内容。"浩瀚的文化资源使得教什么的问题变得如此棘手；的确，这就是为什么内容选择成了首要问题的原因。对于'应当教什么'的问题，我们特别难以给予精确的回答，因为可选择用来作为学科材料的资源库如此之大，以至于没有人能够奢望教授或学习其中的全部内容。即使我们去掉那些被认为是错误的信息，排除那些被认为是无用的技能和不合乎要求的态度，单一的个体仍然不可能掌握整个资源库。"②　无疑，教育性资源的拓展没有止境、没有限度。而课程不可能无限度地扩张。这就意味着，学校课程必然永远要面对"什么知识最有价值"的问题，并不断地通过改革的方式与途径进行重构、重组，以实现恰切性的存在状态。因而，解决愈演愈烈的教育性资源的丰富性与课程空间的有限性矛盾，已构成了现当代课程改革的重要课题与动因。

（三）教育期待的多元性与课程旨趣的单向性

教育期待是制约课程性质、价值、标准、面貌及发展趋势的重要因素之一。显然，课程的教育期待具有多元化的指标来源、依据与指向。然而，在课程探究与改革实践中，基于二元对立的逻辑与方法形成了完全不同的课程认识论立场、价值论取向与方法论框架，为课程规约出种种单向性的、呈现出冲突与对峙状态的教育期待指标系统，并使课程改革经常陷入"头痛医头，脚痛医脚"的恶性循环境地。

----

①　S. 拉塞克，G. 维迪努. 从现在到 2000 年教育内容发展的全球展望 [M]. 马胜利，等，译. 北京：教育科学出版社，1992：205.

②　阿伦·C. 奥恩斯坦，等. 当代课程问题 [M]. 余强，主译. 杭州：浙江教育出版社，2004：64.

　　课程是伴随着学校教育的产生而在阶级社会出现后形成的。进入阶级社会以后，产生了为统治阶级服务的、正规的学校教育。在漫长的历史发展过程中，关于课程的教育期待，主要立足于文化政治学的立场与原则。课程内容选择的立足点无不指向政治及伦理方面的目的与价值取向。因而，课程的教育期待没有根本性的分歧。只是到了近代社会以后，伴随着文艺复兴运动与工业革命的兴起，学校课程具有了"人性"与"科学"的二元价值尺度。于是，关于课程的教育期待产生了两种截然不同的理念：其一是把课程指向心智方面，诸如认识能力及个性的发展；其二是把课程指向实用知识领域，注重知识的获取与掌握。其典型的冲突表现为形式教育论与实质教育论课程思想的纷争。这两种课程思想又逐渐演化为直至今日都难以调和的人文主义课程论与科学主义课程论。20世纪以后，伴随着专业化课程研究领域的出现，产生了众多的课程哲学流派。各种课程理论流派纷呈异说，从各自的逻辑、立场出发定义定位课程，赋予了课程多元化的教育期待，从社会、人性、知识等不同的角度对课程的指导思想、价值、使命、功能、内容、方法等各个方面确立了种种单向度的信念、内涵与路线。而这些对课程的单向度教育期待，不仅造成教育理论、课程理论探究中的混乱不堪的局面，而且带给了学校课程发展动荡不安、变幻无常的"灾难性"后果。尤其是二战以来世界各国学校课程的改革运动风起云涌，而改革无不立足于各种单向度的教育期待所造成的片面化的价值标准、立场与方法，使课程改革在完全被肢解、被割裂的方法论坐标之间来回摆动。无疑，单向度的教育期待决定了课程改革失败的命运。因而，如何超越一味地在单向度的教育期待之间寻求所谓的"正确性"与"合理性"的非此即彼的思维方式与发展线路，使各种教育期待及其教育性资源结构化、体系化，使课程发展摆脱钟摆波动怪圈而步入良性循环，成为课程改革尤其是当代课程改革的重要依据、内容、目标与使命。

二、课程改革的要义与意义

　　课程改革作为一种现象性存在并不令人陌生。课程改革无处不在，无时不在。然而，在现时代，课程改革绝不仅仅是课程内容的更新与完善问题，更为重要的是教育品质、立场、实践范式的重塑与转换问题。因而，在教育理论探究及教育实践发展中，必须阐明课程改革更为深刻的要义与更为深远的意义。

（一）课程改革是教育活动从自发走向自觉的标志与象征

教育是一种具有社会性、时代性品质的自觉的实践活动。而教育活动的自觉性品质及其发展的程度与水平在很大程度上取决于课程改革的性质、逻辑与方法。尽管并不是每一次课程改革都会取得理想的效果，也并不是每一次课程改革都必然地使教育摆脱茫然盲从状态，但课程改革本身则意味着教育的自律、自觉行动。课程改革促使教育活动自觉地融入各种社会性、时代性制约因素的网络中，避免僵化的、孤立的、自发的"无关者"状态。

从理论上讲，改革是为了发展，是发展的手段与途径，而在现实中，人们常常将改革与发展等同对待，改革意味着发展，发展则须改革。这种改革发展观尽管在逻辑上缺乏辩护性品质，却充分显现了改革在社会发展过程中的重要角色、地位与价值。无疑，改革不仅是发展的途径与手段，在现当代社会里，改革也是发展不可缺少的促动因素与推动力量。因而，改革是社会实践活动自觉、自律性品质的重要前提与标准。缺乏改革的任何社会活动都是被动的、自发的。而被动的、自发的社会活动不可能带给社会明确无误的、理性的、高效的发展机制、状态与结果。教育作为一种广泛性的、核心性的、导向性的社会活动，其自觉性品质某种程度上决定社会的理性发展程度与水平。显然，改革是实现教育自觉、自律发展的前提与基础。纵观教育变迁的历史进程，教育的发展始终是围绕社会性与时代性品质实现的主旋律而通过改革的形式进行的。显然，改革是实现教育社会性与时代性品质的保障性条件与途径。教育的社会性与时代性品质的缺失意味着教育的适应性品质的缺失。社会性与时代性品质意味着教育的开放性、动态性、生成性发展机制与特点。也就是说，教育活动作为一种社会活动不是孤立的、静止的。它并不因其自身而存在，它与社会的政治、经济、文化等要素密切相联。因此，教育活动的逻辑、品质、立场、信念、方式、方法等并不能完全凭其内在性质获得解释。教育内涵的确定、价值与意义的生成、方式与方法的选择等无不依赖于其特定的社会发展需求。在教育的发展过程中，始终面临着社会与时代发展所赋予的新要求、新任务与新使命。因而，教育必须主动地、自觉地、不断地进行探究与调整，即密切关注教育将要遇到的新情况、新问题、新形势，并进行适应性的改革与重建。

教育的社会性与时代性状态与品质的实现，主要通过课程改革来完成。课程作为教育的核心手段与媒介，对教育活动具有决定性作用。教育活动主要表现为通过课程而展开的教授及学习行为。不仅各种育人使命、目的、功能等都蕴藏于所选择的课程中，而且各种教育方式、方法、技巧、艺术等也无不蕴含在所设计的课程中。有什么样的课程就有什么样的教育。课程改革是教育发展的手段、内容与方法，不适应的课程必然造成不适应的教育，改革课程即改变教育。显然，没有课程改革的教育改革，是不完整的教育改革，也是难以推进的教育改革。没有课程改革，不仅教育活动难以取得突破与进展，而且教育行为也会因其保守僵化、被动滞后的品质与特征而无所适从。改革意味着主动适应，课程改革是教育的一种自觉的调适行为与机制，是使教育活动从自发走向自觉的重要标志与象征。

（二）课程改革是教育决策科学化、理性化的手段与保障

教育决策是否科学、理性主要取决于其理论基础。理论是教育决策的前提，任何教育政策的出台都必须有充分的理论依据。将理论转化为政策，是理论指导实践的必由之路。没有深刻的理论，就不可能有科学的改革政策与卓越的实践。只有阐明理论上的突破与创新，才能使人的认识更深刻并有清晰的思路，行动更恰当并有更好的选择。但教育理论与教育政策不可能完全对应与相符。理论指导实践并不意味着理论机械地决定实践，尤其是教育政策的制定不能直接套用照搬某种教育理论。就一般意义而言，理论研究与政策制定遵循不同的逻辑与方法。理论研究通常基于某种假设、假说或已存在的命题、现象与问题，研究的目的在于证明与证伪，得出结论并论证、解释令人认可与信服的理由。理论研究通常采取超越与批判的思维方式以及实验、观察、归纳与推理的研究方法。理论研究关注的是结论的深刻性与可信性。而政策制定的关键在于依据所确定的实践指导思想而制定行为目标、行动原则、需要完成的任务、工作方式、采取的步骤和具体措施。政策制定主要采取实证性思维方式以及调研、试验、讨论等方法来进行。政策制定关注的是政策的可行性与操作性。显然，理论与政策虽然密切相联，却属于两种完全不同的领域与范畴。因而，理论与政策之间应保持一定的张力。传统的关于教育政策与理论关系的定位造成这样的思维定式与实践走向：某种教育政策来源于某种教育哲学理论，立足于某种教育哲学流派。于是，在教育发展实践中，教育决策总体上与理论保持"对号入座"的关系。某种具体的教育哲学理论常常成为教育决策的唯一依据。教育决策完全依附于教育理论，生搬硬套教育理论。而教育理论常常因二元对立的思维方式以及单向度认识论与方法论而呈现冲突、对峙状态，并造成教育的价值、目标、逻辑、功能、内容、方法等各个方面被撕裂与分解。显然，套用某种片面化的教育理论，不仅造成教育决策严重缺乏充分的论据与基础，而且也造成教育决策因认同感缺乏而遭遇抵触与排斥，并使教育决策的非科学性、非理性问题尤为突出。

课程政策是教育政策的核心，并从根本上决定其他教育政策的制定。泰勒和理查兹在其《课程研究入门》一书中指出：课程是"教育事业的核心，是教育运行的手段，没有课程，教育就没有了用以传达信息、表达意义、说明价值的媒介"。① 麦克·高尔贝在其《课程传统》一文中指出："不管学校的其他功能及目的是什么，教什么的问题是学校的核心问题。"② 课程决策是否科学、合理，决定教育决策是否具有科学性、合理性品质。无疑，改革意味着批判、超越以及思维方式的转换。课程改革是教育的一种能动的理性反思活动。它绝不仅仅意味着理论基础的选择与转换。尽管并不是每一次课程改革都必然地赋予教育政策更为恰切的理论基础，但课程改革是对教育进行重新认识与再概念化的过程，是对教育政策尤其是对教育政策多种多样的理论基础、价值取向、制约要素、评价标准等进行全面系统反思、梳理、矫正与调适的过程，是对各种教育理论进行折中、整合、平衡、优化与结构化的过程。因而，课程改革是使教育政策科学化、理性化的重要手段与保障。

（三）课程改革是教育范式恰切性状态实现的前提与途径

教育不是个体户式的松散性、业余性、经验性、随意性活动。作为一种有目的、有计划、有组织的专业性社会活动，教育是通过一定的实践范式来进行的。实践范式促使教育活动共同体以及共同的认识、信念、使命、目标、标准与方法的形成。构建恰切的教育范式一直是教育探究的核心内容与重要目标之一。

"范式"一词源于库恩的《科学革命的结构》一书。他用"范式"揭示了科学革命的结构以及科学发展的过程，提出了所谓的前科学—常规科学—科学革命—常规科学的间断模式，认为科学的发展是以范式的转换为中介的。库恩主要从三个层面界定和使用"范式"这一术语。首先，库恩认为，科学发展的动力主要来源于"科学共同体"的信念，"范式"的更替主要表现为信念的转换。他说："没有任何一个科学集体在缺乏一套公认的信念的情况下还能进行专业活动。"③ 于是，库恩赋予了范式"共同信念"的内涵。其次，在库恩看来，"科学成就"是科学共同体继续研究的基础。它可以把

---

① Philip H. Taylor and Colin Richards. An Introduction to Curriculum Studies. Windsor: NFER Publishing Company Ltd., 1979: 11.

② Bob Moon, Patricia Murphy and John Raynor. Policies for the Curriculum. London: Hodder and Stoughton Ltd., 1989: 29.

③ Kuhn, T. S. The Structure of Scientific Revolution [M]. Chicago: University of Chicago Press, 1962: 4.

那些进行种种竞争的研究者吸引到自己周围，成为一个团结一致的团体，并为科学共同体继续研究"开拓广阔的天地，提供各种各样的问题"①。于是，库恩赋予了范式"研究问题"的内涵。最后，在明确了原则层面的"信念"和内容层面的"问题"后，库恩又赋予了范式"解题方式"的内涵。在库恩看来，"范式提供概念上和实验上的工具"②，使常规科学解决疑难的活动得以完成。这样，从信念、问题到方法，库恩赋予了范式复合化的指标结构。由这三个指标所支撑的范式的转换则意味着根本性的变革。所以，库恩认为，范式具有"不可通约"的属性，即不同范式在信念、问题、解题方式方面都具有本质性的区别。

　　教育的运行主要是通过与特定时代及社会发展相对称的教育范式实现的。一种教育范式一旦形成，就意味着具有权威性和统控力量的教育价值观念、思维方式及标准、制度、方法的形成与建立。而"不可通约"的品质决定了教育范式的排他性、保守性特点及僵化、专制的必然结局，同时也意味着某种教育范式最终必然被另一种教育范式所取代。显然，教育范式的恰切性、与社会的"对称性"品质都是相对的，具有历史性特点。社会的发展、时代的变迁必然赋予教育范式恰切性标准的时代性依据。于是，教育范式的转换不仅成为教育发展的必然要求，而且成为教育发展的主要形式。无疑，教育范式的转换是通过教育改革来进行的。作为教育改革核心内容与最活跃的要素，课程改革则成为教育范式转换与恰切性状态实现的主旋律与主渠道。"范式"这一术语一经提出便在教育研究领域引起浓厚的兴趣，并被广泛使用。而这种兴趣又尤以课程领域为先导，"课程研究作为教育研究的亚领域，在范式问题上提供了最早的研究"③。如人文－解释主义课程范式、科学－实证主义课程范式、文化修正主义课程范式等，无不左右、制约教育范式的形成与发展。教育发展的历史表明，课程范式直接决定教育质量、效果与发展水平，教育中的问题、弊端与困惑也直接来源于课程范式。课程范式成为教育实践发展的根本性制约因素。课程范式是否恰切直接决定教育范式的恰切性程度。有什么样的课程范式就有什么样的教育范式。课程范式的僵化意味着教育的陈旧落后。而教育范式转换与重建的关键在于课程改革。通过课程改革重建课程范式，是教育范式恰切性状态实现的核心手段与途径。

① Kuhn, T. S. The Structure of Scientific Revolution [M]. Chicago：University of Chicago Press, 1962：10.

② Kuhn, T. S. The Structure of Scientific Revolution [M]. Chicago：University of Chicago Press, 1962：37.

③ Arieh Lewy. The International Encyclopedia of Curriculum [M]. Oxford：Pergamon Press, 1991：51.

三、课程的历史沿革与"代际"突变

学校课程从严格意义上讲是正规学校教育的产物。它的出现是为了满足一定社会和阶级文化维护与保存的需要。因而，课程产生与发展主要取决于社会政治文化。有什么样的社会政治文化就有什么样的学校课程。无疑，学校课程在产生之初就被赋予了文化承传的职责，而且在其几千年的发展历程中，它从未脱离社会文化的发展轨迹，一直在追逐社会文化的潮起潮落。而社会文化的发展表现出了明显的代际特征，即不同时代社会文化沿袭一种断裂的方式向前延伸，"轴心"原则与发展范式截然不同，具有本质性差异。从一般意义上讲，创新与超越是文化发展的根本性特征，但文化的这种本然品质并不意味着文化自觉地自我更新与内在超越，而是表现为不同文化形态之间的革命性转换与外在超越。在文化发展、进化过程中，革命、创新与超越是永恒的，而保守、自缚与僵化也是普遍的。就社会文化的发展事实而言，有史以来的诸种文化形态，大多受制于特定的逻辑规则而顽执于一种单向度的价值标准，并最终走向封闭化与极端化状态。正如本尼迪克特所言，人在刻意发展他的文化形貌时"具有走极端的癖好"①。因而，文化的发展呈现出了一种特定的茧式化倾向与特征，即因维护、巩固特定价值标准的霸权地位而作茧自缚。每一种文化形态都因而呈现出明显的保守主义、认同主义、教化主义的品质。而受制于各种特定社会文化形态的更迭与嬗变，学校课程的发展也呈现出了明显的代际差异。具体地说，在学校课程发展过程中，形成了具有典型封闭化特征的时代性实践范式。课程的历史流变主要表现为不同课程范式的突变与转换。这些呈代际断裂状态的课程范式造成了学校课程价值与功能的历史性冲突与逻辑性失调。

（一）政治理性主义课程范式

西方古代社会文化表现为典型的政治理性主义文化。它强调理性、美德，但其出发点在于统治阶级政治秩序和等级制社会秩序的建立与维护。这种文化不仅为作为古代西方社会代表的古希腊、古罗马学校教育提供了理性主义的理论基础，而且也为古希腊、古罗马的学校课程确定了基本的方法论框架。对知识的传授、对个性与美德的培养、对身心和谐统一发展的关注，成为古希腊、古罗马学校课程的基本出发点。

---

① E. 哈奇. 人与文化的理论［M］. 黄应贵，郑美能，编译. 哈尔滨：黑龙江教育出版社，1988：86.

　　古希腊、古罗马的学校课程以著名的"七种自由艺术"为基本内容。"七艺"作为当时课程的"同义语"被古希腊、古罗马的学校广泛采用。从严格意义上讲，学校课程就是从"七艺"这种学科课程开始的。"七艺"是指文法、修辞、辩证法、算术、几何、天文及音乐。这些课程无不深刻地体现当时的理性主义文化对学校教育的决定性影响与制约作用。它们作为一种知识体系而被广泛教授，是出于对"美德""善德""正义""理性"的培养。其基本的逻辑是知识与德行是统一的，主张通过教育发展人的心灵，培养高尚的人。显然，古希腊、古罗马的学校课程是以知识形态出现的，知识的传承成为心灵、德行、理性培养的手段。但这种课程知识本身被赋予了浓厚的政治化、伦理化品质与属性。因而，古希腊、古罗马时期的课程范式突出地表现为政治理性主义课程范式。这在柏拉图的教育及课程思想中可得到充分的证实与解释。

　　柏拉图以其唯理论知识观为依据，认为知识具有明确的等级性品质，即某种知识比其他知识更具有内在价值及更为重要的合理性品质。在柏拉图的等级制知识观中，最基本的原则是某一领域知识的抽象化水平越高，则其地位就越高。依据等级制知识观和贵族专制统治政治观，柏拉图认为教育是保证国家统一的方法，是实现理想国、培养下一代统治阶级、维持理想国的重要手段。他指出："教育应该发展集权主义态度，建立毫无保留地抛弃自己的权利，把自己贡献给国家的目的；教育必须使个人形成这种在任何地方都献身于国家的态度。"[①] 为此，他提出了教育目的的三个层次，即三个群体的培养：哲学王、军人和顺民的塑造、训练及教化。在此基础上，他规划出三个水平的教育形态，并为每一水平的教育设置了不同目的的课程。最低水平的教育可称为"情感教育"，课程内容以初步的读、写、算、唱歌、音乐为主以及体操、骑马、射箭等体育训练课程，目的在于使大多数手工业者和农民的子弟形成"节制"的美德，以便成为供养统治阶级的顺从的劳动者。中间水平的教育可称为"意志教育"，课程内容以体育和"四艺"科目（算术、几何、天文、音乐）的理论知识为主，目的在于使奴隶主的子弟形成"勇敢"的美德，以便成为保卫国家的军人。最高水平的教育可称为"智慧教育"，课程内容以哲理性"四艺"学科及辩证法为主，目的在于使少数奴隶主子弟形成"理智"的美德，以便成为国家的统治者——哲学王。尽管不同水平的教育在课程种类上基本相同，但在具体内容上，尤其是在课程目的上却有着本质的区别，充分显示出课程原则的政治性和阶级性内涵及特点。

---

① S. E. 佛罗斯特. 西方教育的历史和哲学基础 [M]. 吴元训，等，译. 北京：华夏出版社，1987：69 - 70.

（二）宗教神道主义课程范式

宗教神道主义文化形成、盛行于欧洲"中世纪"时期。在这一时期，人类的文化精神迅速从古希腊、古罗马的高峰时期跌落下来，甚至退滑到原始时代的愚昧状态。在这个灾难深重的时代，古代的灿烂文化被摧残殆尽。宗教神道文化成为中世纪统控一切的文化形态，而且，这种宗教神道文化在整个中世纪已远离了其原初的宗教理想和精神原则，不再是一种单一的救世启示录，而是一种社会意识形态，充当着一种社会控制与愚民的手段。因而，这种扭曲了的文化必然敌视一切科学及世俗性的文化与知识。正是这种宗教神道文化充当了摧残古代文化的"主力军"。教会肆无忌惮地摧毁、破坏古代文化著作，焚烧古代图书馆，试图将古希腊、古罗马的文化世界变为自己的宗教世界，宣布宗教为唯一真正的文化体系。人类文化的发展受到了空前的遏制，进入了史无前例的黑暗时期。这种文化形态视上帝为绝对的、唯一的本体及最高存在，将人的全部"理性"活动都指向对上帝的信仰。于是，现实世界、科学文化、世俗文化成了这种神道文化否定与敌视的对象，而虚幻的神化世界却成了唯一被关切的对象。然而，这种政教合一神道文化的宗旨却不在于人的灵魂的净化与升华。作为一种社会意识形态，其根本性的旨趣在于愚民与教化。正如黑格尔所言："这个时期的宗教的虔诚显示着一般的迷信——意志深锁在一个感官的东西、一个单纯的东西中——表现出最不同的形态：第一是对于权威的奴性的顺从，因为精神已经离开了它自己，已经丧失了它的自由，所以牢不可破地被束缚于某种外在它自己的东西上；第二是对于奇迹的最荒谬和幼稚不过的相信，因为人类为了纯属有限的和特殊的目的，假定神明显示在一种完全不相联系和有限制的方式里；接着就是权力欲、放纵淫佚、种种野蛮的和卑鄙的腐败情形、伪善和欺骗——这一切都表现在教会之中。"①

受这种神道文化的制约，中世纪的学校课程呈现出了浓厚的神秘、虚幻及专制的品质与特征。对此，恩格斯指出："僧侣们获得了知识教育的垄断地位，因而教育本身也渗透了神学的性质。"② 宗教神道文化规范了教育的逻辑与出发点。课程设置完全由教会的教义所决定，从内容到形式都贴上了上帝的标签，浸透着教会的旨意。课程完全服务于宗教的需要，宗教神道文化为其确定了根本性的使命、内容、功能与方法，一切世俗性的教育内容均被排除在课程之外，而来世观念、对上帝的信仰、对教规的服从与虔诚则成为

① 黑格尔．历史哲学［M］.王造时，译．上海：上海书店出版社，1999：425.
② 马克思恩格斯全集：第7卷［M］.北京：人民出版社，1959：400.

课程的逻辑起点及终极归宿。在具体的课程设置及依据方面，中世纪学校课程基本上沿袭了古代"七艺"学科，有所不同的是，这些学科已不再是"自由艺术"，而是完全被置于宗教神道文化的规范之中。其设置依据已不再是世俗性的自由、美德、理性的培养，而是出于对教义、教规的掌握及辩护的需要。如学习文法在于掌握拉丁文，以便阅读、理解《圣经》；学习修辞学在于分析经书的文体；学习辩证法在于训练为宗教教条进行辩护的能力，以维护宗教文化的"尊严"，打击异端。至于算术、几何、天文等科目更是背离了自然科学的根本使命，被牵强附会地贴附于宗教文化及其活动之中。如将算术与天文学用于计算复活节的日期及占卜星象，以便举行祭奠活动，几何则被用于建筑寺院的需要等。这样，科学成了神学的"侍婢"。恩格斯曾指出："中世纪是从粗野的原始状态发展而来的。它把古代文明、古代哲学、政治和法律一扫而光，以便一切都从头做起。"[1] 因而，不仅中世纪的宗教文化标示着文化历史发展的倒退，而且中世纪的学校课程也同样伴随其愚蛮、粗暴的文化母体而成为人类文化精神的又一枷锁。受制于宗教神道文化，中世纪学校课程已无从谈起古希腊学校课程的"智慧""美德"，更难觅一丝理性的光芒，实实在在地充当着灌输宗教文化教条、领会上帝旨意、维护教阶制度的愚民及教化的工具。

（三）人文主义课程范式

中世纪后期，随着教会神权政治腐败的加剧，出现了世俗性大学及古代典籍的翻译热潮，使摧残人性的宗教神道文化渐渐丧失了神圣性与感召力。人们渐渐地抛弃来世悲观信念，不再满足于神道禁欲主义、彼岸世界以及上帝权威所渲染、笼罩的虚幻的文化氛围，欢乐的情绪、世俗性的兴趣与日俱增。愚蛮的中世纪宗教神道文化即将走到历史的尽头，新文化形态的曙光已跃出历史的地平线，并以排山倒海之势掀起了一场伟大的文化革命运动。文艺复兴首先拉开了这场文化革命与转型运动的序幕。这场以"复兴"古代灿烂文化为契机、以人性解放为宗旨的人文主义文化革新运动，以其强烈的震撼力量在文学、艺术、哲学等各个领域横扫中世纪的神道主义文化。文艺复兴时期被称为"关心人超过关心神的时期"，抑神扬人成为统率一切的指导思想，人性、自由、平等、博爱成为冲破禁欲主义来世观念禁区、摧毁宗教神道文化堡垒的光辉旗帜。它以恢复、提升人的尊严与意义为主题，全面摧毁宗教神道文化对人的思想意识及价值观念的束缚，使人类的文化精神获得

---

① 马克思恩格斯全集：第 7 卷［M］.北京：人民出版社，1959：400.

了新生与解放，人文主义文化取代了神道主义文化。然而，在文艺复兴运动后期，这种人文主义文化伴随着明显的复古倾向而逐渐变得保守、枯燥与僵化。文艺复兴运动的先驱们纷纷打开古希腊、古罗马的经典著作，在那里寻找、挖掘时代文化的主题，但在对古代名著的抄写、翻译、传播过程中却狂热地崇尚纯粹形式主义的西塞罗文风，甚至"有些人竟狂热到如此地步：不用西塞罗未用过的词，不用西塞罗未认可的表达方式，不考虑在西塞罗著作中未发现的思想"①。形式上的僵化湮没了文艺复兴运动的人文主义文化的时代主旋律，并最终演变为古典人文主义。

与人文主义文化相呼应，这一时期的学校课程也发生了深刻的变化。从对神道的诠释与辩护转向对人性的培植与高扬，摆脱经院哲学与禁欲主义的宗旨与逻辑，构建人文主义教育的课程体系，传播人文主义的文化思想与精神，营造人文主义的文化氛围，是文艺复兴时期学校课程改革的基本原则与立论依据，从而形成了一种特定的人文主义课程范式。在全面吸收、复兴与广泛传播包括拉丁文、希腊文、语法、修辞、逻辑、伦理等人文学科在内的古代文化遗产的过程中，学校课程逐渐摆脱了经院哲学与禁欲主义的束缚。然而，这种课程范式伴随着人文主义文化的僵化而逐渐地陷入了狭隘的、保守主义泥潭，沦落为一种典型的古典主义课程而走向倒退。人文主义文化所蕴含的精神与本质逐渐被遗忘。学校中开设的拉丁文、希腊文课程的目的只在于教授语言，而且掌握这些古典语言被视为一种身份的象征。以至于这些古典语言课程在欧洲一些国家的学校如古典中学、文科中学延续了几百年之久，一直到20世纪初，在学术性的普通学校中，拉丁文、希腊文依然占据着十分重要的地位。这种纯粹的形式主义课程的教学完全抛弃了原初愉快的教学方式，呆读死记取代了创造性的想象。形式化的课程与教学使学校变成了"语言工厂"，严重脱离现实的社会生活。

（四）科学主义课程范式

文艺复兴运动中兴起的人文主义文化尽管打乱、动摇了中世纪神道主义文化的统治秩序，但并未为当时的文化重建指明正确的、现实的出路及坐标系。尤其是当工业文明的浪潮全方位重塑社会文化之际，人文主义文化依然拘泥于昔日的"古风、雅韵"，沉浸在当年的"兴旺与辉煌"之中，从而蜕变为近代文化世俗化浪潮的消极阻碍因素与力量。于是，启蒙运动作为文艺复兴时期资产阶级反封建、反禁欲、反教会斗争的继续和发展，树起了科学

---

① S. E. 佛罗斯特. 西方教育的历史和哲学基础 [M]. 吴元训，等，译. 北京：华夏出版社，1987：196.

与理性的大旗，启发人们用理性的光芒驱逐宗教蒙昧主义，用科学的尺度重新审视一切。科学理性作为时代文化的主旋律、作为启蒙运动的鲜明主题登上了历史舞台。在启蒙运动初期，培根发出了"知识就是力量"的呐喊，不仅解放了人们的思想，而且也解放了科学，为近代自然科学的发展扫清了道路。在培根看来，只有自然科学才能带给人类最大的利益，而经院哲学完全是空洞无用的东西。它只"能够谈说，但它不能够生产"，如同希腊神话中的斯居拉女神，虽"具有一个处女的头脸"，但却没有生育的能力。① 于是，科学思想得到广泛传播，科学理性文化也获得了飞速的发展。人们无不崇尚科学、坚信科学，认为科学是绝对的真理，科学是人类控制自然、改造自然、改造社会、促进社会不断进步的最有效和最正确的途径，任何违反科学的东西都应该予以否定。这样，科学成了跨越时空、永远正确的普遍法则，科学理性精神与方法开始全面重塑人们的思维方式、精神面貌及整个社会文化的价值系统、心理结构。尤其是伴随着经验科学和数学科学地位的不断提升，到了近代末期以后，科学理性文化在经过启蒙、独立之后迈进了崇拜与迷信的时代。于是，科学理性文化逐渐走向僵化、没落，其内在的科学理性精神渐渐消失，并在功利主义观念的制约下演变成为一种非理性的唯科学主义文化。

受科学主义文化的制约，近现代以来的学校课程也体现出了明显的科学主义品质与特征。科学的发展一方面表现在科学理论、科学思想的重大成就，对传统古典人文主义课程产生强烈的冲击。科学以其无穷的魅力打开了学校课程的大门，拉开了课程科学化运动的序幕。另一方面，科学的发展还表现在自然科学学科的大发展，科学技术的日益细化，促使自然科学各个学科门类独立与分化，并纷纷被纳入学校课程，形成了一种典型的以科学知识为中心的科学主义课程范式。这种课程范式坚持只有科学知识才是最有价值的真知、实学。于是，走进科学，传授有实用价值的科学知识成为学校课程至高无上的原则、标准与使命。这种课程范式打破了传统的人文学科的统控局面，建构起了以自然科学为主体的课程体系。在工业革命发祥地的英国，迅速增长的物质财富和高额的商业利润使英国人实实在在地感受到了科学知识的巨大力量。于是，在近代末期，英国兴起了反对古典主义教育的科学教育运动。生物学家赫胥黎强烈呼吁将自然科学列入学校课程中，并亲自领导了科学教育运动。他认为："对于拥有许多殖民地、作为先进工业国的英国国民来说，如果不授予产业的基础——物理、化学的教育，从政策上看就是

---

① 全增嘏. 西方哲学史：上册 [M]. 上海：上海人民出版社，1983：455.

一个重大的失败。"① 科学课程开始大规模地走进一向注重"传统"的英国学校教育中，甚至那些因"古典"而闻名的文法学校和公学也不能对科学课程不加理睬了。与此同时，其他著名的工业大国如德、法、美等国家的学校课程都纷纷步入科学化的发展轨道。到 19 世纪末，算术、代数、三角、几何学、地理学、植物学、动物学、天文学、机械学、物理学、化学等学科都渐渐成为学校课程的重要组成部分。20 世纪以后，伴随着社会文化各个领域科学化运动的兴起，科学教育浪潮迅速改变了学校教育的性质、面貌及课程结构，自然科学课程的地位连连攀升，以至于"重理轻文"成为 20 世纪各国学校课程设置中的普遍现象，而且科学课程的价值也远远超过了控制自然、改造自然的范畴，军备竞赛、国际争霸、国力竞争等方面的需要已成为科学主义教育及其课程更为重要的制约因素与依据。于是，在学校教育中，科学课程被高高地置于哲学、社会科学、人文科学课程之上，获得了独尊的地位。科学主义成为课程现代化转型的根本方向与基准，实证化、实用化、精确化、控制化的思维方式与原则成为现代课程发展尤其是二战后风起云涌的课程改革运动的基本指导思想。显然，科学主义课程范式否定、贬低哲学思辨方法，注重事实研究、经验分析方法、可测试标准及技术化模型，回避价值判断。因而，科学主义课程范式扭曲了知识及教育的内在品质与价值，造成教育内在意义的衰微、异化与失落。

四、课程重建运动：当代西方基础教育改革的主旋律

在学校教育发展的历史进程中，课程无不是通过改革的形式而处于动态的发展过程中。尤其是现当代，世界各国频繁地对学校课程进行改革，掀起了一浪高过一浪的课程重建运动。直至今日，大规模的课程改革浪潮依然此起彼伏、愈演愈烈。无疑，课程问题作为教育改革的焦点与主旋律，已成为制约现当代教育发展的核心要素与瓶颈性问题。二战以来，英、美、日作为轴心国家，一直影响西方势力集团社会政治经济文化的发展路线。同样，三国的学校教育及课程改革力度大、影响深远，主导并代表现当代世界课程改革与重建运动的方向。

（一）战后英国课程改革

在英国是"宗教虔诚导致了学校的建立"②。教会及民间团体、个人办

① 钟启泉. 现代课程论 [M]. 上海：上海教育出版社，1989：13.
② 博伊德，金. 西方教育史 [M]. 任宝祥，吴元训，译. 北京：人民教育出版社，1985：229.

教育，国家和政府不干涉教育，早已成为根深蒂固的传统。因此，多少世纪以来，英国教育的举办权、管理权主要掌握在教会手中。具体地说，一直到宗教改革以前，教会垄断了整个有组织的英国教育。文艺复兴和宗教改革对英国教育产生了深刻的影响，许多教会学校被关闭，世俗的贵族学校开始建立，打破了教会垄断教育的局面，但无论是教会学校还是贵族学校，都是以培养国家或教会官吏、首领为目的，在课程设置上崇尚古典学科，以拉丁文、希腊文、逻辑学、修辞学为主。18 世纪后期开始的工业革命使英国社会发生了巨大的变化。而工业革命对英国教育最重要的影响是国家对教育的干预。自 19 世纪 30 年代始，伴随着工业城市的出现以及工业生产的迅速发展，英国教育发展走上了国家干预的道路。1833 年议会通过了教育拨款法，以改善初等教育的办学条件；1870 年颁布了《福斯特教育法》，建立了公立的初等教育制度；1902 年颁布了《巴尔福教育法》，建立了公立的中等教育制度。于是，公立的初等学校、中等学校迅速发展。但在二战前，国家干预教育主要体现在取得、扩大兴办教育的主导权上，而对学校开设什么课程，国家并没有具体的规定，即没有全国统一的课程设置政策。学校的课程设置完全由地方教育当局、学校以及教师来确定。尤其是学校和教师，在课程设置、教材选用、教法选择方面拥有绝对的自主权。而这种高度"自制"的状况与局面也不仅仅是一个历史传统的问题，1944 年英国颁布的教育改革法——《巴特勒法案》，在法律上赋予了学校、教师的课程决定权力。该法案将课程的决定权授予学校，学校开设什么课程，开设多少，全部由校长和教师决定。国家对教学计划的制订、教科书的编写也不做统一的规定。而且，直到 20 世纪 80 年代末这一课程政策一直没有改变。二战以后，国家干预教育才逐渐扩展到课程领域，出台了"国家课程"方案。"国家课程"的实施与调适成为教育发展与改革的主旋律。

1. "国家课程"：走向政府对课程的干预

二战后，英国继续加强国家对教育的领导权和控制权。尤其是 20 世纪 60 年代后，英国社会发生了重大变化，1973 年石油危机造成了严重的经济衰退，社会各界普遍对教育尤其是对教师控制的缺乏统一性的学校课程感到不满与失望，并把教育质量低下的状况归因于缺乏政府干预的自由课程政策。"人们对教师拥有过大的权限表示担忧。许多人认为必须改革这一传统，因为教育已成为公众的、国家的权力和事业，教师的自由也必须伴有巨大的社会责任。而且公众和国家拥有了解和监督教师作出什么决定的权力，拥有提出课程纲要并监督实施的权力。教学自由已不再是教师的私事，更不能随心所欲。"① 于是，对教育的政治干预尤其是对课程的政治干预变得越来越激烈。60 年代以后，工党提出"教育改变社会"的口号，促使"综合学校运动"蓬勃发展。70 年代以后，政治干预开始深入学校的课程设置。"学术界开始注意'知识政治学'。这就是人们对课程本身用来复制社会阶层划分的方法提出疑问，并开始思考如何来设计一种适合所有儿童的新课程：如何才能从共同的文化中进行筛选以建立适合广大公立学校的课程。"② 1976 年英国工党在大选中击败了保守党获执政地位。工党一贯强调向劳动人民提供较好教育机会的重要性，并关心学校的"合适课程"问题。1976 年，教育和科学部向卡拉汉首相提交的报告《英格兰的学校教育：问题和提议》黄皮书，建议设立全国性的统一课程或核心课程。1976 年 10 月 18 日卡拉汉首相在牛津拉斯金学院的讲话中提出所谓"基础知识的核心课程"问题及建立全国统一课程的设想。卡拉汉的讲话拉开了全国性教育大辩论的序幕。1977 年皇家督学团的"11—16 岁课程"咨询报告中提出了设立共同课程的重要性。1977 年英国政府发表了题为《学校中的教育》绿皮书，对近一年来的教育辩论进行了总结，明显体现出国家对教师的权力及学校课程控制的趋势。1979 年教育和科学部及威尔士教育局发表了《学校课程的一种框架》，1981 年又出版了题为《学校课程》的课程制定指导方针，它们不仅探讨了中央政府、地方教育当局及学校三方面在课程方面的职责，而且还探讨了课程框架及制定的原则等问题。1982 年，政府解散了一个由教师控制的全国性组织"学校课程和考试委员会"，建立了教师代表只占少数的"学校课程编制委员会"。这样从舆论上、组织上都为"国家课程"设置做好了准备。1987 年，教育和科学大臣贝克向议会递交了一份《教育改革议案》，1988 年 7 月 29 日通过，成为二战后英国最重要的一部教育改革法案——《1988 年教育改革法》。该法案在英国历史上首次对学校课程设置做了具体规定，而且课程改革是此次教育改革的核心。其主要措施是实施"国家课程"方案。"国家课程"的目标在于提高学生的学业水准，促进教育质量的提高，保证学生学习的课程具有广泛性、均衡性、相关性、连贯性和一致性品质。"国家课程"规定义务教育期间学生必须学习 10 门课程：数学、英语、理科、历史、地理、技术、音乐、艺术、体育和现代外语。这 10 门课程又分为核心课程和基础课程。核心课程指的是英语、数学和理科，其余为基础课程。

为了推进"国家课程"的实施，法案授予了教育和科学大臣修改课程的权力，使教育大臣可以依法确定学校开设的课程门类、制定教学目标及学习

① 钟启泉，张华. 世界课程改革趋势研究 [M]. 北京：北京师范大学出版社，2001：364.
② R. 柯文. 一九四四年以来的英国教育改革 [J]. 石伟平，译. 外国教育资料，1991 (2).

大纲。同时还建立了专门机构——国家课程委员会（NCC），负责"国家课程"的实施工作。与课程改革密切相关的是考试制度的改革。全国性课程的确立必然要求与其同步的考试制度。根据法案规定，义务教育阶段划分为4个学龄段，即5—7岁、7—11岁、11—14岁、14—16岁，每个学龄段结束时都要进行国家统一考试，学生到16岁义务教育结束后达到了国家考试标准可获得综合中等教育证书。各段考试由"学校考试和评价委员会"负责管理和实施，并对考试进行评价，向教育和科学大臣提出有关各科考试及证书授予方面的建议。"国家课程"的设立标志着战后英国教育的重大转折与突破。"国家课程"的实施使英国基础教育发生了天翻地覆的变化："课程控制从校本课程到国家课程的变化；教学活动从教师自治到目标定向的变化；教学模式从儿童中心到学科中心的变化；教学评价从形成性评价到终结性评价的变化。"①

　　2. "权利课程"："国家课程"面临的挑战

　　1988年的"国家课程"设置方案引起了英国社会各界许多人士的不满，尤其遭遇了早已习惯于扮演课程设计与课程管理权威角色的英国教师的强烈反对。在"国家课程"方案出台不久，"全国教师协会"针对"国家课程"方案于1990年提出所谓的"权利课程"的改革建议。建议提出者认为，人们越来越清楚，经济建设与发展的成功比以往任何时候都更加需要劳动者的智力、灵活性、技能和信心；学生成绩需要在更广泛的意义上加以解释，成功也不应该只是简单地以掌握各种知识为依据，况且，已有的知识会很快变得陈旧、过时。因此，成绩必须以交流技能、创造力、革新能力以及独立地、协作地解决问题能力为依据。由于必须面对和解决各种尚未被提出的问题，每个青年人必须在离校时具有技能、信心、学习及继续学习的愿望。基于以上认识，他们提出了与"国家课程"方案完全不同的"课程策略"。这一"策略"主要分为四部分：第一部分提出了"权利课程"的建议；第二部分是关于战后对课程的讨论；第三部分是对"国家课程"方案的批判；第四部分提出了课程改革方案。其中"权利课程"概念及思想的提出主要基于以下两个方面的原因：第一，认为"国家课程"方案缺乏连贯性，并充满矛盾，如不做大量的修改，难以贯彻，而更为重要的是"国家课程"方案不可能应付未来的教育挑战；第二，认为1987年以后关于课程的讨论只是关于同意或反对"国家课程"方案，而不是关于21世纪对教育挑战包括哪些内容以及能使教育应付挑战的各种可能的课程模式。"权利课程"中的"权

---

① 陈晓端. 当代英国中小学课程与教学改革探析［J］. 教育研究，2003（4）.

利"是指在学校的课堂范围内学生应具备的权利，包括：机会均等；学习各种课程的权利，而这些课程应包括人类所有重要的经验领域；对课程的适当选择的权利等。"权利课程"强调课程内容的选择及课程目标的定位不应只限于技能、知识领域，还应包括自信心、动机及对学习渴望的态度，强调把乐学的态度、学习能力、对学习的自信心作为学校的中心目标，因而建议课程应注重发展学生的基本技能、理解和态度，应给地方、学校及学习者个人在课程决策方面保留较大的灵活性。①

在"国家课程"方案实施过程中始终伴随着专业人士强烈的批判、抵触与调整的声音及期待。对此，课程论专家劳顿强烈批评"国家课程"方案的"非专业"品质。他认为，体现出明显中央集权主义特点的"国家课程"的强势推进使"作为专业人员的教师受到监控，失去自主权，成了传达中央教学大纲的'操作工'，对教学质量和学生个体差异的关注让位于满足'操作指南'、'考试成绩'的评价等等"。② 甚至有人将"国家课程"的实施视为一种"国家灾难"，认为"推行国家课程的现行教育制度正在变得与现实生活和未来社会进步的联系越来越少，如此做法必将使资本主义的经济和民主的社会结构遭受无法挽回的损失与破坏"。③ "国家课程"不仅削弱甚至剥夺了教师的课程权利，而且大幅度提高了对教师的教学要求与管理、考核力度，造成教师沉重的压力与负担，从而导致教师心理与行动上的广泛抵制。尤其是 1993 年，英国教师协会决定对国家考试计划进行联合抵制，各地教师工会纷纷响应，并通过投票方式对统考予以否定。在他们看来，"政府推行的全国统一考试和评估制度是官僚主义对教师自主权的一种不能容忍的干涉，考试本身存在许多缺陷，并将极大地加重教师的工作负担"④。教师对国家考试的抵制使"国家课程"改革与教师之间的矛盾达到了白热化的程度。同时，沉重的课业负担与划一的考试，也引起学生及家长的强烈不满与反感。"调查表明，有 60% 的家长要求裁减课程内容，增加选择性，70% 的家长要求减少、改革或停止进行考试。"⑤ 无疑，这些批评与建议使英国"国家课程"面临严峻的挑战。

3. 修正与平衡：走向对"国家课程"的调适

在"国家课程"实施 5 年后，政府着手对"国家课程"改革进行调查、

---

① Michael Barber. An Entitlement Curriculum: A Strategy for the Nineties [J]. Curriculum Studies, 1992, Vol. 24, No. 5.

② 于忠海. 英国课程改革中的官僚主义与专业主义矛盾的历史反思 [J]. 外国中小学教育, 2007 (4).

③ 陈晓端. 当代英国中小学课程与教学改革探析 [J]. 教育研究, 2003 (4).

④ 钟启泉, 张华. 世界课程改革趋势研究 [M]. 北京：北京师范大学出版社, 2001：364.

⑤ 钟启泉, 张华. 世界课程改革趋势研究 [M]. 北京：北京师范大学出版社, 2001：364.

评估与调整，以期化解日益激烈的争执与冲突。1993 年 8 月发布了《国家课程及其评价：中期报告》，对"国家课程"存在的诸如课业负担过重、内容解说过细、成绩评定要求过于复杂、教学内容缺乏选择性等方面的问题进行了总结与分析。在此基础上，英国政府于 1993 年底对 1988 年"国家课程"方案进行调适，形成了新的中小学课程改革方案。其主要调整内容包括：裁减课程内容，加强基础与核心骨干课教学。如在第 4 学段，对学生的共同要求仅限于英语、数学、科学三门核心课程以及技术与现代外语；增加学校自主选择与支配的空间与余地，赋予学校办学多样性与灵活性品质。如在第 1、第 2、第 3 学段，每周可有 1 天时间由学校自主支配，在第 4 学段每周可有 2 天时间由学校自主支配；压缩、简化评价项目，改革评价方法，突出教师的评价权力与作用等。如在第 1、第 2、第 3 学段，只对英语、数学、科学三门核心课程进行统一考试，将已有的 966 项"成绩记录"压缩为 200 项的"水平表述"，更加强调教师对学生的形成性评价。

历经 1993 年底的调整，"国家课程"方案依然没有得到令各个方面满意的结果，改革、调整的呼声与要求依然强烈。尤其是进入 21 世纪以后，对"国家课程"进行进一步改革与调整成为英国政府提高教育质量、增强综合国力的重要手段。为此，由学校课程与评估局、全国职业资格局合并组建的课程与资格局就"国家课程"的深化改革于 1998 年进行了广泛的社会调查、咨询与研讨，1999 年 7 月正式出台了新的"国家课程"改革方案，并于 2000 年 9 月开始实施。2000 年"国家课程"改革方案规定了 12 门必修课程：英语、数学、科学、设计和技术、信息和交流技术、历史、地理、现代外语、艺术和设计、音乐、体育、公民。

2000 年"国家课程"改革方案在指导思想、课程设计及其基本要求方面主要呈现出以下三方面的特点：其一是基础性。2000 年"国家课程"改革方案强调为所有学生提供学习和进步的机会，强化学生基础知识的掌握与基本技能的培养，"促进学生在精神、道德、社会和文化等方面的发展，赋予学生机会、责任感和生活经验"[1]。为此，2000 年"国家课程"改革方案设置了广泛的学习科目，促使学生掌握广泛的基础知识，"保证学生从小开始就发展其所需要学习的基础学力，培养他们的创造性"[2]。而结合广泛知识的传授，2000 年"国家课程"改革方案尤其强调技能的培养，并将技能区分为关键技能、基本技能和思维技能。关键技能是指交流、数的应用、信息技术、与他人合作、改进自己的学习与表现以及问题解决方面的技能；基本

---

① 陈霞. 英国现行国家课程标准的特征及启示 [J]. 课程·教材·教法，2003 (6).
② 钟启泉，张华. 世界课程改革趋势研究 [M]. 北京：北京师范大学出版社，2001：370.

技能是指读、写、算方面的技能；思维技能是指信息处理、推理、探究、创造、评价方面的技能。① 其二是平衡性。2000 年"国家课程"改革方案与 1988 年"国家课程"改革方案具有不同的政治立场与背景。1988 年"国家课程"改革方案立足于保守的、强硬的撒切尔主义政治哲学思想与政策。在教育上，通过激进的改革措施强化国家权力与标准，强调精英教育与市场化，试图"通过提高国家教育标准来择优录取，将高贵文化传递给少数精英，并将市场机制引进学校教育，旨在通过竞争使学校产生两极分化，从而优胜劣汰"②。其结果不仅打破了教师控制学校课程的传统，而且造成教育不平等的现象与问题。而 2000 年"国家课程"改革方案则立足于"新工党"所极力倡导的"第三条道路"的政治哲学思想。作为介于自由放任资本主义与福利国家之间的中间道路，"第三条道路"强调政府调控与市场机制的平衡、经济发展与社会公正的平衡、权利和责任的平衡、国家利益与国际合作的平衡。③ 在教育改革问题上，"新工党"遵循"第三条道路"的"修正"与"平衡"的原则、立场，强调包容，反对排斥，促使制约教育发展的诸要素实现平衡状态，如"国家规划与地方自主性之间的平衡、追求优异与教育平等之间的平衡、国家标准与个人需要之间的平衡、学术教育与职业教育之间的平衡、竞争与合作之间的平衡等等"④。为此，2000 年"国家课程"改革方案摒弃了优胜劣汰立场，强调为所有学生提供有效的学习机会，让每一所学校成功，让每一位儿童成功。其三是灵活性。1988 年"国家课程"方案自酝酿阶段起就一直遭到来自专业人士的尖锐批判。抨击与反对声音的焦点在于统一课程与统一考试对教师与学生专业权力的剥夺造成教学过程中自主性、选择性品质的缺乏。如统一课程如同镣铐把教师锁在中央集权统治下；统一课程会扼杀学生的个性，忽略特殊学生的特殊需要；在统一课程束缚下培养不出爱迪生式的发明家；全国统一课程要求 7 岁儿童就开始接受全国性考试，只能导致学习内容狭窄、死记硬背而不加理解，忙于应付考试。⑤而 2000 年"国家课程"改革方案在很大程度上改变了 1988 年"国家课程"方案实施以来政府干预过多以及课程设置与实施过程中缺乏灵活性的倾向与状况。"在各种水平的课程设计上都必须遵循：制定合适的学习要求；对学生多样化的学习需求作出反应；克服学生个体或群体在学习和评定方面存在

① 陈霞. 英国现行国家课程标准的特征及启示 [J]. 课程·教材·教法，2003（6）.
② 许杰. 第三条道路的社会公平观与教育对策 [J]. 全球教育展望，2003（9）.
③ 区冰梅. 当前欧美"第三条道路"刍议 [J]. 现代国际关系，1998（12）.
④ 马忠虎. "第三条道路"对当前英国教育改革的影响 [J]. 比较教育研究，2001（7）.
⑤ 易红郡. 撒切尔主义与《1988 年教育改革法》[J]. 湘潭大学社会科学学报，2003（7）.

的可能障碍。"① 同时，2000 年"国家课程"改革方案还明确地将"赋予权利"作为改革的一个重要内容，即尊重教师的专业权利，扩大学校、教师在课程与教学以及学生成绩评定等方面的自主权，赋予学生学习自主权，为学校、教师与学生留有余地，"以满足学生的个别需求，发展植根于地方文化的学校特色和社会特质"②。从而使 1988 年"国家课程"改革方案的许多极端措施得到修正。

（二）战后美国课程改革

美国没有英国那么悠久的历史，直到 16 世纪，随着西欧各国的相继侵入，才开始了美国的殖民时代。殖民时代美国教育完全模仿欧洲模式，基本上以宗教教育为主。和英国早期教育一样，殖民地时期美国的初等教育即平民学校教育，主要开设计算、阅读、书写、宗教等课程。而中等学校基本上是私立收费的拉丁文法学校，入学人数有限，主要开设偏重于古典语言及古典文化的拉丁文、希腊文及宗教教义等课程。1776 年，美国独立以后便着手改革殖民地时期模仿欧洲、旨在维系宗教信仰的学校教育，建立新型公共学校教育制度，确立了自制性、实效性、独立性教育重建原则，建立了政教分离及地方管理的教育体制，为美国独立后学校教育发展指明了根本方向。19世纪前半期，美国开始推行公立学校运动。公立学校面向社会各阶层的儿童，注重实用学科，以传授读、写、算基本技能为主，不开设传统的古典学科课程。公立学校发展迅速，到 20 世纪初期，美国已普及初等义务教育。20 世纪以后，受进步主义和实用主义教育理论的影响，美国的学校教育及其课程发生了根本性变化。学校教育开始服务于个人成长及民主社会进步的需要，注重个人经验的活动课程迅速发展，并取代了以传授系统知识为主的学科课程。从此以后，美国学校教育便形成了重视个人经验、重视个性培养而轻视系统知识传授的现象与状况。尽管 30 年代后进步主义教育思想遭遇了公众的普遍责难以及要素主义教育思想倡议者的坚决反对，但学校课程设置的混乱状况并没有从根本上得到改善。忽视系统知识的传授，造成了美国基础教育质量滑坡、学生学识不足、留级现象普遍的不良后果。但由于二战结束初期，美国经济发展处于鼎盛时期，这种经济繁荣的局面更多地来源于战争的"胜利成果"，而没有从学校教育中得到什么"好处"，没有因为教育的落后而造成政治及经济上的危机，再加上当时实用主义盛行，家长也不太关心孩子的学习成绩，在教育方面缺乏忧患与改革的意识。因此，战后初期

① 钟启泉，张华. 世界课程改革趋势研究［M］. 北京：北京师范大学出版社，2001：371.
② 钟启泉，张华. 世界课程改革趋势研究［M］. 北京：北京师范大学出版社，2001：370.

美国学校课程也就不存在改革的动力及缘由。

20 世纪中期以后，现代科技的迅速发展，不仅影响生产力的发展水平，而且影响国防实力及社会生活，尤其是 1957 年受苏联发射人造卫星的影响，美国感到自己失去了科学技术的领先地位，并把这种科技落后的局面归咎于教育的落后。于是，美国国会于 1958 年颁布了《国防教育法》，启动了二战后第一次课程改革浪潮。改革的重心在于改变受制于进步主义教育理论而缺乏严密的科学体系的学校课程，以及教材不能反映最新科技成果致使美国教育落后的状况。

美国政府选派要素主义教育家里科弗、科南特等人参加教材改革工作。在要素主义者看来，进步主义教育哲学是一种"软弱无力"的教育理论。它以所谓的兴趣、自由、体验、主动性为借口，放宽了教育标准、降低了要求，以至于"长久以来，美国的教育理论从它的语汇中勾掉了'纪律'一词……甚至把未成年学习者选择他要学习的东西的权利推崇备至"①。里科弗认为："在我们社会里，儿童并不被鼓励获得严格的学术性教育。不用受多少教育，就非常容易生活得很好……这种缺乏学习动机的情况是危险的。"②教育的缺陷就在于对高水平智力训练的漠视，主张严格的学术性教育。贝斯特更加激进地指责进步主义教育打乱了学校的课程，降低了学校的教育效果，以至于引以为骄傲的学士帽、学士服"成为漫画家作为愚蠢和无能的公认的象征"③。对此，要素主义者警告人们："如果教育放弃严格的标准，并因而对学习所要求的努力不提供有效的刺激，那么，许多人上学 12 年后，将只发觉他们自己处在这样的境地：无知和缺乏基本训练成为愈益严重的障碍。"④ 为此，要素主义者极力强调"尖子教育"，力求教学内容现代化，加强"数学、自然科学、现代外国语"教学。为解决课程编制现代化问题，1959 年美国全国科学院在伍兹霍尔召开会议，讨论中小学数理学科教育问题。会议主席布鲁纳提出了"学科结构论"主张，要求学生掌握每一门学科的基本概念、原理和规律。于是，按照要素主义和结构主义课程理论改革课程，形成了美国 60 年代的"新科学课程"。但这次课程改革由于过分强调理论知识、忽视实用知识的教学及基本技能的训练，脱离了学生的实际接受能力，大多数学生接受有困难，结果没有改变美国普通教育质量低下的状况，

① 瞿葆奎. 教育学文集：美国教育改革 [M]. 北京：人民教育出版社，1990：48.
② 华东师范大学教育系，杭州大学教育系. 现代西方资产阶级教育思想流派论著选 [M]. 北京：人民教育出版社，1980：191.
③ 华东师范大学教育系，杭州大学教育系. 现代西方资产阶级教育思想流派论著选 [M]. 北京：人民教育出版社，1980：170－171.
④ 瞿葆奎. 教育学文集：美国教育改革 [M]. 北京：人民教育出版社，1990：52.

使改革以失败而告终。70 年代中期美国又掀起了"回归基础运动"，在课程设置上要求"回到基础学科"，即要求突出基本学科在学校课程中的核心地位，以提高学生的学业成绩，其主要措施是：（1）小学阶段强调读、写、算基本技能训练；（2）中学阶段强调英语、自然科学、数学和历史等学科教学；（3）在教学过程中强调教师的主导作用，反对学生的自主活动；（4）在教学方法方面要求运用练习、背诵、家庭作业、经常性测验和 A、B、C 等级计分形式；（5）取消点缀性课程，取消"新科学课程"，取消"发现法"等。这样，美国的学校课程又转向传统教育的课程设置模式。

学校教育质量低始终是美国基础教育发展中一个十分棘手的问题。"几乎毫无例外，所有的美国公民对学校教育的质量感到担忧。"① 尽管战后对学校课程进行过多次改革，但无论是通过提高课程的难度、深度，还是加强基础知识的传授，都没有解决教育质量滑坡的问题。进入 20 世纪 80 年代后，美国再次产生科学教育危机和文化素质危机。改革学校课程、提高教育质量再次成为教育改革的主题。于是，美国又开始了更为频繁的课程改革运动。

80 年代以来，美国围绕提高学校教育质量这个中心，主要采取实施科学教育课程发展计划、强化核心课程的基础地位、确立国家课程目标与标准三大战略改革学校课程。

1. 实施科学教育课程发展计划

80 年代以来，教育问题再度引起美国社会各界的普遍关注。尤其是科学教育成为美国学校课程改革运动的重要内容和策略之一。在美国，人们普遍认为一个强有力的科学教育方案是重新振兴经济和增强国家竞争力的一个基本因素。而与其他工业化国家的学生成绩相比较，美国学生学业成绩尤其是科学、数学成绩总是排在末尾或接近末尾。"1980 年代和 1990 年代的政策辩论焦点是：美国学生在国际测试中平均分数低，长此以往会威胁到美国的经济成功。"② 另据调查显示，"只有 10% 的美国中学生选修必修课范围之外的科学课程；很少有人决定在大学主攻科学课程；而与此相反的是大批外国留学生，尤其是来自亚洲的学生，一定要在美国学校里学习科学和工程技术"③。显然，科学教育不尽如人意的状况令美国人普遍不满。基于对数学、科学教育质量滑坡与美国经济竞争力下降的担忧，科学教育团体掀起了一场

---

① Allan Feldman. Research in Science Education in the USA ［J］. Curriculum Studies, 1993, Vol. 25，No. 3.

② 加里·奥菲尔德. 政策与平等：美国三十余年的教育改革 ［J］. 教育展望，2000 （4）.

③ Allan Feldman，Research in Science Education in the USA ［J］. Curriculum Studies, 1993, Vol. 25，No. 3.

旨在增加研究和课程开发经费的运动，并取得了国会的支持。结果用于科学教育研究和课程开发的联邦经费大幅度增加并持续增长，其最显著的成果是为"美国科学促进协会"提出的科学教育课程发展计划即"2061 计划"提供资金支持。

"2061 计划"是美国科学促进协会联合美国科学院、联邦教育部等 12个机构，于 1985 年启动的一项致力于科学知识普及的中小学课程改革工程。当年恰逢哈雷彗星临近地球，改革计划是为了使当今的美国儿童能适应 2061年彗星再次临近地球时的科学技术发展和社会生活的变化，所以取名为"2061 计划"。该计划旨在推动美国的科学、数学和技术教育改革。"2061 计划"认为："普及科学基础知识包括科学、数学和技术，已经成为教育的中心目标。然而，在今日美国，普及科学基础知识问题仍在困扰着我们。近 10年的研究清楚表明，不论参照国内标准或是国际标准，美国未能给予许多学生足够的教育，从而导致了国家衰退。不论出于何种考虑，美国没有任何事情比进行科学、数学和技术教育改革更为迫切。"[①] 为此，"2061 计划"要求在科学、数学和技术教育上制定基本的示范性、指导性标准，编写新的教学大纲，希望全国的中小学、幼儿园据此来普及科技教育，以提高国民的科学素质。

"2061 计划"认为：大部分美国人缺少科学文化知识，科学、数学和技术教育改革必须列入美国的头等议事日程。然而，美国学校的科学教育从教师的科学素质、科学教育内容到科学教育方法都不尽如人意。具体表现为：

其一，一些小学教师甚至没有在科学和数学方面受过起码的教育，许多初中和高中教师的科学和数学知识也尚未达到该学科所应具备的水平。

其二，科学和数学教师承受着沉重的教学负担，这使得他们不能很好地完成自己的工作，不论他们受过多么好的教育。

其三，目前的科学教材作用不佳，常常阻碍了科学知识的普及。这些教材强调学习现成答案而不是探索问题，把主要精力花费在记忆上而牺牲批判性思维，记忆零碎的信息而不是强调理解课文，强调背诵而不是陈述观点。

其四，目前教学大纲中的科学和数学内容过多过滥。在十多年时间里，这些内容几乎毫无限制地增加，搞得老师和学生不知所措，难于跟上科学、数学和技术的发展趋势。[②]

————————————————

① 国家教育发展研究中心. 发达国家教育改革的动向和趋势：第四集 [M]. 北京：人民教育出版社，1992：1.

② 国家教育发展研究中心. 发达国家教育改革的动向和趋势：第四集 [M]. 北京：人民教育出版社，1992：10.

对此，"2061 计划"指出："无须要求学校讲授越来越多的内容，教学的重点应集中在最基本的科学基础知识上，并且更有效地把它教好。"① "2061 计划"的主要内容与核心指导思想在于重建美国学校教育，尤其是学校课程体系与教学方法，要求改革学校课程，减少教学内容，强化科学、数学和技术之间的联系；提高知识传授的有效性，强调在普及科学知识的同时培养学生的科学探索精神与科学的价值观；建议运用探究式的学习方法，反对死记硬背现成的答案，要使学生积极地运用假设，搜集和运用证据，设计调查和处理方案，鼓励学生的好奇心和创造性。"2061 计划"分三个阶段具体实施。第一阶段，1985—1989 年，研究、确定普及科学知识的内容框架，阐明学生的学习目标，设计学校课程改革标准与方案，明确学生所应掌握的基础知识、观念、技能，强调对科学知识深入理解的重要性，反对泛泛的、肤浅的科学教学，主张精选课程内容，并提出了实用、社会责任、知识的内在价值、哲学价值等课程内容选择标准。第二阶段，1989—1992 年，根据第一阶段的总体方案与设想，各专题小组制定课程改革的具体实施规划与方案，探索数学、科学、技术以及社会科学的性质、特点，确定各个年级学生应达到的知识水平及发展程度，确定从幼儿园到 12 年级的课程模式，并根据课程模式制定教材编写、教师培训以及评估方案设计等规划。第三阶段，1993 年后，计划用十年左右时间宣传、实验、推广科学、数学和技术教育改革计划。

2. 强化核心课程的基础地位

课程设置缺乏重心与重点，是美国中小学教育质量滑坡的根本原因之一。长期以来，学校课程种类繁多、五花八门，被称为"自助餐式课程"，而且国家也不干涉学校课程设置。学生普遍缺乏基本的读写算能力，数学与科学教育更不尽如人意。1981 年，里根总统授权成立了"国家高质量教育委员会"。该委员会经过调查于 1983 年 4 月发表了题为《国家在危机中：教育改革势在必行》的报告。报告中列举了美国基础教育存在的一系列"危机指标"，主要表现为学生学业水平低，学术能力下降。报告明确指出："我国社会的教育基础目前受到日益增长的庸庸碌碌的潮流的腐蚀，它威胁着整个国家和人民的未来。"② 在调查美国中小学教育现状后，"国家高质量教育委员会"公布了教育遇到的主要危险指标。

———————————

① 国家教育发展研究中心. 发达国家教育改革的动向和趋势：第四集 [M]. 北京：人民教育出版社，1992：2.

② 吕达，周满生. 当代国外教育改革著名文献：美国卷·第一册 [M]. 北京：人民教育出版社，2004：1.

（1）对各国学生成绩的国际比较表明，19 项学业考试成绩评比中，与其他工业化国家比较，美国学生从未得过第一或第二，有 7 项列倒数第一。

（2）凭借最简单的测验，即每天的阅读、书写和理解，美国有 2300 万成人是半文盲（文化程度不足以履行自己的职能）。

（3）17 岁的美国青年中，约有 13% 可以说是半文盲，少数民族中半文盲的青年高达 40%。

（4）在大多数标准化考试中，中学生的平均成绩低于 26 年前苏联发射卫星那年的水平。

（5）在天赋高的学生中，他们的在校学习成绩同测验所表明的才能不相称者超过半数。

（6）大学委员会的学术性向测验（简称 SAT 测验）表明，实际上从 1963 年到 1980 年的成绩年年下降。语文平均分数下降 50 分，数学平均分数下降将近 40 分。

（7）很多 17 岁的青年没有掌握我们希望他们掌握的"较高层次"的智能。几乎 40% 的青年不会从文字材料中做出推论；只有 1/5 的青年可以写一篇有见解的文章；只有 1/3 的青年能解答需要几个步骤的数学题。

（8）根据 1969 年、1973 年和 1977 年全国对理科成绩的评价，美国 17 岁的理科学生成绩连续下降。

（9）从 1975 年到 1980 年，在公立四年制高等学校上数学补习课的学生增加了 72%。目前这些学校所开设的各类数学课中有 1/4 属于补习性质。

（10）企业和部队领导抱怨，他们必须把千百万元花在补习教育上，即培养阅读、写作、拼写和计算等基本技能上。[①]

调查结果显示，中小学基本的教育目标未能实现，"中学毕业后，不论升学或就业都缺乏准备的青年人越来越多"[②]。而造成这种糟糕局面与尴尬状况的重要原因之一则是课程缺乏中心目标，课程内容分散杂乱、标准不高。具体表现为：课程趋于单一化，程度下降，主次不分。"实际上，我们有一种简易食堂式的课程，在那里很容易把正餐前的开胃品和餐后的甜点心误认为主菜。"[③] 结果是：与其他国家相比，美国学生用于学校作业的时间要少得多；在很多学校里，在取得高中文凭时，学习烹调和开车所花的时间与学习

① 吕达，周满生. 当代国外教育改革著名文献：美国卷·第一册 [M]. 北京：人民教育出版社，2004：3-4.

② 吕达，周满生. 当代国外教育改革著名文献：美国卷·第一册 [M]. 北京：人民教育出版社，2004：5.

③ 吕达，周满生. 当代国外教育改革著名文献：美国卷·第一册 [M]. 北京：人民教育出版社，2004：10.

数学、英语、化学、美国史或生物学所花的时间是一样看待的。① 于是，"国家高质量教育委员会"建议提高中学毕业生的要求，即取得高中毕业文凭的学生最低限度应有"5 项新基础课"的基础。他们在中学期间要学习下面的课程：4 年英语、3 年数学、3 年科学、3 年社会方面的课程、半年计算机科学。②《国家在危机中：教育改革势在必行》的报告引起了全美国的震惊和反思，并使美国朝野认识到美国教育质量滑坡与国家对教育的控制不力有关。布什总统于 1991 年 4 月 18 日签发了题为《美国 2000 年教育战略》的纲领性教育改革文件，推出了一系列改革措施。确立中小学核心课程是《美国2000 年教育战略》一项重要的改革内容。《美国 2000 年教育战略》确立了英语、数学、科学、地理、历史 5 门核心课程，其目的在于保证学生离校时做好继续深造与就业的准备。1993 年 4 月 21 日，克林顿政府颁布了《2000 年目标：美国教育法》，继续强化核心课程的基础地位，除了要求加强英语、数学、科学、地理、历史的教学外，还增加了外国语和艺术两门核心课程。

3. 确立国家课程目标与标准

自 20 世纪 80 年代末期开始，美国各界学者、政府及团体纷纷呼吁设立全国性课程，建立全国性课程目标与标准。1989 年布什总统召开了美国历史上第一次教育高峰会议，探讨美国教育的状况、问题、挑战与出路，并提出了 2000 年应达到的 6 项雄心勃勃的教育目标，在此基础上形成了《美国2000 年教育战略》。这 6 项目标是：

（1）所有的美国儿童入学时乐意学习。

（2）中学毕业率将至少提高到 90%。

（3）美国学生在四、八、十二年级毕业时，业已证明有能力在英语、数学、自然科学、历史和地理学科内容方面应付挑战；美国的每所学校要保证所有的儿童会合理用脑，以使他们为做有责任感的公民，进一步学习，以及在我们现代经济中谋取有创建性的职业做好准备。

（4）美国学生在自然科学和数学方面的成绩居世界首位。

（5）每个成年美国人将能读书识字。

（6）每所美国学校将没有毒品和暴力，并将提供一个秩序井然的益于学习的环境。③

① 吕达，周满生. 当代国外教育改革著名文献：美国卷·第一册 [M]. 北京：人民教育出版社，2004：12.

② 吕达，周满生. 当代国外教育改革著名文献：美国卷·第一册 [M]. 北京：人民教育出版社，2004：14.

③ 国家教育发展研究中心. 发达国家教育改革的动向和趋势：第四集 [M]. 北京：人民教育出版社，1992：546.

　　为了实现国家教育目标，《美国2000年教育战略》确立了所谓"新的世界标准"，即规定了英语、数学、科学、地理、历史5门核心课程的国家标准，确定了不同年级学生在知识掌握与技能形成等方面应达到的水平。为了国家教育目标的实现与国家课程标准的实施，《美国2000年教育战略》提出了一系列具体措施。如建立全美成绩测验制度，以检查学校教育质量，促进良好的教学与学习。学生自愿参加全国统一考试，考试内容以5门核心课程的教学大纲为标准，并敦促大学在录取学生时，采用全美成绩测验，要求雇主在雇工时考虑全美成绩测验。对于在全国考试中获得优异成绩的中学生颁发优异成绩总统奖。建立成绩报告卡制度，向家长通报他们孩子的所作所为，通报有关学校、学区、各州以及全国的基本情况。此外，还设立优秀学校奖，奖励为达到国家教育目标做出成绩的学校；设立教师奖，奖励5门核心课程教学成绩出色的教师。

　　克林顿政府在《2000年目标：美国教育法》中将布什政府提出的国家教育目标在充实、完善的基础上形成了国家法案，并提交参众两院审议通过，完成立法程序，于1994年7月1日正式生效。《2000年目标：美国教育法》的主要内容是：

　　（1）准备学习。到2000年，美国所有的儿童都准备好进入学校学习。

　　（2）学业结束。到2000年，高中学生的毕业率至少达到90%。

　　（3）学生成就与公民。到2000年，四年级、八年级和十二年级结束时的所有学生必须在富有挑战性的学科，即英语、数学、科学、公民与政府、经济、艺术、历史和地理等学科中显示出驾驭的能力；每所学校都要保证所有学生在现时代能够充分运用他们的智力以为有效履行公民的权利和义务，为进一步学习或就业做准备。

　　（4）教师教育和专业提高。到2000年，国家的教学队伍将拥有旨在持续提升其专业技能的计划，并使其获取教学所需知识和技能的机会，为21世纪的美国学生做准备。

　　（5）数学和科学。到2000年，美国学生的数学和科学成绩将是世界一流的。

　　（6）成人文化教育和终身学习。到2000年，每个成人都将精于读写并获得参与全球经济竞争和行使公民权利、履行公民义务所需的知识和技能。

　　（7）安全、有纪律和无酗酒、无毒品的学校。到2000年，美国的每所学校都将没有毒品、暴力，没有未被许可的枪支和酒精，为学生的学习提供有利的且纪律得以保障的学习环境。

　　（8）家长参与。到2000年，每所学校改善与家长的伙伴关系，使家长能够积极参与促进学生在社会、情感和学术方面的发展。①

在确定了国家教育目标的基础上，《2000 年目标：美国教育法》要求制定自愿采用的国家课程标准，以便对什么是学生在基本学科领域里所必须掌握的东西有一个共同的认识。2000 年目标把课程标准分为"国家标准"和"州标准"。"国家标准"是由"国家教育标准和改进委员会"等机构制定的课程标准基本准则，根据这些基本准则，每一门学科的全国性机构分别制定各学科的国家课程内容标准。各州遵循"国家标准"制定州课程内容标准、学生操作绩效标准、学习机会标准和评估体系，即"州标准"，然后提交"国家教育标准和改进委员会"审查、通过。

（三）战后日本课程改革

与英、美不同，日本学校课程传统模式与管理体制具有典型的国家主义特点与品质。自 19 世纪明治维新以来，日本政府以"富国强兵""置产兴业""文明开化"为指导思想，对教育进行了一系列改革。从 1871 年设立文部省、1872 年颁布《学制令》开始，日本教育走上了中央集权管理体制的道路，国家对学校课程的种类、内容、课时等统一管理，并实行国家审定教科书制度。19 世纪 80 年代后，日本确立了君主立宪制度，在教育上实行国家主义的教育管理体制。1890 年颁布了直到二战结束一直被尊奉为教育最高准则的《教育敕语》，明确了"忠君爱国"的国家主义教育指导思想及发展路线。进入 20 世纪直到二战结束，日本成为具有军事封建性质的帝国主义国家，教育体现出明显的军国主义色彩与品质，学校教育及其课程完全服务于战争需要，所开设的修身、国语、历史、地理等课程充满了"皇道""大和魂""武士道"等教化内容。二战结束后，伴随着政治、经济、社会文化以及教育的发展变化，日本进行了异常频繁的教育改革，而每一次教育改革无不以课程、教材改革为主旋律。纵观战后日本基础教育课程改革，大体可分为以下几个历史发展阶段。

1. 50 年代的课程改革：以消解军国主义与极端国家主义为主旋律

1945 年，日本投降，美国占领日本。美国占领当局在各个领域进行了广泛的非军事化和民主化改革。作为整个社会改革的重要组成部分，在美国占领当局和美国教育使节团的指导下，日本教育无论是在方针、体制、目标上，还是在课程、教学等各个方面，都依据非军事化和民主化的指导思想及措施进行了大规模、根本性的改革。1945 年 10 月至 12 月底，美国占领军总

———————————————

① 钟启泉，张华 . 世界课程改革趋势研究 [M]. 北京：北京师范大学出版社，2001：311.

司令部相继发布关于教育方面的指令：《关于日本教育制度管理政策的指令》《关于教育工作者资格的指令》《关于停止开设修身、日本历史及地理课的指令》等。其主要目的是在日本教育制度中清除军国主义、极端国家主义思想、内容与方法。"禁止军国主义的和极端国家主义的教育，取消军事教育科目和军事训练……从现行教科书中及其它各种教材中消除军国主义和极端国家主义的内容，迅速编写以培养和平的富有责任感的公民为目标的新教科书、新教学参考书来代替现行的教科书。"① 其主要内容或措施是：对全部教学内容进行审查，对所有教育工作者进行审查，取缔有关军国主义的和极端国家主义的教育内容，回收、销毁有关军国主义的和极端国家主义的教科书，对持有军国主义的和极端国家主义观点的教职员全部免职。为了制定教育改革的具体方案，1946 年美国政府向日本派出一个主要由教育学家及教育管理人员组成的教育使节团。经过近一个月的考察调研，使节团向占领军总司令部提交了一份指导战后初期日本教育改革的纲领性文件——《美国教育使节团报告书》。报告书对日本极端的国家主义、军国主义教育思想和体制进行了尖锐的批评，指明了日本教育改革的基本方向、原则、立场与方法，对教育目的、内容、管理体制、教学模式等各个方面都提出了改革建议。依据民主主义、个人价值和尊严、教育机会均等原则与立场，《美国教育使节团报告书》要求在教育目的上注重个性的培养与发展，在教学上要以学习者的兴趣、经验和能力为依据，在教育管理体制上改变中央集权制，改变划一的课程设置制度、考试制度、教科书制度。在具体的课程编制上，美国教育使节团报告书提出如下要求。

（1）要依据现代教育理论；

（2）不要只进行知识体系的传授，而应从儿童、学生的兴趣出发；

（3）要民主，教学内容要避免划一的、一统性的；

（4）要给教师自由选择教育内容的权力；

（5）课程编制要在文部省和教师的共同努力下进行；

（6）教师用书的出版发行只起引导、启发的作用；

（7）要联系教育心理的基础和地区社会生活进行研究。②

根据《美国教育使节团报告书》的要求与原则，日本对学校教育进行了根本性的改革，使战后初期的日本学校教育的改革与发展呈现出明显的"美国化"倾向。尤其在课程改革方面，迫于美国的压力，日本取消了用于实施军国主义教育的修身课、历史课与地理课，增设"社会科"和"自由研究"

---

① 王桂. 日本教育史 [M]. 长春：吉林人民出版社，1987：277-278.

② 叶立群. 课程教材改革探索 [M]. 北京：人民教育出版社，1997：277.

活动；把以学科知识为中心的课程设置改为以儿童的兴趣活动为主的活动课程，把以教师系统讲授为主的课堂教学改为以儿童的社会生活为主的活动教学，课程内容的安排采用"社会生活单元"体系，强调儿童的兴趣与活动。战后第一次课程改革宣传了美国的民主教育思想，扫除了战前极端国家主义与军国主义教育思想与体制。但由于过分强调儿童兴趣、经验，忽视基础知识的传授，造成了中小学学生基础学力大幅度下降、教育质量严重滑坡的后果，引发全社会的普遍责难和不满。

2. 60、70 年代的课程改革：强化基础知识传授与基本技能培养

进入 60 年代后，日本经济进入快速增长时期。1960 年池田内阁制定了"国民收入倍增计划"。开发人的能力与振兴科学技术成为这一时期教育发展与改革的迫切需要与依据。于是，为解决中小学教学质量下降的问题，日本进行了以强化学生掌握基础知识为指导思想的课程改革。这次课程改革的主要措施是使学校课程设置由以社会生活单元为中心的活动课程转变为以系统的科学知识为主的学科课程，由重视直接经验的体验与积累转变为重视间接经验的传授，由以儿童自主活动为中心转变为以教师的系统讲授为中心。在具体的学科课程改革方面，强调基础学科的教学，如小学加强读、写、算基本技能的训练，中学增加了国语、数学、理科课程的教学时数，减少音乐、图画等课程的教学时数，取消"自由研究"课程，减少选修科目。这次课程改革奠定了战后日本普通教育课程以学科课程为主的基础框架与平台。到了60 年代末期，受美国课程改革运动的影响，日本重新制定中小学教学大纲。此次课程改革以科学主义教育思想及结构主义课程思想为指导，还原间接经验传授及学科课程的主体地位，课程内容难度大幅度提高，高深教学内容逐级下放。如小学数学中增加了负数、旋转体、概率等内容，初中数学增加了二元一次不等式、反函数、标准差等内容，并把部分大学课程内容下放到高中教材，把一些现代科技成果引入中小学教材，强调教育现代化，强化精英教育及天才教育。此次课程改革由于教材难度过大，脱离学生的实际接受能力，绝大多数学生成绩偏低，造成 30% 小学生掉队、50% 初中生掉队、70%高中生掉队的"三、五、七"现象。此外，还造成了无穷的心理及制度上的隐患，当代日本教育的主要弊病均发端于 20 世纪 60 年代的课程改革，学历主义逐渐成为教育甚至整个社会难以治愈的顽症，教师习惯于以相同的方式、相同的课业内容达到相同的目标，妨碍了青少年儿童身心的健康发展。于是，日本于 70 年代中期实施了以"回到基础"为特征的课程改革。针对60 年代以来学校课程过难、过深而造成的学生负担过重、厌学情绪等不良后果，此次改革要求精选教学内容，加强基础知识教育，删除那些脱离学生接

受能力的抽象的高深理论，削减各学科的教学时数，减轻学生的课业负担，加强道德教育和体育，改变"智育唯一"的课程设置状况，强调教学计划的可伸缩性，增加初中、高中选修课。

3. 80年代的课程改革：立足于个性化、多样化与创造性的原则与立场

长期以来，日本教育始终坚持"国家主导型"管理体制，学校课程发展与实施始终遵循中央集权式的管理立场，课程改革也一直是在国家主导下自上而下地进行，国家教育主管部门"提供一个全国性的详细的课程指导叫'学习教程'，尽管允许教学方法具有某些灵活性，但并不鼓励教师去改动这个教程"①。于是，"任何一天，从北部寒冷的北海道到南部炎热的九州，你会发现各个学校的学生上的是同样的课、读的是同一本书的同一章"②。僵化的、整齐划一的课程设置与考试方式，使"日本的小学、初中、高中与其说是在进行教育，不如说是为考试做准备"③。愈演愈烈的"考试战争""学历主义"造成了"日本教育结构及教育方法否认学生个性的存在"④。这种状况不仅妨碍了青少年儿童身心的健康发展，而且造成了学校教育特别是初等和中等教育严重的"教育荒废"现象。这种现象突出地表现为："激烈的入学竞争、欺负弱小同学、逃学、校内暴力、教师体罚、青少年道德行为不良等。"⑤为此，进入80年代以后，日本以面向21世纪的教育改革为主题，对战后的教育发展进行系统的反思，在此基础上对学校课程进行了一系列的改革。

1976年，日本学校课程审议会在一份咨询报告中提出了制定新的学习指导要领的方针是："在重视使学生养成独立思考、正确的判断能力的同时，必须实现以下目标：1. 培养具有丰富人性的学生；2. 安排既有余地却又充实的学校生活；3. 在重视作为国民必需的基础的、基本内容的同时，要进行适应学生的个性和能力的教育。"⑥基于这样的指导思想，文部省于1977年、1978年公布了新的小学及初中学习指导要领、高中学习指导要领，并于80年代初期开始实施。此次由学习指导要领的重新修订所引发的课程改革，立足于多样化与个性化的原则与立场，改变划一性、强制性的课程传统。具体

① 达因·普鲁菲塔·斯切勒，等. 日本：一个学习的社会 [J]. 外国中小学教育，1984 (4).
② 费劳斯. 美国人眼中的日本教育——日本教育的优势、不足和教训 [J]. 比较教育研究，1993 (4).
③ 永井道雄. 近代化与教育 [M]. 长春：吉林人民出版社，1984：154.
④ 庆吉利根川. 日本人眼中的美国教育 [J]. 比较教育研究，1993 (4).
⑤ 国家教育发展研究中心. 发达国家教育改革的动向和趋势：第二集 [M]. 北京：人民教育出版社，1987：451.
⑥ 叶立群. 课程教材改革探索 [M]. 北京：人民教育出版社，1997：220.

措施是：改革学术科目，加强基础和基本教育，各阶段教育均减少学时数、减少必修课，精选教育内容、突出重点，强化基础学力，培养学生的创造力、思考力、判断力和表现力，学科设置与学习安排要体现个性化与选择性原则。小学阶段加强综合课教学；初中阶段扩大选修课种类，增加选修课课时；高中阶段只规定必修学科，不指定必修课程，将基本学科分成程度不同、方向不同的课程，如数学分为数学 1、数学 2、数学 3，国语分为国语 1、国语 2 等，供学校、学生选择。

1984 年 9 月日本成立了一个直接对内阁总理大臣负责的专门审议教育改革方案的机构——临时教育审议会。临时教育审议会组建后分别于 1985 年 6 月、1986 年 4 月、1987 年 4 月、1987 年 8 月发表了 4 个关于日本教育改革的咨询报告，对日本教育存在的问题以及改革与发展的指导思想、目标、内容、措施等提出了指导性意见。临时教育审议会在咨询报告中强调，改革是时代的要求，教育改革势在必行，并指明了战后日本教育存在的主要问题。

（1）战后改革所强调的陶冶人格、尊重个性、自由的理念等，还有未充分落实的地方。

（2）教育的划一性，主张极端的形式主义平等的倾向比较明显。

（3）考试竞争激烈，教育流于偏重分数、偏重知识，对于创造性、思维能力、表现能力重视不够。

（4）大学教育缺乏个性，并且在教育和研究上得到国际评价的不多。

（5）教育行政的划一性和僵硬性，妨碍着教育活力的发挥。[①]

这些问题意味着学校教育未能充分完成它的社会性使命。针对这些问题，临时教育审议会在咨询报告中突出强调培养个性多样化的创造型人才新目标，强调个性化、多样化的改革原则与立场，主张"今后学校教育必须克服管理僵硬、刻板、强求一律，努力实现面向社会、面向家长、尊重学生的个性与人权，以恢复社会对教育界的信赖"[②]。在具体的教育改革与发展方向上，临时教育审议会提出了面向 21 世纪的三个教育目标。

（1）宽广的胸怀、健康的体魄、丰富的创造力。教育的中心问题是要对学生进行身心两方面均衡发展的教育。要在精心培养学生德、智、体协调发展中寻求"真、善、美"的宽广的胸怀与健康的体魄。

（2）自由、自律与公共精神。自由、自律精神要求学生具有总结自己的

————————————————————

① 国家教育发展研究中心. 发达国家教育改革的动向和趋势：第二集 [M]. 北京：人民教育出版社，1987：475.

② 国家教育发展研究中心. 发达国家教育改革的动向和趋势：第二集 [M]. 北京：人民教育出版社，1987：452.

思考、提出判断、做出决定、敢于负责的能力、意愿和态度。公共精神要求学生要有为公共事业尽职的精神，对他人关心、为社会服务的精神，爱国爱家乡之心以及尊重社会规范和法律秩序的精神。

（3）世界之中的日本人。要站在全人类、全世界的视野，培养能够在艺术、学识、文化、体育、科学技术、经济社会等各个领域上为国际社会做出贡献的日本人。① 基于新的培养目标及改革的立场与原则，临时教育审议会在咨询报告中建议今后学校课程改革要"充实德育，改善道德教育内容；贯彻'基础、基本'与发展个性；重视培养创造能力、思维能力、判断能力和养成自我教育的能力"②。关于教材建设与管理，临时教育审议会在咨询报告中建议："今后的教育应以尊重个性为原则，采取多样化的方式。因此，对教科书的编纂和使用也应重新检讨；与其说它是便于教师进行指导的教材，毋宁说它是便于学生使用的学习材料。要精心提高教科书质量，出版丰富多彩的、多种样式的教科书，有利于培养创造性、思维力、表达力，而且要考虑少年儿童的发展阶段和接受能力，既要精选内容，又要保持一定水平，并且要确保教育的可靠性、中立性、公正性和教育的机会均等。"③

1987 年 10 月，日本内阁会议根据临时教育审议会咨询报告，做出了《关于当前教育改革的具体方略——教育改革推行大纲》的决定。1987 年 12 月，课程审议会根据临时教育审议会咨询报告，提出了《关于改善幼儿园、小学、初中和高中课程标准》的咨询报告，确立了课程改革的基本标准："从培养独立思考、判断、行动能力，谋求教育的质的飞跃这一基本观点出发，面向 21 世纪，培养生存于国际社会的日本人，重视国民所必备的基础知识和基本技能，充实个性教育，使学生有主动学习的欲望，能主动地适应社会的变化。培养具有丰富的内心世界、坚忍不拔的人。"④ 1989 年，文部省根据课程审议会《关于改善幼儿园、小学、初中和高中课程标准》的咨询报告，对学习指导要领进行了改革与修订，颁布了新的学习指导要领，并决定小学于 1992 年、初中于 1993 年、高中于 1994 年开始实施新的学习指导要领。新的学习指导要领突出强调培养学生主动的求知欲望和适应社会变化的能力，强调发展个性的教育。在具体的课程方案制订上，新的学习指导要领

---

① 国家教育发展研究中心. 发达国家教育改革的动向和趋势：第二集 [M]. 北京：人民教育出版社，1987：452.

② 国家教育发展研究中心. 发达国家教育改革的动向和趋势：第二集 [M]. 北京：人民教育出版社，1987：478.

③ 国家教育发展研究中心. 发达国家教育改革的动向和趋势：第二集 [M]. 北京：人民教育出版社，1987：463.

④ 叶立群. 课程教材改革探索 [M]. 北京：人民教育出版社，1997：296.

要求加强道德教育、人生观教育，使学生养成基本的生活习惯；小学、初中阶段授课的单位时间弹性化，可在确保全年授课时数的前提下，制订恰当的计划，灵活处理授课的单位时间；高中阶段增加科目设置、促进学分制的灵活运用；改善教学方法和教学体制等，强化适应个性培养的教学方法与教学体制等。①

4. 21 世纪的课程改革：凸显"轻松宽裕"与"生存能力"的时代主题

异常频繁的改革，并没有从根本上解决长期以来一直困扰日本学校教育片面的知识灌输、考试竞争、学校暴力、青少年行为不良等教育病理问题。于是，20 世纪末 21 世纪初，日本又进行了新一轮教育改革。1996 年 8 月，日本中央教育审议会发表了《关于我国面向 21 世纪的教育》的咨询报告。1998 年 6 月，日本教育课程审议会发表了关于改善中小学课程标准的审议报告。以这两个报告为依据，1998 年 12 月，文部省颁布了新的学习指导要领，由此启动了新一轮基础教育课程改革运动。

中央教育审议会发表的《关于我国面向 21 世纪的教育》的咨询报告明确提出 21 世纪日本教育的发展方向是让孩子拥有"生存能力"与"轻松宽裕"，主张在"轻松宽裕"的教育环境中，开展"轻松宽裕"的教育活动，编制"轻松宽裕"的教育课程，使课程富有弹性，使每一个学生的个性得以发挥。该咨询报告认为，要明确 21 世纪日本教育改革与发展的走向，首先应对日本教育的现状有一个清醒的认识。二战以来，尽管日本社会各个方面的发展取得了巨大的成就，人们的生活水平不断提高，但人们却缺少轻松、宽裕的生活，并引发了教育上的种种问题。诸如学历主义、考试竞争、划一的教育内容与方法，使学生背负沉重的学业负担与精神压力，生活体验、社会体验明显不足，心理不良、行为不良现象与问题十分突出，尤其是严重缺乏适应急剧变化社会所必需的基本的"生存能力"。这种"生存能力"主要是指独立发现、独立思考、独立判断与独立解决问题的能力，自主自律、与人和谐共处、公平正义、关心奉献的精神与素质，以及健康的体魄。

为了贯彻落实中央教育审议会培养学生"生存能力"的指导思想，日本教育课程审议会为新一轮基础教育课程改革确立了以能力为本位的基本原则与依据：致力于培养具有丰富的人性和社会性、能够自立于国际社会的日本人；培养学生独立学习、独立思考、独立判断、独立解决问题的能力；加强基础，充实发展个性的教育；促使学校发挥主动性，创造特色教育与特色学校。在具体的课程改革过程中，要求精选教学内容，加强基础知识的学习和

① 叶立群. 课程教材改革探索 [M]. 北京：人民教育出版社，1997：298，299.

基本技能的培养，培养丰富的人性，发展个性，培养生存能力；使学生学会学习、学会独立思考，让学生在宽松的氛围中开展丰富多彩的学习活动，进行体验式学习、问题解决式学习和探究式学习；改革学习指导和评价方法，转变以知识灌输为本位的评价标准、方法与体系，关注学习过程、学生发展的潜力与成长状况；改革课程管理体制，统一标准与发展地方、学校课程相结合，赋予地方和学校一定的课程编制和实施自主权，鼓励各地区、各学校设计具有特色的课程。

基于上述教育及其课程改革的指导思想、原则与立场，新的学习指导要领对课程的结构、内容、管理体制等各个方面进行了改革。其中最主要的改革措施是课程结构的调整：设定"综合学习时间"，使课程结构由原来的"学科""道德""特别活动"3 个板块转变为"学科""道德""特别活动"和"综合学习时间"4 个板块。设定"综合学习时间"的宗旨在于培养学生独立发现、思考、探究、判断、解决问题的能力。"综合学习时间"从小学三年级开始实施，直到学生高中毕业。规定的课时比例为每周 2—3 课时，其中小学高年级每年学习时间为 110 小时，初中每年学习时间为 70—130 小时，高中三年的学习时间为 105—210 小时。学校可灵活安排学习时间，可以在一段时间内进行集中学习，也可以在全年分散进行。学习的内容没有具体的规定，没有教材。学习指导要领只是对"综合学习时间"的学习内容做了如下指导：一是国际理解、信息、环境、福利与健康等横向的、跨学科的课题；二是符合儿童兴趣与需要的课题；三是适合本地区、本学校特点的课题。综合学习时间的活动方式为"体验学习"和"课题研究学习"两大类。具体的方式有：体验自然、体验社会、观察、实验、参观、调查、讨论、制作、生产等。① 此外，在课程内容上，新的学习指导要领要求精选必修课内容，削减必修课学时。小学阶段注重综合、具体活动与体验；初中阶段扩大选修课范围与比重；高中阶段实行必修科目多样化、必修科目选修化的课程设置方法，使课程富有弹性。在课程管理上，赋予学校一定的课程决策权，并要求学校创造特色化课程，创造性地开展适合地区、学校以及学生个性的特色化教育活动。

---

① 姜丽华. 日本新课程中的综合学习时间：规范、实施及问题 [J]. 辽宁师范大学学报：社会科学版，2003 (11).

第二章

新课程改革：中国基础教育的长征之旅

改革开放以来，我国基础教育发展取得了辉煌成就，但基础教育总体水平还不高，基础教育课程还不能完全适应时代、社会与人发展的需要。为此，教育部决定，大力推进基础教育课程改革，调整和改革基础教育的课程体系、结构、内容，构建符合素质教育要求的新的基础教育课程体系。于是，21 世纪之初，我国基础教育以实施素质教育为鲜明旗帜，掀起了一场盛况空前的、全面深入的课程改革运动。2001 年，教育部印发了《基础教育课程改革纲要（试行）》的通知，明确提出本次课程改革的指导思想、目标和任务，并对课程改革提出了具体政策性意见，标志着我国新一轮基础教育新课程改革全面启动。新一轮基础教育课程改革，涉及培养目标、课程结构、课程标准、课程实施与教学方式、教材与课程资源、评价体系和师资培训等方方面面的改革。这场新课程改革运动，绝不是单纯的课程内容更新或教材变换的问题，而是一场以课程改革为核心的整体教育改革运动。它不仅彰显了现代教育理念，而且充分反映了当代社会发展对教育的期待与要求，具有鲜明的时代特征与深远的历史意义。

一、新中国基础教育课程改革的历史进程及反思

新中国成立以来，我国中小学课程改革、变动十分频繁，虽不像国外课程改革运动那么轰轰烈烈、如火如荼，也没有迥然相异的课程理论流派的唇枪舌剑，但课程发展并非一帆风顺，每一次课程改革都提出了完全不同的课程指导思想、课程结构、教材体系、课程实施方法，标志着课程改革路线与方法的根本性的转变。

（一）新中国基础教育课程改革的历史进程

我国中小学课程改革一直处于教育改革的核心地带，课程结构的调整与教材体系的变更制约着普通教育发展的时代走向。新中国成立后，我国基础教育课程共经历了八次较大规模的改革。前七次改革分别是在 1949—1952 年、1953—1957 年、1958—1965 年、1966—1976 年、1977—1985 年、1986—1991 年、1992—2000 年进行的。

1. 第一次课程改革（1949—1952）

新中国成立之初，我国政府十分重视学校课程的发展与改革，其主要任务是对旧中国的学校课程进行改造，建设新中国的学校课程体系。新中国的诞生，标志着我国社会性质发生了根本性的变化，文化教育成为新民主主义的，即民主的、科学的、大众的教育，其主要任务是提高人民的文化水平，培养国家发展建设所需的各类人才，肃清封建的、买办的、法西斯的思想，发展为人民服务的思想。这就要求学校课程、教材建设与改革必须与新的社会制度及教育性质、任务相适应，有步骤地改革旧的教育制度、教育内容，尤其是在意识形态方面，课程研制要旗帜鲜明地捍卫新兴的社会政治制度，积极配合对旧社会及教育的社会主义改造。于是，以改造旧教育体制，创建新民主主义的教育制度为宗旨进行了大规模的教育改革，在课程设置上取消了原来学校中的"党义""军训""公民"等旨在维持封建的、买办的、法西斯的社会政治体制的愚民性学科，新设政治课。1951 年 3 月和 8 月，教育部分别召开了第一次全国中等教育会议和第一次全国初等教育会议，通过了《中学暂行规程》和《小学暂行规程》，确定了普通教育的宗旨是使学生在德、智、体、美各方面获得全面发展。在课程设置上，中学开设政治、语文、数学、物理、化学、历史、地理、外语、体育、音乐、美术等学科课程；小学开设语文、算术、自然、历史、地理、体育、图画、音乐等课程。这样，在全国范围内确立了统一的中小学课程体系，并形成了基于全国统一教学计划、教学大纲与教科书的课程管理制度、体系与模式。

2. 第二次课程改革（1953—1957）

1953 年我国开始执行国民经济发展的第一个五年计划。为了适应当时国民经济发展的需要，我国对中小学课程进行了大幅度的改革，除了减少各学科课时外，还对部分学科课程进行分解，如把语文分为语言和文学，中学政治分为中国革命常识、社会科学基础知识，将地理分为自然地理、世界地理、中国地理、中国经济地理、外国经济地理。从 1954 年开始到 1956 年结束，人民教育出版社着手编写通用的中小学教材，具体的编写方针包括以下几方面：（1）贯彻社会主义思想，采用系统的基本科学知识，注意汲取先进的科学成果；（2）以马克思列宁主义的立场、观点、方法来解释各种问题，即以辩证唯物主义和历史唯物主义的观点来阐明自然现象和社会生活规律；（3）贯彻理论与实际相结合的原则，把科学原理、法则、定律与我国工农业建设、革命斗争结合起来；（4）符合教学原则，适合各科教学目的与学生年龄特征；（5）汲取苏联的先进经验。① 这套教材的编写是在全面学习苏联及向科学进军的时代背景下进行的，虽系统性较强，但存在着"要求高、分量重、内容深"的弊端。到了1957年，毛泽东提出要使受教育者在德、智、体几方面都得到发展，成为有社会主义觉悟的、有文化的劳动者的教育方针。据此，学校教育把德育、智育、体育三方面课程放在同等重要位置，并突出劳动者培养的教育宗旨。同年，教育部发出通知，要求精简中学历史、地理、生物及小学语文、历史、地理等课程的内容与课时，以解决已有教材要求过高、分量过重的弊端，改革新中国成立初期以智育为主的学校课程内容，并分别在中小学增设生产技术教育和手工劳动课程。

3. 第三次课程改革（1958—1965）

这一时期我国正处于"全面建设社会主义"时期，同时也是"左"倾思想的萌芽时期。1958年中苏关系恶化，同时，在我国工农业生产中掀起了"大跃进"高潮。伴随着政治上对苏联修正主义的批判及经济上的"左"倾冒进和浮夸之风，教育领域开始全面否定苏联的教育经验，并适应工农业生产的发展需要，全面调整课程与教材的管理制度、学科体系、课程内容及课时分配。1958年，毛泽东提出教育必须为无产阶级政治服务、必须同生产劳动相结合的教育工作方针，随后教育领域里掀起了"大革命"运动，在课程与教材建设上，对源于苏联的"三中心"（即教师中心、课堂中心、书本中心）课程予以彻底的批判，认为新中国成立以来学校课程内容陈旧落后、脱离中国实际，要求强化实践经验在课程内容结构中的比重，以社会实践"大课堂"替代教室"小课堂"。1958年，中共中央、国务院发布《关于教育事业管理权力下放问题的规定》，确立了中央、地方在教材编制上的双重职责，规定教育部只负责"组织编写通用的基本教材、教科书"，地方"根据因地制宜、因校制宜的原则，可以对教育部和中央主管部门颁发的各级各类学校指导性教学计划、教学大纲和通用的教材、教科书，领导学校进行修订补充，也可以自编教材和教科书"②。随后教育部发出正式通知，允许各地自编

① 叶立群. 回顾与思考——中小学教材建设四十年（1949—1989）管窥［J］. 华东师范大学学报：教育科学版，1992（2）.

② 中央教育科学研究所. 中华人民共和国教育大事记［M］. 北京：教育科学出版社，1983：230.

教材。于是，各地纷纷自编教材，教材建设与使用呈现出异常混乱的状态。在学校课程设置上，大量增加体力劳动的课业内容及课时，压缩正规的学科教学内容。此外，有些教材中还出现了"贴标签"的形式主义现象，增加了与该学科无关的政治教化性内容，教育质量滑坡问题很快暴露出来。1959 年以后，课程与教材研制工作的重点转向纠正、调整 1958 年教材建设中的"大跃进"现象。1959 年 1 月，中央召开教育工作会议，强调中小学教材应保证全国必要的统一性及水平，建议编写通用的中小学教材。1960 年人民教育出版社编写了一套十年制中小学教材，但没能完全摆脱"左"倾现象，学制缩短，教材结构不严密，教学内容逐级下放；内容选择缺乏科学依据、随意性强、理论水平低、系统性差。1963 年教育部公布了新的十二年制中小学教学计划，即《全日制中小学教学计划（草案）》，全面纠正、清理"大革命"中学校课程、教材建设的混乱局面及错误倾向，人民教育出版社着手编写新的十二年制中小学教材。新教材编写坚持以课堂教学为主，强调课程研制的科学性、基础性、系统性标准，注重基础知识传授和基本技能培养的"双基"目标，要求语文、数学、外语、物理、化学等学科的教学要适当提高程度，避免片面强调联系实际而削弱基础知识，课程内容适当反映科技发展的最新成果。同时，为了改革新中国成立初期学生负担重及中学单一必修课现象，1963 年的教学计划减少了历史、地理等学科的教学时数，高中开始设置选修课。1963 年课程计划及教材体系成为我国 1956 年后又一个较为完善的普通学校课程及教材方案。但 1963 年的课程计划中理科课程学时数明显增多，而部分文科课程学时比重则趋于下降，不仅导致学校课程设置中的"重理轻文"现象，而且学生负担过重的问题依然没有得到有效的解决。当然，从总体上讲，1963 年的课程计划转扭了"大跃进"运动带给学校教育的不良影响，使学校教育展现出新的生机与活力。不过，好景不长，始于 1964 年底的"四清"运动，驱使大批学生离开校园、走向农村搞"社教"，使稍有好转的学校教学秩序及课程方案、标准又遭受严重的破坏，而出台不久的 1963 年课程计划及教材也就此搁浅。

4. 第四次课程改革（1966—1976）

1966 年 5 月，"文化大革命"开始，拉开了我国历史上声势浩大的十年动乱序幕。在十年动乱期间，教育领域成了"重灾区"，新中国成立后 17 年的教育工作经验被全盘否定，课程及教材建设工作遭到了极为严重的破坏，课程研究机构、教材出版机构陷入瘫痪状态。1966 年 6 月，中共中央、国务院批转教育部党组《关于 1966—1967 学年度中学政治、语文、历史教材处理意见的请示报告》，认为当时的中学教材没有突出无产阶级政治，违背了毛主席关于阶级和阶级斗争的学说，违背了党的教育工作总方针，小学教材也存在很多问题，因此应重新编辑中小学各科教材。从此，在全国范围内，以对通用教材的批判为借口及依据，各地一哄而上，纷纷自编教材，课程"研制"及教材"建设"领域乌烟瘴气。首先从历史、语文、政治等课程和教材开始修订，强调政治挂帅，视以往的通用教材为"封资修"大杂烩。因而，各地所编教材的主要指导思想和特点就是突出政治，各种课程和教材中都充斥着政治斗争的内容及思想，政治课取代了科学文化课，各科教材"穿靴戴帽"、牵强附会地与政治扯在一起，基础知识被严重削弱，教材体系混乱不堪。课程、教材成为"无产阶级文化大革命"成果的宣传工具及政治斗争的手段。在具体的课程内容选择及教材编写上，采取所谓的"典型产品带知识"的形式，严重肢解学科知识的逻辑体系。课程被划分为两大类：生产斗争课程和阶级斗争课程。生产斗争课程又分为两种：其一是"工业基础知识"课，内容的选择与组织以"三机一泵"（拖拉机、柴油机、电动机、水泵）为主线；其二是"农业基础知识"课，内容的选择与组织以"三大作物一头猪"（三大作物指稻、麦、棉）为主线。阶级斗争课程由政治、历史、语文、地理等有关社会基础知识方面的课程所组成。事实上，在"知识越多越反动""宁要社会主义的草，不要资本主义的苗"的知识价值观念所笼罩的氛围里，所谓的生产斗争课也只是描述些与生产有关的肤浅常识，而阶级斗争课却是挥起了"文攻武卫"的大棒。学校正常的课程体系及教学秩序被打乱，取而代之的是盲从的政治运动和社会实践活动，教育系统遭到严重的破坏。

5. 第五次课程改革（1977—1985）

1977年以后，我国学校课程研制领域开始拨乱反正、重新建立中小学课程及教材体系。这一时期，伴随着"实践是检验真理的唯一标准"的大讨论及科学的"春天"的到来，科学知识成为课程研制的热点问题。邓小平同志曾明确要求："教材要反映出现代科学文化的先进水平"[1]，"用先进的科学知识来充实中小学的教育内容"[2]。据此，课程研制开始全面肃清"知识越多越反动"的谬论，强化科学知识的掌握及基本技能培养的课程研制指导思想。特别是1978年党的十一届三中全会要求将工作重点转移到经济建设上来，提出实行"改革开放"的重大战略决策，使学校教育及课程改革不仅显得异常紧迫，而且具有了十分明确的指导思想与社会现实基础。1978年教育部颁发了《全日制十年制中小学教学大纲》（试行草案），着手理顺课程研

[1] 中共中央文献研究室. 邓小平同志论教育 [M]. 北京：人民教育出版社，1990：35.
[2] 中共中央文献研究室. 邓小平同志论教育 [M]. 北京：人民教育出版社，1990：60.

制及教材建设中的政治与业务、理论与实践的关系，要求学校课程设置及课程内容的选择必须以基础知识为主，重视基本技能训练，开发学生的智力，培养学生的能力。此后，教育部又分别颁发了《五年制中学教学计划修订草案》(1981年)、《五年制小学教学计划修订草案》(1981年)、《六年制小学教学计划草案》(1984年)。1985年以后，中小学全部改为六年制，1986年人民教育出版社编写了十二年制中小学教材。至此，我国中小学课程、教材建设在80年代中期已基本上扭转了"大跃进"及"文革"所造成的混乱局面，形成了较为完整、规范的课程、教材体系。在课程设置上，小学主要开设语文、数学、品德、社会（历史、地理）、自然、体育、音乐、美术、劳动等必修课；中学开设语文、数学、外语、政治、历史、地理、物理、化学、生物、体育、音乐、美术、劳动技术等必修课，高中设置选修课。这些课程设置与内容选择的主要原则是理论与实践相结合，遵循青少年学生的身心发展规律。通过一系列课程改革，使我国各级学校课程建设步入正轨，并为我国的现代化建设培养了大批合格的建设人才，为高等学校输送了大量的合格新生。

6. 第六次课程改革（1986—1991）

1985年5月，《中共中央关于教育体制改革的决定》确立了我国新一代教育体制的基本框架，为中小学课程、教材改革指明了方向。《中共中央关于教育体制改革的决定》明确指出，由于我国幅员辽阔，经济文化发展很不平衡，义务教育的内容应该因地制宜，有所不同。为此，中小学课程、教材建设开始实行国家统一基本要求下的多样化改革路线与措施。为了推进中小学课程、教材的改革，1986年9月，全国中小学教材审定委员会成立，负责审查审定各学科教学大纲和全国中小学教材。此后，国家教委颁发了《全国中小学教材审定委员会工作章程》，针对新中国成立以来中小学课程、教材品种单一，脱离不同民族、地区的经济、文化发展状况等弊端，决定改革统一的课程、教材管理体制，在统一要求、统一审定的前提下实行教材的多样化改革。于是，国家教委开始着手制定义务教育全日制小学、初中教学计划，明确提出了中小学课程设置与研制的统一性与灵活性相结合的原则。1988年5月，国家教委在山东召开教材规划会议，正式确立了"一纲多本"及"多纲多本"的教材改革方向。

所谓"一纲多本"是指根据国家教委统一制定的教学大纲编制面向不同水平的经济文化发展地区的多种教材；"多纲多本"是指研制面向不同地区的课程方案及教材体系。这一时期，全国先后编出"八套半"九年义务教育教材及三种课程方案。"八套半"九年义务教育教材即广东省教育厅和华南师大一套（沿海版）、东北师大一套、北京师大一套、四川省教委和西南师大一套、上海市一套、浙江省一套、人教社两套、河北小学复式教材半套。三种课程方案是：国家教委《九年制义务教育全日制小学、初级中学课程方案》，1992 年颁布，适用范围为全国全日制小学、初级中学；上海市中小学课程教材改革委员会《上海市中小学九年制义务教育课程改革方案》，1989年 4 月审定通过，适用范围为经济文化比较发达和办学条件较好地区的全日制小学、初级中学；浙江省九年义务教育教材编委会《农村地区九年制义务教育试行教学计划》，1991 年 10 月审定通过，适用范围为农村地区全日制小学、初级中学。为了与九年义务教育课程方案相衔接，进一步改革普通高中教育，以更好地适应 21 世纪我国经济和社会发展需要，提高高中办学的质量和效益，国家教委于 1990 年 3 月印发了《现行普通高中教学计划的调整意见》，普通高中的教学计划第一次单独制定，确立了高中课程改革的统一性与灵活性相结合的原则，要求减少必修课分量、降低教学要求，并大幅度提高选修课课时数，将课外活动正式纳入课程计划。

7. 第七次课程改革（1992—2000）

1992 年颁布的《中国教育改革和发展纲要》，进一步提出"中小学教材要在统一基本要求的前提下实行多样化"的改革要求。1992 年国家教委颁布《义务教育全日制小学、初级中学课程计划（试行）》，第一次将"教学计划"改为"课程计划"，第一次提出了"国家安排课程"和"地方安排课程"，实现了课程管理政策的重大突破。"课程计划"规定：课程包括学科课程、活动课程两部分，主要由国家统一安排，也有一部分由地方安排。学科课程以文化基础教育为主，在适当年级，因地制宜地渗透职业技术教育；以分科课程为主，适当设置综合课程；以必修课程为主，初中阶段适当设置选修课程；以按学年、学期安排课程为主，适当设置课时较少的短期课程；活动课程在实施全面发展教育中同学科课程相辅相成。1996 年 3 月，国家教委印发了《全日制普通高级中学课程计划（试验）》，进一步强调课程设置既要有统一的基本要求，又要有适度的灵活性，以适应不同办学模式的学校需要，鼓励学校在实现国家基本要求的前提下办出特色；在课程结构上规定普通高中课程由学科类课程（分必修、限定选修和任意选修三种形式）和活动类课程（包括校会、班会、社会实践、体育锻炼、科技、艺术等）组成；在课程管理上规定普通高中课程由中央、地方、学校三级管理，建立课程教材三级管理模式，在保证统一要求的前提下，扩大地方与学校在课程管理及研制方面的自主权，充分发挥地方和学校参与课程改革的积极性。这些改革措施标志着我国中小学课程、教材研制由划一、统控模式转换为统一性与多样性相结合的新模式。至此，我国中小学多样化课程方案与教材体系格局已初步形成，昔日"大一统"的课程与教材管理体制及划一的课程方案与教材体系有所改变。中小学课程、教材改革取得了阶段性成果与突破性进展。

（二）新中国基础教育课程改革的历史经验与教训

从 1949 年到 2000 年，我国学校课程始终处于一种动态的发展过程。改革不仅使我国基础教育课程发展不断完善，而且积累了较为丰富的课程建设经验。当然，我国基础教育课程改革也走过许多弯路，暴露出种种问题，留下了深刻的历史教训。

1. 课程改革与发展的基本经验

纵观新中国成立以来基础教育课程的七次改革，虽然不同时期改革的指导思想、内容、标准与措施都有很大的差别，尤其是改革开放以后，关于课程理念、模式与管理体制等方面的改革取得了突破性的进展，但在课程性质、目标与方案制定等方面的改革却始终坚持大体一贯的原则与立场，保障了课程改革的基本方向、逻辑与路线。

第一，突出课程的教育性品质。

教育首要的、根本的使命在于使人成为人，使人懂得"为人之道"，发展其做人的根本特征与品质。汤因比认为，教育的正确目的，归根结底是宗教性质的东西，不能只图利益。教育应该是一种探索，使人理解人生的意义和目的，找到正确的生活方式。同样，池田大作也认为，学问和教育本来的意义非常接近某种意义上的宗教性质的东西。教育的根本课题是在于说明和回答人类应当怎样存在，人生应该怎样度过这些人类最重要的问题。① 鲁洁教授认为，教育的目的有两种，一种是"有限的目的"，即指向谋生的外在的目的；另一种是更为重要的"无限的目的"，即指向人的自我创造、自我发展、自我实现的内在的目的。② 因而，价值性与思想性是教育活动的根本性品质及终极依据，决定教育的信念、立场与方法。价值性与思想性的丧失，意味着教育内在品质的缺失与扭曲。价值性与思想性赋予学校课程目的性品质。对此，赫尔巴特曾指出："教学如果没有进行道德教育，就是一种没有目的的手段；道德教育如果没有教学，就是一种失去了手段的目的。"③学校课程的改革与建构只有立足于价值性与思想性的逻辑前提与基础，才能

---

① A. J. 汤因比，池田大作. 展望二十一世纪——汤因比与池田大作对话录 [M]. 荀春生，等，译. 北京：国际文化出版公司，1985：60.

② 鲁洁. 通识教育与人格陶冶 [J]. 教育研究，1997（4）.

③ 张焕庭. 西方资产阶级教育论著选 [M]. 北京：人民教育出版社，1964：257.

获得教育性品质与辩护依据。

新中国成立以来，价值性与思想性在我国课程、教材改革与研制标准中始终居于首要地位。尽管在不同时期曾因片面强调政治教育、以政治冲击业务、以政治课取代文化课而使价值性与思想性标准走向片面与极端，但就学校课程的教育性标准及内涵而言，价值性与思想性是重要的组成部分和表现形式之一。强化课程内容选择及组织中的价值性与思想性品质及标准，是课程、教材改革与建构的重要前提。至于片面理解价值性与思想性指标的内涵及其与其他指标的关系，将价值性与思想性化约为政治性，或将价值性与思想性指标唯一化、绝对化，从而造成整体课程改革与研制方案的偏失，则并非是价值性与思想性指标本身的过失。价值性与思想性指标具有广泛而丰富的内涵。它对个体正确的、科学的世界观、人生观及道德品质、行为方式、态度、情感的形成与升华具有重要的促进作用。漠视价值性与思想性指标，盲目而单向追求学科知识的逻辑性、严密性、准确性，势必混淆科学的逻辑与教育的逻辑，歪曲学校课程的本质属性。在新中国成立以来的中小学课程改革过程中，我们始终坚持正确的政治方向，强调课程与教材的价值性与思想性标准，结合学科内容进行思想、品德、品格、心理、法律等方面的教育，寓思想教育于各科教学中，不仅体现出课程内容的教育性逻辑与品质，也保证了所培养的人才在政治、思想、品德等方面的标准及质量，从而使突出课程的教育性品质，成为我国课程改革的成功经验与鲜明特色。

第二，强化课程的"双基"目标。

重视基础知识、基本技能的传承与训练，是我国基础教育改革与发展的基本目标、基本内容与基本原则。新中国成立以来，在几次重大的课程改革过程中，无论是课程改革理论探究还是课程改革具体政策的制定以及课程改革路径与方法的选择，无不突出地强调基础性与基本性立场。多年来，传播基础知识、培养基本技能一直居于我国基础教育课程研制指导思想的核心地位。课程设置关注基本学科，内容选择与组织关注人类社会长期发展所积累下来的宝贵的文化遗产，不仅成为我国普通教育质量不断巩固、提高的关键所在，构成我国基础教育课程改革的成功经验，而且使"双基"理论成为"在新中国教育实践中形成的具有中国特色的课程理论"①。我国课程改革实践表明：突出"双基"目标、原则与立场，即使有再多的问题与纰漏，课程改革也不会偏离基本方向与主渠道；否则，摒弃"双基"目标、原则与立场，即使有再多的理由、再"充分"的论据，课程改革也必然因为教育教学

———————————————

① 李涛. 新中国历次课程改革中的"双基"理论与实践探索 [J]. 课程·教材·教法，2009（12）.

质量的大面积、大幅度滑坡而难逃彻底失败的命运。而从二战后发达国家的课程发展，尤其是英、美等国的课程改革来看，注重基础知识的传授与基本技能的培养也被视为提高教育质量、改变课程设置的钟摆现象及课程内容选择与组织混乱局面的重要手段和措施，并成为英、美等国基础教育课程改革的基本趋势。

课程缘起于文化知识传承的需要，传承知识成为课程的重要功能与使命。也就是说，基础知识与基本技能是课程的原生性内容，离开知识与技能，课程便失去存在的重要依据。知识与技能是个体智力发展及情感、个性、思想品质的形成与发展的重要基础与载体，课程所有高级功能及价值的实现、个体所有素质的培养都离不开知识的掌握与技能的提高。但是，"双基"目标既不能构成课程的全部目标或唯一目标，也不能构成课程改革及建构的绝对逻辑与评价标准，更不能因为"双基"目标的合理性而引申出"知识中心论"与"教师中心论"命题、逻辑及立场的正确性。然而，事实却恰恰如此。长期以来，我国课程理论研究与实践发展不仅普遍存在对"双基"理论的扭曲现象，而且使其绝对化、极端化，造成了课程理论探究与课程改革实践中因对课程的肢解、撕裂而产生的冲突与单向度问题。如将"双基"理论与目标等同于知识灌输、死记硬背、机械训练、教师中心、课堂中心、书本中心等，将所谓"应试教育"的诸多弊端如忽视学生创新精神和实践能力的培养，扼杀学生的自主性、独立性和能动性等都归因于"双基"理论与目标。于是，对于课程的"双基"理论与目标，或者因为理论上的错误理解而使其僵化，进而被否定；或者因为实践中的错误运用而使其陷入绝境，进而被抛弃。显然，因为理解与运用的不当而否定、抛弃"双基"理论与目标，不仅缺乏充分的论据，而且容易造成逻辑上混乱与扭曲。无论是在课程理论研究上还是在课程改革实践中，任何命题都有适用范围、区间与尺度，其恰切性标准与品质只有在相应的范围、区间与尺度的界限内才得以解释。超越界限的解释与运用，将其放大与绝对化，必然因过度诠释与运用、非本体诠释与运用而使命题失真或失范。因而，尽管在我国基础教育改革与发展过程中，对"双基"理论与目标存在着各种各样的错误理解与运用现象，但却不能因此而否定"双基"理论与目标的恰切性品质。

第三，坚持课程的统一规划与管理制度。

统一规划与管理是新中国成立以来我国学校课程改革与发展的基本措施，课程与教学计划、标准与方案、教材均由国家负责组织制定与编写。这种管理体制保证了我国中小学课程改革与发展的统一性、有序性和有效性品质，成为提高教育教学质量的重要保障，构成了我国基础教育课程改革与发展的成功经验。当然，这种管理体制也有严重的弊端，如缺少灵活性、差异性、参与性等。这些弊端成为当前我国学校课程管理体制改革的重要内容及依据。

从世界范围内课程发展与改革的历史进程来看，课程管理主要采取两种路线与策略，即自上而下的集权路线与策略和自下而上的分权路线与策略。"如果我们想在大范围内取得改革的成功，政府部门便应发挥重要的作用。它们是改革的主要的潜在力量。"① 但"集权失之过分控制，分权错在走向无序"②。国家统一管理学校课程可确保课程改革具有规范化标准、明确清晰的改革框架、强有力的保障措施。国家干预被视为保证课程不脱离政治、经济具体发展状况的主要措施，显示出现代课程管理体制发展的主流走势。对此，有学者认为："在有命令的情况下，人们能够明确地知道眼下的当务之急，了解到上层希望它们去实施的某项变革。然而，如果行政领导仅仅在宣布命令的时候对变革进行支持，那么命令这种策略就会失败。命令只有与持续的对话交流、持久的培训、现场指导、给实施以充足的时间等一系列行为相结合时，才能够较好地运作。在众多的变革策略中，命令之所以得到了一个坏名声，不是因为该策略本身的缺点，而是因为它们没有得到其他必要的干预方式的支持。"③ 无疑，完全中央集权式的课程管理体制往往造成学校课程整齐划一和僵化死板的弊端，难以满足不同地区、学校的特殊需要及学生个性发展的需要。而地方分权制可以充分发挥不同地区及学校的优势、特长，激发课程活力，保证课程的灵活性特点。但如果管理权限过于分散又无法保证国家总体教育目标的实现及教育发展的基本方向，就易使学校课程陷入混乱、无序的境地。如今，"在大多数国家，无论是地方分权的还是中央集权的，人们已倾向于把普通教育的内容分成两部分：一部分是共同的、所有人都必须掌握的最低限度内容；另一部分是各种选修课。共同的内容包括社会认为其一切成员都应具备的知识、观念、本领和价值观。选择性内容是一套可根据学生愿望、兴趣、才能以及社会经济和文化环境的需要来确定的专门内容。这种办法保持了教育体制的基本统一，既保证了机会平等又能更

———————————————

① 迈克尔·富兰. 教育变革新意义 [M]. 赵中建，陈霞，李敏，译. 北京：教育科学出版社，2005：232.

② 迈克尔·富兰. 变革的力量——透视教育改革 [M]. 中央教育科学研究所，加拿大多伦多国际学院，组织翻译. 北京：教育科学出版社，2004：48.

③ 吉纳·E. 霍尔，雪莱·M. 霍德. 实施变革：模式、原则与困境 [M]. 吴晓玲，译. 杭州：浙江教育出版社，2004：17.

好地满足个人的需求和发展的需要"①。因而，在课程管理体制上，必须协调和平衡国家、地方、学校的关系，在国家宏观调控、统一根本方向和目标的前提下，充分考虑地方、学校的具体情况，授予地方、学校适当的调整课程的权力，实现统一性与灵活性的统一。"既不能把过去传统的官僚作风理想化，也不要过分地信奉那种将学校运作机制比作市场运作机制的观念。"② 而统一的课程标准与方案则是实现国家宏观调控的重要保证及其内容与措施。从课程改革与发展的历史实践看，西方发达国家尤其是英、美的课程改革，受以往地方分权课程管理体制制约，课程多元化现象造成了国家长期承受着教育质量滑坡的困扰。为此，20 世纪 80 年代后，英、美的课程管理逐渐走上了国家集权制的道路，纷纷制定出"国家课程"标准及"核心课程"方案。地方分权制课程管理体制与方案似乎已被英、美近半个多世纪的课程实践证明是失败了的。

2. 课程改革与发展的主要问题与教训

回顾新中国成立以来我国基础教育课程改革与发展的曲折历程，谁都难以否认我国学校课程改革所取得的丰硕成果与积累的成功经验，同样，谁都难以漠视我国课程发展所走过的弯路及留下的诸多深刻教训。当前的新课程改革就是在全面总结、评估、反思新中国成立以来前七次基础教育课程改革过程中所暴露出的种种问题及教训的基础上进行的。具体地说，新中国成立以来，我国基础教育课程改革与发展主要存在如下几方面的问题与教训。

第一，缺乏专业化的理论基础、标准与方法。

课程改革作为一种专业化的活动与行为，应立足于成熟的课程理论基础之上。然而，新中国成立后我国教育发展及教育研究完全照搬苏联模式，课程理论被视为教学论的一部分，教学论被看作教育科学的一个分支学科，"课程"一词也由教学计划、教学大纲、教科书来取代。而教学计划、教学大纲、教科书的研制完全是教育行政部门及学科专家、专职教材编辑人员的职责，由国家统一组织规划、实施，教师不得擅自更改。因而，新中国成立后相当长一段时间内没有独立的课程理论研究领域，课程标准带有浓厚的政策性特征。对于"教什么""学什么"问题对教师和学生来说均属于"命令式"和"规定性"的范畴。于是，长期以来，我国教育研究者、教育实践工作者不太关心"教什么"及"应该教什么"的问题，似乎这类问题是早

---

① S. 拉塞克，G. 维迪努. 从现在到 2000 年教育内容发展的全球展望 [M]. 马胜利，等，译. 北京：教育科学出版社，1992：169.

② 迈克尔·富兰. 教育变革新意义 [M]. 赵中建，陈霞，李敏，译. 北京：教育科学出版社，2005：248.

已明确了的。20 世纪 80 年代后，在我国教育理论界，关于课程论独立学科地位的呼声异常强烈，课程论脱离教学论的附属地位而成为独立的学科领域已大势所趋。1981 年，在《课程·教材·教法》创刊号上，戴伯韬同志发表了《论研究学校课程的重要性》的论文，提出了课程论的学科独立地位问题，明确指出："课程论是学校教育学中的一门重要的科学分支。"① 陈侠先生在 1987 年撰文《课程论的学科位置和它同教学论的关系》，详细阐述了课程论同教学论的区别、联系，反对将课程论作为教学论的下位理论，认为课程论和教学论各自有不同的研究对象及领域，视课程论为教学论的一部分，势必限制、束缚课程论的发展，建议将课程论从教学论中独立出来。② 此后，越来越多的研究者倾向于把课程论作为一门独立的分支学科进行研究，课程理论研究领域已形成，课程论的独立学科地位已确定，但独立的、严密的、科学的课程理论体系与形态并未形成，课程改革中的政策注解式思维方式与行为模式未能被消解。在课程改革过程中，不仅简化课程来源，忽视制约课程因素的复杂性、多元性特点，而且造成知识与能力、间接经验与直接经验、知识逻辑与心理逻辑、课程内容组织的直线式与螺旋式、分科课程与综合课程、选修课程与必修课程、学科课程与活动课程、课程方案的统一性与灵活性之间的疏离与冲突，致使课程改革的立足点、原则、立场与方法等缺乏专业化的依据与品质。

第二，课程超载，学生负担过重。

学生负担过重始终是我国中小学教育中一个十分棘手的问题，而课程超载是造成这种状况的重要原因之一。尽管来自政府、学术界以及社会各界的减轻学生负担的指令与呼声连绵不断，但学生的负担不仅从来没有减轻，而且有增无减。作业多、补课多、考试多，睡眠少、体育活动少、社会实践少的"三多三少"现象异常普遍，成为制约我国基础教育改革与发展的历史性"顽症"。显然，增加学生学习负担已成为一种社会性的非理性行为，而促成这种"顽症"的绝不仅仅是教育体制问题，更主要的是社会文化传统与思维方式等历史性因素使然。在人们传统的社会文化观念与思维定式中，学生接受教育与学习被定位为一种艰苦的劳动，吃苦耐劳成为学习的基本逻辑，成为一条约定俗成、毋庸置疑的定律。从古至今，人们不仅在认识论上坚持"苦学"信念，而且在方法论上坚持"苦学"路径。无论是教育理论家，还是教育实践工作者，无不强调学习者只有忍受巨大的身心痛苦、下苦功、出苦力、吃尽"苦头"，方能苦尽甘来。学生的学习活动无不充满艰辛与痛苦，

① 戴伯韬. 论研究学校课程的重要性 [J]. 课程·教材·教法，1981 (1).
② 陈侠. 课程论的学科位置和它同教学论的关系 [J]. 课程·教材·教法，1987 (3).

学习者如同苦行僧。于是，沉重的负担不仅成为学习的必要条件与标准，而且成为一种学习逻辑。

导致课程超载的因素包括许多方面，从课程研制方法论层面看，主要包括以下两方面：一是不注重调整新旧内容之间的平衡。随着人类知识总量的急剧增长及更新过程的加快，知识的积累也逐渐增多，新知识代替旧知识过程加快，它要求学校课程必须不断地进行调整和补充，将新知识纳入课程内容结构中来，使课程能反映科学发展的最新成果及动态，跟上时代的步伐。但是，以往我们在引入各门科学新理论时，不注意对知识整体的质和量进行平衡与调整，常常采取在原有课程内容保持不变的情况下，以"堆积"的方式吸收新内容，造成课程超载。二是课程设置过分强调分科，忽视综合，课程门类繁多，割裂了各门学科知识之间的必然联系，部分内容单调重复。显然，长期以来，在学校课程理论研究与实践发展过程中，课程与学科的关系没能得到科学、合理的揭示，课程或被等同于学科或从属于学科，无论是课程发展还是课程研制，无不严格遵循学科逻辑、立场与方法。于是，有什么样的学科就有什么样的课程，不仅造成学校课程发展缺乏教育逻辑、立场与品质，而且造成学校课程因学科的不断分化而超载。而从课程实施方法论层面看，在众多的课程改革运动中，都以认同式的目标模式为主流，受传统"特殊认识论"的教学理念与思维方式的影响，再加上"唯智教育"传统的制约，尽管课程改革的指导思想与内容发生了天翻地覆的变化，但课程实施过程中认知目标、技能目标本位主义思维却始终如一，尤其是伴随着标准化考试制度的推广，立足于"实效性""科学性""精确性""定量化"标准的"目标本位课程模式"已成为我国基础教育课程实施方法论的基本标志与"主旋律"。在具体的课程实施过程中，课程实施者分门别类地设计出以系统化、抽象化、理论化知识为主体框架的教学方案。作为课程实施的核心平台，这些方案无不遵循"苦战能过关"的设计理念与原则，充满了重重关卡与障碍。这种"过关"式的训练平台使学生的学习生活明显呈现出以下几方面的特点：一是高难度，即学习内容的难度系数普遍偏高，高深内容逐级下移，堡垒般的学习内容，充满了偏题、怪题、难点、难关。二是高强度，即学习活动的压力系数普遍偏高，沉重的课业负担、繁重的学习任务，成为学生学习活动的真实写照。过度化的学习生活，使学生如同学习机器，每天都处于超负荷运转状态。三是高速度，即学习进程的节奏系数普遍偏高，堆积如山的学习材料、没完没了的考试与竞赛，令学生应接不暇、疲于应付。战斗式的学习方式，使学生时刻处于高度紧张与惶恐不安状态。于是，学生的学习生活因为沉重的课程负担与精神负担变得扭曲与异常。

第三，课程、教材管理制度专断，课程内容组织与实施方式单一。

新中国成立以来，我国基础教育一直实行中央集权式的管理体制。课程与教材管理实行编审合一、统编通用的国定制度。课程标准、课程计划由教育部统一颁发，课程研制、教材编写由政府组织教材专职编辑人员与学科专家具体操作、实施，形成"上所定，下所行"的课程、教材管理体制，重控制、重效率、重规范成为课程、教材研制方案的重要特征。于是，课程成为一种决定性的政府文件，而不是开发性的教育资源。尽管这种课程、教材管理体制对于国家课程政策及标准的执行、保证社会发展所需的人才质量具有一定的积极意义，但这种"专制化"的课程、教材管理制度势必造成划一的、不容置疑与改变的课程方案及体系，不仅难以照顾到悬殊的地区之间与学生之间的差异性，而且剥夺了地方、学校及广大教师参与课程研制和教材编写的机会与权力。显然，一元化的课程、教材管理主体，造成地方、学校与教师在课程、教材管理与开发上无所作为，难以建构出具有较高适应性、灵活性、丰富性品质的教育资源。如今，这种一元化的、大一统的课程管理、规划体制与机制遭遇了广泛的批判，而"如何使教育内容更加适合学生的特点和社会要求，这已经成为教育负责人、课程设计者和教师们经常关心的问题。在过去，教育内容长期固定不变，尤其在中央集权的体制下，可以在全国范围为学同一门课的所有学生制定一种大纲。由于个人需求和愿望的多样化和环境的千差万别，这种以颁布统一大纲为特征多少简单化的方式已不得不让位于更为灵活的方式了"①。此外，这种大一统的课程、教材管理体制与对升学率的片面追求相辅相成，难以顾及具体的教学实践过程，强化了考试的"指挥棒"功效与机制。受这种刻板、划一及规约化课程、教材管理体制的制约，教师则逐渐习惯于灌输式的教学，丧失了对创造性课程方案研制的积极性、主动性，对伴随性教育与学习不予关注，使教育、教学过程只是停留在低层次的认知训练水平，造成教育过程中教育机会的流失与教育资源的结构性缺失现象。

在课程内容选择、组织方式上，中小学课程研制常常只是采取线性、演绎的方式，即从学科知识入手，根据知识的逻辑体系，事先确立一种大纲，确定所教内容的重点，然后根据大纲编写施教教材。在课程实施上，则依据由浅入深的知识排列方式及循序渐进地予以施教之要求，形成了一套完全封闭化与认同式的操作方案、机制及模式。当然，这种实施方式在某种程度上可以保证认知层面的教育效率及质量的提高，但只是从学科知识的逻辑顺序

---

① S. 拉塞克，G. 维迪努. 从现在到2000年教育内容发展的全球展望 [M]. 马胜利，等，译. 北京：教育科学出版社，1992：169.

组织课程实施，忽视学生的心理特征、个别差异，只求同，不求异，漠视文、理课程内容不同的逻辑特点，文科的课程内容排列也盲目而绝对地追求"真理"性结论，则必然造成课程实施的死板划一状况。如在所谓的标准化考试中，课程内容被化约为单项结论或答案，许多标准化试题尤其是文科类，本可以有几种答案，但却要求学生在似是而非的多项选择答案中猜测某一个所谓正确的答案，使充满生机和活力的课程内容被俗化为空洞乏味的文字游戏、"八股"式的强化训练。这种课程内容的组织及实施方式扼杀了学生的主动性、创造性，不利于多样化教育目标的完成。

二、历史性跨越：当代中国基础教育新课程改革

20世纪80年代后，在我国基础教育发展过程中，片面追求升学率的负面影响暴露无遗，而且成为我国教育发展中最为棘手的问题，考试"魔棒"实际上统控学校课程的设置与实施，教师、学生的全部精力均用于应试策略、技术及技能的精练与提高。在教育教学过程中，从指导思想、立场、标准到方法、模式、机制等无不受制于片面追求升学率的"潜规则"。片面追求升学率构成了教育改革和发展最主要的内部障碍。1993年《中国教育改革和发展纲要》明确提出中小学要由"应试教育"转向全面提高国民素质的轨道，面向全体学生，全面提高学生的思想道德、文化科学、劳动技能和身体心理素质，促进学生生动活泼地发展。1999年，第三次全国教育工作会议召开，颁布了《中共中央国务院关于深化教育改革全面推进素质教育的决定》。该《决定》明确指出：实施素质教育，就是全面贯彻党的教育方针，以提高国民素质为根本宗旨，以培养学生的创新精神和实践能力为重点，造就"有理想、有道德、有文化、有纪律"的、德智体美等全面发展的社会主义事业的建设者和接班人。要求学校教育要转变教育观念，改革人才培养模式，积极实行启发式和讨论式教学，激发学生独立思考和创新的意识，切实提高教学质量。要让学生感受、理解知识产生和发展的过程，培养学生的科学精神和创新思维习惯，重视培养学生收集处理信息的能力、获取新知识的能力、分析和解决问题的能力、语言文字表达能力以及团结协作和社会活动的能力。于是，向素质教育转轨成了我国基础教育改革与发展的重要指导思想，并在全社会范围内形成了一股不可逆转的潮流。新课程改革就是一场以素质教育为指导思想的基础教育课程改革运动。

（一）新课程改革的主要措施及推进过程

新课程改革是对我国基础教育课程发展带有全局性、方向性的顶层设计

和行动纲领，是对基础教育课程未来发展的谋划与展望、安排与部署。无疑，新课程改革运动是新中国成立以来我国基础教育发展史上力度最大、最彻底的一次课程改革运动，是我国基础教育与国际接轨并与国际保持同步发展的一次课程改革运动。它所赋予基础教育的新思路、新使命、新内容、新方法，使我国基础教育的改革与发展实现了历史性跨越，标志着我国基础教育范式的根本性转换。

新课程改革的核心举措与根本性突破体现为六个具体的课程改革目标。

（1）改变课程过于注重知识传授的倾向，强调形成积极主动的学习态度，使获得基础知识与基本技能的过程同时成为学会学习和形成正确价值观的过程。

（2）改变课程结构过于强调学科本位、科目过多和缺乏整合的现状，整体设置九年一贯的课程门类和课时比例，并设置综合课程，以适应不同地区和学生发展的需求，体现课程结构的均衡性、综合性和选择性。

（3）改变课程内容"难、繁、偏、旧"和过于注重书本知识的现状，加强课程内容与学生生活及现代社会和科技发展的联系，关注学生的学习兴趣和经验，精选终身学习必备的基础知识和技能。

（4）改变课程实施过于强调接受学习、死记硬背、机械训练的现状，倡导学生主动参与、乐于探究、勤于动手，培养学生搜集和处理信息的能力、获取新知识的能力、分析和解决问题的能力以及交流与合作的能力。

（5）改变课程评价过于强调甄别与选拔的功能，发挥评价促进学生发展、教师提高和改进教学实践的功能。

（6）改变课程管理过于集中的状况，实行国家、地方、学校三级课程管理，增强课程对地方、学校及学生的适应性。

这六个课程改革目标使新课程改革在课程的指导思想、结构、内容、评价与管理等方面实现了历史性突破，实现了课程研制在知识的传授、能力及思想品德的培养两方面的结合，间接经验与直接经验相辅相成，知识逻辑与教育逻辑、心理逻辑的统一，分科课程与综合课程、学科课程与活动课程的协调一致，课程方案、标准的统一性与灵活性相结合，促使学校课程由面向少数精英转向面向全体学生，由专门人才培养转向普遍提高素质，由学科知识传承转向全面发展的促进，开创了新中国成立以来我国基础教育课程改革与发展的全新局面。

新课程改革从启动到实施，经历了系统的、充分的、广泛的酝酿、调研、论证、试验、评估与调适过程，使新课程改革具有较强的科学性、时代性与可行性品质。

在新课程改革方案正式出台前，教育主管部门组织专家、学者对我国当时的义务教育课程、高中课程的实施状况进行了大规模的调研，对当代世界各国的基础教育课程改革与发展情况进行了广泛的比较研究。

1996 年 7 月，教育部基础教育司组织 6 所师范大学及中央教科所的课程专家，对全国九年义务教育课程实施状况进行大规模的调研，对全国 9 个省市 16000 多名中小学生、2000 多名校长和教师以及 50 多位全国政协教科文卫体委员会的委员进行了调研和访谈。在调研的基础上，发表了《九年义务教育课程方案实施状况调查报告》，明确了我国基础教育课程实施中存在的问题及改革、调整的基本方向。长期以来，在我国基础教育发展过程中普遍存在的、较为突出的课程问题主要表现为：人才培养目标缺乏时代依据、内涵与品质，不能完全适应经济社会发展需求；思想品德教育的针对性、实效性不强；部分课程内容陈旧，结构单一，脱离经济社会发展及学生生活实际；课程实施过程中主要以教师、书本、课堂为中心，难以培养学生的创新精神与实践能力；课程目标只重视学生的学业成绩，忽视学生的全面发展；课程管理过于集中，难以满足区域经济社会发展需要及学生的多样化发展需求。这些问题的存在使我国基础教育明显有悖于素质教育要求。素质教育指导思想之所以不能落到实处，没能取得明显的效果，其根源在于缺乏与素质教育要求相适应的学校课程体系。因而，我国基础教育课程发展已经到了非改不可的地步。

1999 年初国务院批转教育部制定的《面向 21 世纪教育振兴行动计划》，提出实施"跨世纪素质教育工程"，整体推进素质教育，全面提高国民素质和民族创新能力，并要求制定现代化的基础教育课程框架和标准，改革教育内容和教学方法，推行新的评价制度，开展教师培训，启动新课程改革实验，争取经过十年左右的实验，在全国推行面向 21 世纪的基础教育新课程教材体系。1999 年 6 月，中共中央、国务院召开第三次全国教育工作会议，颁布了《中共中央国务院关于深化教育改革全面实施素质教育的决定》这一纲领性文件，要求调整和改革课程体系、结构、内容，建立新的基础教育课程体系，试行国家课程、地方课程和学校课程；改变课程过分强调学科体系、脱离时代和社会发展以及学生实际的状况；建立更新教学内容的机制，加强课程的综合性和实践性，重视实验课教学，培养学生实际操作能力；增强农村特别是贫困地区义务教育的课程、教材与当地经济社会发展的适应性；促进教材的多样化，进一步完善国家对基础教育教材的评审制度。

1999 年 1 月，教育部组建了国家"基础教育课程改革专家工作组"。由来自 5 所师范大学、中央教科所、人民教育出版社（课程教材研究所）、省教研室和教科所的专家及中学校长代表 40 多人组成。在广泛的国际国内基础教育课程改革与发展的比较研究基础上，开始规划与设计面向 21 世纪的、具有中国特色的基础教育新课程体系。到 2000 年底，基础教育课程改革的指导思想、体系、政策框架基本形成。2001 年，教育部颁布了《基础教育课程改革纲要（试行）》，同时印发了《义务教育阶段课程设置方案（试行）》。2002 年教育部印发了《关于积极推进中小学评价与考试制度改革的通知》；2003 年 3 月，教育部印发了《普通高中课程方案（实验）》和 15 个学科的课程标准（实验）。

2001 年 6 月，教育部召开全国基础教育课程改革实验工作会议，启动了课程改革实验工作。从 2001 年 9 月起，全国 29 个省、自治区、直辖市的 42 个区县成为第一批国家基础教育课程改革实验区（包括 2002 年进入的北京 1 个、浙江 3 个），开始了基础教育课程改革实验。2002 年 9 月，省级实验区开始启动，各省（自治区、直辖市）在所属的每个地级市确定一个县（市、区）为省级课程改革实验区，全国范围内有 530 个省级实验区［以县（区）为单位］开始新课程的实验，参加实验的学生数达 870 余万人。到 2003 年秋季，全国共有 1642 个县（区）3500 万中小学生使用新课程。2004 年 9 月，课程改革实验工作进入全面推广阶段，全国起始年级启用新课程的学生数达到 65%—70%；2005 年后义务教育阶段各起始年级全部启用新课程。2004 年秋季，新一轮高中课程改革首先在山东、广东、海南和宁夏四省区进行实验，2005 年增加了江苏，2006 年增加了天津、浙江、福建、安徽和辽宁，2007 年增加了北京、湖南、黑龙江、吉林、陕西，2008 年增加了山西、江西、河南、新疆，2009 年增加了湖北、河北、云南、内蒙古，普通高中新课程改革逐步推进。

（二）新课程改革的理论创新与突破

无论是对新课程的研究还是对新课程的实施，都必须深刻地领会新课程的精神实质，充分地理解新课程改革在理论上的创新与突破。否则，一味地、单纯地就新课程改革的具体政策进行现象化的分析与解释，就会因为陈旧的思维方式而使新课程改革流于形式。然而，在关于我国新课程改革研究中，明显缺乏深层次的思维方式的转换。因而，关于新课程改革的理论创新研究，不仅十分必要，而且尤为迫切。

1. 课程的文化逻辑突破

课程改革的理论创新与突破，突出地表现在课程与文化关系的逻辑转换方面。课程起源于文化传承的需要，这是无须争辩的事实。然而，在课程漫长的以文化承传为宗旨的历史发展过程中，这一原点使命、"原始性"旨趣逐渐地演绎出一个关于课程与文化关系的化约性命题，即课程作为文化传承的工具。古往今来，尽管学校教育随着时代的发展、社会的进步而在各个方面都发生了天翻地覆的变化，但唯一不变的是学校课程的文化工具逻辑。学校课程始终按照文化传承工具的存在依据与逻辑而行使着传承文化的职能。在课程实践发展中，这种文化传承逻辑赋予了课程三方面职能。

（1）课程的文化选择与加工职能。即课程对社会主流文化的筛选与整理。传承什么样的文化，是课程首先要面对和解决的问题。因而，对文化的选择与整理，便成为课程的重要职能之一。于是，学校课程只不过是社会现实文化的缩影而已。社会文化无疑是课程的决定性来源，选择"最好"的文化，并对其进行编码、整理，使学生更容易接受，这样的追求与努力无可非议。但从逻辑上予以检视，这种职能使学校课程只是在现有的社会文化框架内寻找、确立自身的存在依据，"照相式"的选择与技术化处理，使其只能反映文化、再现文化，而不能创造文化、生成文化。无疑，文化选择与加工职能从根本上消解了课程的文化批判、创新与生成使命。

（2）课程的文化维持与辩护职能。即课程对社会主流文化的诠释与维护。捍卫、维护某种社会文化一直被视为学校教育当然的任务与特定的职能。这种职能具体表现为课程对所选择的、用于传承的社会文化的合理性予以"充分的""令人信服的"的阐释和论证，使学生认同与服从。课程的文化维持与辩护职能，将被选择的某种文化美化为普遍适用的、最好的文化或绝对客观的知识、真理与规律，其实质在于奠定与巩固某种社会文化法理化地位，排斥异域、异质文化，以实现个体的社会化与社会的同质化目的。无疑，文化维持与辩护职能从根本上消解了课程的文化交流与融合功能。

（3）课程的文化复制与生产职能。即课程对社会主流文化的传播与扩散。作为传承文化的工具，课程最重要的职能表现为对所选择与整理的文化进行系统化的传播与生产。追求文化传承效率的最大化，成为学校课程乃至整个学校教育的核心指标。学校教育的全部追求与运行机制、评价标准与方法等，无不以此为依据。文化复制与生产无疑是学校课程的重要使命与存在依据之一，但将课程仅仅局限于文化复制与生产，则从根本上消解了课程对人的情感、精神与灵魂的陶冶、升华与感悟等方面的功能。

显然，文化工具逻辑从根本上消解了学校课程独特的文化品性及其内在的价值标准与宗旨，使学校课程在文化学意义上呈现出明显的附属性、他律性特点，从而造成学校课程文化的主体性、自律性品质的缺失。也就是说，课程作为文化传承工具的命题，将课程在逻辑上从其文化母体中分离出来，割断了课程与文化之间的有机联系，使课程在本质上变成了一种缺乏"文化性"的工具性存在，从而使社会文化对学校课程具有本体论意义上的先在性与决定性依据及作用。自古迄今，相对社会文化而言，学校教育及课程滞后发展的历史与现状、机械呆板的训练模式与方法、学生的自主性与创新能力缺乏等种种问题，都是课程的这种文化工具逻辑的必然结果。

课程与文化有着天然的血肉联系，离开文化，课程就成了无源之水、无本之木。任何课程理论研究与课程改革实践，无不以某种文化学理论为逻辑支撑。作为一场基础教育范式转换的标志性改革运动，我国基础教育新课程改革在文化学意义上隐含着重大的、深层次的理论突破。在我国基础教育新课程改革中，课程则被赋予了全新的、完全不同的文化内涵与品质。本次改革要求改变课程内容"难、繁、偏、旧"和过于注重书本知识的现状，强调课程内容要关注学生的学习兴趣和经验以及与学生生活的联系，从而使课程从根本上突破了社会文化的工具角色与逻辑，成为一种具有教育意义的独特自主的文化形态。这种教育文化超越了社会文化、客观知识的束缚与制约，使课程成为一种与现实的社会生活、学校生活以及学生经验密切相联的文化存在。这样，学校课程便因为从静态的知识世界走向动态的生活世界而具有了独特的文化意义。

知识世界普遍追求绝对的、普遍的、价值无涉的结论与定论。课程作为文化传承的工具，就是将文化化约为系统化的、可量化的、程序化的知识。这样，文化便被"物化"为可占有的、可获得的财产、权力及资格，从而使课程在文化学意义上变成了一个虚概念，它虽传承文化，但却不是文化。而生活世界遵循的是理解论与价值论原则。它追求的是对具有无限可能性的意义、价值的感悟、理解与建构。因而，走向生活世界就是走向文化世界。脱离生活世界，仅仅以传承抽象的定论性、结论性知识为旨趣，忽视对学生人格的培养与心灵的陶冶，必然使课程丧失教育蕴涵、价值与意义。德国当代哲学家彼得·科斯洛夫斯基指出："文化与精神不是物与占有，而是生命与自我活动。人接受文化不是使自己被塑造、被社会化，而是自由地习得和自我活动。"① 无疑，那种指向占有的文化只能是固定的结论与技术，而不是教育意义上的文化。作为一种教育文化，学校课程不应指向作为认知对象的知识世界、作为占有对象的文化财产、作为服从对象的道德戒律，并在此基础上实现所谓的社会化。它应指向充满意义的生活世界，使学生在自我创造、自我实现的过程中实现个性的全面、自由与和谐发展。走向生活世界的新课

---

① 彼得·科斯洛夫斯基. 后现代文化——技术发展的社会文化后果 [M]. 毛怡红，译. 北京：中央编译出版社，1999：62.

程，消解了课程知识的客观性、决定论逻辑，促使受教育者对生活的意义与价值进行积极的探索，并自主地做出解释与建构。与以往的课程只关注结论性知识及对其的掌握效率不同，新课程更为关注学生对文化的探究与理解，视过程先于结果、重于结果，从而使课程的文化角色与逻辑发生了根本性的变革，从文化的工具存在转变为文化的实体存在，从关于社会文化的"圣经"转变为关于教育生活的文化。因而，新课程不再是一种封闭的、结论性的知识体系，而是一种建构性的、探究性的文化。作为一种建构性、探究性的文化，新课程坚持真理与知识的解释性、理解性和生成性的逻辑与原则，视学生为文化的解释者、建构者，而不只是文化遗产的继承者，反对对已定论东西的"无错误"地掌握、认同与"输出"。于是，新课程的话语表述方式也发生了根本性的变化。它不再是一种普适性的、永恒不变的绝对真理，不再是排斥异己的宗教教条，不再是不容置疑的意识形态，而是一种具有协商与对话性质的教育资源库，即一种用于探究的多元化的、多功能的、开放的学习资源、材料与环境。

2. 课程的认识论立场及其品质的突破

课程改革的理论创新与突破，从根本上表现为课程认识论立场及其品质的转换。作为一种根深蒂固的思维方式，千百年来，课程无不遵循"确定性"的认识论立场与原则，呈现出明显的"确定性"品质。

"确定性"意味着客观性、普遍性、必然性的逻辑；意味着准确无误的标准、毋庸置疑的结论。"确定性"逻辑不仅是传统本质主义思维方式的根本表现与追求，而且也是近代以来科学主义思维方式的重要内涵与标准。作为"理性"与"科学性"的依据与标志之一，"确定性"逻辑一直制约着人类各个领域的认识路线与思维方式。它将知识视为一种绝对的、肯定性的文化现象，将人类的认识活动区分为发现知识与掌握知识两种完全不同的领域、内涵与使命，将教育只定位为一种掌握知识的认识活动。

对学校课程而言，"确定性"立场与品质似乎更为"确定"。任何对学校课程的"确定性"准则持怀疑态度，都会被看作缺乏常识的表现。课程的"确定性"立场与品质首先意味着课程是由准确无误、永恒不变的科学知识构成的。它传承的是普遍的真理、规律与价值，是绝对正确、毋庸置疑的。于是，课程知识便具有了绝对的权威。其次，"确定性"立场与品质将课程视为预定的、无须检验只需记忆的"绝对真理"，课程要以认同已在的文化现象为其逻辑起点及依据，从已在的文化现象中寻找其本体内容及获得性的价值取向、目标指向。这种先在决定论主张任何事物或现象都有一种先在的本质和固定的规则，事物发展过程、途径、手段和结果都是先在决定了的东西。"确定性"立场与品质赋予了课程同一性、不容置疑性的同质主义品质与机制，将课程定位为共同秩序规范、公共认识成果。课程不仅要传递、弘扬这种所谓的公共认识成果，而且要全力以赴地维护它的"尊严"及其"至高无上"的地位，使人认同、服从，以确保社会的同质化。

作为一种机械决定论，"确定性"课程立场与品质完全无视学校课程的发展性、创新性、建构性的特点与机制，以某种固定的、规约式机制操纵课程研制及实施。它强调秩序与控制，关注预定目标与内容的达成效率。这样，课程便成为一种社会控制与操纵的手段及工具。显然，基于"确定性"的逻辑与标准，学校课程只能表现为某种永恒的、绝对的知识与技能体系，从而严重扭曲了学校教育的品质与逻辑。

抛弃传统认识论确定性的知识观、真理观，是当代哲学社会科学理论探究的主旋律，也是当代人类社会实践发展的必然选择。当代著名哲学家卡尔·波普尔认为，理论、科学、知识都是一种猜想，它们是不可证实的、不能得到充分支持的；科学理论与假说没有区别；证实主义的可靠知识是不存在的。他说："在哲学和科学领域，我们主要关心的应该是探索真理，而不是证明真理；而且，对真理的证明越高明、越机灵，就越令人讨厌。"① "我们是真理的探索者，但不是真理的占有者。"② 显然，终结"确定性"立场与品质，已成为时代的最强音。对此，R. 伯恩斯坦明确指出，在现时代，"所有追求确定性、渴望绝对，确信有或可能有终极的语言，一切差异最终必将调和于整体性之中的观点都应该抛弃。"③ 于是，批判、解构、超越"确定性"追求这一人类由来已久的传统、习惯与思维方式，成为当代学术探究与社会改革实践的主题。各种新的学术范式与改革方案无不在寻求一种崭新的逻辑与概念，以取代"确定性"逻辑与标准。无疑，在一个普遍怀疑、批判、拒斥"确定性"的时代，课程改革必须消解、超越"确定性"逻辑，建构具有"生成性"品质的学术研究范式与实践运行方案。对此，日本学者安彦忠彦指出："缺乏相应的日常体验，即便如何正确地掌握了学科知识，也不能说真正理解了它。脱离了体验的学科知识，只有字面上的意义。"④

① 卡尔·波普尔. 客观知识——一个进化论的研究 [M]. 舒炜光，等，译. 上海：上海译文出版社，1987：46.

② 卡尔·波普尔. 客观知识——一个进化论的研究 [M]. 舒炜光，等，译. 上海：上海译文出版社，1987：50.

③ 王治河. 扑朔迷离的游戏——后现代哲学思潮研究 [M]. 北京：社会科学文献出版社，1998：201.

④ 钟启泉. "学校知识"的特征：理论知识与体验知识——日本学者安彦忠彦教授访谈 [J]. 全球教育展望，2005（6）.

我国基础教育新课程改革明确要求改变课程过于注重知识传授的倾向，强调形成积极主动的学习态度，使获得基础知识与基本技能的过程同时成为学会学习和形成正确价值观的过程；改变课程评价过于强调甄别与选拔的功能，发挥评价促进学生发展的功能；强调教师在教学过程中与学生积极互动、共同发展，注重培养学生的独立性和自主性，引导学生质疑、调查、探究，促进学生主动地、富有个性地学习等，打破了由来已久的确定性课程逻辑，为建立一种有机的、个性化的、没有固定的或不可逾越的公共框架与结论的学习资源平台奠定了理论与政策基础，使新课程告别了基于绝对真理、普适性知识的课程立意与界定，呈现出建构性、体验性、差异性品质。

显然，我国基础教育新课程改革具有深刻的时代背景与理论基础。抛弃传统的确定性的课程认识论是当代教育理论探究的主旋律，是当代学校教育发展的必然选择，也是我国基础教育新课程改革理论突破的根本标志。突破确定性的课程品质、赋予课程生成性逻辑，不仅意味着新课程品质的转变与课程内容的更新或教材的变换，而且意味着整个基础教育品质与实践范式的转变。具体地说，新课程在认识上、思维方式上的突破主要表现为两方面：首先，突破传统的"客观性""绝对性""真理性"的课程限定，关注相对性、不确定性，视课程为教师与学生共同进行创造性学习的资源平台，而不是所谓客观知识的载体，视课程为动态的、发展变化的，不是固定不变的、完全预定的，视课程为师生共同参与的探究活动中意义、精神、经验、观念、能力的生成过程，而不是终极真理，从而使课程突破由来已久的"确定性"品质。其次，突破传统的"公共性""工具性""继承性"的课程限定，关注差异性、多元性、创造性，赋予课程知识修正、改造与创造使命及功能，视个体不仅是知识的接受者，而且是知识的创造者，明确课程的主要任务在于唤醒、提升个体的自我意识、社会批判意识，培养个体文化创新精神与能力，营建公正社会文化，从而使课程由认同性、法理性、教条性的存在转变为探究性、自主性、实践性的存在，从标准化的、统一的、机械的"人才加工"模具转变为过程性、情境性、民主性的人才培养平台。

3. 课程实施范式的方法论突破

课程改革的理论创新与突破，关键在于课程实施范式的方法论转换。长期以来，我国基础教育课程实施无不普遍遵循认同性的教学模式。学校课程目标往往被定位为某种永恒的、结论性的基础知识承传与基本技能的训练。承传基础知识、训练基本技能，成为学校课程的全部依据与追求。基于这种"基础性"的课程旨趣，课程实施过程被定位为一种"特殊的认识活动"，遵循僵化的"输入－产出"式的运行程式，呈现出明显的"认同性"品质。

无疑，"认同性"品质使学校课程关注的只是接受、掌握、服从等指标，而质疑、批判、反思与创造则是不容逾越的"雷池"。这种只认同而不批判、只掌握而不创造的逻辑与目标，扼杀了学生发展的无限潜力与可能向度。如今，人们越来越清醒地认识到、越来越深刻地体会到只有知识是远远不够的。联合国教科文组织国际教育发展委员会在《学会生存——教育世界的今天和明天》一书中指出："我们应该从根本上重新评价师生关系这个传统教育大厦的基石，特别当师生关系变成了一种统治者和被统治者的关系的时候。这种统治与被统治的关系，由于一方在年龄、知识和无上权威等方面的有利条件和另一方的低下与顺从的地位而变得根深蒂固了。在我们当代的教育界中，这种陈腐的人类关系，已经遭到了抵抗。"① 对此，我国基础教育新课程改革明确强调，改变课程实施过于强调接受学习、死记硬背、机械训练的现状，倡导学生主动参与、乐于探究、勤于动手，培养学生搜集和处理信息的能力、获取新知识的能力、分析和解决问题的能力，以及交流与合作的能力，从而使新课程的实施不再局限于封闭的认同性模式，实现了方法论上的重大突破与创新。

封闭化的、认同性的课程实施模式，明显缺乏对话与沟通、理解与反思、探究与创造，学习活动单纯地表现为受外力操纵的、被动的认知活动。这种学习从根本上背离了学习的旨意，令人对学习的价值表示怀疑、对学习的意义产生困惑、对学习的结果感到失望。新课程改革，摒弃了统一的、"封顶式"的目标，以人才成长的无限可能性、多样性、差异性等特点为依据，针对不同学生的能力、潜力、志向、兴趣等设置多层次的、开放化的、具有选择性的模块式课程，广泛利用、优化各种各样的教育资源与途径，形成可不断拓展的培养机制，以最大限度地满足学生的学习与发展需要，使每个人的潜能都得到充分的开发，使每个人都能实现充分的发展。因而，新课程的实施，要求教师突破塑造"标准件"式的课程模式，视学生为充满巨大潜力、具有无限发展可能性的可开发的宝贵资源，并将开发学生的潜力、把学生的无限发展可能性变成现实作为选择课程实施模式的重要依据。课程实施无疑要使学生掌握一定的知识、形成一定的技能，但这并不意味着基础知识与基本技能是课程实施的全部或唯一依据。英国教育学者R.C.巴罗曾说："我们在对我们的年轻人进行社会化时不让他们变得毫无批判能力是十分重要的。虽然我们传递文化传统，并且开始使他们初步了解社会的一切方式和信念，但我们需要培养他们以一种批判的、理性的和自主的方式进行独立思

———————————

① 联合国教科文组织国际教育发展委员会. 学会生存——教育世界的今天和明天［M］. 华东师范大学比较教育研究所，译. 北京：教育科学出版社，1996：107.

考的能力。"① 可见，对社会文化只认同、服从，而不反思、批判，从根本上说就不是或不符合教育的本性与逻辑。正如有的学者所言："如果教育仅仅被弄成由被动、有依赖性的学生去对以往的人类成就做某种无益的复诵，那么，教育似乎就失去了意义。"② 显然，从对知识的传递与占有转变为建构与创造，使新课程实施从根本上突破了有史以来的外部塑造的灌输式模式及方法。

（三）新课程实施中的问题与不良倾向

种种迹象表明，新课程改革并非一帆风顺。新课程改革方案中先进的教育理念，并未能使教育实践范式顺利、成功地实现转型。相反，随着新课程改革运动向纵深推进，各种各样的问题与不良倾向不断地暴露出来，使新课程改革面临着严峻的挑战，发展前景令人担忧。具体地讲，在我国新课程改革过程中，暴露出以下四种在各种改革中最容易出现，也是任何改革必须严加防范与坚决杜绝的问题与倾向。

1. 形式主义的问题与倾向

新课程改革中的形式主义问题与倾向，主要表现为以下两个方面：其一是对新课程改革的精神实质、核心旨趣理解得不够深刻、不够全面，在课程实施过程中，不能从根本上改革传统课程的实践范式，只是关注、追求形式的新颖与变化。这样，不仅使新课程改革的指导思想难以落到实处，而且还扭曲了新课程改革的根本旨意。无疑，新课程改革方案无论是在宏观教育理念层面，还是在微观课程与教学逻辑及运行路线层面，都实现了历史性突破，不仅从总体上突破了"应试教育"思想观念的束缚，而且突破了"确定性"的课程品质、"基础性"的课程旨趣、"认同性"的课程模式、"定义性"的课程语言。因而，新课程改革首先需要在指导思想及思维方式层面产生实质性的变化，任何将新课程改革简单化、形式化的做法与行为，都将会使新课程改革适得其反，并导致失败。然而，多年来，在我国基础教育教学改革中，始终存在着明显的"重形式、轻效果"现象。"有的教育工作者尽管改革的呼声很高，但只是为了赶时髦，做个样子给人看，传统教学固有的弊端依然存在。"③ 甚至在新课程实施过程中，也不难发现由于认识不深、理解不透、把握不准而产生的充满假象的"表演课"和多余的"实践活动"，只注重形式上的所谓"自主课堂""探究学习""师生平等""生活经验"

① R. C. 巴罗. 文化繁衍与教育 [J]. 黄向阳，译. 华东师范大学学报：教育科学版，1996 (1).
② 莱·克莱登. 课程与文化 [M]. 刘民，等，译. 大连：大连理工大学出版社，1992：2.
③ 张崇善. 实现课堂教学改革两步跨越的构想 [J]. 教育理论与实践，1999 (9).

"动手能力"等。教师、学生在讨论问题时，漫无边际，为新而新。"多余"的形式与"热闹"的氛围，使课堂教学由"满堂灌"变成"满堂问"，明显缺乏必要的秩序与规范，教师教学如同演戏一般。而许多巧立名目的学生自主实践活动更是明显缺乏组织性，甚至缺乏目的性与教育性，几乎处于自发、放任状态，主题不鲜明、内容不清晰、措施不得当，从而使新课程的教学活动呈现出表面热闹但内涵不足的现象与倾向。其二是反对、抵触新课程改革，在新课程实施过程中，消极应付、做表面文章，从而使新课程改革不仅缺乏严肃、认真的理性思考，而且缺乏有效的、有针对性的实践方案与途径。显然，端正对新课程改革的认识与态度，不仅决定是否接受与认同新课程，而且决定新课程实施的方式、方法与效果。然而，受制于积淀已久的应试教育的心理定式、思维方式、教学习惯，部分学校管理者、教师、家长、学生将新课程改革看作制约提高升学率的障碍与负担，因而强烈排斥、抵制新课程改革。在具体的教学过程中，他们全然不顾新课程改革带给整个基础教育的新精神、新举措以及可能带来的新局面，对有关新课程改革的新思维、新方法、新要求置若罔闻，并固执己见、固守成规，依然遵循传统应试教育的逻辑、规则、旨趣和方法来讲授新课程，使新课程改革停留于表面化、形式化状态与水平。

2. 理想主义的问题与倾向

新课程改革中的理想主义问题与倾向，主要表现为以下两个方面：其一是盲目乐观，追求完美无缺的改革愿景、目标与状态。显然，作为带有标志性、探究性品质的基础教育改革运动，新课程改革不仅必然引发理念层面的激烈冲突，而且也必然遭遇实践层面的种种抵制。因而，新课程改革绝不会一帆风顺地实现理想的状态，也不可能必然达到十全十美的终极境界。然而，从新课程改革启动之初到全面铺开，一种乐观主义的情绪始终伴随其中，似乎新课程改革必然会从根本上解决长期困扰我国基础教育发展的全部问题，似乎新课程改革必然会无障碍地得到推进与实施，似乎走进新课程，不仅意味着走向成功，而且意味着"药到病除"。于是，人们将新课程改革描绘成了一幅如诗如画般的完美图景，期望新课程改革能够一劳永逸地解决诸如应试教育问题、学生负担过重问题、课程陈旧落后问题、教学内容脱离实际生活问题、教学方式方法死记硬背与机械训练问题、基础教育的甄别选拔功能问题等等，期待着新课程改革所必然带来的无限美好的教育世界。对此，许多一线教师感觉到新课程改革"过于理想化了，新课改所提倡的理念的确非常先进，很具有人情味，可以说相当具有吸引力，而且具有一定的浪漫色彩。然而，当把这些理念转化为现实时，其中存在着巨大的落差"①。无疑，过于乐观的理想主义追求与期待，不仅对我国传统教育缺乏全面、客观、准确的分析与判断，而且对新课程改革的艰巨性、复杂性特点缺乏足够的了解与心理准备，从而造成新课程改革因过度期待、盲目乐观、对困难估计不足而陷入窘境。其二是急于求成，不顾现实基础、条件与背景，采取一步到位的问题解决方案与办法，期待着以最快的速度、最短的时间完成新课程改革。显然，作为带有全局性、突破性品质的基础教育改革运动，新课程改革涉及课程观、教学观、学生观、教师观以及课程教材管理制度、考试制度、评价制度等方面的转变与改革，是一项十分艰巨的、复杂的系统工程。因而，新课程改革不可能是一蹴而就、速战速决的。然而，无论是在新课程改革的实验阶段，还是在新课程改革的推广阶段，都存在急于求成、简单化运作的问题与现象。似乎新课程改革只是单纯的教材更换问题、教学方式与手段的改变问题。因而，不管新课程改革的时机是否成熟、条件是否具备，在观念、经验、教师、教学基础条件等方面缺乏充分准备的背景下，匆忙上阵、草率行事，全面进入新课程改革，要求教师快速转变教学模式、更换教材、转换角色，并期待着立竿见影的改革效果，甚至新课程改革实验还未结束，就迫不及待地开始总结经验了。这种急于求成的改革心态与行为，使新课程改革因"拔苗助长"的推进方式以及虚假的"早熟"状态而陷入困境。

3. 功利主义的问题与倾向

新课程改革中的功利主义问题与倾向，主要表现为以下两方面：其一是急功近利，新课程改革变成了政绩工程与形象工程。无疑，在我国基础教育发展过程中，受制于千百年来形成的精英主义教育传统与思维定式，普遍形成了顽固的遍布小学、初中、高中各个层次与阶段的选拔、淘汰机制，应试教育积重难返，升学考试如同一根充满魔力的指挥棒，不仅呈现出稳固的、"不可动摇"的地位，而且对任何不同的声音都表现出强烈的排斥性品质。因而，新课程改革不可避免地遭遇重重困难与阻力。尤其是新课程改革并没有建立起与其完全相适应的高考升学制度，从而造成我国基础教育新课程改革缺乏必要的配套制度以及广泛的支持性氛围。于是，新课程改革的启动与推进，主要表现为一种政府行为，即通过各级教育管理部门的宣传、发动、鼓励、动员，推进学校参与、参加新课程改革。然而，如同任何改革如果陷入纯粹的政府行为，就必然会导致一定程度的指令性的政治行为一样，这种

---

① 万伟. 新课程改革下的困惑与思考——来自教师的回应 [J]. 当代教育科学, 2003 (2).

由政府到学校的自上而下的改革路线，虽然保证了课程改革的推进速度与普及程度，但迫于政府的"政治性"号召与行政命令的压力，在许多地区与学校，不同程度地出现了急功近利倾向与现象，将新课程改革当作一项政治任务，快速推进，将是否接受、认同、执行新课程改革当作一种政治原则、立场与态度，极力渲染改革氛围，包装改革成果，夸大改革成就。各种各样的经验总结连篇累牍，花样翻新的座谈会、交流会连绵不断，并极力回避、隐瞒各种消极因素与不良结果，不仅造成了新课程改革中的种种虚假现象、应付现象与冒进现象，而且强化了教师、学生、家长对新课程的抵触情绪与逆反心理。其二是利益驱动，新课程改革引发了教师培训与教材编写的无序竞争与粗编滥造。与以往课程改革的计划经济时代背景、社会体制以及教育运行机制不同，新课程改革则是在市场经济体制及社会环境下进行的。在计划经济时代，课程改革不允许有任何经济因素与市场行为，无论是教师培训还是教材使用，完全遵循政府行为与指令性计划，没有任何选择的余地，也没有任何竞争和市场机制。而在市场经济时代，经济冲动力与效益逻辑作为社会发展的轴心原则，必然渗透并制约教育发展的各个层面，并在教育运行过程中形成种种市场机制与行为。然而，缺乏理性的、过度化的市场行为，必然因效益、利益的追求与纷争而造成混乱及无序状态。新课程改革孕育出了一个巨大的教师培训市场与教材出版市场。由于缺乏规范的管理制度及自律约束机制，尤其是部分培训机构、出版部门以及学校，将经济效益作为唯一尺度，使新课程改革不仅承受着巨大的舆论压力，而且面临着教育质量滑坡的危险。各种各样有名无实的、速成式的教师岗前培训，以及拼凑式的低质培训教材充斥市场，不仅使教师得不到实质性培训、优质教育资源得不到充分利用，而且扰乱了新课程改革的整体部署，降低了新课程改革的质量，损害了新课程改革的形象。新课程改革的美好愿景，因缺乏严格训练的教师而陷入两难境地。

4. 极端主义的问题与倾向

新课程改革中的极端主义问题与倾向，主要表现为非此即彼的思维方式，造成新课程改革矫枉过正的改革方略及其单向度的指导思想与片面化的实践路径。确立一种新的思维方式，对任何改革都具有决定意义。它不仅标示着对旧范式症结与问题的诊断、揭露程度与水平，而且表明新范式的立场、逻辑与指导思想。在新课程改革过程中，最为棘手的问题就是确立一种新的、恰切的思维方式。显然，在我国新课程改革方案中，不乏新思路与新举措，为基础教育的发展指明了新方向。然而，在对新课程究竟新在何处问题的认识上，也不乏片面的、极端的看法与理解，造成对新课程改革的种种错误理解与偏见。尤其是将新课程范式与旧课程范式完全对立起来的非此即彼的思维方式，造成了对新课程改革的严重误读。这种思维方式坚持二元对立的认识论信念与原则，以及告别式的革命化立场与路线，全面否定旧课程范式，将关涉到旧课程范式的指导思想、内容、方法等均作为批判、解构与否定的对象，凡是旧课程所倡导的则坚决反对，凡是旧课程所坚持的则坚决批判，凡是旧课程所采用的则坚决抛弃。新课程改革的一个重要依据与突破点，是要转变作为传统教育和课程基本特征与标志的"三中心"信条，即"学科中心""教师中心""课堂中心"。克服与纠正"三中心"信条的弊端与偏差，对于新基础教育范式的建构，不仅是必要的，而且是必须的。然而，克服与纠正"三中心"信条并不意味着对"三中心"进行全盘否定，与"三中心"划清界限，更不意味着建立起全面走向其反面的教育与课程信条，诸如经验中心、学生中心、活动中心等。课程实施是课程改革的重要环节。课程改革能否成功，主要取决于课程实施中能否恰当地贯彻新课程改革方案所确定的指导思想与要求。任何片面的、偏激的理解与措施，不仅是对新课程的严重歪曲，而且必然导致新课程改革的失败。再好的教育思想、再理想的改革方案，都会因为片面、极端的行动而落空。如今，在我国的新课程实施中，明显存在因非此即彼的思维方式与单向度的信条所导致的极端的做法与行动，致使课程改革的指导思想甚至整个改革都受到怀疑、抵触与否定。如不能正确处理课程资源的丰富性与课程资源的恰切性问题，漫无边际地开发课程资源，过分强调与夸大课程的经验、活动、体验取向，否定或弱化基础知识和基本技能的传递与培养，从而造成课程资源的泛化倾向；不能正确地处理课堂教学与课外活动的关系，无限制地扩展学生自主活动空间，过分强调与夸大学生的自主学习、交往互动、对话协商、探究建构，否定或弱化课堂教学的基本功能与基本秩序，从而造成课堂边界模糊化倾向；不能正确地处理教师职责与学生需求的关系，过度诠释、片面地夸大"以学生为中心"的理念、学生的主体地位、教师的参与者与促进者角色，否定或弱化教师的管理者、知识传授者作用与角色，从而造成师生角色错位倾向。

显然，课程改革不可能必然取得成功的、令人满意的结果。其原因主要包括"改不改"的认识与态度问题，以及"怎样改"的方法与路径问题。上述四种问题与倾向及其所造成的种种困境与危机，无不是不够端正的改革认识与态度、不够恰当的改革方法与路径使然。因而，反思与纠正对新课程改革的认识与态度、方法与路径，成为我国基础教育新课程改革迫切需要解决的根本性问题。

（四）新课程改革的内部障碍及症结

新课程改革绝不是单纯的课程政策调整、内容更新或教材变换的问题。作为一种从指导思想、目标、体制、结构到内容、模式、评价等各个方面都发生全面、深刻变化的改革，新课程改革是一项极其复杂的、艰巨的建设工程，是新世纪中国基础教育的"长征之旅"。因而，新课程改革必然面临着重重困难与阻力。事实上，自从新课程改革方案实施以来，无论是在实验阶段还是在推广阶段，普遍遭遇了来自社会各个层面的抨击与批评，使新课程改革承受着巨大的舆论压力，面临着理论困惑与实践危机，发展前景不容乐观。显然，无论是否定之音、抵触情绪、应付心态，还是种种盲目的、简单的、片面的、极端的看法与做法，都意味着新课程改革在主客观条件建设方面存在不足和不够完善。具体地说，思维方式转换、文化心理积淀以及教师准备等方面的缺乏与不足，使我国基础教育新课程改革面临着严峻的危机与挑战，甚至在一定程度上、一定范围内陷入窘境与困境。不解决这三方面的问题，新课程改革的"长征之旅"不仅很难顺利地继续进行，而且面临着失败的危险。

1. 思维方式转换不足

观念与思维方式的转变对任何领域的改革都是至关重要的。人类社会发展的历史与实践活动的历程表明，无论是多么完善与美好的改革方案，都会因为落后的、不合时宜的观念与思维方式而落空。在我国基础教育新课程改革研究与实施过程中，严重缺乏深层次的思维方式转换，不仅使新课程改革在教育教学实践中遭遇了各种各样的非议、抵制与排斥，而且在理论探究层面引发了激烈的冲突，从而造成新课程改革过程中的重重阻力以及传统课程与教学认识论的强力反弹。因而，转变传统教育观念与思维方式，不仅十分必要，而且尤为迫切。

作为改革与纠正由来已久的"应试教育"传统、实施素质教育的战略性决策与路径，新课程改革无疑是重要的、必要的、迫切的。但随着各种各样问题与矛盾的不断凸显与激化，越来越多的人开始怀疑新课程改革。一些知名学科专家以及教师、家长强烈反对新课程改革，认为新课程改革导致了教学质量的滑坡，新课程改革失败了，并郑重提出停止新课程改革的要求。无疑，新课程改革所存在的问题与矛盾是客观存在的、棘手的，但这并不意味着新课程改革这条路走错了，更不能得出新课程改革失败了的结论。显然，思维方式转换不足，是造成新课程改革陷入困境的重要原因之一。改革意味着抛弃某些滞后的信念、内容、方法与运行路径、机制，实现理论与实践范式的转换。因而，改革必然会遭遇来自认识上的冲突与行动上的抵制，尤其是保守僵化的思维方式，是任何改革都必须首先面对并需认真解决的根本性问题。在我国新课程改革过程中，明显存在两种截然不同的声音，并最终引发了新旧两种课程认识论的分歧与冲突。在新课程改革推进过程中，王策三先生撰文《认真对待"轻视知识"的教育思潮——再评由"应试教育"向素质教育转轨提法的讨论》，对"应试教育"与素质教育问题、新课程改革问题、轻视知识的教育思潮问题进行了系统阐述，尤其是重申了何谓课程与教学的问题。对此，钟启泉、有宝华先生撰文《发霉的奶酪——〈认真对待"轻视知识"的教育思潮〉读后感》，对前文的论点进了商榷与反驳。《全球教育展望》杂志为此还开辟了《素质教育与课程改革》专栏。无疑，这种分歧与冲突已然成为当前我国教育理论研究的热点问题。对课程认识论问题的探究，掀起了我国教育理论研究的新高潮。

围绕从"应试教育"向素质教育转轨的问题，王策三先生强调，推进我国教育实现根本性的变革，当前要做的一件事情，就是认真对待和克服一股以"轻视知识"为特点的教育思潮。这种思潮具体表现在由"应试教育"向素质教育转轨的提法。如今，这种知识降位论，不只是议论，而是已经转化为实际。在王先生看来，按照由"应试教育"向素质教育转轨的提法，应试教育的核心是知识教育，素质教育是非知识教育，是一种与知识教育势不两立、要把知识降位的教育。因而，必须坚决摒弃由"应试教育"向素质教育转轨的提法。不如此，思想混乱就不会澄清和消除，我们一贯遵循的教育理论将不能进一步发展，教育方针政策将不能顺利贯彻，教育改革将受到干扰尤其是偏离正确的改革目标。①

那么，王先生所说的我们一贯遵循的教育理论是一种什么样的理论呢？围绕新课程改革的理论与实践问题，王先生主要从教学认识论、课程本质、教学职能等方面阐述了他的看法与主张。

王先生重申个体认识不同于人类总体认识，个体认识不是从零开始，不是从头做起。个人的发展主要是知识长期内化积淀的产物，其途径就是学会、掌握前人已获得的主要认识成果。学校设置课程，是为学生提供认识的客体，以便学生作用于这个客体，发生教学认识过程。所以，课程本质上就是教学认识的客体，也就是人类认识成果，也就是知识。教学活动就是由受过专门训练的教师领（主）导学生，学习人类社会历史经验即现成知识，使学生认识世界并发展自身的活动。教学的主要工作就是将知识打开，内化，

---

① 王策三. 认真对待"轻视知识"的教育思潮——再评由"应试教育"向素质教育转轨提法的讨论 [J]. 北京大学教育评论, 2004 (3).

外化。知识之于人（尤其学生个体）的发展，就如同经济之于社会发展一样，是基础，是中心，是水之源、木之本。知识中心或知识居于课程的中心地位，是课程的本质决定的，知识传授是学校教育的基本功能，是教师的神圣职责。因而，教学中"注重知识传授"，根本、永远不存在"过于"的问题，而是根本、永远不够、要不断加强的问题。① 在王先生看来，由"应试教育"向素质教育转轨提法的倡导者，之所以轻视知识，主要是对课程的本质就是知识的道理缺乏了解，对以传授现成知识为逻辑的教学认识论缺乏了解。他们把发展与知识割裂、对立起来，轻视知识而谋发展。为此，王先生主张，为了使学生更好地发展，就要使学生更好地认识；而要使学生更好地认识，就要采取由教师领（主）导学生主要学习人类社会历史经验即现成知识的教学认识策略。如果舍弃这个策略，轻视知识，减其量，降其质，强调学生直接见闻，不仅违反个体的认识和发展规律，尤其违反学生个体的认识和发展规律。②

无疑，王先生所重申和辩护的课程与教学认识论，曾经作为一种金科玉律，在我国的课程与教学理论研究与发展实践中居于绝对的统治地位，堪称"经典"理论。这种"经典"理论使我国学校教育顽固地坚持"塑造知识人"的教育信条，除了知识传承外，所有其他的教育教学活动均处于可有可无的地位与状态。对此，鲁洁先生指出："学校教育培养有知识的人，这是无可非议的事，过去是这样，现在是这样，我想以后也会是这样。只要有学校的存在就离不开知识的学习和传授，这也是大家所公认的。但是，引起当今学校教育重重危机的决不在于它承担了传授知识的任务，而在于它致力于塑造一种知识人。在学校教育的视界中，知识被看成是人的惟一规定性和人之本质。"③ 传授知识成为学校教育的全部旨趣与使命，对知识的掌握程度成为教育评价的决定性依据与标准。"由此，知识被扩张为人性的全部，人性中的其他部分，如伦理道德、审美情操等等则都被虚无化。"④ 近些年来，在我国教育界，无论是课程与教学理论探究，还是新课程与教学改革实践，都试图超越这种传统认识论的制约与束缚，并取得了突破性进展，使课程、教学理论研究与改革实践都明显地呈现出勃勃生机与活力。然而，这种"经典"的课程与教学认识论，不仅造成了目前课程与教学理论研究中的分歧与

---

① 王策三. 认真对待"轻视知识"的教育思潮——再评由"应试教育"向素质教育转轨提法的讨论 [J]. 北京大学教育评论，2004 (3).
② 王策三. 认真对待"轻视知识"的教育思潮——再评由"应试教育"向素质教育转轨提法的讨论 [J]. 北京大学教育评论，2004 (3).
③ 鲁洁. 一个值得反思的教育信条：塑造知识人 [J]. 教育研究，2004 (6).
④ 鲁洁. 一个值得反思的教育信条：塑造知识人 [J]. 教育研究，2004 (6).

冲突局面，而且造成了新课程改革过程中种种抵触情绪与抵制现象，构成了新课程改革研究与实施的阻力，并使新课程改革面临挑战。对此，钟启泉、有宝华先生从时代发展的状况与需要的角度，批驳了这种以"凯洛夫教育学"为代表的传统课程与教学认识论，并对新课程所倡导的价值观、知识观等予以澄清与辩护。

在钟先生等人看来，新课程改革基于大众主义教育价值观，即面向所有学生，培养和发展适应未来社会生活的基本素质，为未来社会培养全面发展的人。为此，新课程超越了单一的学科本位、专业知识本位的立足点及层层甄别与选拔功能，强调整体、全面素质的培养，突破了精英主义教育价值取向。新课程改革主张"改变过于注重知识传授的现象"，是要解决传统课程片面与单一的价值取向与方法问题，丝毫没有轻视知识的倾向。"我国的课堂教学模式几十年一贯制，从'满堂灌'到'满堂问'，课堂教学的本质并没有改变。这是因为，我们缺乏'教学觉醒'，把教学归结为单纯的技术操作过程，导致了面孔单一的教学。'教学觉醒'意味着教学主体的回归，意味着教学过程是一种对话过程。这种课堂教学的过程是超越二元论的。'接受学习'与'探究学习'作为人类的两种基本学习方式，在具体实践中往往是交织在一起的，并非势不两立。因此，新课程凸显'探究学习'，并非全盘否定'接受学习'，而是旨在改造学生的学习方式，以'探究文化'取代'应试文化'。"① 但学校教育需传授什么样的知识，怎样传授知识，不同的时代则有不同的依据、理解与选择。对此，钟先生等人认为，将知识界定为间接经验与直接经验，是人们对知识进行的最"经典"的区分，学校教育中的间接经验被界定为现成的书本知识，而直接经验被理解为学生在实践活动中的感知。学生获得这两种知识的过程大都是分别进行或在彼此相互隔离的状态下进行的，即单一地、互不联系地掌握书本知识或获得感知经验。这种静态知识观决定了学生需根据课程设计者所制定的标准和要求完整、准确、不折不扣地掌握书本知识。因而，静态知识观是对知识片面、机械的认识，是不科学的。事实上，个体的认知过程是连续的意义建构过程，是动态的，即直接经验与间接经验始终处于互动状态。对个体而言，不存在纯粹意义上的直接经验与间接经验；对学生而言，也不存在绝对意义上的书本知识与实践经验。② 新课程改革强调增强课程内容与学生生活、社会进步和科技发展的联系，激发学生的学习兴趣、愿望以及思考和探究未知世界的动机，

---

① 王斯敏，凌莲莲. 课程改革要突破"三个瓶颈"[N]. 光明日报，2005 - 09 - 21.
② 钟启泉，有宝华. 发霉的奶酪——《认真对待"轻视知识"的教育思潮》读后感 [J]. 全球教育展望. 2004（10）.

并从知识、技能、情感、态度、价值观等角度，全面设计课程目标，从而使以素质教育为导向的新课程改革具有了崭新的时代依据。将这种课程改革的指导思想定位为"轻视知识"的教育思潮，不够客观、准确。相反，新课程改革从根本上超越了单一的课程目标、现成的书本知识定位与机械的灌输式传授方法，显现出鲜明的时代特色与科学品质。"世界的课堂正在发生静悄悄的革命。在欧美国家，以黑板与讲台为中心，教师单向灌输知识的课堂，以教科书为中心习得知识技能并且通过考试来评价的教学，已经进入历史的博物馆了。"[1] 如今，我国新课程改革要求充分转换由来已久的、陈旧的课程即知识、教学即传递知识的思维定式，确立一种崭新的与时代发展相适应的完整性、建构性、多元性、实践性、过程性的课程与教学思维方式、教育教学模式，不仅具有科学的、现实的依据，而且是大势所趋。对此，钟先生建议："我们的教师需要认识到：静悄悄的课堂革命乃是历史的必然。雪融化了会变成什么？回答'春天来了'被判为错，唯有回答'变成水'才是标准答案的教学，是扼杀儿童想象力的教学。动不动就'错、错、错，莫、莫、莫'的教学，说到底是剥夺儿童'学习权'的教育，跟时代格格不入。"[2]

思维方式的转变不应是空洞无物的套话空话，而应是内涵明确、指向具体、有较强操作性与指导性的改革立场与路线。在新课程改革过程中不乏转变观念与思维方式的呼吁，但具体要扬弃、建构什么样的观念与思维方式，并不十分明确，而且缺乏广泛的认同。转变思维方式必须明确三个问题：其一是需要什么人转变思维方式；其二是转变什么样的思维方式；其三是怎么样转变思维方式。无疑，思维方式的转变不只是教育政策制定者的问题，新课程改革所遭遇的观念与思维方式的制约与困境来自社会各个层面，尤其是教育理论研究者、学校管理者、教师与学生家长的落后的教育观念与思维方式，对新课程改革形成了巨大的压力与阻力。因而，必须在全社会范围内消解陈旧落后的教育观念与思维方式，建立起与当代社会发展、新课程改革精神相适宜的教育教学观念与思维方式。

2. 文化心理积淀不足

课程具有强烈的社会文化历史制约性品质与特点，课程改革必然以社会文化的变革为基础。而社会文化对课程改革的影响与制约，绝不仅仅局限于

---

① 钟启泉. 从课堂失范走向课堂规范——兼评《学校的挑战：创建学习共同体》[J]. 全球教育展望，2011 (1).

② 钟启泉. 从课堂失范走向课堂规范——兼评《学校的挑战：创建学习共同体》[J]. 全球教育展望，2011 (1).

科学、哲学、文学等学科的发展所引起的课程内容的更新与完善，由价值取向、文化习俗、传统观念、社会期待等构成的社会文化心理，不仅影响课程改革的信念、路径与方法，而且制约课程改革的进度、难度与效果。旧课程能否顺利地退出历史舞台、新课程能否成功地进入主渠道，主要取决于与新课程相适应的社会文化心理的积淀程度。新课程改革迫切需要转变的无疑是根深蒂固的"应试教育"及其所造成的功利主义的价值观、实用主义的成才观，旗帜鲜明地捍卫以"素质教育"为指导思想的新的教育价值理念。尽管"素质教育"这一概念还存在着颇多的争议、误解甚至是曲解，但"素质教育"的指导思想与精神内核是无可非议、不容置疑的。然而，在我国新课程改革过程中，明显存在着与新课程改革相适应的社会文化心理积淀不足的现象与问题。疾风暴雨式的、运动化的改革，严重缺乏社会文化心理层面的支持氛围与广泛的、积极的参与动力。

第一，"应试教育"的文化传统。

在我国，"应试教育"是一种具有"悠久历史"的社会现象、一种根深蒂固的文化传统。长期以来，我国基础教育始终没有摆脱"应试教育"的传统，尤其是高考制度恢复以来，为考试而教、为考试而学的片面追求升学率的风气愈演愈烈，甚至形成了一种顽固的思维方式、行为方式。教育过程中的一切程序、因素、方法、内容、机制等，无不受制于考试这根指挥棒。从这种意义上讲，"应试教育"已经不是一种教育形式，而是一种意识形态、一种教育哲学、一种教育存在方式。如今，"应试教育"不仅普遍存在，而且成为阻碍新课程改革的根本性、根源性因素。陶行知先生曾于1934年针对当时应试会考制度的危害与问题，尖锐地批评道："学生是学会考，教员是教人会考，学校变成了会考筹备处。会考所需的必须教。会考所不要的，不必教，甚至必不教。于是唱歌不教了，图画不教了，体操不教了，农艺不教了，工艺不教了，科学的实验不做了，所谓课内课外的活动也没有了。所教的只是书，只是考的书。教育等于读书，读书等于赶考。"① 然而，这种早在半个多世纪前就为陶先生所批评过的应试教育，并没有随着新的社会制度、新的教育制度的建立而消失。几十年来，我国基础教育不仅沿袭"应试教育"的传统，而且不断强化"应试教育"信念与机制。对此，陈心五曾指出："我国基础教育的根本性问题是什么？几十年来，我国基础教育基本上是统得过死，学得过死的传统教育，特别是这种教育被纳入'单纯应试教育'的轨道以后，学校以升学应考的要求为'标高'来统一批量'生产'

---

① 陶行知全集：第 2 卷 [M]. 长沙：湖南教育出版社，1984：676.

学生，形成了一个'单纯应试教育'的教育教学体系。为了改变这种陈腐的教育，几十年来我国教育界的一批有识之士进行了许多改革试验，力求冲破'单纯应试教育'的怪圈，由于时代经济发展水平和文化发展水平的制约，都未能从根本上解决问题。'单纯应试教育'作为一种教育教学体系，它渗透于基础教育的方方面面，从教育思想、教育目标、课程、教材教法、考试评价，到教育行政部门规定的各种规章制度，全都可以见到'单纯应试教育'的幽灵。"① 我国当代教育家吕型伟先生则将这种"应试教育"看作制造失败者的教育。他说："我国目前的教育是在源源不断地向社会输送失败者：小学毕业生通过升学竞争，胜利者上了重点初中，失败者进入'差校'；初中毕业生，胜利者上了高中，失败者进入社会；同样，高中毕业生，胜利者上了大学，失败者进入社会；大学毕业，胜利者出国留学，失败者留在国内；在国外学成者，胜利者千方百计留在国外，留不成而失败者回到国内。这样，流向国内各行各业、各个层次的建设者，大都是竞争的失败者。"② 显然，"应试教育"使教师、学生、家长以及社会各界都固执地坚持"榜上无名，脚下无路"的信条，使教育活动与学生的学习生活变得十分异常。学校只注重学生的分数，忽视了学生综合素质的培养。教师普遍存在的心态、思维方式是教师的绝对权威、分数的至高无上。为了维护教师的这种权威与尊严，为了保证分数的只升不降，似乎一切手段、措施都是必要的，都具有"教育性"。显然，这种"应试教育"的怪圈与幽灵，绝不仅仅是教育制度、教育政策、教育方式与教材的问题，更为重要的是关于教育的意识形态与文化心理问题。长期以来，我国基础教育始终没有摆脱"应试教育"的制约与束缚，主要是这种顽固的为考试而教、为考试而学、片面追求升学率的心理定式使然。而在新课程改革过程中，这种"应试教育"文化传统明显成为一种阻碍因素，不仅造成新课程改革过程中的种种困惑，而且使新课程改革步履维艰。对此，钟启泉先生将高考制度滞后看作新课程改革需要突破的瓶颈问题。他认为："尽管教育部已经明确了改革方向——'下放、多样、扩大大学自主招生权'，但至今缺乏一个强有力的研究班子来具体地落实这些原则。中国的教育人口庞大，加上应试教育积重难返，如果缺乏指导性的、具体的操作规程的研究，那么，学科教学改革和综合实践活动难以推进，普通高中的课程改革可能崩溃。而高中课程改革一旦崩溃，会影响到初中、小学，导致应试教育全面复辟。"③ 而对于"应试教育"文化传统在新课程改

① 陈心五. 当前基础教育课程改革的冷思考 [C]. 第三次全国课程学术研讨会论文，2001.

② 吕型伟. 为了未来——我的教育观 [M]. 上海：上海教育出版社，1994：178.

③ 王斯敏，凌莲莲. 课程改革要突破"三个瓶颈" [N]. 光明日报，2005 - 09 - 21.

革过程中的消极影响与负面作用，钟启泉先生曾不无感慨地指出："21 世纪是'课堂革命'的世纪，新课程改革已经 10 年了，有人还在振振有词地坚持'教师讲解、学生听讲的教学模式'。"① 无疑，不打破这种"应试教育"文化心理与思维定式，新课程改革便无从谈起。

第二，功利主义的价值心理定式。

功利主义的价值心理与社会期待在我国学校教育中具有根深蒂固的传统。无论是过去的读书做官论、出人头地论，还是现在的教育投资论，都将教育的价值定位于功利主义的坐标体系中。于是，在人们已定式了的思想观念中，教育俨然是"敲门砖""点金术"。于是，教育与金钱、职业、地位、权势建立起了稳固的、强有力的连接，并形成稳固的心理定式，使人们无不对之求之若渴。望子成龙、望女成凤的家长们，不惜任何代价让孩子接受"最好的教育"。而这种"最好的教育"无非是能求得功名、获取利禄的功利主义教育。它追求的是实实在在的、外显的名与利，而不是朦朦胧胧的、内在的魅力。任何与功名利禄无关的教育，不仅被视为"装饰性的""没有用的"教育，而且必然被"淘汰出局"。这种作为获取功名利禄手段的教育，虽然具有显赫的地位，但因其放弃了神圣的内在尺度、标准与追求而丧失了教育的根本性依据。对此，鲁洁先生认为，当代教育的主要宗旨只是教人去追逐、适应、认识、掌握、发展外部的物质世界，着力于教会人的是"何以为生"的知识与本领。它放弃了"为何而生"的内在目的，它不能让人们从人生的意义、生存的价值等根本问题上去认识和改变自己，它抛弃了塑造人自由心灵的那把神圣的尺度，把一切教育的无限目的都化解为谋取生存适应的有限目的。教育的这种"外在化"的弊病，造成了人只求手段与工具的合理性，而无目的合理性；只沉迷于物质生活之中而丧失了精神生活，只有现实的打算与计较而缺乏人生的追求与彻悟，失去了生活的理想与意义。② 显然，功利主义的价值心理定式只是立足于社会本位主义、现实主义的逻辑与立场，以外塑论、决定论的观念与方法为依据确定教育的指导思想、原则、方法与内容等。这样的教育培养人的目的与依据在于人被规定、被控制，使其顺从、同化，使其成为有用之才，即出色专家、专业能手、熟练技工。无疑，不消解这种功利主义的价值心理定式，新课程改革则无据可依。

---

① 钟启泉. 从课堂失范走向课堂规范——兼评《学校的挑战：创建学习共同体》[J]. 全球教育展望，2011（1）.

② 鲁洁. 通识教育与人格陶冶 [J]. 教育研究，1997（4）.

3. 教师准备不足

在所有影响、制约课程与教学改革因素中，教师的素质与能力是第一位的。教师是课程实施的主体，是课程改革前途与命运的决定性力量，有什么样的教师，就有什么样的课程实践效果。几年来的新课程改革实践表明，尽管改革者投入了无限的热情与精力，但新课程改革遭遇了重重阻力，甚至出现了局部反弹、停滞不前的现象。无疑，缺乏能"与新课程同行"的教师，是造成新课程改革中众多的肤浅、偏颇、抵制、歪曲等现象的重要因素之一，从而使新课程改革中教师准备不足问题暴露无遗，使新课程与教师之间的矛盾不断激化。新课程改革中教师准备不足问题，主要表现为教师与新课程改革要求"不适应"与"不符合"两方面。"不适应"是指教师在主观上存在与新课程改革要求的差距；"不符合"是指教师在客观上存在与新课程改革要求的差距。"不适应"与"不符合"突出地表现为教师在对新课程认识上、态度上、行动上、方法上、素质结构上所存在的问题。

第一，认识不到位、理解不深刻，误读与曲解新课程改革。

对新课程改革的认识，主要不在于对有关课程政策与课程内容变化的了解，而在于更为深层次的文化观念的变革，以及在此基础上所发生的心理定式的调整、思维方式的转换。无疑，我国新课程改革严重缺乏与之相适应的教师队伍，从事新课程教学的教师，基本上是按照传统的师范教育哲学、模式、方法培养出来的，缺乏专业品质、技能与艺术。多年来，作为计划经济的产物，我国的教师教育始终在一种近乎封闭的体系中运行，逐渐暴露出僵化、教条的弊端，教师教育哲学观陈旧、教条，缺乏专业化的培养机制与平台。在教师教育哲学观层面，我国的教师教育遵循的是传道、授业、解惑的原则与标准，其基本思想无非是传授与灌输，在教师教育过程中，这种哲学观具体表现为以下三种根深蒂固的思维方式：（1）教师是人类灵魂的工程师；（2）教师是园丁；（3）教师要给学生一杯水，其自身要有一桶水。这几种思维方式都赋予教师以"经师"的角色、教书匠形象。于是，教师职业严重缺乏学术标准与声誉，不像律师、医生、工程师那样具有一种被人尊重且值得受尊重的独特的专业理论基础、标准与严格的准入制度，甚至连教师自己也认为，他不是一个专家，只是一个知识的传递者。在教师教育体制方面，我国的教师教育始终坚持一种独立的定向型、终结型体制。"规模化生产"不仅形成封闭化的教育模式，而且造成僵化的、标准件式的教师职业准则。于是，教师对其本职工作毫无学术性思考与探究，缺乏原创性动机、意识与能力。也就是说，封闭的教师教育体制消解了教师从事专业化研究的必要性与可能性。显然，作为知识传递者的教师、作为"传声筒"与"打分者"的教师,不仅不适应新课程教学,难以承担新课程改革的使命,而且很难恰如其分地把握新课程的真谛、使命与方法。尤其是实质性、系统性培训的缺乏,使教师对新课程明显缺乏深层次的认识与理解,普遍存在认识不到位、理解不深刻的现象。新课程所面临的严峻的时代背景、形势与问题,没有引起广泛的关注;新课程更为深刻的理论基础、内涵与使命,没有得到自觉的领会;新课程在品质、目标、模式、语言等方面的显著突破,没有引起普遍的共鸣。对新课程的认识与理解更多地停留于形式上的、浅层次的对课程管理政策、教学方法、教材内容等方面变化的把握。更为糟糕的是,对新课程的某些理念的简单化、片面化、极端化的认识与理解,诸如将新课程与以往课程及其教学完全对立起来,将实践活动、自主课堂、探究学习、生活经验、动手能力等新名词与新术语看作新课程的根本属性、品质与标准等,从而曲解了新课程改革的根本旨意与精神实质。

第二,态度不端正、行动不积极,排斥与抵制新课程改革。

受制于积淀已久的"应试教育"的文化传统、心理定式,在新课程改革过程中,不仅普遍存在怀疑、忧虑与观望的心态,而且还有相当数量的教师将新课程视为制约提高升学率的障碍与负担,抵触、诋毁新课程改革,在态度上与新课程改革精神格格不入,在行动上与新课程改革方案背道而驰。具体地说,在新课程改革中明显存在两种消极的态度与行为:应付性态度与行为,即对新课程改革表现出一种不够严肃、不以为然的无所谓态度,既不表明立场,也不深入探究,采取形式上走走过场、摆摆样子的应对行动;抵制性态度与行为,即对新课程改革表现出一种强烈的不满、反感、抵触的情绪与态度,旗帜鲜明地否定、反对新课程改革,并拒绝接受新方案、新教材、新方法,采取各种各样的排斥、抵制行动。显然,种种消极的态度与行为,不仅使教师无视传统教育模式所存在的弊端与问题及课程改革的必要性品质,无视现代社会发展对人才素质结构变革的要求及课程改革的紧迫性品质,无视现代教育理论研究成果对教育实践的指导意义及课程改革的必然性品质,而且抱残守缺,固执旧理,对新课程改革的新理念、新标准、新要求置若罔闻,依然坚持沿袭久远的"确定性"课程逻辑、"基础性"课程旨趣与"认同性"课程品质等陈旧思维方式与信念,以及"教师中心""知识中心""课堂中心"等传统模式与方法,从而造成新课程实施过程中的种种障碍与困境,不仅使新课程改革的基本精神难以落到实处,而且从根本上阻碍了新课程改革的顺利进行,甚至还造成种种诸如校内新课程校外"老课程"以及"穿新鞋走老路"等现象与倾向。

第三,方法不得当、能力不支持,误导、扭曲新课程改革。

　　新课程的实施，除了需要教师认识深刻、态度端正、行动积极外，还需要教师掌握正确的方法与措施，提高驾驭新课程的能力。全国政协委员、北京师范大学庞丽娟教授在其主持的一项调查中发现，"75%的教师存在教育能力的不足或缺乏，包括教育内容的选择"①。高比例教师缺乏专业知识、专业能力，意味着教师"不懂教育"现象的普遍存在，造成教师职业的社会"信誉危机"。这种"不懂教育"现象，并不意味着教师素质的"历史性"倒退，而是指教师素质的"时代性"进步不足。确切地说，今日教师的"不懂教育"现象，意味着教师"职业资格的合理性失调"，是教师素质的"结构性"问题，而不是教师素质的"存量性"问题。这种"结构性"问题突出地表现为教师的专业化素质与能力的缺乏。其根本原因在于我国教师教育课程体系陈旧落后、教学模式机械呆板，致使我国教师教育学术性不精、师范性不强。封闭、保守、抽象、八股式的教育学、心理学、学科教学论三门课程，不仅缺乏理论深度，而且与教育教学实践严重脱节，以至于在师范院校中，对这三门课，教师不爱教、学生不爱学，已成为一种极其普遍的怪现象。本应充满生机与活力、激发学生创造性思维、培养学生作为教师所必备的基本素质的课程却充满经文般的戒律，毫无生气。尽管近些年来，关于高等师范教育教学模式、方法及课程、体制等方面改革的呼声与方案连绵不断、层出不穷，但大多数的改革措施还只是停留于表面化的、形式上的层面，没能从根本上突破传统的套路。无疑，这样的教师教育培养出的教师不可能适应当代素质教育与新课程改革的需要。

　　在新课程改革中，教师不仅明显缺乏有效方法与措施，而且教育能力以及对新课程驾驭能力的不足十分普遍。由于专业化素质与能力缺乏、专业化水平与程度不够，教师不仅意识不到新课程改革在方法学上的重大突破，而且严重缺乏自主的、成熟的、恰切的方法与课程教材处理能力。当然，作为"权威依赖"群体，教师也没有自主探究的权力、习惯与意识。在新课程实施过程中，"权威依赖"造成教师思想惰性，只关注权威的结论与方案。教师不仅期待而且依赖课程改革专家"发布"的方法，严重缺乏独立思考与主见，甚至离开专家，就不知所措。面对各执己见、五花八门的学术观点与方法"药方"，许多教师感到无所适从、一头雾水，甚至非常无奈地提出"新课改，我们到底听谁的？"这样令人啼笑皆非、无知荒唐的问题。由于教师方法、措施与驾驭能力的缺乏，造成了种种片面的、偏激的改革措施与行动，严重误导、扭曲新课程改革。显然，方法不得当与能力不支持，造成了

①　谢湘. 21 世纪教师该具有什么专业素质 [N]. 中国青年报, 2002 – 09 – 06.

教师在新课程实施中的鹦鹉学舌、机械模仿、照猫画虎等现象，是新课程改革徘徊不前、有名无实、形式化与极端化现象迭出的重要原因之一。

无疑，新课程改革能否摆脱困境而顺利地进行，关键在于能否培养、培训一支能与新课程同行的"研究与发展"型教师队伍。在传统的学校教育中，教师都是因为他们有专业知识或科学研究能力而不是因为他们有教育知识与能力而被聘用的。如今，那种以为精通某些专业知识并能传授给他人就可以做教师的观念已经过时了。新课程改革意味着传统的教师教育与培训逻辑走到了历史的尽头，培养教书匠式的教师教育模式与体制必将被终结。新课程改革要求教师除了具备相关专业知识及技能外，尤其需要具备教育专业理论素养与实践技能。

第三章

本质主义：课程改革理论基础的失范

理论对改革实践的重要意义是不言而喻的。没有理论指导的改革必然是盲目、盲从的。任何改革政策的出台都必须有充分的理论依据，只有阐明理论上的突破与创新，才能使改革者的认识更深刻并有清晰的思路、行动更恰当并有更好的选择。显然，理论基础对改革实践具有决定性意义。充分的、恰切的理论指导为改革方案提供合理的支撑与解释，使改革方案与改革实践具有辩护性品质。而理论基础缺乏充分性品质或理论指导实践方式缺乏恰切性品质，必然造成改革的路线、方针、政策及方式方法的失范。

课程改革的理论基础并不意味着某种理论流派的理论，而是关于知识、教育、学习等方面的逻辑、立场、范式的理论定位。关于知识、教育、学习的不同理解与主张，必然导致截然不同的课程改革。因而，知识观、教育观、学习观构成了课程改革理论基础的核心内容。显然，课程改革并不缺乏理论基础。但拥有理论指导的课程改革并不意味着必然能摆脱盲目盲从状态。问题的关键在于课程改革理论基础的品质与状况。在教育发展史上，课程改革常常立足于不同哲学、社会学理论流派的思想、立场与方法。尤其是现当代课程改革，始终围绕不同的理论门户频繁启动、左改右革。然而，受制于本质主义的思维、立场及其所造就的门户纷争状况，课程改革的理论基础无不因客观性、普适性、机械性、塑造性的知识论、教育论与学习论而无所适从、迷失方向，并使课程改革陷入片面、偏执、无序及失败的境遇中。

一、本质主义知识论及其"合法性"危机

知识论是课程领域难以回避的基础性问题，也是今日课程研究与改革中争论最为激烈的根本性问题。长期以来，本质主义知识论基础在课程理论探

究与实践改革中，始终居于主导地位。学校课程研究与发展无不遵循本质主义的逻辑、立场与方法，呈现出明显的本质主义品质、特征与发展轨迹。自苏格拉底以来，西方哲学家们就一直渴望找到一种超历史的、普遍有效的理论与标准。这样，在整个西方文化中便形成了一种典型的追求永恒不变真理与终极价值的本质主义思维方式。作为一座历史悠久的、顽固的"精神堡垒"，本质主义坚持人类文化及知识有一个共同的、普遍的基础或"阿基米德点"，哲学家和科学家的任务就在于寻找、发现这种基础，并赋予其强有力的、可信服的理由。于是，追求那种非历史的与普遍的知识、真理、道德、艺术等，便成为西方文化的基本特征，"一代又一代的基础主义者不顾前人的失败，前仆后继地寻找着超验的'基础'"①。无疑，本质主义知识论赋予了学校课程肯定性、普适性、统一性、中心性、霸权性的特点，并造成课程因品质、价值、目标、模式、功能等各个方面的教育性扭曲现象而面临着严峻的"合法性"危机。

（一）知识的客观性标准与确定性品质

本质主义将知识视为人类对客体的本质性认识结果，从而赋予了知识客观性品质。本质主义者坚持主、客二分的思维方式，将知识定位为对客体的"镜式反映"。知识的来源被定位为客观存在的物理现象与客观事实的社会现象两个维度。客观性不仅成为衡量知识的标准与条件，而且被视为知识特有的内在品质与自然属性。尤其是启蒙运动以后，伴随着自然科学的飞速发展、自然科学知识力量的不断增强与地位的不断提升以及唯科学主义思维方式与价值取向的形成，关于什么是知识、什么知识最有价值的问题，得出了里程碑式的、革命性的结论，即科学是最有价值的知识，所有的"真知识"必须具有科学性。"一切知识——不分道德的、政治的、历史的——都应具有科学性。在任何知识领域里产生疑问探求答案，都应以客观地追求通则为目的。"② 知识的客观性标准与条件被进一步赋予了科学性内涵与依据，从而使知识的发展走上了科学化的路程。无疑，科学化是知识发展的必然选择。然而，本质主义所赋予知识的科学化标准与方法明显缺乏科学性内涵与依据，背离了知识的科学化逻辑。其根本症结在于将知识的科学化异化为知识的自然科学化。一方面依据自然科学的标准与品质，颠覆哲学社会科学知识

---

① 王治河. 扑朔迷离的游戏——后现代哲学思潮研究 [M]. 北京：社会科学文献出版社，1998：86.

② 乔伊斯·阿普尔比，林恩·亨特，玛格丽特·雅各布. 历史的真相 [M]. 刘北成，薛绚，译. 北京：中央编译出版社，1999：22.

存在的合法化地位。本质主义者从"真"与"用"两个角度来界定知识标准与品质，认为只有自然科学才能带给人类最大的利益，是人类控制自然、改造自然、改造社会的最有效的、最正确的途径，那些违反科学的、"只富于争辩，而没有实际效果"① 的哲学社会科学知识都是空洞无用的，应该予以否定。于是，自然科学成为一切知识的绝对范本。另一方面依据自然科学的逻辑与方法改造、同化哲学社会科学知识。本质主义者在批判与否定哲学社会科学的同时，还对哲学社会科学知识进行所谓的科学化改造。本质主义者认为真正知识的获得只有遵循自然规律，清除假象、谬误与偏见才能实现，而观察和实验是确保知识可靠性的根本途径与方法。哲学社会科学明显缺乏像自然科学那样的客观证据与可证实性品质，因而需要"专业化"改造。于是，为了使哲学社会科学成为所谓的"真知识"、名副其实地成为科学大家族中的一员，本质主义者遵循"量化""实证化""操作化"的原则与方法，对其进行科学化改造，掀起了哲学社会科学领域强劲的反思辨、反形而上学思潮，从而造成了普遍的哲学社会科学自然科学化现象与倾向。无疑，知识的客观性与自然化必然否定知识的生成性与建构性品质，是当代知识探究与发展的主要阻碍之一。

（二）知识的公共性逻辑与肯定性立场

本质主义将知识视为人类对客体的总体性认识成果，从而赋予了知识公共性品质。本质主义者坚持事实与价值相分离的思维方式，将知识定位为公共认识成果、人类集体智慧的结晶。它不能有任何个人主观认识倾向与价值性"偏见"。于是，一致性与统一性成为本质主义知识观鲜明的立论依据与逻辑规则。对本质性结论的追求，前提是对本质性存在的认可。本质主义者确信或主张在变化不居的大千世界中存在着某种永恒的、确定的东西，即本质。对本质性东西认识的结果主要表现为由诸如规律、规则、定理、定律、真理、公式等范畴构成的知识体系。人类的认识活动就在于发现存在于现象背后的普遍本质与必然规律，获取关于事物的唯一正确的知识，建立起对世界解释与问题解决的公共标准。基于对知识客观性标准的界定与辩护，本质主义者千方百计地为知识寻求具有确定性和可证实性品质与方法的坐标体系。在本质主义者看来，本质只能被认识与发现，知识则是被认识与发现的本质的体系。知识作为对事物本质的认识成果，无论是关于物质的、社会的还是人的，都是不以人的意志、信念、价值取向以及社会制度为转移的。

---

① 全增嘏. 西方哲学史：上册 [M]. 上海：上海人民出版社，1983：455.

在认识过程中，为了排除感性、偶然性、主观性干扰，以实现获得唯一正确的公共性知识的目的，本质主义者无不强调知识的非个体性、非价值性立场与逻辑，使知识的发展呈现出了明显的中立化轨迹与态势。首先，排斥个体性判断，造成知识立场的中立化。在本质主义者看来，知识是人类理性认识的结果，人的感觉中根本不可能产生可以称得上是"知识"的东西。他们"以绝对的客观性为知识之理想，强调科学的'超然'品质，标举科学的'非个体特征'。人类认识、科学研究过程中的所有个体性的成份都被视为有悖于客观主义知识理想的否定性因素，即使难以彻底根绝的话，也应该尽量克服、减少"①。于是，知识与个体认识完全脱节，被称为知识的东西不允许有任何个人的理解与诠释。个体认识只有抛弃个人的立场、信念与理想，呈现出一致性与统一性，才能被确认为总体认识，才能被认定为客观的、可靠的知识。其次，排斥应然性判断，造成知识价值的中立化。在本质主义者看来，客观存在与纯粹事实是价值无涉的，表现出鲜明的价值中立性特征，从客观存在与纯粹事实中是不可能推出价值判断与命题的。事实判断即实然性判断才是知识的表现方式。价值判断即应然性判断是主观的，是一个人从自己的立场阐释对事物的看法、立场与态度，带有强烈的感情色彩。价值判断不可能成为客观知识，也得不到客观证实与保证。因而，价值中立不仅是获取知识的前提条件，也是知识的根本品质与基本特征。如此，本质主义从理念上彻底消解了知识的伦理学依据与价值向度。知识只有不受道德、文化传统、社会制度等方面因素制约与影响才得以成立。无疑，知识的公共性与中立化必然否定知识的个人理解性与社会目的性品质，是当代知识探究与发展的主要阻碍之一。

（三）知识的还原性思维与单向度路径

本质主义将知识视为人类对客体的普遍性认识成果，从而赋予了知识真理性品质。本质主义者将追求、发现本质性知识作为首要的、根本的甚至是唯一的使命。他们坚持共相与殊相相分离的思维方式，将知识定位为人类对客体唯一的、准确无误的认识成果。于是，非历史性、完成性、永恒性成为本质主义知识观的不二法则、方法与追求。"一劳永逸地寻找到不可怀疑、不可错和不可修正知识的方法和标准"② 成为本质主义知识论的根本任务。

为了找到并向世人发布各个领域作为本质的超越时空的、普遍的、永恒的知识体系，本质主义者普遍遵循机械论、化约论、决定论的逻辑与方法，

① 郁振华. 克服客观主义——波兰尼的个体知识论 [J]. 自然辩证法通讯, 2002 (1).
② 王荣江. 知识论的当代发展：从一元辩护走向多元理解 [J]. 自然辩证法通讯, 2004 (4).

对诸如自然、社会、人类生活等各个领域现象进行本质性的解析与界定，形成绝对化的、定义性的知识体系。本质主义者将复杂的、整体的自然、社会及精神现象进行机械化约，以局部代替整体，把整体化约为局部。其最大的缺陷与致命性的问题莫过于脱离现象而推论本质，并将其绝对化。本质主义者无不机械地坚持这样的认知逻辑，即事物的众多属性有主次之别，主要的属性是稳定的，具有决定性意义，次要的属性是易变的，不具备决定性意义；主要的属性表现为事物的本质，次要的属性则表现为事物的现象；对事物的认知虽然离不开对现象的观察，但根本目的在于推论、概括抽象的结论，即对本质的把握。这种孤立的、静止的、抽象的结论，因其将事物的全部属性还原为某种单一的、被称之为本质的属性，必然忽视那些与所谓的本质属性缺乏逻辑关系的事物属性或因素。"这种纯粹的本质，本身仍只是有限之物，因为它把特殊性排斥在外面，于是这种特殊性便在外面否定它、限制它，与它对立。这种形而上学未能达到具体的同一性，而只是固执抽象的同一性。"① 这种机械决定论无论是在事物复杂的、丰富的属性中抽取什么样的属性，都必然要舍弃其余的属性。事实上，"任何理论都是有限的封闭系统，其有限性决定了包容性再大的理论也容受不下个别事物身上所杂有的全部属性"②。因而，这种只见树木不见森林的本质主义逻辑与追求，不仅造成对事物认知的整体性与充分性缺乏，而且因其绝对化的认知立场与僵化的认知方式而造成对事物认知中的冲突与对峙现象。无疑，知识的还原性思维与绝对化品质及立场必然否定知识的相对性、多元性、历史性与发展性品质，是当代知识探究与发展的主要阻碍之一。

二、教育学的本质主义追求及其悲惨命运

教育学理论是课程改革基本的理论基础。教育学研究的思维方式及其理论成果，决定课程改革理论的选择与建构。长期以来，课程改革的迷惘与徘徊境遇，主要源于教育学理论的理论性、科学性、指导性品质与能力的缺乏。因而，探究课程改革的理论基础问题，离不开对教育学理论的理性分析与把握。

就历史发展而言，教育学理论主要起源于社会政治、经济、文化的发展需求，并成形于某种哲学、社会学、文化学以及心理学等方面理论的逻辑、立场与方法。于是，教育学理论的发展呈现出明显的外在化特点与品质。显然，外在化的教育学理论不仅不能带给课程改革实践明确无误的与内在自主

---

① 黑格尔. 小逻辑 [M]. 贺麟，译. 北京：商务印书馆，1980：109.
② 徐长福. 论个别性与本质主义的矛盾 [J]. 复旦学报：社会科学版，2001 (5).

的指导思想、价值取向、方式方法等，而且使课程改革实践陷入了越发迷茫、困惑的窘境。尽管学校教育的发展与改革必然要考虑社会的政治、经济、文化等因素，但如果机械地、被动地原样照搬与移植这些外在制约因素的标准与理论形态，那么，教育学理论必然因内在的、自主的原则、立场与逻辑的缺失而严重缺乏专业化品质。这是教育学理论对课程改革实践缺乏有效、恰切指导的症结所在。

外在化品质、立场与状态造成教育学发展异常坎坷的历程及十分可悲的命运，这是众多教育学研究者的共同感受。作为研究伴随人类社会的形成与发展而产生且日益复杂的教育现象、教育经验、教育问题的理论，它不受重视，甚至不被承认；它没有一个名正言顺的位置，没有自己的科学化逻辑与依据；它的现实性存在依据更多的不在于其丰富的、深刻的理论，而在于指令、方法与技术。于是，教育学被视为一门次等学科或根本就不被视为一门学科。有着漫长过去与悠久历史的教育学理论研究竟落得这样的结局，不能不说是一种悲哀。而造成这种令人不可思议、不能满意局面的根本原因，是知识论基础的错位所造成的教育学肤浅、僵化与片面化的理论发展状态。具体地说，是本质主义思维方式使然。

（一）次等学科的地位

教育学作为一门学科的地位让人怀疑，这是一个不需争辩的事实与现象。在科学发展的历史与现实中，在学科门类的家族里，教育科学不被视为一个名副其实的称谓，它既没有哲学那样的"王者"形象与至尊地位，没有数学及自然科学那样"绝对"严密、精确的辩护依据与话语霸权，也没有诸如文学、美学、艺术学等学科的诗情画意与魅力，它甚至没有神学的诱惑力与感召力。更多的时候，它被排除在科学的"大雅之堂"之外，即便是偶尔被提及，也不过是被视为一种附属性的存在，并不时地遭遇鄙视与怀疑的目光。总之，它似乎既让人难以拥有外在的实用性力量，又让人感受不到内在的精神性寄托。于是，教育学被视为一门次等学科或根本就不被视为一门学科。对此有人曾做过这样的描述："'教育学'不是一门学科。今天，即使是把教育学视为一门学科的想法，也会使人感到不安和难堪。'教育学'是一种次等学科。把其他'真正'的学科共冶一炉，所以在其他严谨的学术同侪眼中，根本不屑一顾。在讨论学科问题的真正学术著作当中，你不会找到'教育学'这一项目。"① 这种次等学科的地位造成了教育学理论无足轻重、

① 华勒斯坦，等. 学科·知识·权力 [M]. 刘健芝，等，编译. 北京：生活·读书·新知三联书店，1999：43-45.

可有可无的灾难性状况，而且更为糟糕的是教育学理论变成毫无自主性与独立性品质与逻辑的、不同学科理论的大杂烩，教育探究领域成了任何人都可以随意地甚至轻率地侃谈的、没有什么专业性与学术性标准的"自由论坛"。

就一门独立学科而言，理论无疑是其存在的根本性依据。理论的重要意义与特殊作用不被认同与重视，那么，这门学科自然是一门次等学科，有名无实。当然，在现代实用主义社会里，各个学科的理论似乎都遭到了诸如"空谈""无用"之类的抨击，正如伽达默尔所言："在我们所处的时代，理论这一概念已变成面目全非的玩意儿，并丧失了它的尊严。"① 而这种状况尤以教育学为最。教育学理论不仅遭到了来自其他学科学术领域普遍的蔑视，而且也遭到了教育实践领域的广泛抵触。在其他学科领域的理论家看来，"教育只不过是一种职业化了的领域，不值得进行严肃的理论探讨"②。因而，他们相信：理论与教育无关，教育不需要深刻的理论。他们甚至认为，教育研究者无权使用复杂的理论术语进行写作。③ 于是，教育学理论的学术地位被剥夺了，教育研究被视为非学术领域。而在教育管理者乃至教师看来，教育学理论空洞无用。他们总是用"理论脱离实际"来抨击教育理论研究者及教育学理论。因而，"理论在教育界一向举步维艰。教育领域，无论是在它的假定还是在它的应用中，历来高度重视实用的和行为主义的方面，而把理论当作赘疣。'理论'一词遭致如此敌视，以至于教师习惯于把它和方法相混淆，声称在他们的课堂上理论毫无用处，从而一概抹杀了它的价值"④。对教育学理论的蔑视、排斥与抵触，不仅造成了教育实践因没有明确的、深刻的理论指导而缺乏生机与活力，造成了教育者教育思想的贫乏以及教育行为的呆板、随意与轻率，而更为重要的是造成了教育理论因在教育实践中无实质性的发言权而逐渐萎缩。于是，某些教育学理论研究者便渐渐地接受了次等学科的地位，丧失了争取平等的学术地位及指导教育实践的信心、勇气、权力与能力。甚至有的教育理论研究者还自我贬损，怀疑、否定教育理论的意义与价值，"把研究理论看作是那些不愿接触实际的精英之辈

---

① W. 卡尔. 技术抑或实践？——教育理论的未来 [J]. 袁文辉，译. 华东师范大学学报：教育科学版，1995（2）.

② H. A. 吉鲁. 后结构主义者的论争及其对于教育学的几种影响：转向理论 [J]. 谭晓玉，郑金洲，译. 华东师范大学学报：教育科学版，1995（1）.

③ H. A. 吉鲁. 后结构主义者的论争及其对于教育学的几种影响：转向理论 [J]. 谭晓玉，郑金洲，译. 华东师范大学学报：教育科学版，1995（1）.

④ H. A. 吉鲁. 后结构主义者的论争及其对于教育学的几种影响：转向理论 [J]. 谭晓玉，郑金洲，译. 华东师范大学学报：教育科学版，1995（1）.

的避难所"①。而缺乏理论指导的教育教学实践自然没有明确的自主性立场与内在性依据，尤其是现当代的学校教育，总是忍气吞声地承受着来自社会各个方面的责难与抨击，种种短视的、功利主义的动机与需求迫使教育不断地改来改去，使其无所适从，从而陷入严重的危机之中。教育发展如同墙头之草，随风摆动。但处于次等学科地位的教育学对此却无回天之力。正如有人所言："教育实践的方式愈来愈受到来自四面八方的批评，接受改造和进行实验，但教育学却无法找到一种显示出其学科地位的声音去做出回应。"② 理论的被怀疑、蔑视及排斥，使教育学处在十分可悲的境地。

教育学的次等学科地位必然导致其研究人员鱼龙混杂及在实践中可有可无的状况。与其他学术领域相比，教育研究领域更多地由非专业人员所"占领"，"普通人（尤其是政客和商人）都可以成为自己的教育专家"③。而更为可悲的是，为数不多的专业理论研究者常常被视为没有研究其他"真正"学科的天赋与能力，并时常被非专业者讥讽为"学究"，他们的研究被认为是空洞说教、咬文嚼字。因而，他们根本没有教育决策权，其研究成果至多被认为只具有学术价值。这样，本应在教育实践中具有举足轻重地位的教育学研究却成了一种摆设与装饰。对此，邓晓春教授曾这样形容教育科研的"软"地位，他说："由于教育科学研究属于软科学研究范畴，既不象大学有培养学生的硬任务，又不象自然科学研究机构有科技攻关的硬目标，所以，全凭领导者的认识与重视程度来决定其地位和作用。在重视的领导眼里，你很重要；在不重视的领导眼里，你就没有多大必要，甚至被视为'负担'，因此，一有'转、撤、并、砍'任务时，这支科研队伍往往'优先'。"④

（二）并不科学的科学化逻辑

对于教育学的次等学科地位，真正的教育理论探究者是难以接受的。布雷岑卡曾说："近几十年来，人们对教育学的科学性的怀疑，就像对它在教育实践中的作用的怀疑一样，变得更加强烈了。'几乎没有一门其它科学像教育学那样，其非科学性的空话，热衷于偏见和教条式的肤浅的议论比比皆

① H. A. 吉鲁. 后结构主义者的论争及其对于教育学的几种影响：转向理论 [J]. 谭晓玉，郑金洲，译. 华东师范大学学报：教育科学版，1995 (1).
② 华勒斯坦，等. 学科·知识·权力 [M]. 刘健芝，等，编译. 北京：生活·读书·新知三联书店，1999：43-45.
③ 华勒斯坦，等. 学科·知识·权力 [M]. 刘健芝，等，编译. 北京：生活·读书·新知三联书店，1999：43-45.
④ 邓晓春. 遵循教育规律 发挥教育科研作用 [J]. 教育研究，1994 (4).

是.'教育学的这种危机只有通过澄清其知识论基础才能加以克服。为此必须抛弃错觉，以为称为'教育学'的东西都是科学。"① 对此，多年来，许多教育学理论工作者纷纷致力于教育学科学化的探究工作。自从赫尔巴特著述《普通教育学》提出建立真正的科学教育学的设想以来，教育学便踏上了漫长而又曲折的对科学化的苦苦追求之路。无疑，科学化对一门学科的独立、成熟与完善不仅是必要的，而且是必需的。然而，学科的科学化必须是建立在其独立地位与内在标准基础上的。在教育学的历史发展中，教育学的独立与教育学的科学化这两个性质不同的命题几乎是同时提出来的。遗憾的是，在人们不遗余力地致力于教育学的科学化的同时却忽略了其学科的独立性这个学科科学化的基本前提。因而，自近代末期以来，人们更多地关注教育学的科学化问题，却很少论及教育学的学科独立地位。显然，在一门学科独立性问题尚未解决的状况下，任何科学化的努力都必然因缺乏根本性的逻辑前提而失之偏颇。教育学的科学化，从其命题的提出到近百年的努力，无论是科学化内涵的定位，还是科学化标准、方法的选择，无不是以自然科学为参照系，照搬自然科学的逻辑、准则，以牺牲其自在性的存在依据及其自为性判据为代价，换取了徒有虚名的、扭曲了的科学化装饰。

启蒙运动以后，自然科学迎来了一个云蒸霞蔚、欣欣向荣的时代，并在各个领域都获得了极其壮丽的发展。科学理性作为时代文化的主旋律登上了历史舞台。人们开始用科学理性的尺度重新审视一切，反对、抛弃一切违反科学、违反理性的迷信与偏见。尤其是 20 世纪以来现代科学技术发展的巨大成就，更加强化了人们对科学的信心与痴迷。人们依靠科学技术摆脱了贫穷，创造了一个前所未有的丰富的物质世界，"这个真实的物质世界甚至超过了梦幻、神话故事和乌托邦的世界"②。于是，人们以无比自信自豪的态度、乐观主义的精神看待科学和技术。唯科学主义逐渐成为一种绝对的、普遍的文化价值观念，并主导着全部社会文化发展的逻辑与立场。自然科学到处受到顶礼膜拜，而人文社会科学则成为自然科学排挤、批判、渗透、改造与"占领"的对象。自孔德提出实证主义社会学后，人文社会科学纷纷告别哲学而转向科学，以自然科学为最高标准与尺度，迈向所谓的科学化之路。各门人文社会学科无不遵循"量化""实证化""操作化"的原则与方法进行科学化改造，追求精确性标准、内涵与体系，以建构一种具有实证性的学科知识框架。尤其是在教育学研究领域，科学教育学的倡议者主张用经验、

---

① W. 布雷岑卡. 教育学知识的哲学——分析、批判、建议 [J]. 李其龙，译. 华东师范大学学报：教育科学版，1995（4）.

② 弗洛姆. 为自己的人 [M]. 孙依依，译. 北京：生活·读书·新知三联书店，1988：25.

归纳、分析的方法解释、说明教育现象，认为教育学应把教育作为一种事实来研究，解决"是什么"的问题。如拉伊和梅伊曼主张教育学只有通过运用自然科学的研究方法，探究教育现象与事实背后的普遍规律，才能实现科学化。这样，伴随着实验、调查、测量乃至智力测验等实证主义思维方式、方法在教育学领域里的扩张与推广，教育价值研究被教育事实研究所取代。自然科学方法论成了教育学科学化的根本性依据与逻辑，以至于著名科学史学家贝尔纳对教育学竟做出如此的历史性评判："过去的教育学只是哲学的教育学，而不是科学的教育学。教育学具有科学气味并成为一门真正的科学，是由于智力测验引进到教育学中了。"①

经过一个多世纪的"科学化"改造，如今，科学－实证主义教育学已然大获全胜，哲学－思辨教育学已退至教育科学的边缘地带。然而，漫长的科学化追求与改造，并未使教育学成为一门被公认的所谓"真正的科学"，相反，自然科学方法论的引入使今日教育学面临着种种严峻的危机与挑战。它在没完没了地追问教育是什么、机械地寻找法规般的通则、不厌其烦地肢解与细化教育组织行为的所谓科学化过程中，不仅使教育学完全漠视"什么是应该追求的"价值判断问题，而且生硬地照搬、移植自然科学方法论，也使教育学似乎连教育是培养人的这样一个最基本的常识都忘却了。显然，这种不立足于特定的研究对象及其内在的根本性的存在依据的科学化努力，无论以何种理由、逻辑、形式及方法做支持，都属无稽之谈，不具备辩护性。其结果必然是使教育学越是朝着科学化迈进，实质上却越远离科学。

（三）作为指令的现实性存在依据

卑微的学科地位与外来学科逻辑的"非法"占领及改造并没有使教育学作为一门学科被彻底淘汰出局与终结。在大学的课堂里及在教师培训的学科目录上，依然可见教育学这门课程。这意味着在理论或学科之外存在着教育学的另一种生存空间，即教育学存在的现实性依据。这种存在依据并不关心教育学的学科地位问题、理论建构与完善问题，它甚至反对与否定教育学的学科逻辑。这种现实性依据主要表现为教育学作为指令而存在。这在教育学发展过程中是极其普遍的现象。这种指令化教育学只是依据外在的、规定性的指令而规范出具体的教育行为的基本指导思想、原则、标准及策略，其全部内容无非是对政府的教育政策、法规文件或领导、权威人物关于教育问题的语录的说明、解释及在此基础上所形成的技术性实施方案而已。一般来

———————————

① 张诗亚，王伟廉. 教育科学学初探 [M]. 成都：四川教育出版社，1990：141.

讲，这种教育学没有任何自主性的理论思考，缺乏关于教育内在价值与真谛的主张及解释。它不过是一种工具性的、教化式的教育学。它不需要也不被允许有任何内在性的理论知识与自主性的教育主张及见解。作为政治的附属品，它只具有解释、美化政策与法规的责任与义务，却没有自主建构任何与政策法规无关或相悖的学科体系。因而，这种指令化教育学通常主张非常明确、一致的关于教育问题的标准化解释、指示与高效化程序及方法。它为教育实践与教育行为规范出的唯一的逻辑与职责，即教育必须根据现行社会的政治、经济、法律、文化的要求对年轻一代进行"定位性"教化与社会化。

指令化教育学突出地表现为我国的政治化教育学与西方的社会化教育学。

在我国，"教育学曾长期遭受厄运"①。而我国教育学所遭受的种种厄运主要根源于或表现为政治路线斗争所造成的教育学的政治化倾向。它使我国教育学长期以来一直以宣传、解释政治化教育政策并使之准确无误地付诸实践为职责与使命，毫无学术性、理论性品质。新中国成立之初，教育理论研究一开始就被纳入政治的轨道上来，以"政治挂帅"及"为无产阶级政治服务"为指导思想。从 20 世纪 50 年代末一直到改革开放以前，教育学完全变成了政治斗争的工具，教育学中充斥着霸道的、教条化的政治话语与指令。在批判、否定凯洛夫教育学和创造中国化教育学运动中，教育学变成了党的教育方针、政策、领导者的指示与语录汇编及在此基础上编制出的工作手册。尤其是在"文化大革命"时期，教育学被肆意歪曲与窜改，它所诠释与极力宣传的无非是"学校是无产阶级专政的工具"，"教育是阶级斗争的工具"之类的观点，从而陷入了极端狭隘的、异常混乱的政治斗争的旋涡中。"文革"期间，有一篇批判凯洛夫《教育学》的文章曾指出："什么是教育？凯洛夫《教育学》开宗明义第一章回答道：'教育纯粹是人类的现象'。这个定义，完全抹杀了一个最基本事实：在阶级社会里，教育是阶级斗争的现象。绝不是由于'人为了成为一个人，就应当受到适当的教育'，而是由于一个阶级为了维持自己的统治，才要有教育。教育从来是出于阶级斗争的需要，而不是抽象的'人'的需要。"②"文革"期间的教育学就是依据这样的思维方式解释教育，并罗列一系列的政治性、阶级性异常浓厚的关于教育的指令。显然，这是对教育极其严重的误读与歪曲。教育如果不关注人的培养，教育学如果不探究人的培养理论，那么，任何借口与理由都难以

---

① 陈桂生. 教育学的迷惘与迷惘的教育学 [J]. 华东师范大学学报：教育科学版，1989（3）.

② 金一鸣，袁振国. 对四十年教育理论研究的历史反思 [J]. 华东师范大学学报：教育科学版，1989（4）.

使其自圆其说。"文革"结束后，我国的教育学研究与其他领域一样，开始了拨乱反正与重建工作。自此以后，教育界对某些重大的教育理论问题进行了广泛的讨论，"政治化"倾向有所改变。然而，直至今日，我国教育学依然难以令人满意，指令化现象仍然未能从根本上消除。教条主义的、呆板的指令化"遗风"在我国当代教育学教材中均有所体现，对教育进行外在化的对号入座、归位安置的思维方式始终主导着教育学探究。教育常常被绝对地、轻率地归置于上层建筑或经济基础、生产力的范畴等。而无论"供职"于哪一个领域，教育学都被赋予一系列指令化的僵化的结论及指标。对此，张楚廷先生曾批评我国教育学中"充斥的'官话'最多，'必须'、'应当'一类的指令性词语最多"①，"在有些教育学论著中，甚至从头到尾都可看到'必须'、'应当'、'要'之类的词语。这种现象事实上相当普遍地存在着，论文中、著作中、教材中，在某些刊物的某些'重量级'文章中，'必须'、'应当'的字眼更为显眼。从某些论著中还可看到相关作者急于说出'必须'、'应当'的心情，话还没说几句，'必须'、'应当'就罗列出来了。有时，论文的题目就是'必须'、'应当'；而在著作中，目录里面的章节标题中就充斥着'必须'、'应当'"②，从而导致我国教育学学术性品质与学术性价值的缺失现象。他认为："教育学过多的'必须'、'应当'所反映的是一种过强的教育者心态或过强的教育者心理意识，它往往是与过度的简约与表面化相联系的，从事实和理论上说，都是降低学术含量的。因为，影响更为深远的是思想、理论和原理，而'必须'、'应当'告诉人的是如何去做，而很难告诉人怎样去想。今天中国学术与世界相比，更值得注意的首先并非技术落后，而是理论落后，中国的教育科学若要在世界上占有一席之地，最重要的是出思想、出观念、出理论，只有当教育学承载着先进的思想和理论时，才是有生命力的、影响深远的。"③

在西方，教育学虽在形式上没有中国那样明显的政治化色彩，而且教育学探究中的学术气氛异常浓厚，各种各样的教育理论流派也仿佛营造出了一种十分繁荣的景致，然而，在各种各样教育理论流派中居主导地位的及在教育实践中"大有作为"的，却是指令化的社会化教育学理论及与之密切相关的行为主义外塑论的技术化模式。社会化教育理论源于"结构－功能主义"

---

① 张楚廷. 教育研究中一个难以无视的问题——教育学最好少说"必须"、"应当"之类 [J]. 教育研究，2010（6）.

② 张楚廷. 教育研究中一个难以无视的问题——教育学最好少说"必须"、"应当"之类 [J]. 教育研究，2010（6）.

③ 张楚廷. 教育研究中一个难以无视的问题——教育学最好少说"必须"、"应当"之类 [J]. 教育研究，2010（6）.

社会学、文化学理论。这种理论是以社会事实判断、社会唯实论为准则所建构起来的通则性理论。其倡议者认为，社会现象是客观存在的东西，是脱离个人的生物或心理现象而存在的，对此，迪尔凯姆主张必须使个体服从社会、适应社会，使其社会化，并坚持教育是使个体社会化的最有效手段，极力强调教育的社会性、强制性特点及社会控制与维持的职责。于是，社会化教育理论便成为被人们广泛接受的，并在教育实践中被普遍运用的理论。正如有人所言："教育就是社会化，只有野蛮人或缺乏教养的人才会企图否定这一点。"① 然而，这样的教育观念，从根本上消解了教育更为崇高的使命，使教育行为只能顺向辩护而不能逆向反思，只能静态复制而不能动态生成。对此，迪尔凯姆曾主张："教师决不能用传授他个人的价值观和信仰来扰乱社会，因为这样会把他的民族变为互相冲突的、分崩离析的乌合之众。"② 显然，这种毫无自主性与建构性的教育信条与立场完全抹杀了教育独特的内在品质、逻辑与价值，使教育变成了再生产社会"文化资本"的工具，教育的运作只能遵循一种特定的"符应原则"，即与社会制度化的、法理化的、意识形态化的"文化"与"知识"保持高度一致，只能对其进行解释、美化与灌输，而不能质疑、批判与重构。在教育实践中，这种教育信条与立场或者视学生为一种灌输的"容器"，或者将其视为机械加工的材料，或者将教育过程与动物驯化过程等同起来，依据行为主义的理论、方法设计一系列的被看作教育学理论与方法的机械化程序、技术、手段。教育学最终可悲地被异化为毫无自为性品质的政治指令、社会指令及训练术。

三、"定义性"思维与教育的"错位"诠释现象

有什么样的哲学立场、教育学逻辑，就有什么样的教育思维。而关于教育的思维方式必然影响、制约课程改革过程中认识论信条的确立与方法论范式的建构。基于非历史性、完成性、永恒性的本质主义立场与法则，教育探究者普遍遵循"定义式"的思维方式，致力于对客观性、普遍性教育逻辑以及准确无误的教育标准、毋庸置疑的教育结论的分析与归纳。"教育是什么？""教学是什么？""德育是什么？""课程是什么？"等问题，历来被视为教育研究的首要问题。对诸如此类问题的认识与解决，成为进入教育理论与实践领域的第一道"门槛"。定义教育中的各种术语，成为一个既是常识性的也是根本性的问题。于是，教育研究一直遵循严格的"定义式"语言、逻

① 瞿葆奎. 教育学文集：教育与社会发展 [M]. 北京：人民教育出版社，1989：34.
② 鲁洁. 教育社会学 [M]. 北京：人民教育出版社，1990：614.

辑、态度、方法与表达方式，并呈现出一种"定义式"的研究状态与研究风格，取得一系列"定义式"的研究成果，最终形成具有明显"定义式"特点与品质的知识体系。教育研究者煞费苦心地追求关于教育现象解释与教育问题解决的唯一正确的结论、规律与理论，教育实践工作者没完没了地追问哪个定义、理论、思想是对的。然而，千百年来，令人困惑不解的是，围绕教育的定义式追求与追问，不仅没有获得一个令人满意的结果，相反，还使诸如教育、教学、课程等成为定义最多但效果最差的术语。更为糟糕的是，这种令人沮丧的局面与状态，并没有使研究者反思与怀疑教育是否可"定义"，而是不断地检讨自身的研究水平、能力与方法，并倍加努力地"定义"教育，以期待着教育研究能够达到更加科学、更加规范的高度与水平。因而，检视、消解"定义式"思维方式、语言、表达方式等，是今日教育研究摆脱困境、焕发生机，以及提高其实效性、针对性与品位的根本性途径。具体地说，"定义式"思维方式、语言、表达方式造成了种种"错位"诠释现象与问题。

（一）过度诠释现象

在教育探究过程中明显存在过度诠释的现象与问题，即对教育现象进行无限衍义，从而造成教育现象因"无限性"指向而呈现出"空壳化"状态。过度诠释是现当代学术研究的普遍倾向，主要表现为对术语、命题与文本的无节制、无边际的定位，从而使术语、命题与文本因被赋予了过多的或原本不属于甚至不相关的内涵、品质、逻辑与方法而变得面目全非。无疑，过度诠释缘起于多元诠释。多元诠释不仅是现当代文化思想发展的显著特点，也是现当代学术研究所着力倡导与遵循的方法论原则之一。然而，当多元诠释走向极端，必然造成"过度诠释"的结果。艾柯在《诠释与过度诠释》一书中对过度诠释进行了具体的探讨。在他看来，诠释不是无限的，文本的意义不该无休止地、不尽地繁衍。艾柯指出："从'无限衍义'这一观念并不能得出诠释没有标准的结论。说诠释潜在地是无限的并不意味着诠释没有一个客观的对象，并不意味着它可以像水流一样毫无约束地任意'蔓延'。"① 在现时代，"诠释者的权利被强调得有点过火"②，从而造成"诠释成了无限的东西……意义没有确定性，它只是在无休无止地漂浮"③。艾柯认为："一

---

① 艾柯，等. 诠释与过度诠释 [M]. 王宇根，译. 北京：生活·读书·新知三联书店，2005：24.
② 艾柯，等. 诠释与过度诠释 [M]. 王宇根，译. 北京：生活·读书·新知三联书店，2005：24.
③ 艾柯，等. 诠释与过度诠释 [M]. 王宇根，译. 北京：生活·读书·新知三联书店，2005：33.

定存在着某种对诠释进行限定的标准。"① 诠释标准的确立可以"使我们的诠释活动不是漫无目的地到处漂泊，而是有所归依"②。无疑，在对术语、命题与文本的界定过程中，某些诠释可能比另一些诠释更为合理、更有价值、更富有启发性，但无视被诠释对象的指称范畴与基本品质、特点，使诠释丧失必要的尺度与依据，那么，种种离奇古怪的诠释将会毫无节制地一拥而上，从而导致诠释的失控。显然，跨越边际的无限衍义必将扰乱对术语、命题、文本的解读，使其陷于虚无境遇。

"过度诠释"使教育探究漫无目标，扑朔迷离。例如，关于教育的定义，除了传统的上层建筑、生产力、文化传递、社会实践活动等方面的定位，还有诸如教育即生活、教育即自由、教育即生命、教育即交往、教育即生长、教育即解放等命题。显然，无论是关于教育各种术语的界定，还是关于教育的价值、功能、内容、方法等方面的探究，普遍存在夸张的、无边际的诠释，从而造成明显的扭曲与误读现象，更为糟糕的是造成了教育的"身份"因"无限变形"的诠释与定位而被消解。对此，余小茅先生曾指出："上到专家学者下到黎民百姓，每一个人心中都有一个教育'期望'，改变身份者有之、升官发财者有之、改善生活者有之、实现理想者有之，这实际上涉及到教育的'姓氏'。过去很长一段时间的发展历程表明：教育的'姓氏'问题一直是悬而未决的……教育在苦苦地追寻着自身的'姓氏'。教育究竟姓什么呢？看似一个极为简单的问题，却一直困扰我们许久许久。"③ 无疑，过度诠释的症结不在于多维诠释，而在于多维定位。种种关于教育的定位，虽然从某一个角度能"自圆其说"，但却含有不可克服的矛盾，均呈现出"盲人摸象"的状况与弊端，其后果不仅使人们迷失教育方向，而且丧失对教育的识别能力、判断能力与驾驭能力。

（二）非历史性诠释现象

在教育探究过程中明显存在非历史性诠释的现象与问题，即对教育进行终结性的解释与界定，从而造成教育现象因静止的思维方式与方法而呈现出僵化状态。非历史性诠释主要表现为将教育视为一种普遍的、绝对的、一成不变的现象。研究者总是试图发现或寻找关于教育现象的唯一正确的解释、定理、定律与方法。显然，这种绝对的、永恒的、普遍的东西根本就不存在。对此，华勒斯坦等人明确指出："无论人们怎样真诚地追求普遍性，迄

---

① 艾柯，等. 诠释与过度诠释［M］. 王宇根，译. 北京：生活·读书·新知三联书店，2005：42.
② 艾柯，等. 诠释与过度诠释［M］. 王宇根，译. 北京：生活·读书·新知三联书店，2005：95.
③ 余小茅. 明确教育究竟"姓"什么［N］. 中国教育报，2005－10－15.

今为止，在社会科学的历史发展中，对于普遍性的期待从来没有真正地实现过。"① 尤其是教育学成为一门独立学科以来，教育学的建构与发展主要是围绕对教育"客观规律"的证实而步入科学化轨道的。尽管这种以对客观规律的证实为主旋律、以真正的科学而自诩的教育学从未实现过，也从未得到认可，但绝对主义的思维方式与立场在教育研究与教育实践发展中的统控地位却根深蒂固。

自 19 世纪以来，在教育研究领域，普适性规范、精确性标准、技术性方法一直作为衡量教育学是否严谨、是否科学的基本依据。在教育学近百年的科学化历程中，这种实证性标准、内涵及追求从未改变。久居统治地位的"哲学－思辨教育学"被逐下"圣坛"。实证主义教育研究者认为：任何教育事实都有一种因果解释；教育事实与现象都是客观的、不依人的意志为转移的；教育事实与现象并不是杂乱无章、混沌无序的，而是有一定规律可循的；教育研究者要凭借实证、定量的研究方法，把握变量之间的关系，归纳出客观的教育规律。于是，教育学成了一门关于事实的、非历史性的学问。研究者常常迫不及待地、挖空心思地寻找普适性的教育规律。然而，这种一劳永逸的客观规律却因其总是导致僵化、刻板的教育运行机制最终被证明是假规律。恩格斯曾指出："一个伟大的基本思想，即认为世界不是一成不变的事物的集合体，而是过程的集合体，其中各个似乎稳定的事物以及它们在我们头脑中的思想映象即概念，都处在生成和灭亡的不断变化中……如果人们在研究工作中始终从这个观点出发，那么关于最终解决和永恒真理的要求就永远不会提出来了；人们就始终会意识到他们获得的一切知识必然具有局限性。"② 显然，非历史性的诠释与界定不仅意味着中断教育的历史，而且意味着中断教育的发展。过程性、动态发展性是教育活动的显著特点。任何关于教育的诠释与定位不仅具有特定的历史性依据，而且具有时代性局限。不基于历史性、发展性的原则与立场，对教育进行凝固化诠释与定位，必然因其针对性、实践性与引导性的缺乏而在教育发展和改革过程中暴露出明显的不适应与不符合的品质与倾向。

（三）非对象式诠释现象

在教育探究过程中明显存在非对象式诠释的现象与问题，即对教育进行"非本体"界定，从而造成教育现象因脱离本体而呈现出"似是而非"的状态。非对象式诠释主要表现为对教育的外在化诠释与定位，主要包括教育实

① 华勒斯坦，等. 开放社会科学 [M]. 刘锋，译. 北京：生活·读书·新知三联书店，1997：53.
② 马克思恩格斯选集：第 4 卷 [M]. 北京：人民出版社，1972：239.

践发展过程中的外在化价值取向与依据和教育理论探究过程中的外在化逻辑与标准。在漫长的历史演变过程中，教育发展无不立足于社会政治、经济、文化的发展需要定位其价值、使命、内容与功能等，对教育的诠释从未跳出政治、经济与文化的"势力范围"。无疑，政治、经济、文化的发展构成教育定位的重要依据，但这不等于说教育就是政治、经济与文化。任何社会活动都有内在逻辑与外在依据。外在依据不能构成活动本体，不管依据如何充分、如何重要，都难以取代活动的本体逻辑与内涵。混淆了活动的逻辑与依据无异于取消该活动。外在化诠释与定位必然无视教育的自主性逻辑，必然排斥价值理性和人文精神。它只关注外在的、有形的东西，而无视内在的、无形的内涵。它只具有表层次的社会指标，而无深度的终极关怀，从而使教育失去了独特的品质与意义。

外在化诠释与定位在教育理论探究中主要表现为以别的学科逻辑、标准与方法为教育学"立法"，使其"像偏僻的被占领的区域一样受到外人治理"①。教育学成为"别的学科领地"的现象由来已久。它生搬硬套诸如哲学、科学、社会学、管理学等学科的理论，严重缺乏自我的逻辑定位及独立思想。各个学科理论都在教育学中占有一席之地，将教育学分割、肢解。许多教育学研究者似乎也不关注、不关心自己的"领地"及学科的独立地位问题，自觉或不自觉地致力于教育学的分化及"引进"工作。他们不尊重教育学话语，甚至不相信教育学，只是将别的学科理论加上"教育"的名头或前缀，以别的学科逻辑作为基准为教育学定位、寻找归宿与合法化依据，并将这些外在的因素放大，使其成为教育学唯一的合法化依据。于是，教育学研究完全成为一种外化型研究，呈现出一种获得性的品质与特征。人们很难识别与理解教育学的本体面目及追求。教育学就这样东拉西扯地移植别的学科理论与方法而变得面目全非。今天的教育学之所以"拥有"那么多的属性、规范及类别，主要源于这种外化、他律化的逻辑及标准。无疑，在一门学科的独立、完善与成熟的发展过程中，别的学科逻辑及方法具有重要的借鉴价值和促动作用，但却不具备替代的依据。而教育学的发展则完全以别的学科逻辑、标准、方法为准则，削足适履，以牺牲自在性存在依据、自为性判据为代价，换取了徒有虚名的、被扭曲了的科学化装饰及话语体系。这种盲目追求外在标准，以教育学之外的学科标准、逻辑为教育学"立法"的做法，必然使教育学"在自己不能成功之处责备自己的失败，而在自己能成功之处

---

① 赫尔巴特. 普通教育学·教育学教授纲要 [M]. 李其龙，译. 北京：人民教育出版社，1989：10.

却真正地失败了"①。

四、教育者信条与"塑造性"学习

学习是课程实施的重要途径与环节。从一般意义上讲，课程的品质决定学习的性质，有什么样的课程就有什么样的学习。但对于课程改革而言，固有的学习理论、信念与思维具有重要的制约作用。不转变僵化陈旧的学习价值取向、逻辑、立场与范式，课程改革则难以取得突破性进展。

学习无论是对个人的成长还是对社会的进步，其决定性意义与价值都是不言而喻的。尤其是对学生而言，学习不仅是其成长的根本途径，而且是其基本的存在方式与生活状态。然而，重要的地位与作用，并不意味着任何学习活动都是恰切的或具有正向功能与积极效果。基于本质主义的普适性、绝对性、客观性、真理性的教育信条与立场、逻辑与方法，学生的学习无不呈现出典型的非主体性、专制性、排斥性品质，不仅导致学习意义的普遍失落，而且造成严重的逃避学习、恐惧学习、厌恶学习现象。尤其是学习信条的错位，造成了明显的学习异化与扭曲现象。

学习信条作为学习者在学习的内涵、价值、品质、内容、途径等方面所坚持的立场与诉求，决定着学习活动的方向、方式、动力与效果。然而，在人们的思维定式与教育传统中，对学习的解释、定位及方法、路径选择，主要基于教育者信条。学习者信条显得无足轻重，不被承认。学习者只能认同、服从教育者信条，并按照教育者的要求及部署的任务进行学习。古往今来，无论是教育理论家还是教育实践工作者所倡导的各种各样的"劝学说""劝学篇"，无不表现为具有鲜明外在性、规定性、他律性品质的学习信条。对于为什么学、学什么、怎么学等方面的问题，学习者一概没有决定权、自主权，甚至没有发言权，而且也不在"劝学"之列。具体地说，基于教育者信条的学习，呈现出如下几方面的品质与特点。

（一）学习信念的他律性品质与教化性学习逻辑

学习信念对学习者学习动机、态度、行为具有决定性意义。有什么样的学习信念就有什么样的学习状态。在有史以来的基于教育者信条的教育教学实践中，对学习信念问题的研究明显缺乏对学习者个体信念的关注，使学习信念呈现出明显的他律性品质。教育者垄断对学习的全部解释权与话语权。

---

① 唐莹. 事实/价值问题与教育学研究 [J]. 华东师范大学学报：教育科学版，1994 (1).

学习被赋予一系列他律性的逻辑、目标、立场、方法与机制等。一般来说，基于他律性信念的学习，体现出如下几方面的定位。其一，就性质而言，学习被定位为一种艰苦的"克己"性活动，即所谓的"苦学"。也就是说，学习与个体的兴趣、爱好、理想无关。学习意味着个体克服种种艰难困苦，完成规约式的学习任务。如有学者所言："在好几个世纪中，学校都一直在强调学生要下苦功夫，有时还强调学校和生活之间的根本差别。使教育变得有趣而诱人的观点只是勉勉强强地为人们所承认。似乎唯一值得赞许的态度就是苛求以至严厉和不宽容。"① 于是，苦苦地修炼，成为学习者学习活动的根本标志与常态形式。对此，日本学者佐藤学认为，日本学校教育以及东亚型教育的根本问题在于"学习"这个概念被置换为"勉强"，使学生的学习活动停留于僵化的、依赖性的、被动的状态。② "勉强"作为一种基于效率主义与个人主义的强迫性的、排斥性的认知活动，最基本的特点表现在：缺乏对话与沟通、缺乏理解与反思、缺乏探究与创造，学生的学习活动单纯地表现为受外力操纵的、被动的、划一的认知活动。这种学习与快乐相去甚远，甚至与快乐相悖。有学者曾指出："任何关于教育、教学的观念，都指向其唯一的主要作用，要求学生在教育过程终结时必须掌握一种技能，这种技能作为目标是现代课程设置的基础。这种教育观忽略了教育的本来的程序。这个程序在于，要考虑知识中介过程对教育对象的副作用，要注意被教育者通过学习，在耗费精力地学习课程、改变他自己的过程中，究竟带来了什么后果。如果教育中的这种副作用及反作用并没有被一并考虑在内，学生就会被教育成木偶或只会接受知识的书呆子。"③ 对此，佐藤学认为，这种学习使学校"与其说是儿童一起学习成长的场所，不如说是丧失欢乐、丧失学习伙伴，也丧失自身的场所更为妥当吧？学校与其说是形成学习的亲和、实现民主主义的场所，不如说是发挥着通过排他性竞争，酿造优越感与自卑感，扩大阶级、种族、性别的社会文化差异的场所更为妥当吧？学校还是发挥着以追求效率的标准去划一地控制儿童多样的学习，压抑每一个人的个性和创造性场所更为妥当吧？"④ 无疑，将学习与快乐分割开来、对立起来，无论具有多么悠久的历史积淀与丰富的经验，都是对学习的误读，缺乏辩护性。今日社会发展与教育实践表明，强制性的、排斥性的学习已面临着危机、陷入了

① S. 拉塞克，G. 维迪努. 从现在到2000年教育内容发展的全球展望 [M]. 马胜利，等，译. 北京：教育科学出版社，1992：215.
② 佐藤学. 学习的快乐——走向对话 [M]. 钟启泉，译. 北京：教育科学出版社，2004：315.
③ 彼得·科斯洛夫斯基. 后现代文化——技术发展的社会文化后果 [M]. 毛怡红，译. 北京：中央编译出版社，1999：8.
④ 佐藤学. 学习的快乐——走向对话 [M]. 钟启泉，译. 北京：教育科学出版社，2004：77.

困境。其二，就目标而言，学习被定位为一种"社会化"活动，即学习是使个体适应法理化社会文化的过程。也就是说，学习与个性、自主性、能动性相悖。学习意味着个体必须认同、服从社会文化规范、行为准则、价值观念等。无疑，这种学习主要立足于经典的、实证主义社会学立场与价值向度。法国社会学家迪尔凯姆认为，教育是使个体社会化的最有效手段，"教育儿童的现象，不论过去还是现在，总是一个不断强迫的过程。儿童视听言动的方式不是生来就如此的，而是通过教育的强迫力使然"①。据此，他得出了这样的结论："教育在于使年轻一代系统地社会化。"② 显然，社会化教育必然赋予学习活动鲜明的"社会化"立场、功能、内容与使命，学习的宗旨仅仅表现为将个体培养成为社会的一分子。其三，就方式而言，学习被定位为一种"占有式"活动，即学习表现为对某种永恒的、结论性知识的掌握与占有。也就是说，学习与创造、建构、探究无涉。学习就在于使学生牢记那些"现成"的书本知识，形成规定的技能，以至于"有没有知识与技能""有多少知识与技能"成为学习的基本指标与追求。对此，弗洛姆认为，这种学习所使用的方法不外乎两种，"不是把学过的东西硬塞进记忆里，就是小心翼翼地保存他们的笔记"③。学校教育"千方百计地输送给每个学生一定量的'文化财产'，并在学习结束期间给每个学生发证明，证明他至少占有最低限度的知识"④。无疑，这种机械、呆板的"量化式"学习，缺乏对话与沟通、理解与反思、探究与创造，学生的学习活动单纯地表现为受外力操纵的、被动的、划一的认知活动，严重扭曲了学习的本真意义与逻辑。

（二）学习期待的非主体品质与强制性学习模式及策略

学习期待对学习者的学习活动具有强劲的促动作用与明确的导向意义。没有期待或者期待不恰切的学习，不仅缺乏明确的方向，而且也难以取得实效。无疑，基于教育者信条的学习，学习期待明显呈现出非主体性品质。学习者作为学习主体其自主性期待不被承认。在学习过程中，非主体性期待主要表现为以下几方面：其一是替代性期待。即学习期待主要表现为社会、学校、家庭对学习者的期待。种种来源于社会、学校、家庭的学习期待不仅被强加给学习者，而且替代学习者个人的学习期待，使以自主性、内在性、激励性为本质属性的学习期待异化为具有明显规定性、外在性、强制性特点的

---

① 埃米尔·迪尔凯姆. 社会学方法的规则 [M]. 胡伟，译. 北京：华夏出版社，1999：7.
② 张人杰. 国外教育社会学基本文选 [M]. 上海：华东师范大学出版社，1989：9.
③ 马斯洛，等. 人的潜能和价值 [M]. 北京：华夏出版社，1987：331.
④ 马斯洛，等. 人的潜能和价值 [M]. 北京：华夏出版社，1987：337.

学习要求与任务。替代性期待不仅剥夺了学习者的学习理想与兴趣，而且消解了学习过程中由个体学习期待而释放出的热情、激情与活力，使学习表现为严重缺乏内在期待与机制的"无动力"活动。其二是过度性期待。即学习期待表现为种种超出学习活动所能实现或完成的价值、目标诉求与企盼，呈现出浪漫的、夸张的、空想化的品质与特点。无疑，过度性期待十分普遍。对社会而言，学习被期待着成为解决全部社会问题的"药方"。对个体而言，学习被期待着为一生做好全部准备，使学习者成为无所不知、无所不会、无所不能的全才。显然，过度性期待为学习者带来了沉重的学业负担与精神压力。学生身心疲惫不堪，厌学、逃学、弃学现象异常普遍，并成为十分突出的教育问题，甚至是严峻的社会问题。学习目标无限拓宽，学习时空无限蔓延，学习内容无限扩大，使学习变成了可以无限扩张的"无边界"活动。其三是工具性期待。即学习期待完全指向外在的、实用主义的、手段性价值向度。无疑，在当代社会，人们对学习寄予了无限的期待。然而，这些期待无不指向能求得功名、获取利禄的功利主义价值旨趣，严重缺乏内在尺度与标准。学习只是立足于现实主义的逻辑与立场，与金钱、职业、地位、权势建立起了稳固的、强有力的连接，并形成稳固的社会文化心理定式，其宗旨只是追逐、掌握"何以为生"的知识与本领，使学习变成了严重缺乏内在价值与魅力的、缺乏神圣性与超越性品质的"无品位"活动。

学习期待的非主体性品质决定了学习策略的控制性特点。长期以来，基于效率主义的立场、原则与信条，学习科学研究主要是围绕学习的"技术化"问题的解决进行的。"只要简略回顾学习思想史，即可发现：学习的'技术化'与学习的'心理学化'一脉相承。从桑代克学习的'联结说'到斯金纳学习的'操作条件反射说'，由此发展出早期的'教学机器'和'程序教学'，这是学习的'技术化'的早期阶段。当信息加工心理学与行为主义心理学联姻，由此催生出各类'折中主义'的学习心理学的时候，这一方面发展出各类'教学设计'理论，另一方面又使学习的'技术化'进一步精致化，并发展到新的阶段。伴随信息技术的发展和认知神经科学的兴起，一些教育研究者梦想着借助计算机的精确控制可以在人脑中找到'所期待的学习'的精确定位，由此大规模开发'脑矿'。这就使学习的'技术化'登峰造极。"[①] 于是，对学习行为进行精准定位、分解与控制成为学习科学研究的重要内容与标准，其根本性的旨趣只在于有效的、控制化的教学程序与步骤、方法与手段的制定。"学习心理学在教育研究中享有日益膨胀的地位，

---

① 张华. 学习哲学论 [J]. 全球教育展望，2010（6）.

不是因为它能帮助学生学习，而是因为它能使教学工作者发明控制教学的有效策略。"① 无疑，这种学习理论必然造成学习内在价值、意义、功能与使命被消解，学习的专业化品质、标准、逻辑与方法被遮蔽。尤其是在我国，受功利主义价值心理定式与应试教育的文化传统的制约与影响，学生的学习活动普遍陷入极端的异化状态。为教师或家长而学习、为考试而学习、为升学而学习、为升官发财而学习等现象十分普遍。对此，有学者认为："我国基础教育的问题不是学业失败，而是学习的异化：学得越多，越被动；知识技能越多，创新精神与实践能力越少；满腹经纶，却迷失了自我。"② 尤其是近些年来，似乎只有实现"技术化"或"技术化"程度与水平越高，学习才越科学、更有效；教学现代化就是教学条件、教学手段与教学技术现代化，似乎为学生的学习服务，就是多添置些计算机、多武装些现代教学仪器设备、多建些多媒体网络教室。美国著名课程理论专家派纳认为："如果我们只是把计算机放到每一间教室，如果学校儿童只是盯着电脑屏幕（显然不是看着老师），他们将能够'学会'，将变得在'新千年'更富'竞争力'。然而，信息不等于知识。如果没有伦理与智力判断，信息时代即是无知的时代。因为伦理与智力判断不能被编成计算机程序。"③ 显然，仅仅局限于控制化的认知手段与技术的现代化，不仅异化学习、异化教育，而且必然造成人的心灵与个性的扭曲。

（三）学习评价的筛选性品质与排斥性学习氛围

学习评价对学习者的学习活动具有重要的鉴别、调整与激励作用。然而，不同的社会文化传统与教育价值取向，不仅赋予了学习以完全不同的内涵、指导思想、属性，而且赋予了学习评价以完全不同的职能、标准、方法与效果。千百年来，人类社会与教育价值系统普遍鼓励竞争，将竞争作为一种选拔途径合法化，以区分成功者与失败者。"人们过分重视选拔、考试和文凭，在这一点上就最清楚地显示出人们彼此缺乏了解的这种情况。这种制度奖励强者、幸运者和顺从者，而责备和惩罚不幸者、迟钝者、不能适应环境者以及那些与众不同的和感到与众不同的人们。"④ 而以竞争与选拔为支点的学习活动则普遍采用等级制评价。对此，美国名师黛博拉·梅耶尔认为：

---

① 张华. 学习哲学论 [J]. 全球教育展望，2010（6）.
② 张华. 学习哲学论 [J]. 全球教育展望，2010（6）.
③ 张华. 学习哲学论 [J]. 全球教育展望，2010（6）.
④ 联合国教科文组织国际教育发展委员会. 学会生存——教育世界的今天和明天 [M]. 华东师范大学比较教育研究所，译. 北京：教育科学出版社，1996：105.

"就像驾照考试，人们只会关心某人通没通过驾照考试，而不会去关心考了多少分，也没有人对各州和各地区的驾照考分进行比较。同理，没有人去关心某位律师的律考成绩是高还是低。因此，学生的考试分数原本也不应该成为焦点，之所以出现唯考分独尊的情况，是因为考试分数被用来把学生分成三六九等，对学生进行评级排序。"① 显然，这种等级评价不仅使学习呈现出明显的强迫性、排斥性品质，而且剥夺了学生的评价权利与学习机会，造成了严重的不公平后果。联合国教科文组织国际教育发展委员会曾指出："这种选拔的方法，不仅从教育原理和教育哲学的观点来看，应该受到批评，而且从实践的观点来讲，也应该受到批评。几乎没有证据可以证明：选拔的程序能够正确地预测一个人是否具有某种特殊职业所需要的才能。一般讲来，这种选拔程序所测验的东西只限于与等级制课程有关的一个狭小的活动范围。这样的选拔方式很少考虑从社会和经济方面来的障碍，而往往把这种障碍说成是由于个人无能，作为拒绝使用的可靠理由。记分制，一般来说，可以使一个人的成绩和他的同伴的成绩进行比较；但记分制却很少考虑一个人的成绩和他开始时的水平相比到底进步了多少。"②

在教育教学过程中，等级评价的主要弊端表现为如下两方面。其一，等级评价在学习过程中建构起一种筛选与淘汰机制，使学习评价成为控制与操纵学习者学习活动的手段。黛博拉·梅耶尔曾一针见血地指出："如果仅仅是为了对学生的基本知识与基本能力进行把关，考试分数是不会获得如此'显赫'的地位的。标准化考试的推动者实质上是希望用考试分数来制造一个比较的工具。"③ 于是，教育者作为评价主体拥有全部的评价权利。学生作为学习主体却不是学习的评价主体，其自主性的评价权利被剥夺。教育者设计出种种迫使学生克己苦学的等级评价与淘汰制度，其出发点在于对学生进行鉴定、筛选与分类，显现出明显的判决性特点。学生被划分成不同的等级，学生群体被分割成"优势团队"和"弱势群体"。无疑，等级评价使学生的学习动力与积极性被挫伤，发展的潜力与途径被断送，甚至对学生的心理健康、精神状态、自我意识等方面的发展都会产生严重的负面影响，使那些处于弱势群体的学生不仅丧失了自尊心、自我效能感与自我实现感，而且产生严重的挫败感。其二，等级评价将考试分数作为主要的甚至唯一的评价手段与措施，不仅窄化了学习的宗旨、使命与意义，而且使学习活动成为一

① 李茂. 美国名师梅耶尔论考试：我不能容忍只要求考试分数 [N]. 中国教师报, 2007-03-14.
② 联合国教科文组织国际教育发展委员会. 学会生存——教育世界的今天和明天 [M]. 华东师范大学比较教育研究所，译. 北京：教育科学出版社, 1996: 106.
③ 李茂. 美国名师梅耶尔论考试：我不能容忍只要求考试分数 [N]. 中国教师报, 2007-03-14.

种竞争性与排斥性活动。黛博拉·梅耶尔认为：考试分数只能作为反映学生学习成就的一项数据，如果只看考试分数，则会偏离现实。对于考试的局限性，梅耶尔说："我完全不能容忍只要求这么一点。"① 无疑，这种学习活动只表现为对作为身份、权利、利益象征与手段存在的规定性知识的竞争性"占有"。对于这些制度化的课程知识，学生可以不懂但不能不对，可以不信但不能不会，可以不用但不能不知。如今，"尽管呆板的、形式主义的和丧失个性的考试制度在教育过程的每一阶段上都造成了损害，但除了极少的例外和一些临时性的实验以外，这种考试制度仍然到处都在采用"②。这种竞争性、排斥性学习的主要症结表现为两种思维方式：教育管理者与教师作为教育的提供者，受整体主义所支配；学生作为教育的接受者，受个人主义所支配。儿童的学习只是表现为艰难地挣扎在以掌握知识的多寡为"胜败"标准的记忆竞争或考试大战中，发现不了学习的意义与喜悦。如佐藤学所言："学习使得拥有知识者与远离知识者之间产生支配与被支配的权力关系，产生了阶级与阶层，产生了围绕知识与权力的竞争与战争，引发了由于追逐这种竞争和战争而造成的人格崩溃，产生了异化和排挤，产生了剥削与豪夺，破坏了地球和环境。"③ 显然，这样的学习从根本上背离了学习的旨意，令人对学习的价值表示怀疑，对学习的意义产生困惑，对学习的结果感到失望。

---

① 李茂. 美国名师梅耶尔论考试：我不能容忍只要求考试分数 [N]. 中国教师报，2007 - 03 - 14.
② 联合国教科文组织国际教育发展委员会. 学会生存——教育世界的今天和明天 [M]. 华东师范大学比较教育研究所，译. 北京：教育科学出版社，1996：107.
③ 佐藤学. 学习的快乐——走向对话 [M]. 钟启泉，译. 北京：教育科学出版社，2004：4.

第四章

变革的陷阱：课程改革的方法论检视

课程改革是教育工作者使用异常频繁的一个术语。人们常常草率地甚至肤浅地使用它、谈论它。无论是对教育理论问题的探究与反思，还是对教育实践问题的诊断与解决，人们都会不假思索地将改革这一术语脱口而出。然而，改革是什么、为什么改、改什么与怎么改，却是一系列严重缺乏深刻、系统、全面思考的问题。在课程发展的历史长河中，并不缺乏改革。在现当代教育发展过程中，课程改革几乎是教育发展的常态形式。然而，在众多的、频繁的改革中，成功的案例并不多，值得借鉴的经验也很少，相反更多的是失败的教训。风起云涌的课程改革运动，呈现出了屡改屡败、屡败屡改的状况。究其原因，主要是课程改革方法论的偏失。改革方法论成为课程改革运动与课程改革研究中普遍被忽视的重要因素。因而，方法论问题，应成为今日课程改革研究与课程改革实践必须正确面对与很好解决的根本性问题。不从方法论层面检视课程改革的弊端与误区，就难以诊断出课程改革运动失败的症结所在；不解决方法论问题，课程改革就会因为陈旧的思维方式与路径的制约而难以摆脱困境。

一、课程改革定位的错位

教育作为一种重要的社会历史性实践活动，始终面临着一系列时代性问题。而改革则永远是解决这一问题的根本性途径。然而，教育改革的必要性与必然性不能自然解决教育的恰切与合理状态问题。显然，教育发展并非不需要改革，但并不是什么样的改革都能解决教育发展过程中所存在的问题。因而，在教育改革过程中，必须首先明确改革的定位问题。定位不恰切，不仅难以使教育改革富有成效，而且势必造成关于教育改革的性质、指导思想、思维方式以及措施等各个方面的错位与混乱。纵观教育改革尤其是现当代课程改革发展历程，频繁的改革运动不仅没有使学校课程达到最佳的、理想的状态，相反，课程发展常常因改革定位不准确而无所适从，并陷入困境与误区。具体地说，课程改革定位不当主要表现为以下三方面。

（一）课程改革作为一种政治运动

任何改革的定位都应明确改革的主体问题。改革主体定位恰切与否，决定改革能否顺利进行。无疑，课程改革应是教育活动的承担者所进行的一项自觉的建构与调整活动。然而，更多的课程改革尤其是现当代重大的课程改革运动无一不是由政府启动、推进与实施的，政府成为改革的主体，"政府改革"成为改革的常态形式，以至于课程改革的每个环节与步骤的进行不仅完全依靠政府的支持与力量，而且完全依据政府的立场、意志与政策。于是，课程改革完全变成了一种政府行为，成为一种政治运动、一种简单化的政治任务，并呈现出明显的非主体性品质与特点。

"政府改革"使课程改革完全表现为一种"外推型"改革，即借助于外在的政治力量、措施与手段而强行推进的改革。"外推型"课程改革的实施主要依靠规定性的指令而进行，课程改革方案更多地表现为政府的课程改革政策、法规文件或权威人物关于课程改革问题的说明、解释及在此基础上形成的技术性实施方案。无疑，政府的强制执行与推进，完全剥夺了教育活动主体作为课程改革主体的地位，造成了明显的课程改革主体错位现象，使课程改革严重缺乏自觉性与反思性品质。改革是教育的自律、自觉行动。作为教育活动的主体，教师无疑应是课程改革的主体。在课程改革的酝酿、启动、实施、评估与调适的各个阶段，教师都应扮演重要角色。尽管在课程改革过程中，政府的作用不可忽视，尤其是要充分发挥政府的动员、协调、监控、保障等方面的职能，但教师在课程改革过程中的主体地位与作用具有不可替代性品质。"任何像样的教育政策理论必须关注政府的作用；当然任何像样的教育政策理论也不应该拘泥于政府控制的视角。"[①] 然而，在近现代以来的课程改革运动中，教师只被定位为接受者与执行者，改革者与教师被决然区分开来。在课程改革过程中，对于为什么改、改什么、怎么改等核心问题的解决及其方案的制订，教师几乎处于"无关者"状态。这种在逻辑上对教师的不恰切定位，使教师在课程改革过程中更多地表现为改革的阻力而不是动力。

---

① 斯蒂芬·J. 鲍尔. 教育改革——批判和后结构主义的视角 [M]. 侯定凯，译. 上海：华东师范大学出版社，2002：19.

　　"政府改革"使课程改革完全遵循标准化的改革逻辑与方法，严重缺乏多样性、选择性、灵活性的品质与机制。这种以统一标准为基本标志的政府改革不仅难以关注学生兴趣、能力、志向的差异，而且也难以实现课程内容的平衡，原因在于标准化课程往往只局限于那些能够标准化的学术性课程，而对于那些实践性、兴趣性、探究性课程却很难实现标准化。更为糟糕的是，这种大一统的、带有明显政治化色彩的标准化课程必然造成教育教学过程中的专断、独裁与控制，必然造成教育逻辑、行为与方法的扭曲。针对近些年来美国政府以法案的方式推行的标准化课程与标准化考试的改革运动，美国当代著名教育家内尔·诺丁斯认为："在过去的十年里，美国学校教育经历了一种令人可悲的变化：所有学生都被强迫灌输一个统一的标准课程，并且接受统一的标准化考试。虽然遭到众多富有远见的教育理论家的反对，考试机制仍然控制着我们的学校生活。"① 对此，内尔·诺丁斯严厉批判了这种只服务于升学、竞争需要而缺乏关心的学术性课程改革方案，强调合乎道德的教育政策必须以认同人类兴趣和能力的多样性为基础。针对标准化课程、标准化考试的基本依据——"所有孩子都能学习"这个似乎正确无疑、无可挑剔的口号，内尔·诺丁斯深刻分析了蕴含在这个口号里的良好愿望可能导致的人们不愿看到的结果，即高度独裁与控制性的教学模式或方法造成学生个性化的学习兴趣、愿望与结果被损害。内尔·诺丁斯认为："没有多少东西是所有学生都需要学的。应该允许学生们放弃某些东西，从而去学他们真正感兴趣又有热情学的东西。一个教师如果真正关心学生，那么他会认真倾听学生们不同的需要，并且给予不同的反应。"② 因此，内尔·诺丁斯强烈反对让所有孩子从小学到高中都应该学习完全相同的课程，接受完全相同的教育的观点与主张，认为诸如"所有孩子都能学习""没有不可教的学生，只有不会教的学校、教师和家长""适合于最杰出人士的最好教育也是适合于所有人的最好教育"等论断实在是老生常谈，尽管"总能得到那些不加分析的听众的掌声"，但却是极其天真、危险的，经不起推敲的。内尔·诺丁斯指出："如果不搞清楚你要教什么，以及付出什么代价来教，那么宣称所有孩子都可教就是毫无意义的。当然，大多数孩子都能学很多东西，但是，作为一个前任数学教师，我心里十分清楚，不管你教得多么好，学生们之间的接受程度总是存在相当大的差异。譬如，对数学感兴趣和不感兴趣的

---

① 内尔·诺丁斯. 学会关心——教育的另一种模式［M］. 于天龙，译. 北京：教育科学出版社，2003：致中国读者.
② 内尔·诺丁斯. 学会关心——教育的另一种模式［M］. 于天龙，译. 北京：教育科学出版社，2003：28.

学生在几何上的成绩就会有所不同。我也怀疑，一些学生，甚至很多学生，可能永远都不明白数学推理的逻辑与魅力。"① 为此，内尔·诺丁斯怀疑是否真的存在一种对所有人都是最好的教育，是否存在对所有人都是必要的知识，是否存在所有人都愿意学习的课程。显然，内尔·诺丁斯的答案是否定的。比如数学，内尔·诺丁斯明确表示她不仅不会依据数学才能评判一个人的人生价值，也不认为有关微积分的知识是良好公民素质所不可或缺的，而且她反对不顾学生的能力、兴趣与愿望，强制性地让所有学生都必须学习学术性的数学课程。同样，美国名师黛博拉·梅耶尔对当前由美国政府推动的教育改革持坚定的批判立场。针对美国 20 世纪 80 年代以来的基于国家竞争力下降的状况而进行的基础教育标准化改革，梅耶尔指出："在发现美国公共教育面临严重危机 20 多年后，美国依然是世界上的头号经济强国，技术革新和独创能力在全球仍然独领风骚。如果说国家的经济实力有赖于优质的学校教育，那么美国的教师应该接受恭贺，而非受到指责。"② 在梅耶尔看来，当前的标准化教育改革政策源于对危机的错误判断，即将国家面临的竞争力下降的危机归因于基础教育质量低的说法是不成立的。"我们学校的问题并非主要是由课业轻松，对学生宽容过度造成的，相反，儿童的'无所依'才是问题之所在。在他们成长为成人的过程中，他们没有跟成人在一起，他们接触的成人似乎越来越不值得他们尊重。教师无权，仅仅'唯专家是从'，你能指望学生从他们身上学到什么呢？"③ 为此，他极力反对那种由政府、专家主导的标准化课程改革运动。显然，基于"政府改革"的"标准化课程"是一种严重缺乏教育品质的改革方案。

在课程改革的历史与现实中，定义或定位课程改革似乎不是所要解决的根本性问题之一，因而未曾引起足够的重视。课程改革更多地关注"改什么"的内容问题。当代众多的课程改革运动结果表明，改革的性质、立场定位不恰当，常常是课程改革失范与失败的根本原因之一。课程改革的启动与推进完全借助政府的力量，而且课程改革只限于某种新政策与新方案的出台，呈现出明显的强制性、接受性的品质与特点。无疑，恰切的定位是任何改革取得成功的前提条件。而改革定位是否恰切，不仅取决于改革自身的逻辑与目的，而且取决于改革者对改革对象内在品质与特点及其理论与实践问题的驾驭与把握。从一般意义上讲，改革的启动无疑要在宏观层面颁布政

① 内尔·诺丁斯. 学会关心——教育的另一种模式 [M]. 于天龙，译. 北京：教育科学出版社，2003：41-42.

② 李茂. 美国教育的真正危机——梅耶尔论美国中小学教改 [N]. 中国教师报，2007-03-21.

③ 李茂. 美国教育的真正危机——梅耶尔论美国中小学教改 [N]. 中国教师报，2007-03-21.

策、确定标准、制订方案，需要全局性部署与实施，从而使改革呈现出一定程度的统一性与执行性特点。然而，不同领域与对象的改革必然具有不同的逻辑与标准，从而使改革显现出不同的特点。这就意味着，改革主体与立场的定位必须遵循内在性逻辑与标准。从这种意义上讲，任何改革都不应该是完全强制性的、政治化的"接受性"改革。"接受性"课程改革将课程改革定位为规定性的、标准化的指令与事件，严重缺乏把课程改革定位为一种自主建构的传统与实践，严重缺乏对课程问题的理性与自主性思考，造成课程改革缺乏有效性、针对性、可行性品质。

（二）课程改革作为一种社会"疗方"

任何改革定位都应明确改革的性质问题。改革性质定位恰切与否，决定改革是否具有专业品质与立场。无疑，改革缘起于问题，问题构成了改革的重要依据，对问题的诊断是进行改革的前提。对存在问题的判断不合理，必然造成改革缺乏辩护性品质。课程改革是教育活动的承担者所进行的一项专业性的建构与调整活动。课程改革的基本依据是课程发展过程中所暴露出来的种种问题。课程问题使课程改革的必要性与充分性得以解释。在课程改革过程中，明显存在因对问题的判断与论证不够合理而造成课程改革的失败现象。在课程发展史上，重大的课程改革运动常常与种种社会危机相伴随。课程改革的酝酿与启动，往往只从社会政治、经济的角度寻求立论依据与支撑点，将社会问题的解决作为课程改革的逻辑起点与目的，使课程改革表现为社会问题的"晴雨表"。课程改革被定位为一种社会"疗方"，即将课程改革作为解决政治与经济危机、文化冲突等社会问题的渠道。自学校教育产生以来，课程的发展与改革从未跳出社会政治、经济与文化的"势力范围"。政治、经济、文化的发展成为课程改革的决定性依据与重要的促动因素，从而使课程改革严重缺乏专业性立场。尤其是在现当代教育发展过程中，由于世界各地的政治性、经济性、文化性、民族性问题及矛盾的不断增加与激化，对教育解决社会性矛盾与问题的期待也日益强烈，来自政府及社会各界对学校教育及其课程改革的呼声、对学校承担社会责任与义务的要求不断增强，不管学校是否应该、是否能够承担这些社会性问题解决的责任和义务。总之，全部的社会性问题似乎都缘起于不当的学校教育。对此，内尔·诺丁斯曾指出："加在学校头上的任务实在是太多了，使得学校无法在任何一个方面获得成功。我认为，并非是课程和活动数量本身使学校不堪重负，实际上，是社会强加给学校的本应该由社会自己承担的负担压迫着学校。社会要求学校解决太多的社会问题。譬如，社会不愿意采取切实行动来解决种族歧视问题，却要求学校达到种族和解。社会不愿意与孩子们谈论爱、快乐和诺言，却要求学校进行性教育。社会不愿意确认加德纳先生看到的人类素质的多样性，却要求学校强迫每一个孩子都去学代数。这样的结果是，学校承受了它最不堪承受的负担，即想方设法让那些聪明的学生去学他们不想学的东西。"① 教育无疑具有社会建构性的依据与属性，但社会建构性并不是教育的唯一依据与属性，而且，教育的社会建构性只有建立在教育的专业性逻辑基础上才具有辩护性品质。不顾教育内在的专业性逻辑的教育改革必然造成混乱与失衡。"社会因素过多介入教育领域，造成教育本身的失衡，引起教育改革的混乱。因为教育虽有决定于社会政治经济的一面，又具有独立性，具有自身的发展规律和特性，教育发展必须遵循这种教育规律。如果社会因素过多干预教育，则教育为了平衡各种关系，满足各方需要，必然扰乱教育发展的固有特点，导致教育领域无所适从，教育不能得到正常的发展。"② 显然，混淆了课程改革活动的内在逻辑与外在促动因素，必然使课程改革因其专业品质与意义的丧失而失败。

频繁的、重大的课程改革运动主要发生在第二次世界大战以后。随着现代科技的飞速发展、世界范围的经济振兴运动的兴起及国际霸权主义的膨胀，科技教育的质量与水平成为各国提高经济实力、军事实力及国际地位的根本保障。强化科技教育，提高经济、军事的国际竞争力，成为现当代学校课程改革的基本动因。尤其是在政治、经济、国防等方面面临危机之时，人们总是在教育方面寻找缘由和解决问题的办法。于是，世界各国无不以课程改革为主要手段，以提升国家在日益激烈的国际竞争中的实力与地位。20世纪50年代末60年代初，受苏联发射人造地球卫星的冲击，美国人惊慌失措，深感科学技术发展水平与国际垄断地位的下降而使国家面临严峻的危机与挑战，并把其归因于教育的落后与失败。于是，为了解决国家振兴与全球争霸问题，美国翻来覆去地改革基础教育课程。对此，著名比较教育学家菲利普·G. 阿尔特巴赫曾指出："造成美国教育危机的直接原因就是社会政策和公众舆论，教育的决策人只是跟着走，他们很少带头。"③ 同样，英国为了使国家在国际竞争中居于领先地位，战胜日益强大的竞争对手，重振昔日雄风，一改由来已久的政府对学校课程不干预、不过问的传统，实施、强化"国家课程"方案。

———————

① 内尔·诺丁斯. 学会关心——教育的另一种模式 [M]. 于天龙，译. 北京：教育科学出版社，2003：58.

② 郑文. 当代美国教育问题透析 [M]. 广州：中山大学出版社，2002：150 - 151.

③ 郑文. 当代美国教育问题透析 [M]. 广州：中山大学出版社，2002：151.

事实上，在整个 20 世纪，世界各国的课程改革无不立足于社会工具主义、实用主义、功利主义的价值向度、信条与立场，无视教育的内在价值、意义与标准。显然，这种基于社会问题的课程改革路线，严重缺乏关于教育内在价值的定位，从而使课程改革明显地呈现出外源性特点，缺乏内在性、自主性等专业性品质。专业品质与标准、措施的缺乏，使课程改革更多地关注推进速度、普及程度、覆盖范围等外延性指标，忽视诸如教育品质与立场、教师理念与专业素质、教学方式与方法、人才评价标准与机制等内涵性指标，从而造成课程改革过程中普遍存在严重的急功近利的短期行为、形式主义的问题与倾向及种种虚假现象、应付现象与冒进现象。

（三）课程改革作为一种新政"要件"

任何改革的定位都应明确改革的依据问题。改革依据定位恰切与否，决定改革能否达到预期的效果。无疑，课程改革应是教育活动的承担者所进行的一项过程性的建构与调整活动。然而，在课程改革的发展史上，更多的改革运动表现为推行某种新教育政策的"要件"，即推出一套全新的、指令性的、技术性的、限期完成的改革方案。于是，课程改革的缘起不是因为有问题，而是因为有新意；课程改革的动力不在于排解旧障碍，而在于贯彻新路线；课程改革的目的不是为了调适与完善，而是为了试验与标新立异。这种改革通常打着创新的旗号，为了改革而改革，为了创新而创新，从而使改革由手段变成了目的。

在当代教育发展过程中，最不缺乏的就是改革。不仅如此，当代教育发展明显存在过度改革现象。改革"实施得太频繁，'新'思想太多了，使教师无法理解"[1]。无疑，任何改革都需要必要性前提。改革的启动与实施只有在必要的时候才具有辩护性。没有必要的改革不仅无助于发展，而且必然造成发展过程中的混乱局面。改革是否必要，关键在于是否能处理好改革与发展的关系。无疑，改革不等于发展。在教育发展过程中，改革只能是教育发展的手段，而不能成为教育发展的内容与目的，更不能成为教育发展的常态形式。然而，在教育发展史上，尤其是在现当代教育发展过程中却充斥着大量的缺乏必要性或必要性不充分的改革项目，使教育发展时常为大量形式上的、片面化的改革项目所困扰。对此，迈克尔·富兰认为："存在着太多互不关联、片段性、不完整且肤浅的项目……那些接受抑或被迫接受每项政策及进行革新的学校，从远处看可能是具有创新性的，但实际上却存在着'过

① Leticia Perez. 第二届能力为本的方法网上论坛综述 [J]. 教育展望，2007（6）.

多的项目'或无意义问题的严重现象。"① 在现当代教育发展过程中，不但改革的呼声不断高涨，重大的改革运动此起彼伏，而且改革项目种类众多、纷繁杂乱，使教育无时无刻不处于"被改革"状态，以至于在教育领域，越来越多的人热衷于改革，改革替代了发展，似乎没有改革就没有发展，甚至是否改革成为对教育工作者的一个评价标准。人们无不竞相提出改革的思路、建议与方案，并试图试验只要是新的、与众不同的、与以往不同的想法与做法。新与旧的区分成为改革的依据。教育中任何不尽如人意的地方，都被归因于改革的缺乏与不够。于是，教育过程不得不承受着来自全社会各个方面铺天盖地的改革的要求与压力。"今天所流行的可能明天就变得过时。新的潮流又会召唤决策者和教育者们去追赶更新的时尚，似乎它们将可以解决教育系统内不同层次教育者所面临的所有问题。"② 过度改革显而易见。"学校所面临的最大问题是零乱而又超负荷的革新。"③ 显然，作为一种新政"要件"的课程改革，只关心是否改了，而不关注是否变了。这种改革只是将课程改革作为一种教育管理的"时尚"活动与手段，严重缺乏把课程改革作为一种过程性的调整活动加以理解与运用的传统、制度及运行措施。

　　教育是一种具有明显过程性特点的社会活动。合理的课程改革必须基于对改革的复杂性品质的认识与理解。在课程改革过程中，不可知、不确定情况与因素普遍存在，不仅无法精确地预测，而且也难以完全按照预想的路径、预设的方案而理想化地进行。任何简单化的认识、措施与方法都难以使课程改革取得成功。"变革是一个过程，而不是一次事件；你不能把它看成是任务单上的某一个条目，简单地一勾了事。变革是非常微妙、复杂的，尤其是在像教育这样的专业领域中。"④ 而且，改革的关键在于如何有效地实施变革，让变革在教育教学过程中真正发生并得到落实。显然，课程改革是一种非直线的、复杂的、充满不确定性的过程而不是一项简单的、一次性的、确定性的、具体的事件或任务。也就是说，课程改革不是一种短期性、局部性、自上而下的、可轻而易举完成的任务，而是一项长期性、全局性、全员性的探索过程。任何不顾课程内在的过程性与专业性品质的课程改革，以及

---

① 迈克尔·富兰. 教育变革新意义 [M]. 赵中建，陈霞，李敏，译. 北京：教育科学出版社，2005：20.

② 吉纳·E. 霍尔，雪莱·M. 霍德. 实施变革：模式、原则与困境 [M]. 吴晓玲，译. 杭州：浙江教育出版社，2004：25.

③ 迈克尔·富兰. 教育变革新意义 [M]. 赵中建，陈霞，李敏，译. 北京：教育科学出版社，2005：21.

④ 吉纳·E. 霍尔，雪莱·M. 霍德. 实施变革：模式、原则与困境 [M]. 吴晓玲，译. 杭州：浙江教育出版社，2004：256.

任何为了彰显或试验某种管理思想或主张的课程改革，都将教育置于某种危险的境地，是一种违背教育逻辑、经不起历史考验与不负责任的行为。

二、课程改革方式的扭曲

改革是使学校课程不断丰富、完善、合理、适切的根本途径。然而，不当的改革方式只能使课程改革事与愿违、适得其反。改革方式方法的局限与错位，是造成课程改革陷入困境的重要原因之一。纵观现当代各国课程改革运动，在方式方法层面呈现出以下几方面的特点与弊端。

（一）突变式：课程改革过程的脱节

现当代课程改革常常与运动联系在一起，"课程改革运动"成为标志性表述，以至于任何重大课程改革的进行基本上是以运动的形式展开的，甚至在人们的思维定式中，似乎没有运动就没有改革。而通过运动方式进行的课程改革必然显现出鲜明的突变性品质，即课程改革通常采取"休克式"疗法与手段，即刻终止旧课程范式，启用全新课程方案，并要在规定的时间内强制实施与完成。"突变式"改革是现当代课程改革的基本路径与方法之一。在当代世界各国，任何一次重大的课程改革运动的进行无不是通过突变的形式展开的。任何一次课程改革运动的失败也无不是突变性品质所造成的课程发展过程的脱节使然。

"突变式"改革将课程改革定位为一种在短期内即可完成的、对具体"事件"的改革，严重缺乏把课程改革作为一个渐进性行动加以理解与实施的意识、思维及方法。自20世纪中期以来，世界各地的学校经常被改革所包围，尤其是课程改革运动更是风起云涌、此起彼伏。然而，"大量的证据表明，改革的结果微不足道，仅有一些孤立的成功例子"①。课程改革陷入了困境。其中一个重要原因在于改革者对课程改革性质的理解与定位背离了课程改革的逻辑，具体表现为对课程改革的复杂性与过程性品质认识不深、估计不足、理解不透，对影响和制约课程改革的因素分析不全，使课程改革大多表现为即时性的、具体性的改革项目。课程改革的措施与效果仅仅停留于关于课程的表面化、操作性、局部性指标的变革。这种"突变式"改革使学校课程面临着大量形式上的、片面化的改革"事件"的困扰。这是当代课程改革中所存在的主要问题之一。

———————————

① 迈克尔·富兰. 教育变革新意义 [M]. 赵中建，陈霞，李敏，译. 北京：教育科学出版社，2005：6.

　　"突变式"课程改革遵循简单性思维，设定确定的、局部的、孤立的改革目标与方案，制定"线性化的"课程改革决策与方法，从而造成课程改革实践中普遍的混乱、躁动局面。"多年来，变革的实施已经形成一种格局——引进一种新变革方案，给它一年的实施时间，立即对它的有效性进行评价，当没有明显绩效时便否定它。"[①] 显然，把课程改革简化为一系列指向某一个别层面的粗糙、零散的改革项目，不仅使课程改革的指导思想难以落到实处，扭曲了课程改革的整体性原则与逻辑，而且更为糟糕的是造成了异常尖锐与棘手的脱离实际的问题与倾向。对此，迈克尔·富兰一针见血地指出："我们已经从过去的 10 年中获得了这样的教训，即教育改革过程的复杂程度要远远超出我们所预期的，即使是那些显著的成就也存在基本的缺陷。"[②] "突变式"课程改革不顾现实基础、条件与背景，采取一步到位的问题解决方案与办法，期待着以最快的速度在最短的时间内完成课程改革任务，不管课程改革的时机是否成熟、条件是否具备，匆忙进入课程改革，要求教师快速转变教学模式、更换教材、转换角色，并期待着立竿见影的改革效果。

　　显然，频繁的、琐碎的"突变式"改革，虽使学校课程不断地改头换面，但改革的结果却令人困惑与沮丧。种种急于求成、朝令夕改的改革运动，不仅没有使学校课程达到最佳的、理想的状态，相反，过度化的改革造成课程发展过程中普遍的躁动不安、无所适从的局面与状态。

（二）垂直型：课程改革支持性环境的缺乏

　　任何改革都需要支持性平台。缺乏支持性环境与行动的改革，无论是多么必要与充分，都难以顺利地付诸实施，更难以取得理想的效果。显然，在课程改革过程中，支持性环境与行动因改革者的普遍忽视而十分缺乏。而课程改革要想获得广泛的支持，关键在于处理好自上而下改革与自下而上改革的关系。"经验证明，内部改革之所以没有成效，或造成人才和精力的巨大浪费，这通常是因为上面的管理和下面的行动之间缺乏沟通和协调不好。这样便使得那些具有创造性的、富于想象力的改革家们孤立起来了。思想与实验的传播减慢下来了。"[③]

---

　　① 吉纳·E. 霍尔，雪莱·M. 霍德. 实施变革：模式、原则与困境 [M]. 吴晓玲，译. 杭州：浙江教育出版社，2004：38.

　　② 迈克尔·富兰. 教育变革新意义 [M]. 赵中建，陈霞，李敏，译. 北京：教育科学出版社，2005：18.

　　③ 联合国教科文组织国际教育发展委员会. 学会生存——教育世界的今天和明天 [M]. 华东师范大学比较教育研究所，译. 北京：教育科学出版社，1996：222.

　　课程改革通常表现为两种方式：其一是计划性的、大规模的课程改革运动，主要采取自上而下的改革方式；其二是自发性的、局部细小的改革项目，采取的是自下而上的改革方式。这两种垂直型的改革方式都因改革主体定位不当而造成改革过程中的支持性环境与行动的缺乏。而大多数的课程改革都是由上层启动的，自上而下的改革代表课程改革的主流方式。这种来自政府管理部门或教育管理者的改革无疑具有权威性、强制性与宏观指导性的特点。它是通过命令、规定与政策等手段而推行的课程改革。显然，自上而下的命令对于改革尤其是大规模的改革运动的启动与实施，是必不可少的。"尽管人们不断地批评它的效果不好，但它们还是能发挥出一定作用的。"①然而，这并不意味着自上而下的改革是一种理想的、无障碍的、没有调整余地的改革方式。事实上，这种改革因剥夺了教师的改革主体地位以及改革者对教师的不信任往往遭到广泛的批评与抵触，致使改革不能顺利地进行，甚至失败。教师们常常觉得"变革中最糟糕的一件事是，我们没有被允许在教职工大会上好好讨论这些变革。如果我们在会上提出一个具体的问题，就会被认为是态度消极。批判性的思维、逻辑性的推理统统是不允许的"②。教师对自上而下的改革的批评与抵触，并不意味着教师绝对反对改革。在教育教学实践中，教师们经常围绕自身授课情况进行微小的改革项目。这种自下而上的改革具有自发性、自主性、探索性与零散性的特点。"'自下而上'变革模式的支持者们持有一个重要观点：那些距离变革实施现场最近的人对如何取得变革成功往往认识得最为清楚，因而也最具有发言权。"③ 因此，许多教师认为，课程改革是他们自己的事情，他们自己是课程改革的主体，他们自己有能力实施课程改革行动，不需要那些比他们职位高的人领导、指导他们的变革。显然，这种改革对教育教学内容、方法与途径等方面的不断完善与教育教学质量的提高，是十分必要的。然而，这种自发的改革很难形成大范围、大规模及全局性的改革行动，而且通常不能得到来自上层管理部门与管理者的充分认可与支持。

　　无疑，这两种常规的垂直型改革方式，都显现出一定范围内的必要性、合理性特点，但均具有自身难以克服的弊端，即改革主体之间的互不信任、认同与支持。"信任，作为整体变革成功的一个核心要素，似乎处于一种短

　　① 吉纳·E. 霍尔，雪莱·M. 霍德. 实施变革：模式、原则与困境 [M]. 吴晓玲，译. 杭州：浙江教育出版社，2004：17.
　　② 斯蒂芬·J. 鲍尔. 教育改革——批判和后结构主义的视角 [M]. 侯定凯，译. 上海：华东师范大学出版社，2002：74.
　　③ 吉纳·E. 霍尔，雪莱·M. 霍德. 实施变革：模式、原则与困境 [M]. 吴晓玲，译. 杭州：浙江教育出版社，2004：15.

缺状态。"① 课程改革的不可行状况，主要表现为垂直型改革所必然造成的冲突、排斥与抵制现象。因而，改善屡改屡败的状况，必须改变关于课程改革的思维方式与行动方式。"我们不应该把教育系统看成是一种垂直的自上而下或自下而上的体系，而应把所有的变革参与者都看成是一个系统中的成员。使变革获得成功的唯一方法就是变革过程中每一位参与者都应该把自己的工作做好，同时学会信任其他成员，相信他们也能做好他们自己的工作。"②"尽管'自上而下'与'自下而上'的垂直模式对变革有一定效果，但以水平的视角来看待和实施变革，效果最好。"③ 也就是说，在课程改革过程中，应打破改革主体与实施主体的界限，将课程改革由两个系统融合为一个系统，使课程改革由所有教育者在民主、协商、探究的氛围与框架内启动与实施，使由来已久的垂直型改革转变为水平型改革。

（三）革命化：课程改革路线的偏失

任何改革都需具有可行性品质。措施不得当、方法不可行，必然葬送改革，使改革走向失败。改革方式是否可行关键在于能否处理好变革与继承的关系。改革无疑要否定陈旧的、不适用的东西，但并不是全面否定，改革不仅意味着对那些缺乏合理性与时代性品质的信念、内容与方法的否定，而且意味着对那些合理的、符合时代发展需求的信念、内容与方法的继承与发扬。全面否定意味着对改革逻辑的违背。任何具有可行性品质的改革都不可能是否定性的改革，而是继承性的改革。尤其是作为具有较强专业性特点的课程改革，必须遵循逻辑性与历史性统一的基本原则与立场，坚持扬弃和折中的辩证式改革方法与方式。在课程发展史上尤其是在现当代课程改革过程中，严重缺乏这种辩证的、统一的继承性改革。更多的改革表现为否定性的、排斥性的革命化改革，甚至"革命"成为课程改革的内涵、标准、逻辑与原则。这种改革无一不是通过"外科手术式"的办法与手段，采取"告别式"的改革措施与方式，全面否定传统课程，并旗帜鲜明地走向旧课程范式的反面，建构一种全新的课程范式。这种"打倒一个，另立一个"的极端认识与行动，是课程改革失败的根本原因。

首先，革命化改革割断了课程发展的历史联系，是一种缺乏逻辑性品质

---

① 吉纳·E.霍尔，雪莱·M.霍德.实施变革：模式、原则与困境 [M].吴晓玲，译.杭州：浙江教育出版社，2004：14.

② 吉纳·E.霍尔，雪莱·M.霍德.实施变革：模式、原则与困境 [M].吴晓玲，译.杭州：浙江教育出版社，2004：14.

③ 吉纳·E.霍尔，雪莱·M.霍德.实施变革：模式、原则与困境 [M].吴晓玲，译.杭州：浙江教育出版社，2004：13.

的改革。教育作为培养人的活动无疑具有历史阶段性、时代合理性的特点，但作为一种专业化的社会活动，它还具有内在的逻辑、依据、标准与品质。也就是说，课程的价值、目标、内容、方法等均具有继承性的特点。课程改革既要伴随着社会的变迁与时代的进步不断地为教育寻求恰切性的新指标与新内涵，但又不能抛弃、否定历史。列宁曾指出历史地看问题的重要性，他说："为了解决社会科学问题，为了真正获得正确处理这个问题的本领而不致纠缠在许多细节或各种争执意见上面，为了用科学眼光观察这个问题，最可靠、最必须、最重要的就是不要忘记基本的历史联系，要看某种现象在历史上怎样产生，在发展中经过了哪些主要阶段，并根据它的这种发展去考察它现在是怎样的。"① 显然，历史与传统的东西不仅意味着过去，更重要的是逻辑的凝练。历史的未必符合现在及未来的逻辑，但符合逻辑的必定有历史的依据。逻辑不是主观自生的，而是历史发展的反映，是以概括的理论形态对客观现实的历史发展的反映；但逻辑又不是历史的翻版，它摆脱了历史本身的自然形态，扬弃了历史进程中那些次要的、偶然的因素，集中地反映历史发展中的合目的性、合规律性的东西。对于课程发展与改革而言，历史性赋予其专业化属性、逻辑及标准，并使课程保持相对稳定状态。课程改革是基于专业化逻辑与历史性品质的更新、调整与完善，而不是要否定、抛弃课程的专业化逻辑与历史性品质。无疑，合乎教育专业逻辑的改革必然是继承与创新辩证统一的改革。课程改革的可行性品质只有在兼顾课程的继承性与发展性品质的基础上才能实现。

其次，革命化改革赋予课程残缺不全的单向度信条、立场与道路，是一种缺乏整体性品质的改革。教育作为人的培养活动，其培养目标、依据、方法等各个方面都具有一个复合化的指标系统，任何单质性要素都不足以解释学校教育的本性及逻辑。因而，无论是什么样的单向度坐标点都不能构成课程改革的唯一的、终极性的依据。历次课程改革运动无不因单向度信条、立场与路线而"逝之短命"。这种改革坚持单向度的理论基础、措施与方法，将改革依据分割开来，使改革显现出明显的分裂、冲突与对峙状态以及绝对性、封闭性、排他性特征，不仅造成学校教育混乱局面，以及教育质量每况愈下、危机越发严重的状况，而且教师、学生也无所适从。S. 拉塞克、G. 维迪努曾指出："在原则上，以学科和级别（小学、中学等）划分的委员会在补充课程时只是从承袭的东西出发，而不是从现实以及今后的要求出发。委员会各行其是，不了解制订恰当教学内容所依据的资料是不可分割的。它

① 列宁全集：第 29 卷 [M]. 北京：人民出版社，1956：430.

们用以解决问题的方式片面，不严谨，对学生的学习与成绩，对实现教师培养计划均有不良影响。因此，有必要提醒研究人员、规划者，尤其是教育负责人：教育问题是如此复杂，以至它容不得半点简单化和僵化。……内容改革的成功在很大程度上取决能否把一些看起来相对立的品质辩证地结合起来：大胆创新与现实主义，批判精神与对人的信赖，吸收世界各国的经验与尊重民族特性，原则性与灵活性，慷慨大度与讲求经济效益。"① 无疑，合乎教育专业逻辑的改革必然立足于整体性的改革立场。"革命化"改革的极端做法与行动，造成了课程改革中的"头痛医头，脚痛医脚"现象，是学校课程屡改屡败的始作俑者。

三、课程改革方法的本质主义立场及困境

在学校课程发展史上，无论是课程理论研究还是课程改革实践，普遍遵循本质主义的逻辑、立场与方法，呈现出明显的本质主义品质、特征与发展轨迹。尤其是现当代课程改革实践所显现出来的种种弊端与困惑，无不是本质主义知识论基础及思维方式使然。本质主义知识论基础及思维方式不仅造成了课程理论单向度、一元化品质，而且造成了课程改革实践保守的、片面的、排斥性的思维方式与运行机制，从而使课程因品质、价值、目标、模式、功能等各个方面的教育性扭曲与缺失现象而面临着严峻的"合法性"危机。

（一）二元论思维及盲人摸象式课程改革信条的价值性紊乱

为了找到并向世人发布超越时空的、永恒的知识体系，本质主义者普遍遵循二元论思维与立场，把各种整体的、复杂现象还原为单一的、抽象的、不变的"普适性"信条。这种只见树木不见森林的本质主义信条，带给人们普遍的"面对最佳选择的困惑"，使人类生活在一个"充满困境的时代"。二元论的出发点与基本立场在于非此即彼的二元分离与对立。而非此即彼的前提在于区分此与彼。对此，笛卡儿提出了这样一条在任何时候都须严格遵守的方法论原则，即把"所考察的每一个难题，都尽可能地分成细小的部分，直到可以而且适于加以圆满解决的程度为止"②。无疑，二元论思维方式无不通过部分的特征求证与演绎整体的性质。

---

① S. 拉塞克，G. 维迪努. 从现在到 2000 年教育内容发展的全球展望 [M]. 马胜利，等，译. 北京：教育科学出版社，1992：251.

② 刘大椿. 科学逻辑与科学方法论名释 [M]. 南昌：江西教育出版社，1997：124.

　　二元论思维方式在教育探究中具有广泛的历史影响，一直困扰着教育理论研究与实践发展。"在全部漫长的教育史中，显然一直存在着两种对立的理论。虽然过分简单化总是危险的，但如果人们注意到这一点，就可以借助某些冲突的概念对这两种教育理论加以对照，把那些冲突的概念配成对，概括成这样一些对立面，如'个人与社会'，'自由与纪律'，'兴趣与努力'，'游戏与工作'，或者用近来流行的说法，'目前需要与遥远目标'，'亲身经验与种族经验'，'心理组织与逻辑组织'，'学生主动性与教师主动性'，这些术语所表明的基本原理是二元论，它已持续了好多个世纪。这种二元论，在诡辩派时代的希腊教育中，就已经鲜明地呈现出来了；也反映在意大利文艺复兴引起的教育变化中。它于 17 世纪出现在一个界限明确的教育理论流派中，这一流派的追随者甚至在当时就自称为'进步主义派'。这种二元论在由卢梭、裴斯泰洛齐、福禄贝尔和赫尔巴特所相继建议的教育改革中也是明显的。"① 其实，在教育发展的历史进程中，呈对立与排斥状态的概念、理论、立场、信条、思维、方法等岂止这些。可以说，整个教育发展史无时无处不充满对立与排斥。尤其是近现代以来，教育就是伴随着对立与排斥而不断地改革与发展的。教育的各个组成部分都显现出明显的对立与排斥的状态与倾向。教育研究者、教育管理者、教师，普遍坚持主体与客体相分离、事实与价值相分离、个体与群体相分离、现象与本质相分离、历史与逻辑相分离、共相与殊相相分离，没完没了地在两极之间进行着恶性循环性的选择与批判。

　　二元对立思维赋予了课程改革信条的绝对性与排斥性品质。本质主义者无不强调"普适性"的信念、方法与标准。这种"渴望共性，蔑视个性"的逻辑与追求因其绝对化的认知立场与僵化的认知方式而造成对事物认识中的冲突与对峙现象，使"普适性"信条难普适。在课程改革过程中，改革者普遍坚持排斥性思维与绝对化的立场，使课程改革呈现出明显的价值性紊乱。这种价值性紊乱突出地表现为课程改革信条的"内讧式纷争"。

　　受制于本质主义的二元对立思维方式，在课程理论探究与改革实践过程中，课程研究者与实施者各持己见，甚至为了抨击、驳倒对方，不惜以牺牲课程资源的丰富性、培养目标的多元性为代价，窄化课程价值。纵观课程发展史上令人眼花缭乱的课程原则观，从伦理政治、学术理性到理智美德等课程目的性原则，使课程改革信条在经验论与知识论、理性与非理性、个体与社会等方面对立起来。而受制于课程价值信条的偏见与分歧，在 20 世纪所

———————————————————

　　① 瞿葆奎. 教育学文集：美国教育改革 [M]. 北京：人民教育出版社，1990：41－42.

出现的各种课程研制模式同样呈现出冲突与对峙的特点，从目标模式到过程模式、情境模式、实践模式等，使课程研制方法在理论与实践、控制与理解、技术与艺术、实证与思辨、定性与定量、普适性与相对性、规范性与灵活性等指标之间择其一维而拒斥另一维，使课程改革方法信条呈现出十足的"盲人摸象"的品性。显然，课程的"排斥性"品质并非系统之间的分歧与冲突，而是系统内的对抗与排斥，即"内讧式纷争"。"内讧式纷争"使复杂系统内部的各个子系统彼此对立起来，并从中选择其一确定为本质性存在。课程研制者与实施者都"把自己封闭在他们无法逃脱的'确定圈'之内，因此他们'产生'自己的真理"①。如果这种"自己的"真理"受到质疑，他们就会感到不安。因此，各派视任何有悖于'自己的'真理的东西都是谬论"②。无疑，将课程这一复杂系统内部的某一个子项确定为课程的本质性存在或依据，必然引起无休止的但却是"无解"的论争，如当我们一味地遵循机械的分析式思维与化约论方法在学科、经验、活动之间确定课程本质属性的时候，对我们恰切地定义课程没有任何帮助。显然，在课程理论探究与改革实践过程中，这种"内讧式纷争"必然造成片面的、不完整的课程定位，使课程发展与改革作茧自缚，陷入偏执、狭隘的极端化境遇中。

（二）"主义化"逻辑及"茧式化"课程改革立场的难为境遇

本质主义知识论基础赋予了课程"主义化"思维方式与逻辑。自课程论成为独立的研究领域以来，任何一种课程理论流派无不冠之为某种主义，以至于"主义化"了的课程理论成为一种普遍的追求，似乎不谈主义就缺少明确的方向与标准。于是，以主义为准则的"主义化"课程探究逻辑成为人们一种根深蒂固的思维方式与方法，它所造成的安置之道、归位之道、画地为牢现象使课程改革立场陷入难为境遇。具体地说，"主义化"逻辑使课程研究及改革立场普遍遵循"元素主义"的原则导向，形成五花八门的课程理论门户，并赋予课程某种片面化、封闭化的逻辑依据、定位与旨趣。无疑，"主义"作为人们认识上的一种理论与主张本无可厚非，但固执一端、打击一片的"主义化"思维方式与方法却使课程理论探究与改革实践呈现出僵化、简单化与片面化的弊端，不仅造成了课程论探究中的种种迷茫、困惑与困境，而且造成了课程包括概念、价值、目标、内容、方法等各个方面定位

---

① 保罗·弗莱雷. 被压迫者教育学 [M]. 顾建新，等，译. 上海：华东师范大学出版社，2001：序言.

② 保罗·弗莱雷. 被压迫者教育学 [M]. 顾建新，等，译. 上海：华东师范大学出版社，2001：序言.

的逻辑性悖论。

门户纷争是现代学术研究的普遍状态与倾向。尤其是在课程理论研究中，研究者立足于二元论立场以及机械论、化约论、决定论的逻辑与方法，将各种复杂的课程现象肢解后还原为单一的、抽象的、"普适性"的结论。无疑，门户之见缘起于学术研究者的视野、领域及方法的局限。这种必然而普遍存在于学者、专家之间的局限性，是教育改革、课程改革实践片面化、极端化现象与路线的始作俑者。正如有学者所言："综观诸多专家主导的现代教育改革，一项被一类专家宣称具有合理性和必要性的改革，很快就会为另一类专家推行的新的更具有合理性的改革方案所替代，改革的效果远没有想象和期望的那样成功。"① "主义化"逻辑必然造成学术流派之间的对立与冲突。课程理论研究主要是围绕这些理论流派之争而展开的，呈现出明显不可通约性品质，即不同的理论流派在信念、逻辑、立场、标准、解题方式等方面都具有本质性的区别。某一理论流派倍加推崇的理论信条与立场在另一个理论流派那里却可能是缺乏常识的表现。从"形式教育论"与"实质教育论"的对峙，到永恒主义课程流派、要素主义课程流派、进步主义课程流派、社会改造主义课程流派、存在主义课程流派的冲突等，关于课程内涵、价值、目标、内容、功能以及标准、模式、方法等各个方面无不呈现出明显不可调和的两极化思维与立场。显然，门户纷争造成课程诠释与定位过程中严重的"价值性""要素性"与"机能性"流失现象。无论是对课程内涵的探讨、对制约课程因素的分析，还是对课程指导思想的定位及对课程实施模式、方法的构建，课程探究者无不执迷于非此即彼的思维方式，使课程理论呈现出十足的"茧式化"特征与品性。尤其是在课程改革过程中，从改革的缘起到启动、从方案的制订到实施，无不受制于课程理论研究过程中的只见树木不见森林的门户之见。"盘根错节的改革理念通常是不稳定和不平衡的，却具有不可遏止的态势。"② 其根源在于非此即彼的课程认识论与价值论造成课程改革立场的冲突。

改革立场决定改革的成败。历次课程改革运动无不因立场的冲突与对立而难逃失败的命运。显然，任何一个理论门户的改革主张，都不能构成课程改革立场全部的、终极性依据。无论是什么样的坐标点都不足以解释学校课程的本性与逻辑。尽管每一种理论门户都具有一定的指称范畴内的恰切性与辩护性，但一旦推及实践，却没有一种理论显示出普遍的合理性。课程改革

① 邵泽斌. 教育改革的专家风险 [J]. 教育发展研究，2011 (8).

② 斯蒂芬·J. 鲍尔. 教育改革——批判和后结构主义的视角 [M]. 侯定凯，译. 上海：华东师范大学出版社，2002：序言.

立场的确立，必须打破门户之见。否则，无论改革依据多么必要，都不具备充分性与可行性。

（三）还原论方法及单向度课程改革"处方"的无为状态

自文艺复兴运动以来，近现代科学的兴起与发展，始终是在还原主义和分析主义思维方式与方法论制约、支配下进行的，从而使还原论成为近现代西方学术研究重要的科学方法论。其主要机制及思想在于用次级层次的原因来解释高一层级的事件，认为低层次的运动是造成高层次结果的原因，复杂的、整体的自然、社会及精神现象要从其各个部分来解释。在自然科学研究中，还原论是最重要的方法之一，如对物理学理论的研究可还原为对一些基本概念、定理的探究。还原论方法及思想主要包括两种类型的还原。其一是作为一种研究方法论意义上的还原，具有解释性的功能，因而又被称为"解释性的还原"，其目的在于"对整体进行细致的分析，主张用更低层次的模型和理论来深入说明事物的特性"①，是一种被广泛运用的、行之有效的科学方法。其二是作为一种本体论意义上的还原，具有机械化约的功能，因而又被称为"本体论的还原"，其基本特征是以局部代表整体，把整体化约为局部，并认为事物原本如此。这种还原已超出了方法论的范畴，并且扭曲了还原的方法论意义上的内涵，其错误在于"根本否定各种物质运动形式之间质的区别，否认高级运动形式有别于低级运动形式，用低级运动形式代替高级运动形式"②。经典科学本体论主张，世界是由各种彼此独立的、不变的、自因性的存在实体构成的，而且这些实体之间只有外部的机械作用及联系。而作为经典科学本体论、方法论的核心要素，本体论还原不仅肢解了作为整体的自然、社会、人以及人类的精神文化、生产实践、社会生活，而且肢解了人类认识与改造自然、社会及人自身的世界观与方法论。因而，立足于机械论、还原论方法所开具的所有"药方"，都呈现出顽固的、自身难以克服的、"天然的"走极端弊病，其排斥性品质决定了这种片面的世界观与方法论体系难以给人类的认识活动、社会实践活动以全面的、充分的、有效的指导。对此，建设性后现代主义思想家大卫·伯姆对机械还原论观点的片面性、极端性思维及特点进行了深刻的分析与批判。他认为，机械论观点主要有以下三方面的特点：第一，机械论的第一要旨是，世界可以尽可能地被还原成一组基本要素。第二，这些要素彼此间基本上是外在的；它们不仅在空间上是分离的，更为重要的是，每一要素的基本性质彼此也是独立的。第三，由于

① 孙世雄. 科学方法论的理论和历史 [M]. 北京：科学出版社，1989：443.
② 孙世雄. 科学方法论的理论和历史 [M]. 北京：科学出版社，1989：444.

要素之间仅仅是通过彼此推动而产生机械的相互作用，因而其作用力难以影响到其内在的性质。① 这种机械论、还原论哲学观与方法论虽然促使科学、技术和工业取得了令人瞩目的成就，但它也是造成分裂的世界、机械的世界、祛魅的世界的始作俑者。

基于本质主义的逻辑与立场，在课程研究与改革过程中，所运用的还原方法更多的是"本体论的还原"而不是"解释性还原"，即在课程研究过程中，研究者对课程现象与问题进行机械化约与肢解，如将课程内容化约为客观知识或主观经验、自主活动等；将课程的来源化约为社会或学生、知识等；将课程的功能化约为生活准备、心智训练或自我实现等；将课程的理论基础化约为哲学、美学、现象学或社会学、文化学、自然科学等；将课程研制方法化约为目标分析法或经验分析法、情境分析法、文化分析法、传记式方法等。这种机械的、本体论意义上的还原方法，造成种种单向度的理论、立场、信条、思维、方法等。无论是课程理论研究还是课程改革实践，普遍遵循"要么……要么……"的原则，在两极之间进行选择与定位。这种一维变唯一的机械还原论方法及其所造成的单向度路线与路径，带给了学校课程"灾难性"后果，使课程发展与改革作茧自缚。尤其是二战以后，日、美等国家学校课程改革的立足点始终轮流转于各种单向度的价值标准、立场与方法，顾此失彼。于是，失败成为课程改革的一种宿命与状态，使学校课程发展呈现出特定的钟摆现象，不仅导致学校课程的机能紊乱、失调与贫困，而且，种种片面、教条的课程改革"处方"遭遇了广泛的抵触与排斥，普遍地暴露出无所作为状态，造成课程改革因钟摆动荡而陷入偏执、狭隘的极端化境遇中。

四、课程改革的未曾"发生"状态及"无效"状况

课程改革的关键不在于是否实施了改革，而在于是否取得实质性的效果。但更多的课程改革运动及其倡导者、发起者、实施者，似乎只关心"是否改"的问题，而不关心"是否变"的问题，致使课程改革常常处于未曾"发生"状态，尤其是教师变化的缺乏造成课程改革的"无效"状况。

———————————

① 大卫·雷·格里芬. 后现代科学——科学魅力的再现 [M]. 马季方，译. 北京：中央编译出版社，1998：84.

（一）"专家操纵"造成教师的"未改变"状况，致使课程改革陷入未曾"发生"状态

在课程改革过程中，不仅要合理地解决"改什么"的问题，还要恰切地解决"谁来改"的问题。"谁来改"的问题，对于能否建立一支专业化的课程改革队伍及课程改革能否顺利地进行具有决定性意义。然而，现当代课程改革常常是在理论专家的直接指挥、指导与操控下进行的，"专家操纵"成为课程改革的鲜明特点与倾向。专家不仅负责制订详尽的、具体的操作方案，而且垄断改革的解释权、话语权，成为改革的主体与主角。在课程改革过程中的任何环节无不依靠专家的权威性指令的支撑、支配与驱动。于是，课程改革的实施遵循一条发布指令与执行程序的"专家型"改革路线。

专家参与及指导课程改革无疑是必要的、重要的。这是由现当代教育和课程改革的基本特点与品质决定的。"在前现代社会，人们生活在恒定的教育机制中，教育结构单一、目标简单、方法单调，教育活动的这种特性，不但很难诞生专家，也很难让人们对专家产生依赖。"① 而现当代教育的复杂性品质、社会期待的多元性、对个人与社会发展的决定性作用，决定了现当代教育改革的专业性标准与特点，也决定了在教育及课程改革过程中专家的不可或缺地位与作用。"人们对教育改革寄予厚望、充满期待，用'只许成功、不许失败'表述这种希求并不为过。开展这样一场充满复杂性、专业性而且'责任重大'的教育改革，不是一般的人士所能把握和掌控得了的，于是，对专家的信任和依赖由此而生。"② 然而，专家不仅没有带给现当代课程改革明确、清晰的指导思想、价值取向及方法论框架，而且正是专家自身的种种局限造成了现当代课程改革的种种误区、困境与失败的境遇。课程改革并不是不需要专家，其问题的根本性症结在于由对专家的重视、信任及对专家的依赖走向"专家操纵"道路。对此，有学者明确提出了教育改革的专家风险问题，并进行了具体研究，认为"专家参与教育改革有其必要性，但也带来了一定的风险。辨识教育改革的专家风险，明晰专家参与改革的条件和限度，是实施教育改革的前提。教育改革的专家风险内在于教育改革与专家参与的三个基本冲突之中，即教育改革的整体性与专家知识的分立性、教育实践的反思性与专家理论的不确定性、教育改革的公共性与专家行为的'为我'性"③。

---

① 邵泽斌. 教育改革的专家风险 [J]. 教育发展研究，2011（8）.
② 邵泽斌. 教育改革的专家风险 [J]. 教育发展研究，2011（8）.
③ 邵泽斌. 教育改革的专家风险 [J]. 教育发展研究，2011（8）.

显然，"专家操纵"课程改革具有巨大的风险。"教育改革涉及到人的一生幸福与国家的长治久安，这就要求对教育改革的风险进行评估，对教育改革的代价进行权衡。频繁、剧烈、破立交替的教育改革显然与改革的愿望相背。这就是我们常常观察并体验到的一个基本事实：人们在享受专家主导的教育改革成果的同时，也承受着依赖专家的改革风险。"①"专家操纵"课程风险突出地表现为课程改革的实效性缺乏。基于专家权威性指令的课程改革对教师而言无疑是接受性的。这种"接受性"课程改革常常因教师的边缘化境遇及"未改变"状况而陷入未曾"发生"状态。"人们传统上往往把教育改革和教育变革视为同义。"② 然而，是否进行了改革并不是改革的目的。改革与变革具有本质性区别，改革是前提与手段，而变革则表现为变化与结果。实施了改革并不等于改革真正"发生"了。课程改革的历史经验与教训表明，"并非一切改革都带来变革"③。无疑，改革的重要意义与作用是不容忽视与否定的，"没有改革何谈变革，改革（建议、规章、文件、计划）导致（现实、学校、课堂）的实际变革"④。但改革的重要性并不等于改革的实效性。课程改革是否"发生"的关键因素，不在于是否发出了改革的指令、是否发起了改革运动、是否出台了一系列改革政策、是否设计出了改革的标准方案等，而在于教师是否发生了变化，以及由教师主导的教育实践过程尤其是课堂是否真正地发生了变化。联合国教科文组织国际教育发展委员会在《学会生存——教育世界的今天和明天》一书中指出："具体应用改革的成败取决于教师的态度。然而，革新理论家们设计的许多方案，其目的似乎是强加在教师们身上的，是向他们提出的，而不是和他们共同提出的。这种专家统治论的家长作风是由于他们不信任教师，因此反过来引起了教师对他们的不信任。总之，教师们并不反对改革，他们反对的是别人把改革方案交给他们去做的那种方式，更不用说把一个改革方案强加在他们身上了。因此，对教育工作者来讲，十分重要的是使他们主动地参加教育改革方案的工作。"⑤ 而"接受性"课程改革决定了整个改革过程的过度控制品质与特点，

① 邵泽斌. 教育改革的专家风险 [J]. 教育发展研究, 2011 (8).
② 罗莎·玛丽亚·托雷斯. 从改革的代理人到变革的主体：拉丁美洲教育的十字路口 [J]. 龙治芳, 译. 教育展望, 2001 (2).
③ 罗莎·玛丽亚·托雷斯. 从改革的代理人到变革的主体：拉丁美洲教育的十字路口 [J]. 龙治芳, 译. 教育展望, 2001 (2).
④ 罗莎·玛丽亚·托雷斯. 从改革的代理人到变革的主体：拉丁美洲教育的十字路口 [J]. 龙治芳, 译. 教育展望, 2001 (2).
⑤ 联合国教科文组织国际教育发展委员会. 学会生存——教育世界的今天和明天 [M]. 华东师范大学比较教育研究所, 译. 北京：教育科学出版社, 1996：222.

致使"课程开发都牢牢地被外在强加的控制所钳制"①，从而造成教师在课程信念、立场、价值取向、思维方式、态度、方法等方面并未发生根本性的变化，教师的课堂教学范式并未发生自主、自愿、自律性转型。无疑，课程改革能否取得成功，关键在于教师是否改变。教师改变对于课程改革具有决定性意义。"一个成功的变革既发端于个人，也落脚在个人身上。一个组织只有在其中的每一个成员都发生变化时，它才会发生整体的变革，换言之，一个组织的变革依赖个体成员的变化。"② 由此可见，"教师改变不仅是课程实施的重要途径，而且是课程改革的一个基本目标"③。在课程改革过程中，教师改变是任何政策制度、模式内容、手段方法、环境条件等方面的变革不可替代的。"若处于改革中的教师无动于衷，学校教育系统中其他方面再多的变化最终也会无济于事。因此，教师改变成了课程改革取得成功的内在动力。"④ 教师的"未改变"状况，意味着课程改革更多地停留于外在化的、形式化的制度层面与教学内容层面的调整，而不可能促进课堂层面、教学效果层面的实质性变化。显然，"接受性"课程改革因教师改革主体地位的被剥夺而呈现出明显的"只改不变"的局面。

（二）职业权利的缺乏造成教师主观上不支持改革，致使课程改革只是得到有限的、支离破碎的执行

在课程改革过程中，教师常常只被定位为课程改革的接受者、执行者、实施者，而不是改革者。这种在逻辑上对教师的不恰切的定位，造成教师严重缺乏关于课程改革方面的职业权力，致使教师"问题"成为课程改革的瓶颈性问题。大规模的、全方位的课程改革虽然全面铺开与实施，但却因为教师的不支持而难以落到实处，从而造成课程改革的"无效"状况。

依循由来已久的课程与教师关系的逻辑定位，作为课程实施主体，教师不仅不是改革的发起者、改革的倡议者，而且也不是改革的实质性参与者，他们只是改革的执行者，只有认同并执行的责任与义务，不仅没有宏观上的课程改革的领导权，而且也不具备微观层面的关于教材内容、教学方法等"改什么"与"怎么改"的主导权，甚至没有参与权，从而使课程改革因实践主体边缘化而严重缺乏内在动力与机制。尽管在课程改革中，教师须通过

---

① 小威廉姆·E.多尔，诺尔·高夫.课程愿景 [M].张文军，等，译.北京：教育科学出版社，2004：58.
② 吉纳·E.霍尔，雪莱·M.霍德.实施变革：模式、原则与困境 [M].吴晓玲，译.杭州：浙江教育出版社，2004：9.
③ 尹弘飙，李子建.论课程改革中的教师改变 [J].教育研究，2007（3）.
④ 尹弘飙，李子建.论课程改革中的教师改变 [J].教育研究，2007（3）.

接受培训，了解、认同专家对诸如改革的背景、指导思想、意义与突破点的说明，掌握、熟知专家所制订或选择的改革方案、措施、方式方法、途径以及教材等，接受、服从专家对课程、教学等方面的管理，但这种"接受性"培训并不能解决教师在课程改革过程中所遇到的根本性问题。事实上，"接受性"培训只是将培训视为实施改革的必要条件，而不是教师职业发展的必要条件与途径。这种培训更多地关心教师是否接受与掌握了专家所传授的观念、方法与技术，不仅难以促进教师的专业发展，而且削弱了教师的职业自主权，从而造成教师的课程权力"虚无"，即作为教育者，教师没有研制、建构课程的权力，他们没有自己的课程。在课程实施过程中，他们也没有自主诠释、辩论课程的权利，他们没有自己的声音。于是，课程与教师之间便形成了指挥与服从、任务与执行的政治关系。

课程改革职业权利的缺乏，不仅使教师被置于被动的执行者地位，而且还经常成为被责备及承担改革失败风险的对象，并造成教师与专家之间的冲突与对立。"如果改革遇到问题，这都是实施方面的问题，决不是判断、计划或设计上的问题。"[1] 于是，这种"接受性"课程改革不仅造成作为课程实施主体的教师却不是改革主角的状况，而且在逻辑上对教师改革主体地位的否定，导致教师在主观上抵触甚至拒斥课程改革。"就教师界而言，与变革的要求存在着严重不一致的状况占到十分之九。"[2] "课程改革要求教师做出改变，但在课程实施中我们往往能够感受到来自教师的抵制。这种抵制可能是十分激进的，教师对改革表示出直接的断然拒绝；也可能是比较委婉的，教师以缺乏时间、精力和设施为由推托责任；在更多情况下，它还可能是一种阳奉阴违的消极抵抗，即教师表面上接受改革，但并不落实在行动中。"[3] 无疑，作为教师职业权利重要内容之一的课程改革自主权的缺乏，使教师不仅在认识上、情感上、态度上排斥课程改革，与课程改革的指导思想格格不入，而且在行动上、策略上、方法上也抵制课程改革，与课程改革的政策、方案背道而驰。他们甚至得出这样的结论："不要在改革上浪费时间，它很快会消失的。"[4] 从而造成课程改革中的"穿新鞋走老路"现象与倾向，致使课程改革只是得到有限的、支离破碎的执行，停留于表面化、形式化状

---

① 罗莎·玛丽亚·托雷斯. 从改革的代理人到变革的主体：拉丁美洲教育的十字路口 [J]. 龙治芳，译. 教育展望，2001（2）.

② 迈克尔·富兰. 教育变革新意义 [M]. 赵中建，陈霞，李敏，译. 北京：教育科学出版社，2005：122.

③ 尹弘飚，李子建. 论课程改革中的教师改变 [J]. 教育研究，2007（3）.

④ 吉纳·E. 霍尔，雪莱·M. 霍德. 实施变革：模式、原则与困境 [M]. 吴晓玲，译. 杭州：浙江教育出版社，2004：38.

态与水平。尽管在课程改革过程中，教师地位与角色的转变成为一种迫切的期待，然而这种期待更多地停留于课程实施方式方法层面的考虑。"中间人"的角色决定了教师只能依照专家总结好了的思想、设计好了的方案、编写好了的教材，行使由来已久的传道、授业、解惑的职责与使命，而传统的教师"教书先生"形象与定位也没有因为课程改革的进行而发生根本性的变化。无疑，教师对课程改革是否真正发生具有决定性作用，教师不改变，无论多么完美、理想的课程改革方案，都难以落到实处。

（三）职业能力的缺乏造成教师客观上不适应改革，致使课程改革形式上变化较多、实质性进步很小

在教育发展的历史与现实中，教育改革从来都是伴随着对教育与教师的批评而进行的。尤其是进入现代社会以来，随着各种社会问题的日益加剧、各种社会矛盾的不断恶化，人们纷纷将怀疑的目光与否定的声音投向教育与教师。对教育、教师的批评与责难之声不绝于耳，关于教育改革、教师角色转换的呼声连绵不断。教育似乎成了令人最不满意的事业，教师似乎成了令人最不满意的社会群体。

基于对教育及教师职业的不满与否定的社会现状，在现当代课程改革过程中，对教师的不信任几乎成为一种普遍现象。改革者作为主体被视为"知者"，教师作为"代理人"则被视为"无知者"。"知者无须学习或无须把自己的想法说出来与不知者协商、对话和与他们的思想加以比较。相反，无知者必须学习，改正自己的缺点，接受他人的指导。"① 而即便是接受了改革者的指导与培训，教师依然不被视为改革者，他们只是实施者。更为重要的是，他们所接受的指导与培训，并不是旨在使其成为改革者的专业化训练，更多的是关于在课程实施中他们必须"如何做"等方面指令的发布。显然，剥夺教师的课程改革的主体权利与地位，不仅使教师置身于改革之外，而且也很难使教师与课程改革同步发展，致使教师严重缺乏作为教师职业能力核心内容之一的课程改革能力、课程驾驭能力。教师关于课程改革的职业知识、能力的不足，是现当代课程改革的根本障碍，也是造成现当代课程改革"无效"状况的根本原因之一。"每一次课程变革的初衷几乎都是鼓舞人心的，但实践总是步履维艰，收效低微。"② 造成这种状况与局面的因素固然很多，而教师课程改革能力的缺乏是重要的原因之一。教师课程改革能力的缺

① 罗莎·玛丽亚·托雷斯. 从改革的代理人到变革的主体：拉丁美洲教育的十字路口 [J]. 龙治芳，译. 教育展望，2001 (2).
② 倪娟，沈健. 课程变革的一种推进策略：确立"可行变革区" [J]. 教育研究，2009 (7).

乏必然造成课程改革实施过程中的不到位、不符合、不完整的现象与问题。对此，有学者曾指出："大规模的项目倾向于采纳而忽视执行……几乎所有的都是如此，原先设想不错的课程，因为薄弱的执行而最终只带来了低效的结果。"① 在课程改革过程中，教师课程改革能力匮乏不仅表现在课程改革的信心、信念、经验与立场的缺乏，而且表现在课程改革的基本知识、能力、思维方式、方法与技巧的缺乏。他们不仅不能深刻地认识到课程改革的必要性、迫切性，而且在课程改革实践中茫然困惑、不知所措，只是盲目地甚至盲从地照搬照抄、照猫画虎，消极地、被动地、机械地执行课程改革方案，使课程改革陷入非自觉的、表浅化状态，并普遍呈现出形式主义、戏剧性现象。课程改革的关键在于课程实施过程中的变革。"如果我们不去仔细关注实践中的变革是否真正发生，我们就会冒'浮夸风'的危险。"② 事实上，课程改革并不是简单地将预定的、标准化的课程改革方案不折不扣地付诸实施的过程。改革者常常错误地认为"只要提供了（或下达命令）吸引人的或适应需要的变革方案，那么变革实施便是水到渠成的事情"③。教育过程的复杂性品质以及课程改革过程中的冲突性、不确定性因素，决定了课程改革的过程性、实践性、情境性特点。"那些预先设定变革应是什么样的并以排斥他人现实性的方式行事的领导者注定要失败的。"④ 显然，教师肩负着推动课程改革真正"发生"的艰巨使命。决定课程改革能否取得成功的关键因素在于是否拥有一支与改革的使命与精神相适应的教师队伍。"没有这样一支教学水平高、业务能力强和具有远大抱负的专业队伍，任何改革都不会长久。"⑤ 教育改革并不是外在于教育理论研究与实践的活动，而是教育理论研究与实践活动的重要内容。这就意味着教育改革的能力，尤其是课程改革与实施能力，是教师应具备的重要素质之一。教师是否具备教育改革、课程改革的素质与能力，是决定教育改革、课程改革成败的关键因素。对此，卢乃桂教授等人曾指出："教师决定学校教育改革的成败是不争的事实……离开教师的积极参与和专业素质的不断提高，任何教育改革都很难取得成功。可

① 倪娟，沈健. 课程变革的一种推进策略：确立"可行变革区" [J]. 教育研究，2009 (7).
② 迈克尔·富兰. 教育变革新意义 [M]. 赵中建，陈霞，李敏，译. 北京：教育科学出版社，2005：40.
③ 吉纳·E. 霍尔，雪莱·M. 霍德. 实施变革：模式、原则与困境 [M]. 吴晓玲，译. 杭州：浙江教育出版社，2004：130.
④ 迈克尔·富兰. 教育变革新意义 [M]. 赵中建，陈霞，李敏，译. 北京：教育科学出版社，2005：100.
⑤ 吕达，周满生. 当代外国教育改革著名文献：美国卷·第一册 [M]. 北京：人民教育出版社，2004：252.

以说，教师既是被批评的对象，也是教育改革的希望。"① 改革能力的缺乏，使教师只是停留于形式上的对课程改革政策、教材内容、教学形式等方面变化的把握，并且形成对专家的过度依赖状态，明显缺乏自主的、具体的、恰切的关于课程、教材、课堂、教学方法等方面问题的驾驭能力与处理能力。无疑，现当代课程改革因教师的不适应而难以落到实处，致使课程改革形式上变化较多，实质性的进步很小。

---

① 卢乃桂，王夫艳. 当代中国教师教育改革与教师专业身份之重建 [J]. 教育研究，2009（4）.

第五章

立场的转换：课程改革认识论基础的重建

    课程改革不仅是教育教学内容的调整，而且是关于教育的一种专业化的重建活动。因而，课程改革方法论探究不能只局限于内容的更新与丰富、技术性手段的提升与完善，更为重要的是认识论基础的时代性转换。无疑，课程改革的认识论立场具有明显的历史性、时代性品质与特点。不同时代，制约课程改革的基本要素均有不同的理解与定位。课程改革认识论立场的转换，关键在于明确诸如教育、课程、学习等制约课程改革核心要素的时代性内涵、价值、品质、功能等。

一、当代教育的不可"定义性"品质

    作为当代文化思想领域一种主流思潮，后现代主义在学术研究与社会实践中产生了广泛、深刻的影响。甚至人们在对后现代主义这一似乎十分深奥的学术术语还缺乏明确的意识和认识情况下，就已经表现出了明显的后现代式的思想、立场、思维与行为。而这种表现尤以教育理论研究与实践发展领域为最。正如有学者所言："后现代主义是当今时代精神状况的一种体现。后现代主义的许多观念也已经成为了这个时代的精神生活的一部分，渗透和影响到我们的思想和生活的方方面面，当然包括教育（实践和研究）领域。"① 无疑，与后现代主义思潮一样，后现代主义教育思潮也没有一个传统意义上的严密的科学思想体系，也没有关于教育的认识、理念、标准、逻辑与方法等方面严格一致的看法。作为后现代主义文化思潮的一部分，后现代

---

① 黄志成. 西方教育思想的轨迹——国际教育思潮纵览［M］. 上海：华东师范大学出版社，2008：475.

主义教育思潮主要是以批判、否定现代工具理性主义教育为主线，对作为现代主义教育逻辑基点与特征的本质主义教育立场及绝对客观性、同一性、普遍性、确定性教育理念予以解构和摧毁。受后现代主义教育思潮的影响，超越本质主义思维方式，已成为当代教育探究与实践发展的主题。而终结教育的本质主义思维、立场与路径，关键在于消解关于教育的"定义性"诠释、思维与定位，即对教育的各种规定性品质、逻辑与机制的解构，阐明当代教育的不可"定义性"逻辑与品质。

（一）当代教育的超越性逻辑与品质

"定义性"思维赋予了教育适应性逻辑与品质。教育起源于社会文化传承的需要，社会性原则一直是教育发展的首要依据与前提。而社会性原则无不指向社会适应性逻辑与品质，即立足于社会文化政治学视野与立场，赋予教育社会文化适应－维持、复演－传递、选择－加工的使命。在历史上，学校教育始终在遵循、追赶社会文化的理路嬗变过程中寻找、确定其宗旨与存在依据，使教育完全受制于现存的"法定文化"的规范与旨意，视其为"真理"，机械地、盲目地认同、接受及服务于社会"法定文化"。于是，世界各地的教育无不是作为社会政治、经济、文化的决定性产物而行使着使个体适应社会的职责，因而是滞后的。作为一种工具存在，它要言听计从，做好"分内"的事，而不能自作主张、多管"闲事"。教育如同奴婢，它从来没有决定权、自主权，它从来不归自己管。在现实中，世界各地的教育几乎都是在追赶现代化或科学化的过程中而实现了现代主义意义上的转换。昔日那种所谓"装饰性的""不务实的"教育已被彻底淘汰。教育越来越现实了，越来越实用了。它不允许编织任何与政治和经济无关的、看不见摸不着的所谓乌托邦式的梦想。显然，社会适应性逻辑与品质将教育完全置于消极、被动的客体化与附庸性地位，使教育严格遵循"世俗主义"信条、"工具主义"立场、"模塑主义"机理，从而造成教育在目的、内容、方式、结果等各个方面的异化现象，使教育有力量却没有魅力、有效益却没有底蕴、有地位却没有尊严。尽管在有史以来的教育理论探究中，许多教育工作者曾不厌其烦地大谈、特谈"主体性教育"，呼吁培养学生的主体性，培养学生丰富的个性、健全的人格以及合作、平等、民主、自由与负责的意识、精神与境界等，但奢望通过这种唯名唯利与亦步亦趋的工具化教育、社会适应性教育去培养主体或主体性、个性等，显然是纸上谈兵、滑稽可笑的事情。

鲁洁先生认为："人是一种超越性的存在。他总是在超越现存的生活、超越现实的规定性中存在着的，超越是人的存在方式，也惟有人是以这样的方式存在的。"① 无疑，人的超越性存在既是教育的依据与逻辑，也是教育的期待与目标。现代教育无论是在指导思想上，还是在体制、方法上均放弃了将人培养成超越性的存在，将学生紧紧地捆绑在"应试教育""升学教育"等教育体制与行为中，强调和强迫学生接受、适应种种不合理的生存立场、方式与状态。这种适应性教育所坚持的基本信条是：只有那些"适应者"才被认可、认定为"成功者"，而不适应者即为"失败者"。对此，鲁洁先生将这种适应性教育称为病态适应的教育，并将其视为现代教育的悲剧所在。显然，这种病态的适应教育使人丧失了对现实的批判、反思与重构、创造的意识、精神及能力。而更为糟糕的是这种病态的适应教育还使人丧失了对目的与价值的追问与追求，甚至这种适应性还常常被赋予理性的理由与面孔。二战期间，以奥斯维辛为代表的纳粹集中营屠杀了几百万无辜的平民百姓。这一残酷的事实与现代性的技术－效率观念密不可分。集中营的特点便是依据这种理性及技术路线组织屠杀。党卫队所关心的不是为什么要杀人，而是怎样快速杀人，提高"生产"效率。因而，"对集中营的'工作'人员而言，是屠犹还是生产冰箱没有根本差别，都是需要全力以赴认真完成的"②。于是，屠杀变成了"流水线式生产"，屠杀者变成了"生产工人"。他们心安理得，并无罪恶与不安的感觉。他们有他们的道德，而且党卫队还被认为是"党的最正派的一个组织"。"他们都有妻室儿女，有正常人的生活，下班回家照样是称职的丈夫和慈爱的父亲，照样聆听舒伯特的小夜曲，并且在每天屠杀过后还俨然自以为忠于法律，是循规蹈矩的体面公民，从未想到会因此而偏离个人道德。"③ 这就是集中营里的"理性"——不问目的的工具理性。它使人只对手段负责，群体的罪恶目的与个人的品质、个人的修养无关。显然，畸形的工具理性文化疯狂地吞噬人的良知，使人堕落到一种新的野蛮状态，却使人全然不知。同样，在二战期间，"尽管广岛事件造成了巨大的摧毁性后果，但其真正的危害还在于人们是用理性（好的）的理由来决定实施这一爆炸事件。手段与目的被截然分开，也就是说为了达到一个好的目的（结束战争），就可以不择手段（大规模地杀戮）。正如一位将军所宣称的，'为了生存就有必要进行毁灭'。'逻辑理性'显然在这里已经走向疯狂"④。

教育，尤其是今日教育，理所应当地要培养学生的主体性、自主性及自

---

① 鲁洁. 超越性的存在——兼析病态适应的教育 [J]. 华东师范大学学报：教育科学版, 2007 (12).
② 单世联. 反抗现代性：从德国到中国 [M]. 广州：广东教育出版社, 1998：82.
③ 单世联. 反抗现代性：从德国到中国 [M]. 广州：广东教育出版社, 1998：86.
④ 小威廉·多尔. 杜威的智慧 [J]. 余洁, 译. 全球教育展望, 2001 (1).

觉、自律、自为的意识与精神；它无疑要关注学生的理性、个性及人格的发展；它更要培养学生的民主、平等、合作及负责的精神与境界，关注人之为人及人生的终极依据与意义所在。但所有这些，无不是建立在教育逻辑与立场重新定位的基础上的。没有主体性、没有自主意识与精神的教育，没有超越、超验境界的教育，是没有资格、没有能力承担那么崇高而神圣的使命的。无疑，社会适应性绝不是教育尤其不是当代教育的应然逻辑与品质。对此，贝塔朗菲曾指出："如果人类的生命在于适应，那它永远不比变形虫进步，因为变形虫是世界上适应性最好的东西，它从原始海洋到今天已经存活了几十亿年，如果教育只是适应环境，那么，教育和培养目标就是'变形虫'了。"① 因而，超越由来已久的、僵化的社会适应性逻辑与立场，已成为当代教育探究的主旋律。联合国教科文组织国际教育发展委员会在《学会生存——教育世界的今天和明天》的报告中指出："很久以来，教育的任务就是为一种刻板的职能、固定的情境、一时的生存、一种特殊行业或特定的职位作好准备。教育灌输着属于古旧范畴的传统知识。这种见解至今仍然十分流行。然而，那种想在早年时期一劳永逸地获得一套终身有用的知识或技术的想法已经过时了。传统教育的这个根本准则正在崩溃。现在不是已经到了寻找完全不同的教育体系的时候了吗？"② 而重建教育体系的首要前提与基础就是要消解根深蒂固的适应性逻辑与品质，赋予教育超越性的逻辑与品质。"教育是指向未来的。从这个意义上讲，教育的任何组成部分都具有超越现实的本性。"③ 显然，超越性是当代教育应遵循的基本逻辑之一，应具备的基本品质之一。超越性逻辑与品质要求教育从机械地复制、维持社会现状转向积极主动地创造、生成崭新的社会形态。这是当代教育社会性原则的基本内涵与立场。"教育也许是历史和社会的产物，但它并不是历史和社会的消极产物。教育是形成未来的一个主要因素，在目前尤其如此。"④ 因而，教育必须摒弃本质主义、结构功能主义、行为主义外塑论的立场、原则与方法，使教育过程从对"确定性"知识的被动地传递转向积极主动地探究，使人从对外在社会环境的机械适应状态中解放出来，为"一个尚未存在的社会

---

① 陈元晖. "一般系统论"与教育学 [J]. 教育研究，1990（3）.

② 联合国教科文组织国际教育发展委员会. 学会生存——教育世界的今天和明天 [M]. 华东师范大学比较教育研究所，译，北京：教育科学出版社，1996：98.

③ 鲁洁. 超越与创新 [M]. 北京：人民教育出版社，2001：258.

④ 联合国教科文组织国际教育发展委员会. 学会生存——教育世界的今天和明天 [M]. 华东师范大学比较教育研究所，译，北京：教育科学出版社，1996：137.

培养着新人"①。

（二）当代教育的建构性逻辑与品质

"定义性"思维赋予了教育塑造性逻辑与品质。学校被视为工厂，教师被视为工匠，学生被视为机械"加工"的材料。教育活动以工程学原理为基础，力图使教育运作工艺化、流程化，从而实现精确的教育"加工"与"生产"，并通过标准化考试检测教育"加工"的效率与质量。"培养人"的教育逻辑被"制造人"的加工逻辑所取代。在具体的教育过程中，塑造性逻辑的根本性问题在于将教育的对象只看作抽象的人而不是具体的人。然而，一个任何人都难以否定的事实是："每一个学习者的确是一个非常具体的人。"② 但塑造性教育不仅否定人的具体性存在，而且也否定、排斥对具体人的培养。"大多数的教育体系，无论在它的机制方面还是在它的精神方面，都不把个人看作具有特性的人。一个权力集中的官僚行政机构不可避免地会把人当作物品。如果我们不改革教育管理，不改革教育程序并使教育活动个别化，我们就既无法履行、也不能取得具体人的职责。这种具体的人是生气勃勃的，有他个性的各个方面，有他自己的各种需要。"③ 显然，以否定学生作为具体人存在的学校教育无论具有多么悠久的历史，都难以在逻辑上拥有充分的、可辩护的依据。对此，有学者指出："自然界用尽所有的心力，尽可能使我们的一群孩子秉性各异，自然界不遗余力地把无限的可能性隐藏其中，没有人能够确定或预言这些可能性。但有时我们做父母（教师）的，在对孩子教育的过程中，却要根除这种多样性，把我们的一群未来是多样的孩子变成性格一律的集体……在这种企图中，能够取得明显进步的唯一方法是消除、阻碍、防止个体特殊的以及与众不同的个性发展。"④ 这种完全按照已定的规范与标准试图把受教育者塑造、加工成"标准件"的企图，无疑有悖于人的根本性的存在方式与逻辑。塑造性逻辑严重扭曲了教育的品质与宗旨，而回归培养人的使命必须使教育立足于人的存在与成长逻辑。

人的品性与本质并不是与生俱来的，它的形成需要一个长期的生成过程。高清海先生认为，人之所以成为人，"就是因为人没有完全顺从大自然

---

① 联合国教科文组织国际教育发展委员会. 学会生存——教育世界的今天和明天 [M]. 华东师范大学比较教育研究所，译，北京：教育科学出版社，1996：36.

② 联合国教科文组织国际教育发展委员会. 学会生存——教育世界的今天和明天 [M]. 华东师范大学比较教育研究所，译，北京：教育科学出版社，1996：195.

③ 联合国教科文组织国际教育发展委员会. 学会生存——教育世界的今天和明天 [M]. 华东师范大学比较教育研究所，译，北京：教育科学出版社，1996：196.

④ 王啸. 全球化与中国教育 [M]. 成都：四川人民出版社，2002：247.

对人的安排，人又从来不安于既有的生存现状，始终对未来怀着憧憬期望，因而总是在那里追寻自己的'家园'。这种超越现实、追求理想的精神也是人的本性，而且应该说还是人之为人、人之区别于动物更为根本的规定"①。也就是说，人不同于动物，动物的本质是获得性的，人的本质是生成性的。动物一出生就获得了其本质，不需要二次生成。而人却不同。人的本质不是遗传因素自然发展的产物，而是在后天的实践活动过程中创造性发展的结果。动物后天不需要"动物化"的形成过程，人却必须经过后天的人化提升过程。动物一出生就是其所是，人一出生却不是其所是，而且在人的一生中，他的形成并没有一个明确的完成期限，也没有一个非常精确的具体标准。"人永远不会变成一个成人，他的生存是一个无止境的完善过程和学习过程。人和其他生物的不同点主要就是由于他的未完成性。"② 人的存在从来就不是完成时的，而且也永远不会结束。人的一生都处在不断的生成过程中，没有一个一劳永逸的终极状态。他要不断地否定、超越自己，从而达到更新、更高、更完美的境界。"做人就意味着在旅途中。"③ 这就意味着，人不是被动的、消极的、接受性的、塑造性的存在，人是在创造性、创意性、自由性活动中不断生成、完善他自己的。创造性、创意性、自由性的缺乏，是教育内涵性缺失与机能失调的症结所在与根本表现。因而，摆脱、超越塑造性逻辑与品质，遵循创造性、创意性、自由性的逻辑与品质，是当代教育应坚持的基本原则与立场。鲁洁先生曾指出："教育虽然存在一种外部施加影响的过程，但是其主题却应是促进、改善受教育者主体自我建构、自我改建的实践活动的过程。"④ 据此，鲁洁先生提出了这样一种教育学结论："教育：人之自我建构的实践活动。"⑤ 显然，建构性是当代教育应遵循的基本逻辑之一，应具备的基本品质之一。建构性逻辑与品质要求当代教育要使人不断地从既定的状态中解放出来，超越各种给定品性，不断创造出新的人性内涵、价值与意义，使教育过程成为人的一种自觉、自为、自我创造的过程，使人不断地生成其所是、提升其所是、完善其所是。

（三）当代教育的内在性逻辑与品质

"定义性"思维赋予了教育工具性逻辑与品质。基于社会事实判断与实

---

① 贺来. 现实生活世界——乌托邦精神的真实根基 [M]. 长春：吉林教育出版社，1998：序言.
② 联合国教科文组织国际教育发展委员会. 学会生存——教育世界的今天和明天 [M]. 华东师范大学比较教育研究所，译. 北京：教育科学出版社，1996：196.
③ 赫舍尔. 人是谁 [M]. 隗仁莲，译. 贵阳：贵州人民出版社，1994：38.
④ 鲁洁. 教育：人之自我建构的实践活动 [J]. 教育研究，1998（9）.
⑤ 鲁洁. 教育：人之自我建构的实践活动 [J]. 教育研究，1998（9）.

然标准，工具性教育遵循符合与有用的实用主义原则及立场，使教育更多地充当追逐身份、地位与利益的手段。对此，弗洛姆指出："教育，从初等教育到高等教育，都已经达到了顶峰。然而，人们受到的教育愈多，就愈缺乏理性，缺乏判断力，缺乏信念。充其量也不过是他们的智力得到了提高。但是，他们的理性——即他们透过事物的表面去了解个人和社会生活中的本质力量的能力，却越来越枯竭。"① 的确，教育在当代世界各国都受到高度重视，教育发展的规模与速度也达到了历史上从未有过的水平。不过，它似乎已不怎么关注弗洛姆所说的"理性"了，它也不再把"信念"放在极其重要的位置上了。它关注的只是"力量"与"效益"。诗人艾略特曾一针见血地指出："个人要求更多的教育，不是为了智慧，而是为了维持下去，国家要求更多的教育，是为了要胜过其他国家，一个阶层要求更多的教育，是为了要胜过其他阶层……要不是教育意味着更多的金钱，或更大的支配人的权力或更高的社会地位，或至少一份稳当而体面的工作，那么费心获得教育的人便会寥寥无几了。"② 对于教育的这种工具主义逻辑与功利主义立场，池田大作不无感慨地说："在现代技术文明的社会中，不能不令人感到教育已成了实利的下贱侍女，成了追逐欲望的工具。"③ 而"下贱""侍女""工具"则充分表明教育自身尊严的丧失与逻辑的扭曲，而更为重要的是，本来用于培养、捍卫人的尊严的教育，因其尊严的丧失与逻辑的扭曲而必然导致人的尊严的丧失与人的堕落。对此，池田大作认为："现代教育陷入了功利主义，这是可悲的事情。这种风气带来了两个弊端，一个是学问成了政治和经济的工具，失掉了本来应有的主动性，因而也失掉了尊严性。另一个是认为唯有实利的知识和技术才有价值，所以做这种学问的人都成了知识和技术的奴隶。"④ 显然，工具主义逻辑与功利主义立场，不仅使教育扮演着极不光彩的角色，而且使社会因缺乏内驱力的拉动、高尚的"轴心思想"导向、批判与反思性的文化氛围及机制而走向倒退、陷入困境。而超越工具主义逻辑与功利主义立场，必须使教育立足于其内在的逻辑与价值向度。

教育无疑要使学生增长知识、才能，但"倘脱离了道德和人文关怀，知

① 弗洛姆. 人的呼唤 [M]. 王泽应，刘莉，雷希，译. 上海：上海三联书店，1991：88.

② 金生鈜. 理解与教育——走向哲学解释学的教育哲学导论 [M]. 北京：教育科学出版社，1997：25.

③ A. J. 汤因比，池田大作. 展望二十一世纪——汤因比与池田大作对话录 [M]. 荀春生，等，译. 北京：国际文化出版公司，1985：60.

④ A. J. 汤因比，池田大作. 展望二十一世纪——汤因比与池田大作对话录 [M]. 荀春生，等，译. 北京：国际文化出版公司，1985：61.

识可能成为毁灭世界的力量。这是人类社会当前面临的紧迫问题"①。因而，学生知识、才能的增长，必须以其更高层次的、内在的、自主的精神品质的健康发展为基础、依据与目的。否则，只是使学生掌握那些僵化的教条及满足那些低级的、本能性欲望的常识或技能，教育便背离了它的根本性的旨意。在教育发展史上，教育主要是作为社会的工具而存在的，它几乎没有自己的世界，它必须毫不怀疑地反映、维护它所在的社会的要求及观念。显然，这种工具化的教育只是使学生适应现存的社会。适应必然以束缚为其先决条件，而束缚则必然走向教育本意的反面。当代教育所暴露出的种种肤浅的动机、价值取向与品质及其所面临的种种难以摆脱的危机，都是其工具化的角色与品质使然。如果说，在早期封闭化的农业社会里，教育的工具化角色与使命还有一定"辩护性"的话，而在今天这样的一个开放化时代里，迫切要求人类社会的每一名成员都能同心协力，共同面对、解决社会的持续发展、和平与民主、核战危机以及环境、生态等全球性问题，对此，教育如果依然盲目、盲从、愚昧地行使压抑、束缚、教化性的职责，那么，它必然堕落为社会发展的一种阻力与障碍，必然因其负面影响远远超出它的"正向"功能而不具备充分的、可辩护的存在理由与依据。作为培养人的实践活动，教育的内在逻辑、价值与依据取决于对人的质的规定性的理解。高清海先生曾指出："人虽来自动物，却与动物有重大分别……对于动物来说，并不存在'为动物之道'的问题，而作为人，却必须讲求'做人之道'。"② 而"做人之道"主要是指人是作为精神性的存在，即人与动物的根本区别在于文化精神，失去了文化精神，虽然对生命的维持并无影响，却失去了人的生活，沦落为动物的生存。对此，高清海先生指出："精神文化的变革则是一个社会最深层的变革。一种制度变了，我们可以说社会变了；一种精神变了，我们则该说人心变了；人心变了，则意味着人变了。这个世界上还有什么比人的转变更令人激动的呢？"③ 而作为培养人的活动，教育的根本旨意与立论依据就在于使人懂得"为人之道"。人的存在与发展、人的内涵与依据便构成了教育的内在逻辑与品质的根本性依据，离开人，再发达、再繁荣、再重要的教育，都因其失去了根本而如同大厦建于沙滩，是虚幻的、危险的。可以说，当代教育一步步地走向实用主义"科学化"道路的同时，便逐渐丧失了内在的品质与逻辑。也就是说，教育虽"科学"了，但却没了自我。以至于

---

① 小威廉·多尔. 杜威的智慧 [J]. 余洁，译. 全球教育展望，2011 (1).
② 高清海. 高清海哲学文存：哲学的奥秘 [M]. 长春：吉林人民出版社，1997：4.
③ 邴正. 当代人与文化——人类自我意识与文化批判 [M]. 长春：吉林教育出版社，1998：序言.

在当代教育领域，外在多余的东西越来越多，而内在必需的东西却越来越少；它越来越"繁荣"，却越来越平面化；它越来越大众化，却越来越商业化、庸俗化。它只勾起、满足人们肤浅的名与利方面的需求，不再令人神往、肃然起敬；它只给人以力量与财富，却难以赋予人精神上的寄托，难以让人灵魂得以安顿。为此，鲁洁先生指出："教育面对的是人，教育的世界是人的世界，为此，任何教育理论……都必然要建立在某种人性假设的基础上。"① 她认为，教育的目的有两种：一种是"有限的目的"，即指向谋生的外在目的；另一种是更为重要的"无限的目的"，即指向人的自我创造、自我发展、自我实现的内在目的。当代教育着力于教会人的是"何以为生"的知识与本领。它抛弃了塑造人自由心灵的那把神圣的尺度，把一切教育的无限目的都化解为谋取生存的有限目的。教育的这种"外在化"的弊病，造成了人只求手段与工具的合理性，而无目的合理性；只有现实的打算与计较而缺乏人生的追求与彻悟，失去了生活的理想与意义。这便意味着，教育是培养人的这一毋庸置疑的命题并未带来名副其实的效果。外在化的、工具性的教育实质上并未真正地培养人，甚至从根本上说是压抑人、异化人。无疑，"外在化"是教育异化的根本表现。人源于教育，人生成于教育，人提升于教育。教育最根本的逻辑、使命与依据就在于"成人"，漠视"成人"的逻辑与旨趣，教育便走向其自身的悖论。教育是一种强烈的价值导向活动，教育永远与精神的启蒙、心灵的陶冶密切相连。任何压抑人性、个性、主动性的活动都与教育活动格格不入，在教育的意义上不具备辩护性。内在性是当代教育应遵循的基本逻辑之一，应具备的基本品质之一。教育的内在逻辑与品质就在于使教育摆脱、超越功利主义的立场与品质，关注人生的内在价值与意义，使人超越其生物性存在，从现实的物质利益及功利主义价值观的束缚中解放出来，从工具化的存在状态中解放出来，使人懂得"为人之道"，发展其区别于动物的根本特征与品质。

二、当代课程的生成性品质与自律途径

受制于本质主义的知识逻辑，以及结构功能主义、行为主义的立场与方法，课程探究与决策无不遵循"课程作为知识传承工具"的命题。多年来，尽管课程理论探究过程中异说纷呈、令人眼花缭乱，尽管课程发展实践中左改右革、摇摆不定，但"课程作为知识传承工具"的逻辑从未遇到颠覆性的

───────────────

① 鲁洁. 实然与应然两重性：教育学的一种人性假设［J］. 华东师范大学学报：教育科学版，1998（4）.

理论突破与革命性的改革实践。如今，伴随着后现代文化批判思潮与后现代教育思潮的兴起，"课程作为知识传承工具"这个似乎是天经地义的"常识性"命题，面临着严峻的历史性挑战。消解与超越"课程作为知识传承工具"这一"支点性"命题成为当代课程论探究与改革实践的主旋律。传统的课程逻辑与立场、功能与使命、内容与存在方式遭遇了有史以来最强烈的批判和否定。著名科幻作家伊萨克·阿西莫夫曾说："21 世纪可能是创造的伟大时代。那时机器将最终取代人去完成所有单调的任务。电子计算机将保障世界的运转。而人类则最终得以自由地做非他莫属的事情——创造。"① 而作为一种与现代主义课程观告别、决裂的思维方式，后现代课程观认同的是差异性、相对性、不确定性，倡导多元、创造与自由，从而不仅使课程探究突破了只认同而不求异、只掌握而不生成的本质主义思维方式，而且使培养学生独立的、批判的、探究的思维能力成为课程改革实践的立足点。于是，改革传统专制化的"传递中心"课程与教学模式，建构能充分激发学生兴趣的、能使教师与学生广泛参与的以及具有生成性、民主性与协商性品质的课程资源平台与课堂教学模式，成为当代课程理论探究与改革实践的主旋律。

（一）课程的生成性逻辑

后现代课程观是建立在对现代主义重效率、重控制原则及意识形态属性的课程理论和实践批判与解构基础上的，认为这种课程理论与实践不仅造成了学校课程封闭化、决定论、僵化的品质及运作机制，而且漠视知识的生成性品质及学生个体的实践经验，使学生循规蹈矩，严重缺乏反思性、批判性、创造性意识与能力，并因此丧失了自主性及主体意识。在多尔教授看来，现代主义课程逻辑是以牛顿式的传统科学认知方式为基础的，以简单、稳定、永恒为特征。这种课程逻辑强调预设明确目标，选择客观的、永恒的、真理性的文化知识，并注重"产出式"的评价标准，遵循一种线性的、"工厂式"程序。在这种课程观中，文化、知识都是作为一种固定不变的、必须被认同与掌握的东西而存在的。在这种课程观驱使下，"考试几乎普遍地用作区分点而非对话的起点"②。课程内容则具有高度的一致性、规范化、标准化特点，课程目标与评价标准都取决于对这种既定的、规范化社会文化的传递效率。无疑，这种课程观从逻辑上否定个体的自我意识、自由意志及其创造性能力，其实质在于社会操纵与控制。对此，课程论专家派纳认为，

① S. 拉塞克，G. 维迪努. 从现在到 2000 年教育内容发展的全球展望 [M]. 马胜利，等，译. 北京：教育科学出版社，1992：43.

② 单丁. 课程流派研究 [M]. 济南：山东教育出版社，1998：372.

当今学校教育的失败便缘起于这种课程文化观对学生自我意识的压抑，使其形成种种病态人格：幻想或避缩、过度依赖或听任权威、完全受制于别人的认定或否定、无法形成健全的人际关系、自我疏离、创造力枯竭、审美及敏感性的萎缩等。[①] 显然，这种课程观不仅难以帮助学生自觉地批判、抵制专制化与意识形态化的社会文化对学生个体自我意识的压抑，而且也难以培养学生的批判精神、创造精神及能力。据此，后现代主义课程观立足于生成性思维的逻辑与立场，赋予学校课程生成性的品质、使命与运行机制。

后现代主义者强烈反对传统的课程"有计划性""有意图性"的限定，认为课程是一种文化发展与创造的过程，而不是所谓客观的文化知识的载体。它不是终极真理，而是师生共同参与的探究活动中意义、精神、经验、观念、能力的生成过程；它不是固定不变的，而是动态的、发展变化的，从而打破了课程对社会文化知识只认同、辩护而不超越、批判的传统与逻辑。对此，多尔曾明确表示，后现代课程是生成的，而非预先界定的。[②] 派纳认为，课程提供的是一种学习者能亲身体验的文化经验，而不是事先预设好了的、统一的、普适的、结论性的知识，是学生在其周围的生活世界中所感、所思的具体的经验。据此，他强调课程应通过个体对"生活经验"的解释，使其领悟人生的"真谛"，并从政治、经济及心理的压抑和束缚中解放出来。麦克唐纳德认为课程并不在于提供成套的客观知识，而是在教师指导下学生积极参与的批判性的、有意义的认知活动，主张课程设计应关注人的需要、兴趣、过去的经验和能力，应允许人与人之间最大可能的差异性的存在，应彰显出个人日常生活的意义等。[③] 格林认为，课程提供的学习经验，不是只在使学生"能"胜任某种工作"能力"的培养，最重要的是培养学生自由表现、诠释和反映自己生活经验的能力，使他们能透过公共领域来建造有意义的文化世界。[④] 显然，后现代课程是开放的、有机的、个性化的，没有固定的或不可逾越的公共框架与结论，从而使课程呈现出明显的不确定性、个体性、建构性的品质、逻辑与特点。

在后现代主义者看来，个体不仅是意义的解释者，而且是知识、文化的创造者。过去的经验与现在的观念只能是一个人不断生成的基础性、促动性要素，却不能成为塑造一个人的模具。课程的主要任务是唤醒、培养学生个体的自我意识、社会批判意识、文化创新精神与能力，以促进其个性解放与

---

① 陈伯璋. 潜在课程研究 [M]. 台北：五南图书出版公司，1985：171－172.
② 单丁. 课程流派研究 [M]. 济南：山东教育出版社，1998：373.
③ 陈伯璋. 潜在课程研究 [M]. 台北：五南图书出版公司，1985：229.
④ 陈伯璋. 课程研究与教育改革 [M]. 台北：师大书苑有限公司，1987：38－39.

创造性意识及能力的发展，使其自主地诠释、创造有意义的文化世界，而不仅仅是客观化知识的传递及"社会大团体意识"的培养。为此，后现代主义思潮猛烈抨击将课程视为"知识承传工具"的命题以及社会本位主义、工具理性主义课程观，率先打破由来已久的社会适应论课程逻辑，提出了社会改造、建构的课程立场及建构主义的课程论。其根本性变化在于课程的知识承传逻辑被课程的知识建构逻辑所取代，使课程与社会、知识的关系以及课程的认识论原则发生了历史性转变。

关于课程与社会的关系，后现代主义者认为，社会是由一个个个人创造的，个人为了获得充分的发展，就必须对所面对的社会积极主动地进行改造，而不能消极地适应。教育的主要目的和功能在于推动社会的变化，重建社会秩序，而不是使学生实现适应性的社会化。他们要求教育不仅要使学生深刻地认识到重建社会秩序与文化的深刻意义，而且要使学生采取积极主动的态度与行动对社会进行改造，培养他们改造社会的意识、精神与能力。为了实现这个目的，他们赋予了学校课程建构性品质、逻辑、功能、使命与方法。在他们看来，将课程定位为"知识承传工具"的命题，只能使学生适应过去，却不关心变化与改造，不仅不能促进社会的进步，而且还会阻碍社会的变革。因而，学校课程必须面向未来而不是过去，走出消极的适应论的传统与误区。课程理论探究与实践发展的历史表明，课程有两种可供选择的方式，其一是反映知识、信仰和社会价值，其二是设法去改变它们。当学校只是反映社会时，它就是一面镜子，单纯地反映一种形象。如果学校能够进行社会性的改造，它就不是单纯地反映现实，而是能动地去尝试解决问题。①显然，后现代主义极力反对那种镜式反映社会文化的学校课程，要求学校课程对现实社会进行批判性检视与建构，从而促使学校课程转变只适应社会而不改造、建构社会的立场。

关于课程与知识的关系，后现代主义者认为，知识是在不同的时空条件下、在不同的旨趣引导下形成的，而且知识的产生、形成也是对某种利益的选择过程，知识作为文化资本的一部分与所有其他资本一样，具有明显的意识形态品质。绝对客观的、价值中立的真理性知识是不存在的。学校课程对知识的传递，从指导思想的确定到内容的选择与组织，都是一种政治性行为，其出发点与目的不过是使统治阶级的文化在学校课程中合法化、合理化，成为一种统治、控制的手段及复制、再造社会阶层和阶级结构的途径。课程重建的关键在于消解这种意识形态化的课程理论与实践，建构一种能够

---

① A. C. 奥恩斯坦. 美国教育学基础 [M]. 刘付忱，译. 北京：人民教育出版社，1984：59.

启发、培养学生主体意识、社会批判意识，使学生摆脱统治阶级意识形态束缚的学校课程。在他们看来，课程虽传递文化知识，但却不是被动地、消极地复制文化知识，而是主动地、积极地通过修正、改造的方式而促进文化知识的更新。也就是说，课程除了对文化知识的承传外，还包括对文化知识的改造与建构。对此，派纳严厉批评传统课程预定性、系统性、给定性的品质与逻辑，认为课程是个体对文化意义和价值的主动追问与建构的过程。格鲁美特认为："课程传递文化，同时又被文化所形成；课程又修正文化，甚至在传递文化的过程中修正文化。"①　为了使个体摆脱社会文化的束缚、控制、压抑与角色分配，后现代主义者主张，必须揭露统治阶级所控制的意识形态对学校课程的影响及制约作用，澄清学校课程所承传的文化知识的意识形态属性，培养和发展学生的社会正义行为与精神，以及对社会文化中不合理、不公正因素的批判意识和对错误观念的敏感性，以营造一个平等、民主、公正的社会文化氛围，从而使课程由对社会文化知识的消极复制转为积极改造与重建，以实现课程的文化使命的转换。

后现代主义课程理论的形成始于牛顿式的科学认知方式及知识观的转换。后现代主义课程理论倡议者认为，科学－实证主义认知范式坚持客观的、永恒不变的真理观，强调封闭系统和线性关系，但现实世界并不是处于封闭的、完成性状态，而是处于开放的、形成性状态，稳定、平衡是暂时的，而变化、重构却是经常性的，而且，封闭系统拥有严格的控制程序与运行机制，缺乏"自组织"机制，因而必然走向保守、退化与僵化。而开放系统的"自组织"机制使其具有自我调整的诱因与动力，从而不断地由无序状态转向更高层次的、更具有适应性的有序状态。依据这种"自组织"理论，后现代主义课程理论倡议者强调，那种封闭的、永恒的、稳定的课程运行机制或认知范式不符合教育的逻辑与特性。课程的运行过程是一种开放性的形成过程，它不断地进行平衡—不平衡—平衡的"自组织"调整。这样，后现代课程观确立了一种建构性、探究性的认知范式。这种认知范式赋予了每个人建构与探究的权利，从而将教师从"真理"拥有者的"圣坛"上拉了下来，由"布道者""控制者""代圣人传言者"转为组织者、探究者，与学生具有平等的地位。对此，多尔曾说："在教师与学生之间的反思性关系之中，教师并不要求学生接受教师的权威，恰恰相反，教师要求学生保持对这种权威的怀疑，并要求学生与教师一道去探究学生正在体验的内容。"②　据此，在课程实施过程中，教师不再具有绝对权威，学生也不再是被动的知识

---

① 单丁. 课程流派研究［M］. 济南：山东教育出版社，1998：282.
② 单丁. 课程流派研究［M］. 济南：山东教育出版社，1998：368.

"贮存器"。他们是通过平等对话、交流与协商的方式，共同营造一种探究式的教育过程与氛围。教师不再被允许单纯地向学生发号施令，灌输那些固定的、教条的道德条文或所谓科学、实用的知识，他要承担起建立"自组织"的教育过程与机制的重任，从而使课程实施从"输入－产出"式的认同式学习转向创造式的、探究式的学习，实现课程实施机制的转换。正如多尔所言："我发现最能把后现代范式与现代范式区分开来的特征是自组织，这个特征对课程也有最大的应用价值。"① 而"自组织"的观念与机制不仅意味着而且促使教育过程中的所有参与者都成为课程的创造者与研制者。显然，在后现代主义课程理论中，生成、创造被视为核心旨趣、原则与立场，与传统主义、现代主义课程理论将传承、掌握作为课程核心目标及准则形成了鲜明对照。

作为几十年来文化批判与反思运动在教育探究领域里所取得的丰硕成果——后现代主义课程理论及其所倡导的鲜明的、具有里程碑意义的生成性课程逻辑，在敲响了现代主义课程观丧钟的同时，也叩开了 21 世纪教育之门。显然，这种生成性课程逻辑标志着课程探究领域学术范式的革命，也预示着当代课程实践改革与发展的趋势。

（二）自主权原理与对话中心课程

消解、超越本质主义的"课程作为知识传承工具"的逻辑、旨趣与立场，赋予课程的生成性逻辑与品质，关键在于实现由专制性的、封闭化的课程范式转向民主的、协商的课程范式。而民主与协商的关键在于赋权。没有自主权的协商是不存在的。在课程学者库克看来，协商的关键在于自主权原理，即人们倾向于对那些自己希望得到的东西尽最大的努力，或者努力保持和维护自己已经拥有的东西。② 课程是学校教育的最重要媒介与手段。教育平台的重新建构，意味着课程范式的重建。而教育平台重构与课程范式重建的前提是使学生真正成为学习的主体。"未来的学校必须把教育的对象变成自己教育自己的主体。受教育的人必须成为教育他自己的人；别人的教育必须成为这个人自己的教育。"③ 命令式、专制化课程范式必然造成权威性、专断式的师生关系。"日益增多的知识与传统，几千年来都是从教师传给学生

---

① 单丁. 课程流派研究 [M]. 济南：山东教育出版社，1998：369.

② G. Boomer, N. Lester, et al. Negotiating the Curriculum: Educating for the 21st Century [M]. London: The Falmer Press, 1992: 15.

③ 联合国教科文组织国际教育发展委员会. 学会生存——教育世界的今天和明天 [M]. 华东师范大学比较教育研究所，译，北京：教育科学出版社，1996：200.

的，随着这种情况便产生了严格的、权威性的、学院式的纪律，反映着社会本身就是建立在严格的权威原则之上的。这就树立了具有权威性的师生关系的典型，而这种典型仍在全世界大多数学校里流行着。"① 无疑，历史上，对课程、教师、学生的定位，主要是建立在一种法理化的文化政治学基础上的，课堂已普遍地成为失去自由的地方，教师、学生对于课程没有任何自主选择的余地。一方面，这种文化政治学基础决定了课程完全受制于现存的"法定文化"的规范与旨意，视其为"真理"，机械地、盲目地甚至麻木地认同、接受及服务于这种法定文化。显然，"这种学院模式已经过时和陈旧了。它顽固地维持着前几代人的怪癖。它过分地依赖理论和记忆。它给予传统的、书面的和复述的表达方式以特殊的地位，损害了口语的表达、自发精神和创造性的研究"②。另一方面，这种文化政治学基础决定了教师的课程"传声筒"角色以及学生的课程"受体"地位和"产品"角色。在课程面前，教师只具有原样传递的职责，学生只有无条件接受的义务，却无反思、批判、创新的权利、义务、意识与能力。于是，课程成了社会现实主流文化的"傀儡"，教师和学生成了课程的"傀儡"。日本学者佐藤学在全面、深刻地解构与批判传统的"传递中心"课程后，明确提出了课程与教师的后现代转换与发展路径，即由"传递中心"课程转变为"对话中心"课程。在佐藤学看来，在以往高度中央集权的制度与政策制约下，教师以学校与课堂为本位去创造、评价、实践课程的经验是贫乏的。课程被理解为教育行政部门规定的教育内容的"公共框架"，缺乏把课程作为师生在学校与课堂里创造的"学习经验"加以理解的传统。这种由教师单向度地向学生传递"制度化知识"的课程，将儿童看作灌输知识的袋子，使儿童远离真正的学习。不超越这种现实，要描绘学校的未来形象是不可能的。基于这样的认识，佐藤学主张，要重新界定课程，教师必须摆脱"公共框架"的束缚。为此，他从三个方面对课程进行重新定位，即"教师构想的课程"，"作为儿童学习经验之总体的课程"，"作为师生创造性经验之手段与产物的课程"。这三方面的课程定位，从根本上突破了历史上与现实中教师、学生的课程"无关者"地位，使课程由"法定课程""专家课程"转变为"教师的课程"与"学生的课程"。这一转变具有决定性意义。它使课程回归到课堂实践情境中，使课程研制由"政府行为"转变为教育行为，由"法理化文件"转变

———————————————

① 联合国教科文组织国际教育发展委员会. 学会生存——教育世界的今天和明天 [M]. 华东师范大学比较教育研究所，译，北京：教育科学出版社，1996：29.

② 联合国教科文组织国际教育发展委员会. 学会生存——教育世界的今天和明天 [M]. 华东师范大学比较教育研究所，译，北京：教育科学出版社，1996：13.

为教育实践文本，使在课堂中实际起作用的课程超越固定的教学计划的限制，形成多元化、个性化的教育空间。[①]

著名的存在主义哲学家乔治·奈勒曾指出："既不能把各科教材、编纂成体系的知识本身视作目的，也不能把它当作学生为谋职、就业做准备的手段，而应视其为自我发展、自我完成的手段。不应使教材支配学生，而应使学生成为教材的主宰。"[②] 无疑，从专制走向民主，是今日学校课程改革与建构的重要原则与依据。而从"传递中心"课程走向"对话中心"课程，改变课堂缺乏沟通与隔离状态，使学生从被操纵、控制中解脱出来，是实现民主课程的根本途径。"如果我们成功地摆脱了传统教育学的教条；如果在教育过程中允许自由地和持久地交换意见；如果交换意见之后又提高了个人对生活的领悟；如果学习者被引导走上自我教育的途径，简言之，如果学习者从学习对象变成了学习主体，教育的民主化才是可能的。当教育采取了自由探索、征服环境和创造事物的方式时，它就更加民主化了；而不是象往常一样是一种给予或灌输、一项礼物或一种强制的东西了。"[③] 具体地说，在阐释与建构课程过程中，民主原则一方面意味着赋予教师与学生课程权利，让教师与学生成为课程的主人，而不再是被动的执行者与接受者；另一方面意味着要使课程从标准化的教材、客观化的知识体系、课堂生活的指挥棒，转变为教师与学生协商活动的对象与内容，成为指导教师与学生进行探究性、个性化学习的基本性与基础性教育教学素材与平台，从而使课程实施模式打破了划一性、控制性的特点，充分体现出多元性与对话性品质。

（三）学习者信条与协商式学习

学习观与学习方式的转变不仅是实施新课程、建构新课堂的基本路径，而且意味着深层次的知识观、教育观、课程观的转变。传统上，学生的学习只局限于"掌握学习""占有式学习"。如今，这种学习观与学习方式严重阻碍课程改革的进行及教育范式的转换与重建。为此，许多专家学者一再呼吁课堂革命、教学改革与学习转型，强烈主张由专制型的教师讲解、学生听讲学习范式转向民主、协商的对话型学习范式，即从"掌握学习""占有式学习"转变为"协商式学习"，具体指向表现为"在学习方式上，从教师讲述、学生静坐专心听讲的'座学式学习'转向'活动性学习'，从'个体学

---

① 佐藤学. 课程与教师 [M]. 钟启泉，译. 北京：教育科学出版社，2003：17-23.

② George F. Kneller, Foundations of Education [M]. New York: John Wiley & Sons, Inc., 1971: 259.

③ 联合国教科文组织国际教育发展委员会. 学会生存——教育世界的今天和明天 [M]. 华东师范大学比较教育研究所，译，北京：教育科学出版社，1996：105.

习'转向'合作学习'，从死记硬背的学习转向'探究、反思、表达'的学习；在授课方式上，从'告知式教学'转向'启发、交流、分享'的教学"①。而实现这样转变的关键在于将学习范式建立在学习者信条之上，赋予学习者学习的主体地位，使学习真正成为学习者的学习。

　　首先，"协商式学习"的关键在于赋予学生自主学习的权利与途径。在当代学习理论探究与教学改革实践中，摆脱基于效率与竞争的强迫性、排斥性学习范式，赋予学习主动性、合作性、探究性、反思性品质的呼声连绵不断。然而，学习范式的重建绝不仅仅是学习方式方法的转变问题，更为重要的是将学习定位为"学习者的活动"，让学习者成为其学习活动的主体、主人，使学习活动立足于学习者的信条基础上。从此，教学活动的重心让位于学生的学习活动。"虽然一个人正在不断地受教育，但他越来越不成为对象，而越来越成为主体了。他并不认为，他所受的教育似乎是他的保护人，即那些有权势的人们，送给他的礼物或者是对他所履行的一种社会义务。他是依靠征服知识而获得教育的。这样，他便成了他所获得的知识的最高主人，而不是消极的知识接受者。"② 事实上，在教育教学过程中，如果学习者发现自己的看法、追问自己的问题并竭尽全力寻找答案，那么，他们就会倍加努力并取得更好的学习效果。课程学者布莫认为，传统教学遵循这样一种逻辑假设：教师"有"知识，而学生"没有"，于是，教师便控制着对知识分配的权利。这样，一个关键性问题是："学校赋予儿童学习的权利了吗？"许多教师将会含糊地说"是"，那么，为什么看不到调查、实验？为什么学生提出的问题很少？为什么事实上却是更多的对原则的敬畏？布莫在分析了以往教育教学过程中学生的学习权利被剥夺的状况后指出：教师对学生来讲具有较广泛的权利，而教师自己在社会上和教育系统的管理组织内部却没有什么权利，他们经常处于中间人的地位，解释社会价值，并把它传授给学生。③ 无疑，对学生学习权利的剥夺，必然造成课堂独裁。而课堂独裁无论如何都不会是理想的。那些消极的、顺从的、非情愿的或充满敌意的学生，不可能成为最好的学习者。对此，佐藤学认为，如何从聚焦教师"教"的课堂转型为聚焦学生"学"的课堂，是"课堂革命"为每一位教师提出的课题。他认为："学校和教师的责任并不在于'上好课'。学校和教师的责任乃在于：

————————————

　　① 钟启泉. 从课堂失范走向课堂规范——兼评《学校的挑战：创建学习共同体》[J]. 全球教育展望，2011（1）.

　　② 联合国教科文组织国际教育发展委员会. 学会生存——教育世界的今天和明天 [M]. 华东师范大学比较教育研究所，译，北京：教育科学出版社，1996：200.

　　③ G. Boomer, N. Lester, et al. Negotiating the Curriculum: Educating for the 21st Century [M]. London: The Falmer Press, 1992: 6.

保障每一位学生的学习权，提供学生挑战高水准学习的机会。"① 在学校里、在课堂上，学生不仅仅是接受教育的存在，而且是行使权利的主体，包括"阅读、写作的权利，提问、深思的权利，想象、创造的权利，读懂自身世界创造历史的权利，分享教育资源的权利，发展个人力量、集体力量的权利"②。因而，赋予学生学习自主权，使学生成为学习的主人，是"协商式学习"的逻辑前提。

其次，"协商式学习"的根本旨意在于使学习立足于学习者的学习要求、愿望与志向，以提高学习的动力、效率与质量。而使学习立足于学习者的学习要求、愿望与志向，重在倾听学习者对"怎样才能学得最好"问题的回答。实践表明，学习者"发现有人对他们自己的思想感兴趣，他们便成为如饥似渴的学习者，即使在那些以前并不吸引他们的领域同样如此"③。对此，课程学者库克具体描述了来自学习者对学习的看法与信条。学习者认为：

（1）当我们要学的时候、当我们对学习的内容感兴趣的时候，我们学得最好。我们需要清楚地了解我们要做什么、为什么要做，这样，我们就会拥有一种清晰明确的方向感。

（2）当我们对所学的内容感到好奇和费解时，我们对学习才会更加投入。因而，悬而未决的问题对我们很重要，我们将冥思苦想，找到令人满意的问题解决办法。

（3）我们需要尽可能个性化的学习体验，且学习的范围、方式、风格及要求等尽可能多样化，以适应我们之间不同的学习起点、需要和兴趣、能力、行为方式与目的。

（4）我们需要通过我们自己的语言、自主探究活动和发现来学习，而不是被告知或强加给我们某些观点。我们必须成为主动的学习者，而不是教师知识和经验的被动接受者。

（5）我们需要个人学习、小组学习、班级集体学习等多种学习方式或情境，但小组学习是我们最喜欢的学习方式，它使我们能够广泛参与到学习活动中来，而且富有灵活性。

（6）我们需要从教师那里获得帮助，但不是控制。我们需要一个支持者

① 钟启泉. 从课堂失范走向课堂规范——兼评《学校的挑战：创建学习共同体》[J]. 全球教育展望，2011（1）.
② 钟启泉. 从课堂失范走向课堂规范——兼评《学校的挑战：创建学习共同体》[J]. 全球教育展望，2011（1）.
③ 张华. 学习哲学论 [J]. 全球教育展望，2010（6）.

和促进者，而不是一个命令者。我们需要一种支持性的、引导性的环境。①

　　无疑，建构在学习者信念与信条基础上的学习模式，必然呈现出全新的面貌与品质。对此，布莫认为，以往的"占有式学习"只关注怎样掌握知识，于是，人们发现了一种具有广泛适用性的药学上的隐喻：教师对知识的限定即处理、准备"药剂"，并按照"处方"的剂量分配知识。知识被理解为是可以传承的，学习者头脑被视为一种被动的贮藏器。在这种学习模式中，教师是在过去经验和学校、社会现实的强制性因素制约下计划教授方案的，大多数学生最后所获得的不过是作业的分数或评分等级，课程仅涉及少数学生的兴趣。显然，这种学习难以称得上真正的学习。正如有学者所言："没有思考的空间，没有活动的支撑，没有经验的改造，没有意义的发现，没有关系的建构，就没有真正的学习。"② 而在"协商式学习"模式中，课程实施方案的制订是由学生和教师共同参与、协商合作完成的。更为重要的是，"协商式学习"模式还要考虑与所学内容有关的、未预设的伴随性学习，使"协商式学习"模式具有更广泛的目的与教育机会。最后，对学习结果、效果的评估也是由教师和学生共同参与完成的。③ 无疑，"协商式学习"模式为现代课程与教学实践改革提供了重要的方法论框架。在"协商式学习"过程中，"由于每个学生的创造性都受到重视，指令性和专断的师生关系将难以维持。教师的权威将不再建立于学生的被动与无知的基础上，而是建立在教师借助学生的积极参与以促进其充分发展的能力之上。这样，教师的作用就不会混同于一部百科全书或一个供学生利用的资料库。一个有创造性的教师应能帮助学生在自学的道路上迅速前进，教会学生怎样对付大量的信息，他更多的是一名向导和顾问，而不是机械传递知识的简单工具"④。显然，"协商式学习"模式的关键在于提供一种民主的学校教育气氛，而不是单纯地对传统的学校教育进行技术性革新。它不是传统学校教育的现代包装，而是一种全新的教育思想。"协商式学习"模式意在创造一个民主的课堂，在协商的氛围中所进行的学习不再只求正确的答案，以往那种认为"肃静的教室即为好教室"的观念受到挑战，取而代之的是在协商教室中通过探

　　① G. Boomer, N. Lester, et al. Negotiating the Curriculum：Educating for the 21st Century ［M］. London：The Falmer Press, 1992：16 - 17.
　　② 钟启泉. 从课堂失范走向课堂规范——兼评《学校的挑战：创建学习共同体》［J］. 全球教育展望, 2011 (1).
　　③ G. Boomer, N. Lester, et al. Negotiating the Curriculum：Educating for the 21st Century ［M］. London：The Falmer Press, 1992：9.
　　④ S. 拉塞克, G. 维迪努. 从现在到 2000 年教育内容发展的全球展望 ［M］. 马胜利, 等, 译. 北京：教育科学出版社, 1992：108.

究、研讨、对话、合作等方式而进行的学习。

（四）非等级评价与支持性学习环境

不同性质的课程与学习，需要不同的评价方式与机制。民主的课程与学习必然要建构在民主的评价方式与机制之上。没有评价主体、内容和评价方式的变革，"对话中心"课程、"协商式学习"、民主课堂等都将无从谈起。黛博拉·梅耶尔认为："无论是医生、律师、机械师、工程师，还是科学家，他们的成功最终靠的是判断力，而不是死知识。但无论是公众还是政策专家都没有对此有足够的认识。考试无非是提供证据的方式之一，因此，围绕考试与教育评价的争论，根源在于我们还没有对哪些证据对教育最重要达成一致，而这又是因为我们对怎样才算一个有教养的人这个古老问题未达成共识。诸如考试这样的技术手段，无助于讨论的深入，更无助于这个问题的解决，而它却转移了学校的工作重心，使学校放弃了真正艰苦的教育评估工作。"[1] 显然，问题不在于要不要评价，而在于如何评价，即采取什么样的方式进行评价。

在课程学者苏珊·海德看来，评价对于权利赋予与建构民主课堂而言至关重要。传统社会与教育价值系统鼓励竞争，并将竞争作为一种选拔途径合法化，以区分成功者与失败者。而竞争与选拔，使学校教育普遍采用等级评价，形成明显的控制机制与淘汰机制，并呈现出专制性与排斥性品质。但"教育系统本身不应导致出现排斥现象。在某些情况下有利于智力开发的竞争原则有可能适得其反，变成按学业成绩进行严格的筛选。因此，学业上的失败就成了不可逆转的事，而且经常导致社会边缘化和社会排斥现象"[2]。显然，这种等级评价与淘汰机制不仅扭曲了学校教育的逻辑，使学校教育丧失了应有的民主性、公平性、过程性、个性化、多元化等品质，而且造成了教育过程严重的不公平后果，使部分学生的学习机会与权利被剥夺。因而，从等级评价转向非等级评价，是当代课程探究及改革实践的重要方向之一。苏珊·海德曾指出："在合作课堂中，由于等级评价中固有的竞争，分数和等级在鼓励学生合作学习方面则是一个主要障碍。"[3] 对此，苏珊·海德强调，教育评价应鼓励学生自我评估或渴望同伴评估，以帮助学生提高对自己学习

---

[1] 李茂. 美国名师梅耶尔论考试：我不能容忍只要求考试分数 [N]. 中国教师报, 2007-03-14.

[2] 国际21世纪教育委员会. 教育——财富蕴藏其中 [M]. 联合国教科文组织总部中文科, 译. 北京：教育科学出版社, 1996: 42.

[3] G. Boomer, N. Lester, et al. Negotiating the Curriculum: Educating for the 21st Century [M]. London: The Falmer Press, 1992: 70.

质量的责任感与自信心，主张摒弃等级评价，选择非等级评价。

首先，非等级评价意味着评价性质的转变，即从"政治性"评价转变为"教育性"评价。等级性评价的出发点在于对学生进行鉴定、筛选与分类，显现出明显的判决性特点。等级评价在课堂中建构起一种专制化的控制机制，教师拥有分配分数的权利。他们按照学分的完成情况，将学生划分成不同的等级。这种判决性的评价构成了传统课堂民主品质和机制缺乏的重要表现与症结。而非等级评价旨在创造一种民主、和谐、合作的教育平台、机制与氛围，以促使每个人都能得到最大限度的发展。它突破了鉴定过去与判决现在的评价原则，遵循开发潜力、促进未来发展的原则，使教育评价从判决性评价转变为发展性评价，从管理手段转变为教育手段，从"政治对话"转变为"教育对话"，教育评价的品质发生了革命性转变。

其次，非等级评价意味着评价方式的转变，即从目标评价转向过程评价，从静态评价转向动态评价，从终结性评价转向形成性评价。等级评价预设外显的、可测量的行为目标观测点，并完全依据行为目标的达成率，对学生进行所谓的"标准化"打分与"精确化"评定。事实上，这种单向度的、凝固化的、定论式的"客观"尺度与方法，不仅很难客观地反映学生真实的发展水平，而且很容易葬送学生发展的潜力、优势向度与最佳机遇期。对此，英国课程论专家斯坦豪斯认为，越是客观化的考试，越难以反映优异的教学质量，知识教育中不确定性特点决定了教育难以以目标的形式预定其后果。[①] 非等级评价基于这样的信条，即学生的学习不是直线式的、被动的反应过程，而是一个主动参与和探究的过程，在这一过程中，不存在简单的正确答案或错误结果，学生的最终学习成果也不只是预设的行为目标的达成。因而，非等级评价主要关注的是学生学习的过程、个人的理解与判断，而不是预设目标达成度的鉴别。非等级评价的进行，依赖教师对整体教育教学过程中每个学生的发展状态与可能的诊断，而非预设目标的明确，教师在学生学习过程及结果评价中，是一个诊断者，而非打分者。显然，非等级评价突破了封闭化、一元化的目标达成式评价方法，确立了开放化的、多元化的、形成性的评价原则、尺度及方式。

最后，非等级评价意味着评价主体的转变，即从教师的自上而下式的评价转向教师与学生的共同协商式的评价。等级评价是以教师为主体的外部评价，教师拥有绝对的评价权力，评级标准、指标等级、方式方法等都由教师做出统一规定与解释，学生没有丝毫的自主权，从而使教育教学过程完全丧

---

① Stenhouse, L. An Introduction to Curriculum Research and Development [M]. London: Heinemann, 1975: 82.

失了自我激励机制。非等级评价关键在于赋予学生评价的权利，使学生从被评价的对象转变为评价的主体。从等级评价转变为非等级评价，赋予学生一定的自主制定评价标准、选择评价方式与评价内容的权利，从而增强他们对自己评价的责任感与能力，提高他们的民主、协商、公平意识及参与、合作能力，并使学生从消极被动的、任务完成性的学习转变为积极主动的发展性学习。这是构建民主的课堂氛围，实施"对话中心"课程与"协商式学习"的强有力的保障措施。

三、当代课程的知识论逻辑转换

当代著名哲学家路德维希·维特根斯坦认为："洞见或透识隐藏于深处的棘手问题是艰难的，因为如果只是把握这一棘手问题的表层，它就会维持原状，仍然得不到解决。因此，必须把它'连根拔起'，使它彻底地暴露出来，这就要求我们开始以一种新的方式来思考。这一变化具有决定意义，打个比方说，这就像从炼金术的思维方式过渡到化学的思维方式一样。难以确立的正是这种新的思维方式。一旦新的思维方式得以确立，旧的问题就会消失；实际上人们会很难再意识到这些旧的问题。因为这些问题是与我们的表达方式相伴随的，一旦我们用一种新的形式来表达自己的观点，旧的问题就会连同旧的语言外套一起被抛弃。"① 课程改革问题首先是关于课程的认识论问题。认识论问题得不到妥善解决，课程改革不仅缺乏理论支撑，缺乏明确的方向、鲜明的主题与恰切的方法，而且必然因为陈旧的思维方式的束缚而失败。课程发展的历史表明，任何课程改革与重建运动，无不主要因为认识论问题而启动，又以认识论问题的解决为主旋律与主要途径。无疑，伴随着世界范围内此起彼伏的学校教育改革运动的相继展开，转换课程的认识论逻辑与立场，已成为课程改革的前提与基础。

（一）打破知识"压缩饼干"的课程定位

对知识只进行筛选、传承的历史与逻辑，决定了课程作为知识的载体而成为知识的"压缩饼干"。选择知识、占有知识成为课程研制的主旋律。于是，课程只是作为知识进化与发展的产物而存在。不同学科领域的知识直接构成了课程内容，不同学科领域的理论直接构成了课程理论基础。在课程论发展史上，课程即知识，不仅是一种传统，而且是一种逻辑设定。从课程发

---

① 皮埃尔·布迪厄，华康德. 实践与反思——反思社会学导引 [M]. 李猛，李康，译. 北京：中央编译出版社，1998：1-2.

展的历史进程来看，尽管课程一词原初主要强调的是"学程"，但它却一直是作为"学科知识"的同义语而被理解和运用的。因此，从一开始，课程实践就已脱离课程的原始旨意，传统的课程定义主要是围绕学科来进行界定的。无论是中国古代的礼、乐、射、御、书、数，欧洲中世纪的文法、修辞、辩证法、算术、几何、天文、音乐，还是近现代的百科全书式课程、功利主义课程等无一不是把课程看作所教授的学科知识，强调课程对知识的组织、累积与保存功能，课程形态则表现为单一的学科课程。20 世纪后，受进步主义教育思想特别是杜威的课程思想的影响，课程学者开始重新考察、界定课程概念，并拉开了关于课程本质问题争论的序幕。在持续至今的争论中，课程被赋予了多种多样的、难以理解甚至玄奥的界定，使课程这一原本具有简单起源和明确内涵的教育术语因众多的、充满矛盾与纷争的定义而变得模糊不清，成为一个"用得最普遍但却定义最差的教育术语"①。尽管如此，学科本位的课程定位，无论是在理论上还是在实践中依然居于主导地位。在理论上，永恒主义、要素主义教育流派系统地阐述、论证了学科本位课程。永恒主义教育思潮基于古典实在论的哲学基础，认为"一般"是先于"个别"而客观存在的，"真理在每个地方都是一样的"，由此提出课程要以"永恒的学科"为核心。对此，赫钦斯予以明确的解释："课程应当主要地由永恒学科组成。我们提倡永恒学科，因为这些学科抽绎出我们人性的共同因素，因为它们使人与人联系起来，因为它们使我们和人们曾经想过的最美好的事物联系起来，因为它们对于任何进一步的研究和对世界的任何理解是首要的。"② 要素主义教育流派认为人类文化遗产中有永恒不变的、共同的要素，是一切人都应当学习的。为此，要素主义者主张把所谓的"文化的共同要素"作为课程的核心，恢复传统的学科课程。巴格莱、科南特、贝斯特等人都强烈反对"实用主义教育""进步教育"的课程活动本质观，主张基本学科知识在课程诠释中的本体定位与主体地位。在教育教学实践中，以学科来界定课程内涵无论是过去还是现在都具有较强的生命力，在具有实践"指南"性质的工具文献中通常都采用这种界定，而在教育实践工作者的思维与行动中更是如此。《袖珍牛津词典》将课程定义为："一个学校或大学的一门常规学习科目。"③ 我国几种主要的、具有权威性的教育辞书中均把课程定

———————————————

① Scotter, R. D. V., et al. Foundations of Education: Social Perspective [M]. Englewood Cliffs, N. J.: Prentice - Hall, 1979: 272.

② 华东师范大学教育系，杭州大学教育系. 现代西方资产阶级教育思想流派论著选 [M]. 北京：人民教育出版社，1983：206.

③ Stenhouse, L. An Introduction to Curriculum Research and Development [M]. London: Heinemann, 1975: 1.

义为学科，如《辞海》中明确地注明："课程即教学的科目。可以指一个教学科目，也可以指学校的或一个专业的全部教学科目，或指一组教学科目。"①《中国大百科全书》则注明："课程有广义、狭义两种。广义指所有学科（教学科目）的总和。或指学生在教师指导下各种活动的总和。狭义指一门学科。"② 同样，在课程改革与发展过程中，尽管存在种种分歧与质疑，但却很少指向课程即知识的逻辑定位，更多的分歧与质疑表现为什么样的学科知识更有价值的纷争。

课程即学科知识，这一传统而保守的课程定义尽管一直支配着课程的理论研究与实践发展，但实质上并未揭示出课程的本质内涵。课程即学科这种表面化、形式化的界定没有揭示出课程这一现象区别于其他事物的根本属性，如当我们把课程等同于物理、化学、历史、地理等具体学科时，不但未能使人明确课程与学科的区别，而且也没有指明潜存于这些不同学科背后的共同属性，尤其是没有揭示出作为教育手段与途径的课程所应遵循的专业逻辑与标准。首先，课程即学科知识这一课程定位反映出一种片面、狭隘的"接受式"的暗喻，即课程是一种完全计划好了的现成"材料"，而学生则是一种被动接受的"容器"，使课程仅仅局限于课堂教学的狭小空间，而不能使学校发挥其全方位的教育影响，学校中的教育环境难以得到充分利用。其次，课程即学科知识这一课程定位混淆了知识逻辑与教育逻辑的关系，以知识逻辑替代教育逻辑。显然，作为知识"压缩饼干"的课程，明显缺乏教育学品质、逻辑与依据。课程发展过程中的"外在化"现象、"滚雪球"现象、"钟摆"现象、"单向度"现象等，无不是不恰切的课程知识逻辑定位使然。知识来源于人的认识活动，而且以学科的形式分类存在与发展。而人类的认识活动难以构成教育活动的全部依据，由分门别类的学科知识机械拼凑成的课程框架也难以体现教育的品质。因而，知识论作为课程改革与发展全部的理论基础不具备辩护性。打破知识"压缩饼干"式的课程定位，是今日课程重建的重要原则与路径之一。

知识无疑是课程内容的重要来源，但就此推出课程即知识或知识即课程的结论、判断，则消解、扭曲了课程的教育逻辑，使课程缺乏明确、恰切的专业定位及标准，缺乏内在性、自主性品质与特点。就本体论意义而言，课程即知识的逻辑定位，没有解决"课程是一种什么样知识"这一对课程而言至关重要的问题。课程是教育活动的重要媒介与途径，其逻辑定位只有建立在教育理论基础上才能获得解释。教育学理论是课程逻辑的根本性的、最后

① 辞海：教育、心理分册 [M]. 上海：上海辞书出版社，1980：5.
② 中国大百科全书：教育 [M]. 北京：中国大百科全书出版社，1985：207.

的依据。无论是来源于人类对自然、社会的认识而获得的"发现性"知识，还是来源于社会生产生活实践的"制造性"知识，都必须经过教育学的"过滤"、整合、重构、升华而形成课程。课程知识只有实现教育学化，具有教育学性，才能具有充分的辩护性品质。课程知识是一种教育学化了的知识。教育学品质与逻辑使课程知识与其他知识从根本上区别开来，并使课程知识成为一种具有鲜明自主性、独特性品质与逻辑的知识存在形式。就方法论意义而言，"课程"一词是由"课"和"程"两种具有独立内涵的现象构成的一个复合体，"课"为"课程"提供了内容上的来源，而"程"则为"课程"提供了方法上的依据，"程"的作用机制在于对"课"进行规范和约束。因而"课程"的内涵不能简单地以"课"的内涵来代替，必须把"课"和"程"统一起来进行规范和概括。显然，学科本位课程论只定义了作为课程一部分的"课"的内容，从而使课程定位失去了教育方法学依据。总之，打破知识"压缩饼干"的课程定位，必须立足于教育逻辑、品质、标准与方法，使课程真正成为教育的媒介与手段。

（二）超越"肯定性"的课程知识思维

对知识只进行筛选、传承的历史与逻辑，塑造了课程的"肯定性"思维方式，即课程机械地认同、适应、维护已有知识的信条与结论，从而使课程因明显的"后喻文化"取向、明确的"知识袋"角色而丧失了应有的主体性、内在性的教育品质与机制，造成课程建构性意识、原则、立场的虚化。"肯定性"是社会文化发展过程中的一种普遍现象与特征。"肯定文化"的根本特性在于"认可普遍性的义务，认可必须无条件肯定的永恒美好和更有价值的世界"①。社会文化的"肯定性"品质主要表现在两个方面：其一是坚持社会本位主义信条，对现存的社会秩序、法理、意识形态进行辩护、粉饰与美化；其二是坚持教化主义的机制，迫使人们接受、维护现存的东西，使人安于现状，与现存的社会秩序保持一致。"肯定文化"剔除了文化的革命性、批判性、超越性属性与逻辑，并赋予了文化同化、教化功能。无疑，社会文化的"肯定性"品质赋予了课程的"肯定性"思维与立场，造成了课程的法理性、控制性和教条性品质与特征。对此，日本学者安彦忠彦指出："学校中传递的知识，都以为是具有一定的正确性、确凿性，具有不容怀疑的'自明性'。"② 千百年来，学校课程无不盲目地肯定外在的某种社会

———————————

① 马尔库塞. 现代文明与人的困境 [M]. 李小兵，等，译. 上海：上海三联书店，1989：120.

② 钟启泉. "学校知识"的特征：理论知识与体验知识——日本学者安彦忠彦教授访谈 [J]. 全球教育展望，2005（6）.

化的知识标准，充当社会控制与教化的手段及工具。对此，澳大利亚学者康奈尔指出："纳入学校课程的知识从一开始就是由社会形成的。我们认为理所当然的关于什么是'基本技能'、什么是知识的'核心'领域、什么是知识地图上的界限的观念，都是一门复杂的政治学的产物，是由更广的社会权利分配形成的。"① 具体地说，课程的肯定性品质主要表现在三个方面：其一，课程的确定性品质。即课程作为客观性、普遍性、必然性的知识存在，课程陈述表现为一种"真理"话语。古往今来，把"千真万确的知识"编辑成课程并传承这种肯定性的知识，是学校课程存在的根本性依据与使命。于是，课程便成为确定性知识的同义语，课程实施就在于学习与掌握这种确定性知识。肯定性品质昭示了这样一种思维方式与话语表述逻辑：学校课程所传承的知识是绝对正确的、不容置疑的，从而使学校课程呈现出明显的僵化、凝固化和反历史性特点。其二，课程的符合性品质。即课程所传承知识的统一性、一致性品质，课程陈述表现为一种"宗教"话语。课程必须以循序渐进的方式将公共文化编制成条理化、系统化的知识体系，传递、弘扬这种"公共文化"，并使人认同、服从，确保社会的同质化。符合性品质使学校课程在知识选择与加工过程中只强调"共相"，蔑视"殊相"，从而使学校课程呈现出明显的封闭性、保守性和排斥性特点。其三，课程的强制性品质。即课程所传承知识的专制性、不可抗拒性品质，课程陈述表现为一种"权力"话语。课程强制性品质决定了课程的教化主义立场与机制。课程所传承的知识是以一种具有控制性、操纵性特点的意识形态的形式而存在的。它完全从社会现实利益出发，对法理化的社会文化体系进行辩护，并诱导或迫使人们接受、认同制度化的社会文化，放弃任何批判、反抗的思想与行为，与现存的社会秩序保持一致。强制性品质使学校课程成为一种专制性的文化教条，课程实施过程中只有政治教化，却不可能有教育对话，从而使学校课程呈现出明显的武断性、霸道性和压迫性特点。

显然，课程的"肯定性"品质与逻辑必然造成强迫性、教化性的教学与学习模式。学校教育的工具品性、灌输与驯化机制，无不是课程的"肯定性"思维方式使然。著名教育家杜威认为，教育的关键作用在于引导，教育的教导或培育作用不是由教师或外部的强制性力量来完成的。强制性教学不仅不具备任何积极意义，相反却给学习者设置了"学术障碍"。在强制性教学过程中，"教师并没有帮助学生发展他们自己的思考及其自己的道德选择，

---

① 罗伯特·W. 康奈尔. 教育、社会公正与知识 [J]. 李复新，马小梅，译. 华东师范大学学报：教育科学版，1997（2）.

而是把‘他们的视野限制在教师正好允许他们行走的那条道路之上’”①。超越“肯定性”的课程思维，是今日课程重建的重要原则与路径之一。对此，派纳指出：“科学的规律和抽象不能把握个体经验的独立性。”② 因而，超越“肯定性”课程思维的关键在于打破以简单、稳定、永恒为特征的课程认识论基础，强化课程的自主性、超越性、建构性品质与逻辑，重新确立课程与知识的关系，使课程由知识的“代码”存在转变为知识的主体存在，由确定性的“规律”存在转变为生成性的意义存在。

（三）转变“特殊认识过程”的课程实施立场

对知识只进行筛选、传承的历史与逻辑，决定了“特殊认识过程”的课程实施立场。这种课程实施立场坚持个体认识不同于人类总体认识，个体认识不是从零开始、从头做起的。个人发展的主要途径是学会前人已获得的认识成果，即间接知识。无疑，“特殊认识过程”的课程实施立场，造成了典型的“传递中心”课程实施模式。课程实施过程遵循僵化的“输入－产出”式的运行程式，呈现出明显的封闭化的、认同主义的、决定论的逻辑与品质。课程实施过程表现为一系列僵化、肤浅的刺激—反应—强化活动。教师将筛选好的知识、观念、道德规范向学生进行强制灌输，只要求学生掌握、服从，并尽可能地“等量输出”。教的标准在于有效地刺激与强化，学的目的在于机械而精确地反应。显然，这种“输入－产出”的课程实施模式无论是就社会文化的发展而言，还是就教育教学过程而论，都已丧失了时代的逻辑依据、标准及恰切性内涵。在一种封闭系统中，对一种社会文化现象反复地、长时间地复制与传递，这种文化及课程便都如同一潭死水而逐渐地凝固、僵化，变成“僵尸文化”“僵尸课程”。对此，余秋雨先生曾指出：“任何值得我们注意的文化现象总会有一个传播的幅度。初一看，传播总是好事，传播得广一点，久一点，就能提升一种文化的价值，使它在更大的时空范围内接受考验，不断自我调整、自我完善，这有什么不好呢？有不好的一面。经过长距离、长时间的传播，一种文化常常会变形、扭曲，由具体变为抽象，由活体变为标本。”③ 他还说：“我们的文化思考大多是在传播文本中进行，在那里汲取资讯，在那里判别比较，最后有像样的成果，又把这个成果投入传播系统。这里夹杂着多少差错，多少谬误，多少臆测，多少自以为是，多少以讹传讹，只有天知道。这种毛病又以中国文化为甚。千余年的科

①　小威廉·多尔. 杜威的智慧［J］. 余洁，译. 全球教育展望，2011（1）.

②　张华. 美国当代“存在现象学”课程理论初探［J］. 外国教育资料，1997（5）.

③　余秋雨. 余秋雨台湾演讲［M］. 桂林：漓江出版社，1998：44.

举制度使中国文化人的队伍大幅度增长，又使这支队伍永远走着一条以背诵古籍来谋求官职的漫漫长途，这也就变成了中国文化最普遍的运作方式和消耗方式。"① 毫无疑问，风行久远的只求同而不求异、只传递而不生成的"特殊认识过程"的课程实施立场，已经造成了教育过程中思维方式与运作机制普遍的僵化、教条化现象。在具体的教学过程中，"输入－产出"课程运行程式不仅剥夺了教师的教育权利与学生的学习权利，而且剥夺了学生的学习兴趣，挫伤了学生学习的动力与积极性。教育教学过程中过于注重书本知识传授的现状与学生学习负担过重、消极厌学情绪，过于强调接受学习、死记硬背、机械训练的现状与学习针对性、实效性、教育性缺失的弊端，无不是"特殊认识过程"的课程实施立场使然。"特殊认识过程"的课程实施立场及"传递性"模式使课程实施被异化为武断的灌输、"布道"过程，更为糟糕的是，"传递性"模式降低了课程的培养目标，窄化、弱化了课程的教育功能。课程实施的出发点只局限于低层次的认知领域，缺乏高层次的情感、态度、思维、行动等方面的依据，诸如创造性、社会责任感、批判性思维、问题解决能力等现代人才必需的重要素质，严重缺乏培养平台与训练机制。

如今，"在一个科学技术日益深入个人生活和社会生活的世界里，教育不仅在传播科学技术知识方面，而且在发展使人类掌握和利用这些知识的行为方面都应该发挥重大作用。教育还应该承担的任务是：在作为方法的科学技术与作为人类生活与行动目的的价值观之间建立平衡"②。因而，转变"特殊认识过程"的课程实施立场，是今日课程重建的重要原则与路径之一。内尔·诺丁斯认为："教室应该成为这样一个地方：学生们在其中合法自由地展示和探索他们多种多样的人生目的。伴随着强烈的好奇心和探求欲，教师和学生共同生活和成长。我们必须追求人的全面发展，这种追求不会压制和阻碍学生的智力发展。即使有这种妨碍的可能性，我们也应该愿意冒这种风险，因为我们更愿意看到学校培养出这样的人：他们能够与别人和平相处；他们善待自然环境；他们待人接物都追求一种理智与和谐。为了真正地改革教育，为了摆脱那种钟摆似的循环往复，我们必须抛弃视学校首要任务为开发智力这样的陈词滥调。"③ 课程无疑要传递知识，但传递知识并不是课

① 余秋雨. 余秋雨台湾演讲 [M]. 桂林：漓江出版社，1998：45.
② S. 拉塞克，G. 维迪努. 从现在到2000年教育内容发展的全球展望 [M]. 马胜利，等，译. 北京：教育科学出版社，1992：87.
③ 内尔·诺丁斯. 学会关心——教育的另一种模式 [M]. 于天龙，译. 北京：教育科学出版社，2003：20－21.

程的全部使命，而且传递知识的宗旨也不仅仅在于让学生掌握结论性知识。对此，有学者曾指出："知识不能是由自认为有知识的人'普及到'或'灌输给'自认为没有知识的人的；知识是通过人与宇宙的关系，通过充满变化的关系建立起来的，在这种关系中批判地解决问题，又继续促使知识发展。"① 显然，转变"特殊认识过程"课程实施立场的关键在于突破单向度的认知性课程目标与"传递中心"课程模式。联合国教科文组织曾指出："除了传播知识外，教育还担负着让人们具备正确对待这些知识的态度的使命。教育应该培养人的批判精神，培养对不同思想观念的理解与尊重，尤其应该激发他发挥其特有的潜力。换言之，教育首先应该是发展认识的手段，而不再仅仅是训练和灌输的工具。"② 而对教师的教学工作而言，"从终身教育的立场和当前人类知识的现状来看，把教师称为'师长'（Masters）（不管我们给这个名词一个什么意义），这是越来越滥用名词。教师的职责现在已经越来越少地传递知识，而越来越多地激励思考；除了他的正式职能以外，他将越来越成为一位顾问，一位帮助发现矛盾论点而不是拿出现成真理的人。他必须集中更多的时间和精力去从事那些有效果的和有创造性的活动：互相影响、讨论、了解、鼓舞"③。无疑，在今天，人们越来越清醒地认识到、越来越深刻地体会到只有知识是远远不够的，那种知识"仓储式"的人才以及那种只为了一种刻板的职能、一种特殊行业或特定的职位做准备的培养方式已经过时了。课程实施必须突破习得知识、占有知识的传统思维，使课程实施由"传递中心"模式转变为"对话中心"模式，使课程实施超越由来已久的"特殊认识过程"的立场。

① 联合国教科文组织国际教育发展委员会. 学会生存——教育世界的今天和明天 ［M］. 华东师范大学比较教育研究所，译，北京：教育科学出版社，1996：104.

② S. 拉塞克，G. 维迪努. 从现在到2000年教育内容发展的全球展望 ［M］. 马胜利，等，译. 北京：教育科学出版社，1992：88.

③ 联合国教科文组织国际教育发展委员会. 学会生存——教育世界的今天和明天 ［M］. 华东师范大学比较教育研究所，译. 北京：教育科学出版社，1996：108.

第六章

突破二元对立：哲学社会学方法论新视野

　　方法论基础决定课程改革范式的建构与运行。作为培养人的活动赖以进行的媒介，学校课程的研制与改革方法需具有明确的哲学社会学方法论基础。有什么样的哲学社会学方法论，就有什么样的教育理论、课程理论思维及课程改革逻辑、信念、立场与方法。纵观课程发展的历史，不同的历史时期与社会发展阶段，学校课程的改革主要是因为哲学社会学的立场、方法不同而获得不同的具有明显历史性特点的理论基础、合法化依据及辩护逻辑。而历史性特点决定了课程发展与改革方法论的时代性视野与立场。无疑，现当代学校课程发展与改革面临众多的问题，其原因也异常复杂，但无论是钟摆现象、单向度品质、非理性状态还是过度改革、路线冲突、失败困境等问题，无不源于二元论的哲学社会学方法论基础。如今，超越二元对立，已成为现当代哲学社会学方法论探究的轴心原则、立场与重要的发展趋势，并使课程改革方法论基础的确立具有了新的视野与选择，也使课程改革超越"非左即右"两条极端道路，摆脱屡改屡败、屡败屡改困境具有了现实性与可能性。

一、超越门户之见——后现代主义的哲学方法论

　　哲学的根本任务在于给人类以精神思想与思维方式的支撑，引领各个领域理论研究与实践范式的发展嬗变。古往今来的学校教育理论与实践，尤其是课程理论与实践，无不根植于某种哲学思想。哲学赋予教育及课程理论与实践明确的立场、信念、价值、思维与方法等，没有哲学根基的"无根的"教育及课程理论与实践是不存在的。正因为如此，有学者认定"决定教育的

最后根据是哲学"①。哲学引领的精神、思想与思维方式的变迁，必然引起教育理论与实践范式的重构与转换，也必然引起学校课程的改革及其方法论的重建。

20 世纪以来，人类思想文化界的时尚就是怀疑与否定，以至于在整个人文社会科学领域，尤其是哲学领域，将 20 世纪称为"怀疑与否定的世纪"。"在这个世纪，似乎没有什么是神圣不可侵犯，不可怀疑与否定的。"② 后现代主义思潮就是在 20 世纪末掀起的一场最为壮观的文化批判与反思运动。它在各个领域四面出击，全面清洗根深蒂固的现代主义文化理念、模式及方法。显然，后现代主义已成为批判、解构现代主义范式以及建构新范式的最时髦与最有力的话语表述方式。在学术研究的各个领域，都诞生了标新立异的后现代学术范式。在教育理论探究中，尤其是在课程论探究中，后现代主义已成为一种不可逾越的思维方式。在顺向、封闭系统中，以本质主义及其认同性思维为逻辑起点运行了几千年的学校课程，如今遭遇了有史以来最强烈的批判与否定之音，并使课程改革方法论的建构具有了全新的视野与路径选择。

（一）波澜壮阔的后现代主义文化思潮

作为一种兼具批判性与创造性精神品质的文化思潮，后现代主义不仅在学术研究领域尤其是人文社会科学研究中迅速传播，而且广泛地渗透到当代社会政治、经济、文化生活实践中，对社会政治、经济、文化体制改革以及人们的思维方式、生活方式、精神风貌和品格的转换与重构等无不产生深刻的影响。以至于有人认为后现代主义在今天已"成为一个家喻户晓的用语"③。不管人们对后现代主义是否接受与认同，后现代主义都以难以阻挡、难以抗拒的力量冲击、改变现代主义文化及生活生产实践。对此，曾有学者认为，在西方社会和文化发展史上，后现代主义文化思潮是"启蒙运动之后最深刻的一次精神革命、思想革命和生活革命"④。还有学者指出：后现代主义思潮的出现，"标志着一种标新立异的学术范式的诞生。更确切地说，一场崭新的全然不同的文化运动正以席卷一切的气势改变着我们对于周围世界的原有经验和解释。从其最为极端的阐述来看，后现代主义是革命性的，它

① 戚万学．决定教育的最后根据是哲学［J］．江苏教育学院学报：社会科学版，1995（1）.

② 张汝伦．思考与批判［M］．上海：上海三联书店，1999：13.

③ 王治河．扑朔迷离的游戏——后现代哲学思潮研究［M］．北京：社会科学文献出版社，1998：1.

④ 高宣扬．后现代论［M］．北京：中国人民大学出版社，2005：前言．

深入到社会科学之构成要素的核心，并从根本上摧毁了那个核心。从其比较温和的声明来看，后现代主义提倡实质性的重新界定和革新。后现代主义想要在现代范式之外确立自身，不是根据自身的标准来评判现代性，而是从根本上揭示它和解构它"①。无疑，批判与否定传统是后现代主义文化思潮兴起的基本动力。

后现代主义文化思潮的产生，绝不是空穴来风。它是长期以来文化批判与反思运动的结果。从一定意义上也可以说，后现代主义文化思潮是众多的批判与反思性文化思潮的"集大成者"，是一浪高过一浪的文化批判思潮最终汇聚成了后现代主义文化思潮，或至少可以说是引发了后现代主义文化思潮浮出水面。它的出现，不仅使文化批判与反思成为当今学术研究领域里的时代主题，而且也使文化批判与反思逐渐走进人们的精神世界，重塑人们的思想观念，转变人们的思维方式。面对现代工具理性主义文化所造成的唯物质主义价值取向这一时代顽症及其给人类带来的种种灾难性后果和隐患，诸如生态环境恶化、价值观念崩溃、文化的祛魅、社会的世俗化，以及弥漫于整个世界的个人主义、人类中心论、机械主义、经济主义、消费主义、民族主义的文化氛围等，后现代主义者承继了诸如存在主义、法兰克福学派等文化批判的思维路线与方式，对现代性进行猛烈的批判。他们试图让人们清楚地意识到："现代性的持续危及到了我们星球上的每一个幸存者。"② 他们提醒人们："我们时代严重的全球性问题——从核武器的威胁到有毒化学物质，到饥饿、贫困和环境恶化，到对地球赖以生存的体系的破坏——凡此种种都是几个世纪以前才开始统治世界的西方工业思想体系所产生的直接后果。"③他们希望通过提供一种更有力的批判分析来转换人们的价值取向、思维方式及行为方式。

那么，后现代主义究竟是一种什么样的文化思潮呢？它批判、否定了什么？它又解构、摧毁及建构了什么？

要认识、了解后现代主义文化思潮的基本思想、信条与立场，首先应对后现代或后现代主义这一术语有一个明确的定位和理解。按字义理解，"后"应该是与"前"对应的时序化词语。于是，后现代或后现代主义也常常被理解为时代化的术语或思潮。

① 张国清. 中心与边缘——后现代主义思潮概论 [M]. 北京：中国社会科学出版社，1998：43-44.

② 大卫·雷·格里芬. 后现代科学——科学魅力的再现 [M]. 马季方，译. 北京：中央编译出版社，1998：序言.

③ 大卫·雷·格里芬. 后现代科学——科学魅力的再现 [M]. 马季方，译. 北京：中央编译出版社，1998：169.

　　将后现代视为一个时代分期，意味着后现代或后现代主义应是现代社会之后的某种东西，是距离现代还较遥远的未来的事情，至少是离我们这样全力以赴追赶现代化的社会十分遥远的事。但这恰恰是对后现代或后现代主义的误解，至少可以说是没有完全理解后现代主义。将后现代视为现代之后的学者"头脑中显然预设了一个大前提，那就是历史是线性发展的。不先实现现代化，哪里来的后现代化？"①

　　后现代或后现代主义虽有一个时代化的"包装"或形式，但从本质上讲却不是划分历史时期的术语，它不具备时代化的内涵，不是或者说主要不是一个时代化的术语或思潮。相反，它恰恰是针对现代主义文化而在现时代内产生的一种文化思潮。"实际上，即使是从历史角度去考察'后现代'同'现代'的相互关系，也不能像传统历史主义那样，单纯从历史发展的时间顺序，也就是单纯从历史时间连续性和先后关系进行考察。因此，作为一个历史范畴，在考察后现代同现代的相互关系时，也必须超出时间维度，从更多的方面和因素去探讨。"② 显然，单纯地从时代化的角度对后现代主义所做的界定或阐释，是对后现代主义思潮的一种普遍的误读，而且是轻率的、不幸的误读。尤其是这种误读在我国学术界表现得十分明显。如今，这种误读使人们还没有完全搞清楚后现代主义到底是怎么一回事，就像对待垃圾一样扔掉了。在我国，"相当多的批评源于误解，主要问题可能还是线性思维在作祟，大部分人认为中国应该先实行现代化，然后再来讲后现代化，好像历史发展一定是前现代、现代、后现代。所以我一直在讲后现代主要不是个时间概念，它是对建立在机械的齐一化思维基础上的现代性的抵抗，是一种多元开放的有机思维方式"③。无疑，对后现代主义的误读，其核心命题即我国正处于现代化进程中，不需要后现代主义。似乎后现代主义文化思潮这一产自西方的"药"，只能医治西方的"病"，似乎这种"药"只能"治病"，而不能"防病"。如有学者认为："实现现代化是中华民族的世纪课题，推行后现代主义在我国不合时宜。后现代主义在已经实现现代化的西方发达国家出现具有历史合理性，但是，作为发展中国家，我们的时代课题是如何更快更好地实现现代化。后现代主义对现代化的批判，有助于我们在推进现代化过程中保持清醒，尽量避免现代化可能产生的负面影响，但是，总体来说，它与我们的国情是脱节的，其理论缺乏现实性和针对性，因而推行后现代主

① 王治河，樊美筠. 第二次启蒙［M］. 北京：北京大学出版社，2011：458.
② 高宣扬. 后现代论［M］. 北京：中国人民大学出版社，2005：23.
③ 王治河，樊美筠. 第二次启蒙［M］. 北京：北京大学出版社，2011：457.

义是无的放矢，意义不大。"① 后现代主义在我国现代化进程中果真无的放矢、缺乏针对性与现实意义吗？如果真是如此，那么，所谓的"保持清醒，尽量避免现代化可能产生的负面影响"似乎真的成了"无的放矢"。然而，事实并非如此。王治河先生曾指出："判断一种思潮是否即将结束，是否具有生命力，其实是有标准的。这个标准就是它所提出的问题，它是否具有新思想。用这个标准衡量一下后现代主义便会发现，后现代主义是有生命力的，因为它所提出的问题都是与我们人类的存在和命运息息相关的，它看到了现代性的局限性并试图用一种新的思想超越它。"② 如今，在我国社会，环境污染、食品安全、能源枯竭、信仰危机、道德滑坡、两极分化等严重的社会现象与问题，已经使得转变生产方式、生活方式、经济发展方式，实现科学发展，建设资源节约型、环境友好型社会及社会主义和谐社会异常必要与迫切。"如果天空充满了灰尘，水污染得不能喝，再高的 GDP，再现代化又有什么意义呢，现实的一些问题其实已经严峻地摆在了眼前，我们不能先实行现代化，先对生态、对环境进行污染，然后再来进行治理，那么就为时过晚了。中国作为发展中国家，在某种程度上来说我们有条件回避现代化可能造成的一些不良后果，因为一些高度发达的现代化国家发展历程就是我们可资借鉴的，后现代可以说成是一种跨越式的发展。"③ 美国"后现代研究中心"主任大卫·雷·格里芬教授也曾恳切地指出："我的出发点是：中国可以通过了解西方世界所做的错事，避免现代化带来的破坏性影响。这样做的话，中国实际上是'后现代化了'。"④ 因而，后现代主义文化思潮对我国今日社会的发展而言，不仅是有的放矢，而且意义重大。现代化需要后现代主义！

任何站在时代化的立场给后现代主义下的定义、做的结论都不可能是准确的、恰切的。作为一种学术性术语、文化意义上的思潮，后现代主义主要是针对现代工业化社会的生活方式、思维方式及态度而形成的一种批判性、否定性、重构性的思维方式或文化逻辑与态度。它起因于并致力于对现代性的反叛与重写。因而，"后"在"后现代主义"这一术语中更多地具有"反"与重建的含义、意义、意图。对此，后现代主义大师利奥塔指出：

---

① 王本陆. 中国教育改革三十年：课程与教学卷 [M]. 北京：北京师范大学出版社，2009：17.

② 大卫·雷·格里芬. 后现代科学——科学魅力的再现 [M]. 马季方，译. 北京：中央编译出版社，1998：代序.

③ 王治河，樊美筠. 第二次启蒙 [M]. 北京：北京大学出版社，2011：458.

④ 大卫·雷·格里芬. 后现代科学——科学魅力的再现 [M]. 马季方，译. 北京：中央编译出版社，1998：中文版序言.

"如果用最简单的语言下一个定义，'后现代'就是对一切元叙述的怀疑。"①
"后现代并不是一个新的时代，而是要重写现代所代表的某些特征。"② 在谈
及对现代性的理解时，福柯认为，我们不应将现代仅仅看作一个处于前现代
与后现代之间的一个时代，而更应将其看作一种态度，而这种态度不是谁都
有的，也不仅仅局限在某一个特定的时代。③ 显然，福柯心目中的后现代也
不只是一个时代化术语。因而，后现代主义并不意味着继"现代"之后的一
个自然的历史时期。作为一种思维方式、立场或态度，它一方面指向对现代
主义文化的批判、否定与解构，另一方面试图实现元叙述的转换与重建。

从后现代主义文化思潮的发展来看，在初起之时，它主要表现为一种强
烈的、激进的文化批判与解构的倾向，而在后期的发展中，文化重建又成为
其主旋律。客观地讲，从解构到建构，不仅是后现代主义文化思潮的基本态
度、思维方式，也是其文化思想发展的基本路向。当然，并不是每一位后现
代主义理论家都明显地遵循着同样的思维方式。因此，后现代主义又常常被
划分为不同的类型，如大卫·雷·格里芬教授将后现代主义分为解构性的后
现代主义或消除性的后现代主义和建设性的或修正的后现代主义。王治河先
生则区分了三种类型的后现代主义，即激进的或否定性的后现代主义、建设
性的或修正的后现代主义、简单化的或庸俗的后现代主义。显然，不管是二
分法还是三分法，我们都可以从解构和建构两个维度来理解、分析、把握后
现代主义，而且无论是解构的后现代主义，还是建构的后现代主义，文化批
判与反思是后现代主义文化思潮最根本的切入点，没有文化批判与反思，既
谈不上解构，也谈不上建构。可以说，没有文化批判与反思，就没有后现代
主义。

文化批判与反思，当然是对现代主义文化的批判与反思。现代西方所有
的文化批判思潮几乎都始于一个共同的主题，都有一个共同的旨趣，那就是
解构或重写现代性，拯救地球与人类的未来。正如大卫·雷·格里芬教授所
言："后现代一词在近些年来迅速流传，这说明，人们越来越不满足于现代
性，并且开始感觉到，现时代不仅有一个开始，还可以有一个终结。尽管直
至最近，现代一词还几乎总是被用作赞誉之辞或是当代的同义词，但人们越
来越强烈地感觉到，我们可以，而且应该抛弃现代性，事实上，我们必须这

①　盛宁. 人文困惑与反思——西方后现代主义思潮批判 [M]. 北京：生活·读书·新知三联
书店，1997：9.

②　利奥塔. 重写现代性 [J]. 阿黛，译. 国外社会科学，1996（2）.

③　张汝伦. 时代与思考：中国哲学 1996 [M]. 上海：上海人民出版社，1998：250.

样做，否则，我们及地球上的大多数生命都将难以逃脱毁灭的命运。"① 不过，后现代主义的文化批判与反思已不再只局限于从外在形式上历数现代性所造成的人的异化、物化及人类生存危机等方面的罪状，而是深入现代性的内核，从根基层面对其支点予以摧毁。从这种意义上讲，后现代主义文化思潮是一种更为深刻的、更为彻底的文化批判与反思运动。

作为一种文化批判与反思思潮，后现代主义主要是以批判、否定现代工具理性主义文化为主线，对作为现代主义文化逻辑基点与特征的中心主义、本质主义及绝对客观性、同一性、普遍性、确定性予以解构和摧毁。作为一种与现代主义告别、决裂与重建的思维方式，后现代主义对现代主义文化的合理性、合法性提出质疑，对现代主义僵化教条的、霸权式的思维方式提出挑战，它"不再假定有一个绝对支点可以用来使真理和秩序合法化"②。"它的原则不是专家的同一性推理，而是发明家的谬误推理。"③ 它认同的是差异性、相对性、偶然性、不确定性、内在性，倡导多元、宽容、创造与自由，它宣判了理性与权威的死亡及现代性的终结。正是从这一角度上，后现代主义常常被理解为一种摧毁性运动或破坏性运动。对此，美国较早从事后现代主义研究的批评家哈桑（Ihab Hassan）在《后现代的转向》一书中对后现代主义概括出如下几方面特征：①不确定性。它包括多元论、反叛、随机性、分化、模糊和破裂。②破碎性。它包括对综合和总体性的不信任。③反正统性。对权威的挑战是其重要内容。④非我性。抛弃将主体等同于实体的传统。⑤内在性。反对超验性，强调心灵与语言的自生能力。鉴于上述特征，哈桑认为，后现代主义的核心特征是它的破坏性。他还对这种特征予以了较为形象的解释："后现代主义总是毁弃他人已建构之物。"④

无疑，一种思维方式及态度的转换，必然始于对原有思维方式及态度的超越，没有超越，建构就无立足之地。后现代主义文化思潮兴起之时，必然要给人留下较深的解构与摧毁的印象。像利奥塔、德里达、福柯、费耶阿本德等后现代主义思潮的主要发起人，其思想的确呈现出激进的批判与摧毁的倾向。但如果据此对这个与"复杂性和多样性有着不解之缘"的文化思潮过

---

① 大卫·雷·格里芬. 后现代科学——科学魅力的再现 [M]. 马季方，译. 北京：中央编译出版社，1998：序言.

② 王治河. 扑朔迷离的游戏——后现代哲学思潮研究 [M]. 北京：社会科学文献出版社，1998：9.

③ 宋全成，张志平，傅永军. 现代性的踪迹——启蒙时期的社会政治学 [M]. 济南：泰山出版社，1998：322.

④ 王治河. 扑朔迷离的游戏——后现代哲学思潮研究 [M]. 北京：社会科学文献出版社，1998：13.

早地盖棺定论，显然是武断的、草率的，不具有辩护性。况且，将后现代主义文化思潮的作为策略的解构与摧毁视为其目的，而漠视其策略背后的更为深刻的旨趣，则是对后现代主义思潮的严重误读，远远背离了其本意。因而，要理解后现代主义，只是了解它的解构、摧毁的策略是远远不够的，只有了解其批判的根本旨意，才能真正理解作为一种思维方式和态度的后现代主义文化思潮。否则，只从表面的话语表述来鉴别、定义后现代主义，那么，后现代主义思想家们所发出的诸如"……之死""……终结"之类的本来蕴涵着极为深刻哲理与潜在意义的慨叹或判断，必然会招致肤浅而庸俗的篡改与曲解。

后现代主义文化思潮绝不是仅仅停留于单纯而机械地否定的向度。反思与批判不仅潜存着某种建构性的立场与旨意，而且，从一定意义上讲，它本身就意味着一种建构。没有任何建构的反思与批判是不成立的、不存在的。事实上，"后现代主义是产生于现代资本主义社会内部的一种心态、一种社会文化思潮、一种生活方式。它旨在反省、批判和超越现代资本主义的'现代性'，即资本主义社会内部已占统治地位的思想、文化及其所继承的历史传统，提倡一种不断更新、永不满足、不止于形式和不追求固定结果的自我突破创造精神，试图为彻底重建人类的现有文化探索尽可能多元的创新道路"①。修正与重建作为后现代主义文化思潮的宗旨与使命，始终伴随着后现代主义文化思潮的发展进程。从激进的后现代主义对现代主义文化秋风扫落叶般的无情的摧毁，到建设性的后现代主义对现代主义文化"既爱又恨"的辩证否定，后现代主义文化思潮不仅孕育出鲜明的时代文化立场，而且也为未来文化的发展建构出了基本的原则性框架。后现代主义文化形态已初见端倪。"后现代思想家不仅是'操心之人'，更是直面现实的人。他们清醒地看到了人类目前所面临的核武器和环境这两个'足以毁灭世界的难题'，并试图解决这些难题，正是在追本溯源的过程中，他们发现，对于人类今日的不幸，现代性（主要是现代的思维方式）难咎其责。因而，挑战、批判现代性便成为后现代思想家的主要任务。"② 这便意味着，后现代主义者绝不是破坏者，而是拯救者。他们无情地鞭挞、拷问现代主义文化理念及思维方式，并试图勾画出一种全新的文化理路，以便重建人与世界、人与自然、人与人的关系。对此，大卫·伯姆教授曾建议，鉴于 20 世纪人类文化思想基石被动摇、整个世界秩序被瓦解成四分五裂的状况，"如果我们想通过一种有意义的方式得到拯救的话，就必须进行一场真正有创造力的全新的运动，一种

① 高宣扬. 后现代论 [M]. 北京：中国人民大学出版社，2005：前言.
② 大卫·雷·格里芬. 后现代精神 [M]. 王成兵，译. 北京：中央编译出版社，1998：序言.

最终在整个社会和全体个人意识中建立一种新秩序的运动。这种秩序将与现代秩序有天壤之别，就如同现代秩序与中世纪秩序有天壤之别一样。我们不可能退回到前现代秩序中去，我们必须在现代世界彻底自我毁灭和人们无能为力之前建立起一个后现代世界"①。从总体上讲，后现代主义文化思潮的建设性向度体现在文化立场及思维方式的转换，如从物道到人道、从科学到人文、从外在到内在、从绝对到相对、从一元到多元、从认同到创造、从给定到生成、从霸道到宽容、从无机到有机、从封闭到开放等，从而使后现代主义文化形态与现代主义文化形态形成鲜明的对照，也使现代性重写、重构变得必要与可能，并获得了支点与依据、逻辑与路径。

（二）反本质主义：后现代主义文化思潮的最强音

各种后现代学术范式无不是以探究逻辑的转换为起点的。而探究逻辑的转换则主要表现为思维方式的转换。从根本上讲，学术范式的后现代转换，就是思维方式的转换。新的思维方式的确立，必然是以一种批判性思维为前提条件的，没有反思与批判，就不可能有新的逻辑命题的生成。而后现代学术范式无不以对本质主义思维方式的反思与批判、消解与颠覆为基点。后现代主义者立志摧毁这个作为支点的基础与中心，超越各种各样的"给定性"存在，使人从绝对的、永恒的、客观的真理、公理、原则中解放出来，使社会从本质主义所营造的极权主义文化氛围的束缚中解脱出来。

后现代主义思潮对本质主义的颠覆主要集中在对诸如科学、真理、普遍性、客观性等用于支撑本质主义的核心命题的解构。在后现代主义者看来，根本就不存在绝对的、不以时间和地点为转移的、放之四海而皆准的真理与方法。科学既不能给我们以绝对的真理，也不能探求永恒的规律。其原因在于那种作为为科学立法的、被奉若神明的前提的哲学话语，即所谓的"元叙述"，其本身也需要合法化证明。

后现代主义大师利奥塔认为，科学、艺术、文学等都是遵循一定"游戏规则"的话语活动。这些话语活动常常是在某个"宏大叙述"的制约下而建构起来的一套自圆其说的"元话语"。现代主义文化的知识大厦便是通过这种方式建构起来的，即凭借某种"宏大叙述"而使自身证明为合法，并被人们所认同。在他看来，自启蒙运动以来所有的"宏大叙述"现都已失去了其原有的可信性，于是便产生了"知识合理性危机"。后现代的态度就是对已有的"元叙述"的怀疑与解构。利奥塔将后现代定义为针对"元叙述"

---

① 大卫·雷·格里芬. 后现代科学——科学魅力的再现 [M]. 马季方，译. 北京：中央编译出版社，1998：83.

的怀疑态度，并认为这种不信任态度是科学进步的产物。他断言，"现已到了必须强调意见冲突的时候了"，"一致的共识是一条永不可及的地平线"①。因此，他号召人们"对总体性开战。让我们做那不可表现的事物的证人；让我们激活分歧，挽救它的荣誉"②。

后现代主义大师福柯认为，根本就不存在指导人生的绝对真理、普遍性知识。他要帮助人们磨灭那些自明之理，将人们认为是确定的、绝对的东西一一消解，"以便使空洞的话语不再能如此轻率地脱口而出"③。通过对真理、知识背后的权力旨意及运作机制的揭示，福柯向人们展示了所谓客观、普适性知识与真理的真正面目及依据。在他看来，"科学"的产生与发展并不是一种纯粹的、客观的、中立的知识活动，它受意识形态的驱动，因而具有意识形态的功能。所谓的科学也好、真理也罢，本质上都是一种用于控制的支配性话语。对真理与谬误进行区分的主要依据之一，在于把支配性话语说成是客观的、科学的知识或真理，从而限制、压迫、排斥其他的话语。这就意味着，知识与真理都处于权力的网络中，知识与真理是通过权力获得存在价值的，真理和谬误是权力造出来的。因而，脱离权力的"纯"知识与真理是不存在的，存在的仅仅是一种现实的话语权力。那些被认同的、被允许存在的知识与真理其实都是作为一种权力话语而存在的。权力必然具有压迫性和排斥性的特点，作为权力的一种形式，知识与真理当然具有控制的作用。福柯通过揭示知识、真理背后的权力规约，旨在打破知识、真理客观性、永恒性和中立性神话。

后现代主义大师德里达认为："所有与基础、原理或中心相关的名称都指明某种不变的存在，如本质、生命本源、终极目的、实体、主体、真理、意识、上帝、人等。"④ 而这种绝对的支点、绝对的基础、绝对的中心和本源都是不存在的、无从寻觅的。在他看来，西方传统哲学思想都没有摆脱形而上学二元论的影响，都是逻各斯中心主义的。对"中心""本源""基础""在场"的追求，作为一条主线始终贯穿在西方哲学史和思想史之中。他认为，没有必要考虑这些"中心""基础""真理"，"真正地说，世界上并不

① 王治河. 扑朔迷离的游戏——后现代哲学思潮研究 [M]. 北京：社会科学文献出版社，1998：41.

② 包亚明. 后现代性与公正游戏——利奥塔访谈、书信录 [M]. 上海：上海人民出版社，1997：141.

③ 王治河. 扑朔迷离的游戏——后现代哲学思潮研究 [M]. 北京：社会科学文献出版社，1998：83.

④ 王治河. 扑朔迷离的游戏——后现代哲学思潮研究 [M]. 北京：社会科学文献出版社，1998：76.

存在那么一种东西，说它本质上就是一种真理，但是却有那仅能让人吃撑了生腻的真理"①。

后现代主义大师罗蒂认为，哲学需要一番"彻底的改变"。为此，他郑重宣布那种追问某些规范概念、寻求绝对真理，以便使人更好地服从这样的规范与真理的"大写的哲学"的终结。但罗蒂的"哲学的终结"并不是要取消哲学，而是哲学及文化的自我反思、批判与转向、重建。在罗蒂看来，没有人曾经得到过绝对的基础与客观的真理，也不存在指导我们的永恒的、中立的、超历史的框架。因而，对于"永恒化"的追求是注定要失败的，对于"客观化"的论证是自欺欺人的。他强烈要求人们放弃对某种绝对东西的寻找与追求。为了废黜以追求绝对、客观真理为存在依据与目的的哲学的王位和特权，并使这种王位的空缺成为常态，罗蒂宣告了"哲学的死亡"，即作为"规范"与"绝对真理"化身的哲学的终结，并倡导一种以对话、陶冶为前提与基础的"人的自我认识的科学"——解释学或后哲学，以促进不同范式之间的对话，增进人们对不可通约的敏感性。在罗蒂看来，真理只是对我们的前人所做的再解释的再解释，而我们的前人所做的再解释则是对他们的前人所做的再解释的再解释。② 因而，罗蒂的后哲学文化要求将对话"进行下去"，是一种渴望开放、理解、发现与创造的文化思想。它追求一种与以往具有完全不同内涵的合理性依据，即"宽忍，尊敬别人的观点，乐于倾听，依赖于说服而不是压服"③。

著名的建设性后现代主义思想家大卫·雷·格里芬认为，现代的二元论、还原论哲学实质上是一种"祛魅"哲学，它导致了科学的"祛魅"、世界的"祛魅"、自然的"祛魅"。他说："过去一百多年来，有一个被广泛接受的假设：科学必然和一种'祛魅'（disenchanted）的世界观联盟，其中没有宗教意义和道德价值。这种世界观或可称为'顽固自然主义'。它崇尚物质自然主义、决定论、还原论以及虚无主义，因而排斥自由、价值以及我们生活中对终极意义的信念。"④ 尤其是现代主义文化标榜"专注于探知事实（而不是价值）的现代自然科学方法是探知真理的唯一方法。换言之，神学、

① 王治河. 扑朔迷离的游戏——后现代哲学思潮研究 [M]. 北京：社会科学文献出版社，1998：55.

② 王治河. 扑朔迷离的游戏——后现代哲学思潮研究 [M]. 北京：社会科学文献出版社，1998：55.

③ 张国清. 中心与边缘——后现代主义思潮概论 [M]. 北京：中国社会科学出版社，1998：195.

④ 大卫·雷·格里芬. 后现代科学——科学魅力的再现 [M]. 马季方，译. 北京：中央编译出版社，1998：序言.

形而上学、伦理学和美学都不能提供具有真假属性的认知断言"①。这种机械论、决定论的取向，不仅将整个世界机械地还原为各种基本要素，并将其看作客观的、必然的，而且将人也视为一种物理机械装置、一部机器，将人的精神状态只当作中枢神经系统的物理状态，完全无视人的自主性、主观能动性及创造性，否定人的尊严、自由及心灵活动。于是，现代主义文化抛弃了内在的、超验性的旨趣与灵魂，导致现代人无暇、无意去关注所谓"虚幻"的彼岸世界，也不愿追问人生的终极意义。不仅如此，现代主义文化还"造就"了这样一种现代人的精神：统治、征服、控制、支配的欲望及对物质财富的盲信与崇拜。这样的文化、精神、社会氛围驱使现代人坚持这样的信条：人是经济动物，无限丰富的物质商品可以解决所有的人类问题，无限度地改善人的物质生活条件的欲望是人的内在本性。显然，看似神圣不可侵犯的、一向标榜为"真理"化身的科学与技术不过是人们贪婪地攫取财富的工具，"连即便是苍白的真理也没有带给我们"②。因此，在大卫·雷·格里芬看来，现代精神是一种虚假的精神或反精神，现代祛魅的、机械的科学与文化已走到了尽头，人类必须超越这种现代精神与文化，而走向后现代精神与文化。"它将改变现代性的个人主义和国家主义，不再让人类隶属于机器，不再让社会的、道德的、审美的、生态的考虑服从于经济利益。"③ 另一位建设性的后现代主义思想家乔·霍兰德也认为，现代性以试图解放人类的美好愿望为开端，却以对人类造成毁灭性威胁的结局而告终，"在现代理性主义社会中，用于指导技术发展方向的精神指南越来越难找到了"④。现代文化完全是按照机器的观点来塑造人类的经验，它"越来越严重地摧残着生命——自然生命、人类生命和精神生命，它的威胁会立即毁掉我们，或让我们慢慢地中毒而死……它使我们在庞大的政治和经济官僚体制面前变得无能为力。更为糟糕的是，它用政治和商业宣传代替宗教，以此毒害我们的价值系统"⑤。因而，"作为一种占支配地位的文明的观点，它已走到了尽头。它的巨大能量已经耗竭了。未来的文明的文化框架将拥有另一种观点"⑥。为此，后现代主义强烈呼吁超越现代主义的立场、思维方式，走向后现代的世界观、方法论。尽管现代主义文化依然是强大的、根深蒂固的，但它同样是历

---

① 大卫·雷·格里芬. 后现代精神 [M]. 王成兵，译. 北京：中央编译出版社，1998：8-9.
② 大卫·雷·格里芬. 后现代科学——科学魅力的再现 [M]. 马季方，译. 北京：中央编译出版社，1998：4.
③ 大卫·雷·格里芬. 后现代精神 [M]. 王成兵，译. 北京：中央编译出版社，1998：3.
④ 大卫·雷·格里芬. 后现代精神 [M]. 王成兵，译. 北京：中央编译出版社，1998：65.
⑤ 大卫·雷·格里芬. 后现代精神 [M]. 王成兵，译. 北京：中央编译出版社，1998：91.
⑥ 大卫·雷·格里芬. 后现代精神 [M]. 王成兵，译. 北京：中央编译出版社，1998：91.

史的、社会发展阶段的结果。"如果在为了前现代的思维方式而放弃现代科学时，既没有正当的认识理由，也没有正当的价值理由，但是同时，如果现代科学的状况和价值观威胁到了当代文明的精神健康，甚至间接地威胁了当代文明的生存，那么我们最大的希望莫过于盼望出现一种科学的后现代形式。"①

总之，后现代思想家普遍认为，根本不存在所谓的绝对性真理、客观性知识、普遍性方法与永恒性定理。他们立志摧毁作为现代主义文化支点的基础与中心，将人们认为是确定的、绝对的东西——消解，以便消除由来已久的、根深蒂固的本质主义思维方式。

（三）走向修正与折中的"第三种形而上学"

众多的研究者常常只从否定性与解构性向度理解、定位后现代主义，"对于后现代主义所蕴含的积极的、肯定的、建设性的内涵，也就是说对于它的建设性的向度则鲜有考察，以致在对后现代主义的理解上多少已经形成这样一种思维定势：后现代主义是专讲摧毁和否定的，因此是否定主义的、悲观主义的和虚无主义的"②。显然，这样的理解与定位是不客观的。事实上，后现代主义绝不能仅仅被理解为一种否定性理论，它根本就不是"一种"理论，而是"一群"理论。就理论与思维元素意义而言，在这一理论集群中，既有解构的，也有建构的；既有否定的，也有肯定的；既有激进的，也有修正的；既有积极的，也有消极的。因而，任何一种声音与取向、立场与方法、结论与定位，都难以解释、评判后现代主义。"假如我们真的想要能够谈论后现代主义的话，那么就有必要针对各不相同的、甚至矛盾的关于后现代主义的各种阐述，区分出后现代主义的各种倾向。"③

就后现代主义的理论追求与实践立场而言，摧毁、批判与解构并不是后现代主义文化思潮的本意、目的与宗旨，尤其不是处于形成之中的后现代主义文化思潮的新近立场、思维与信条，尽管它曾经留给人的印象或许如此，尽管在其初始阶段或许曾如此，尽管其个别的理论家、倡议者或许确实如此。如今，校正、摆脱了酝酿、兴起阶段的激进姿态与状态而日趋成熟的后现代主义文化思潮，已经呈现出一幅颇具建设性、辩证性品质及发展趋势的全新面貌与愿景。现代社会所遭遇的无论是思想观念上的困惑还是社会实践

---

① 大卫·雷·格里芬. 后现代科学——科学魅力的再现 [M]. 马季方，译. 北京：中央编译出版社，1998：129.

② 大卫·雷·格里芬. 后现代精神 [M]. 王成兵，译. 北京：中央编译出版社，1998：代序.

③ 波林·罗斯诺. 后现代主义与社会科学 [M]. 张国清，译. 上海：上海译文出版社，1998：18.

中的困境，或许都能在后现代主义文化思潮那里获得启迪，甚至找到问题解决的办法与出路。任何企图完全拒绝或彻底否定后现代主义文化思潮，都是一件十分困难的事情，也是缺乏理性的表现。原因很简单，后现代主义文化思潮在批判、解构现代主义文化逻辑、立场、信条与方法后，不仅没有停滞不前，而且更为重要的是，它没有走向现代主义文化的反面而滑入另一个极端，它不是以极端的思维方式与立场来建构新的哲学信条与方法论体系。"后现代主义作为一种具有丰富、复杂的思想和理论内涵，在当代西方有重大影响的哲学文化思潮，不仅有摧毁、解构、否定性的一面，而且蕴含着积极的、肯定的、建构性内涵。"[①] 后现代主义尤其是建设性的后现代主义文化思潮，并不是又一种"顾头不顾尾"的、矫枉过正的哲学流派，而是一种走向修正、折中的"第三种形而上学"。其建设向度主要是基于对二元论、机械论、决定论、还原论、实证论等现代主义文化核心逻辑、立场、原则、方法等要素的批判基础上，通过修正与折中的方法建构一种整体的、有机的、包容的、辩证的哲学方法论。

在建设性后现代思想家看来，当今世界迫切需要整合精神、整合意识、整合立场，把各种被肢解的知识、理念、逻辑、方法整合为一种综合性的理论，"今天生态危机和经济全球化已经使人切身地感受到，忽视作为一个整体的宇宙，在理论和实践层面都带来了巨大的灾难。在这种背景下，建设性后现代主义和怀特海的过程哲学或机体哲学便以其整体性、生成性、共生性、多元性、创造性、开放性、内在相关性、互依互动性和现实关怀性等特质，日益成为世界哲学中的一门显学"[②]。因此可以说，后现代主义尤其是建设性的后现代主义文化立场、信条、原则、思维等不仅预示着、标志着人类文化精神的未来发展趋势，而且必将成为甚至已经成为人类社会精神文化各个领域、生产实践及生活方式的"真实写照"。正如有学者所言："后现代主义以其创造性和批判性相结合的精神，不仅在人文社会科学各学科中迅速传布，而且也渗透到社会文化生活的各个领域，甚至影响到西方人日常生活方式及其品味风格。不管人们对后现代主义采取什么样的不同态度，后现代主义确实已经全面冲击整个西方社会和文化以及生活的结构，特别是影响到人们的精神面貌和生活风格，迫使人们不得不重新思考有关西方社会和文化的各种重大问题。"[③] 显然，如果缺乏建设性与创造性、针对性与指导性，后现代主义文化思潮就不可能赢得如此广泛而深刻的具有里程碑意义的历史性

① 王治河. 后现代主义的建设向度 [J]. 中国社会科学，1997（1）.

② 王治河，樊美筠. 第二次启蒙 [M]. 北京：北京大学出版社，2011：454.

③ 高宣扬. 后现代论 [M]. 北京：中国人民大学出版社，2005：前言.

影响。后现代主义的建设向度在人类的文化精神与社会实践各个领域均有所体现，而就哲学方法论而言，其建设向度突出地表现为以下几方面。

1. 整体有机论

基于对现代主义机械论、还原论的批判与解构，建设性的后现代主义以怀特海的过程哲学为理论基础与立论依据，构建一种超越各种哲学派别"门户之见"的、能够兼容各种"局域性"方法合理成分的综合性的、整体性的、有机的世界观与方法论体系，致力于现代性的"重写"工作。

后现代的整体有机论由整体论和有机论构成。建设性后现代主义认为，在20世纪，现代主义文化思想的基石被彻底动摇了，即便它在技术上取得了最伟大的胜利。机械主义、还原主义世界观与方法论使现代主义文化的根基被瓦解了，成为一种"无根基"的文化。"瓦解的标志是，人们普遍认为生命的普遍意义作为一个整体已不复存在了。这种意义的丧失是一个十分严重的问题，因为意义在此指的是价值的基础。没有了这个基础，还有什么能够鼓舞人们向着具有更高价值的共同目标而共同奋斗？只停留在解决科学和技术难题的层次上，或即便把它们推向一个新的领域，都是一个肤浅和狭隘的目标，很难真正吸引住大多数人。它不能释放出人类最高和最广泛的创造能量，而没有这种能量的释放，人类就陷入渺小和昙花一现的境地。从短时期看，它导致了不利于生产力发展的毫无意义的活动，从长远看，它正把人类推向自我毁灭的边缘。"① 针对机械论与还原论的弊端与危害，建设性后现代主义着力论证了整体有机论世界观与方法论。

在建设性后现代主义看来，"片断性的思维正导致现实逐渐分裂成为无序的、不协调的和毁灭性的行为"②。因而迫切需要探索一种能够带来有序、和谐、具有创造力的整体性世界观与思维方式，以替代严重缺乏意义与价值关怀的机械论、还原论思维方式与方法论。大卫·伯姆认为："那种认为世界完全独立于我们的存在之外的观点，那种认为我们与世界仅仅存在着外在的'相互作用'的观点，都是错误的。"③ 整体论的基本立场是相互包含与内在联系，其基本要义是：整体不仅仅由部分组成，而且还包含于每一部分之中。同样，部分之间也是以某种形式彼此相互包含。"万物都是通过相互的包含而彼此具有内在联系的。整个世界，无论社会还是自然界，显然也是

---

① 大卫·雷·格里芬. 后现代科学——科学魅力的再现 [M]. 马季方，译. 北京：中央编译出版社，1998：82.

② 大卫·雷·格里芬. 后现代科学——科学魅力的再现 [M]. 马季方，译. 北京：中央编译出版社，1998：94.

③ 大卫·雷·格里芬. 后现代科学——科学魅力的再现 [M]. 马季方，译. 北京：中央编译出版社，1998：95.

通过我们意识中的包含性与我们的思维过程有着内在联系的。"① 显然，这种世界观与方法论的转变具有十分重要的时代意义。它不仅改变了我们认识事物与问题的立场、态度与角度，而且改变了我们社会实践活动的方法与行为方式，更为重要的是它为我们消除现代主义文化带给人类的种种灾难与毁灭、消解日益激烈的对抗与冲突、阻止肆意地破坏与掠夺行为等带来了希望与可能。对此，大卫·伯姆认为："如果我们把世界看作是与我们相分离的，是由一些计算操纵的、由互不相关的部分组成的，那么我们就会成为孤立的人，我们待人接物的动机也将是操纵与计算。但是，如果我们能够获得一种对整个世界的直觉的和想像的感觉，认为它有着一种包含于我们之中的秩序，我们就会感觉到自己与世界融为一体了。我们将不再只满足于为了自己的利益而机械地操纵世界，而会对它怀有发自内心的爱。我们将像对待我们至爱之人一样呵护它，使它包含在我们之中，成为我们不可分割的一部分。"② 另一位后现代学者大卫·施沃伦则强调："随着新技术将世界上所有的国家的距离拉得越来越近，所有事物之间的内在的相互联系便成为不可避免的。随着肤浅的分离现象被我们都是不可避免地与生活联系在一起的观念所替代，整体思维的好处便会被人们所体认。"③ 无疑，这种整体论的世界观与方法论，必将消除由来已久的种种分裂、分离现象，必将引发人类的精神文化、科学技术以及社会实践等各个领域里的深刻变革。

除了以整体论的世界观、方法论超越机械论与还原论，后现代主义还从有机论的立场及思维方式消解机械论与还原论，重建人与自然、人与社会、人与人之间的关系，以促使科学与世界的"返魅"，促使有机的、和谐的、统一的意义世界的生成。

针对经典科学本体论的机械主义的逻辑、原则与品质，后现代有机论主张自然、社会、人的有机存在、有机联系。后现代主义借用了马克斯·韦伯的"祛魅"一词，认为现代性导致了祛魅的世界观。韦伯曾说："我们时代的命运是以理性化和唯理智化为特征的，其最主要表现就是'世界的祛魅'，［因而］，我们可以肯定地说，最终和最高尚的价值已经从公共生活中消失了。"④ 无疑，"这种祛魅的世界观既是现代科学的依据，又是现代科学产生

① 大卫·雷·格里芬. 后现代科学——科学魅力的再现 [M]. 马季方，译. 北京：中央编译出版社，1998：94.
② 大卫·雷·格里芬. 后现代科学——科学魅力的再现 [M]. 马季方，译. 北京：中央编译出版社，1998：94-95.
③ 王治河，樊美筠. 第二次启蒙 [M]. 北京：北京大学出版社，2011：403.
④ 大卫·雷·格里芬. 后现代精神 [M]. 王成兵，译. 北京：中央编译出版社，1998：37.

的先决条件，并几乎被一致认为是科学本身的结果和前提"①。祛魅的世界观主要表现为认识论层面的自然的祛魅、科学的祛魅及方法论层面的机械主义。自然的祛魅意味着否认自然具有任何主体性、经验和感觉。也就是说，自然不具备任何特质，不存在目的与目标，不存在任何价值与意义。于是，自然成了纯粹的认识与改造的客体。相对自然而言，人变成了绝对的主体，而科学则变成了绝对中立的、"价值无涉"的事情。所有赋予自然以目的、价值与意义的认识及思维，都是与科学相悖的。"科学方法的基础是假设自然是客观的。换句话说，即系统地否认'真正的'知识可以通过用目的因（即'目标'）解释现象来得到。"② 于是，在认识自然与改造自然的过程中，机械主义、还原主义的立场与方法"使我们具有一种对待我们周围环境'无所谓'的态度，同时由于贬低了经验的质的方面和精神的地位在宇宙间的失落，它还使我们与我们居住的宇宙处于深深的对立之中"③。将人凌驾于自然之上，为了人自身的利益而征服自然、控制自然、操纵自然、随心所欲地改造自然，甚至肆意破坏自然的人类中心主义、个人主义的滋生与蔓延，便是这种无机的、祛魅的世界观与方法论使然。

后现代有机论坚持"所有原初的个体都是有机体，都具有哪怕是些许的目的因"④。不仅如此，所有的事物都是主体，所有的生物都是生命的核心，人和自然都是有机整体的一部分。那种认为人是有机的、是主体，而自然是无机的、是客体的认识与观念，不仅是错误的，而且是十分有害的。"万事万物都既是主体，又是客体，人类也不例外。"⑤ 也就是说，人与自然互为主体，密切相联，不可分割。有机性、依赖性品质使人类在关注自身的幸福与利益的同时必须同样关注自然的健康、地球的健康。"人是地球生命的一部分。当人们思考地球共同体时，他们是正在思考自身的地球。与此相联系，'人不是世间唯一的主体'，因为自然也是主体，自然是'自我'扩展了的边界。宇宙是我们的场，我们的根据，我们的存在。我们所有的努力都是地

① 大卫·雷·格里芬. 后现代科学——科学魅力的再现 [M]. 马季方，译. 北京：中央编译出版社，1998：2.
② 大卫·雷·格里芬. 后现代科学——科学魅力的再现 [M]. 马季方，译. 北京：中央编译出版社，1998：5.
③ 大卫·雷·格里芬. 后现代科学——科学魅力的再现 [M]. 马季方，译. 北京：中央编译出版社，1998：126.
④ 大卫·雷·格里芬. 后现代科学——科学魅力的再现 [M]. 马季方，译. 北京：中央编译出版社，1998：32.
⑤ 大卫·雷·格里芬. 后现代科学——科学魅力的再现 [M]. 马季方，译. 北京：中央编译出版社，1998：152－153.

球共同体的衍生物。用托马斯·柏瑞（Tomas Berry）的话说就是：地球是大系统、大教育者、大医治者、大组织者、大艺术家、大实验者以及宇宙新奇性和连续性的大融合。"① 无疑，人类不可能脱离自然，更不可能依靠对自然的无节制地、无禁忌地"开发"与掠夺而获得无限的益处。恩格斯早就发出过严正警告："不要过分陶醉于我们对自然的胜利，对于每一次这样的胜利，自然界都报复了我们。"② 如今，在历经了无数次这样的报复后，为了挽救已经十分脆弱的自然环境，以及我们所生存于其中的"病态"世界，后现代有机论警示人们在人与自然的关系上必须消除由来已久的敌对关系、冷漠关系、机械关系，强烈呼吁人们信奉有机论，倡导、推崇生态主义与绿色运动。或许这种有机论世界观与方法论还缺乏充分的、科学的论据与严谨的逻辑论证，甚至还有泛灵论之嫌，但对于我们探索超越机械论与还原论的方法与道路，无疑富有启发性与建设性，更重要的是，对于我们爱护自然、保护环境、敬畏生命，实现社会科学发展、健康发展、可持续发展具有十分重要的现实意义。

2. 辩证否定论

后现代主义留给人最直接的印象无疑是否定，似乎怀疑、消解、解构、终结、摧毁甚至破坏，是后现代的基本内涵、基本特征、基本方式、基本语言与基本立场，甚至人们普遍觉得后现代主义只知道无所顾忌地否定，没完没了地摧毁，不仅缺乏建树，而且缺乏充分的、客观的依据，缺乏理性精神与科学态度，缺乏指引性与价值性，是消极的、颓废的、悲观的、玩世不恭的。因而，后现代主义更多地遭受到不幸的、粗暴的、武断的排斥与否定。当然，这种否定的印象并非无中生有、捕风捉影。笼统地讲，后现代主义的确存在否定主义、怀疑主义、反理性主义的倾向与问题，但这并不意味着后现代主义原本如此、全部如此、永远如此。对此，王治河先生认为，有否定主义、怀疑主义和虚无主义倾向并不等于就是否定主义、怀疑主义和虚无主义。后现代主义与否定主义至少有两点本质上的不同："其一，否定主义的'否定'是为了否定而否定，否定就是一切，否定本身就是目的，而后现代主义所讲的'否定'则是有关怀的，它反对任何假定的'大前提'、'绝对的基础'、'唯一的中心'、'单一的视角'，向一切人类迄今为止所视作究竟至极的东西挑战，其目的是为了解放人们的思想，拓宽人们的视野，为人们争得自由。'自由原则'可以说是后现代思想家的'最高原则'。其二，从方法论上看，否定主义的'否定'就是绝对的拒斥，就是简单地说'不'，

① 王治河. 后现代哲学思潮研究 [M]. 北京：北京大学出版社，2006：306-307.
② 马克思恩格斯全集：第29卷 [M]. 北京：人民出版社，1985：519.

而后现代主义讲的'否定'在某种意义上则可以说是一种'辩证的否定'。前者导向虚无主义，后者导致思想的解放。"①

当然，不能否定有些激进的后现代主义者的全盘否定立场与观点，但这种激进的全盘否定倾向并不能代表后现代主义。后现代主义并不是一种简单、主题单一、边界清晰的哲学流派。无论就涉及领域、研究内容、思想观念、指导思想还是研究人员、研究方法，后现代主义文化思潮都存在巨大差异，显得异常复杂。因而，对后现代主义的研究与把握应明确以下几方面的立场与方法。

其一，后现代主义不是哪个后现代思想家的思想所能代表的；

其二，后现代主义不是哪个维度的后现代思想所能囊括的；

其三，后现代主义并没有停留在起始阶段的信条、立场与方法，更不是一个完成时态，而是处于形成之中；

其四，对后现代主义研究不应只是"客观地"梳理与描述，而应根据不同维度思想家的思想观念进行综合分析与建构。

无疑，否定是后现代主义产生、发展的前提与基础，没有否定就没有后现代主义。然而，与以往的基于二元论立场的否定性思维方式不同，后现代主义尤其是建设性的后现代主义的否定却不是立足于对立与排斥立场的全盘否定，而是立足于建构主义立场的辩证否定。尽管后现代主义的辩证否定论并不是所有后现代主义者的共同立场与方法，但却是后现代主义文化思潮的主流理念与思想路线，并代表后现代主义的发展趋势、方位与坐标。辩证否定意味着后现代主义与现代主义是一种既批判又继承的关系。辩证否定使后现代主义对现代主义由侧重解构转向侧重重构，从而使后现代主义的发展步入对现代主义的超越、扬弃之路。

判断后现代主义对现代主义的否定是否是辩证的否定，关键在于后现代主义是否具有继承性与发展性、方向性与指引性品质。具体地说，在对现代主义的否定过程中，无论在目的与内容上还是在方法与立场上，后现代主义的否定都呈现出明显的辩证否定品质。

首先，就否定的目的与内容而言，后现代主义的否定不是为了否定而否定，而是为了寻找出路。后现代主义不只是"学说"，更重要的是"道路"。后现代主义首先产生于对"现代病"的诊断，继而在对现代主义理论进行症结归因的过程中批判、解构现代主义的世界观与方法论。在后现代主义看来，超越现代性已成为历史的必然，"理由有两点：其一，从事实上看，有

① 王治河. 后现代主义的建设向度 [J]. 中国社会科学, 1997 (1).

越来越多的证据告诉我们，现代世界观（集中体现为现代科学世界观）与人类的整体经验不相符；其二，从价值上看，现代世界观的后果从许多方面上讲，对于人类、对于我们的社会、对于我们的星球并无裨益"①。以此为依据，后现代主义试图通过超越现代机械论、还原论的思维方式，使人类摆脱"机械的、科学化的、二元论的、家长式的、欧洲中心论的、人类中心论的、穷兵黩武的和还原的世界"②，建立一种完整的、有机的、和谐的意义世界。为了实现人类社会这一美好的愿景，后现代主义从根本上拒绝以对抗、排斥为显著特征的现代主义思维方式，努力探索一条折中式的、辩证性的"第三条道路"。后现代思想家霍伊为澄清人们对后现代主义的误解，曾为后现代主义做出这样的辩护："后现代并非'无方向感'，它不仅与'什么都行'（anything goes）的无政府主义无缘，而且也与'一切都无意义'（nothing matters）的虚无主义了无相涉。"③ 可见，为社会的发展明确历史方位与使命、指明发展方向与路径，才是后现代主义对现代主义否定的主要目的与内容。后现代主义思想家深知，现代主义机械论、还原论世界观与方法论所必然造成的二元对立思维方式、信条、立场与方法，都是极端的、片面的，而超越之路的关键就在于立足于辩证否定与扬弃方法基础上的重构与再概念化。因而，后现代主义对现代主义的否定并不是要建立一种与现代主义完全对立的学术门户，而是在诸如科学技术、文化、教育等各个领域直面现代社会的种种问题、危机与挑战，为人类社会克服现代性病疾、摆脱发展困境、战胜可能的毁灭性灾难寻找出路。例如，在科学技术领域，后现代主义首先高度评价、充分肯定了现代科学技术发展的非凡成就及带给人类的巨大进步，认为现代科学技术"使我们过上了一种现代物质文明的生活，而且也帮助我们摆脱了愚昧和褊狭，使我们过上了一种有尊严的生活。从这个意义上可以说怎么赞誉科学都不嫌过分"④。然而，在带给人类巨大益处的同时，因为缺少道德与伦理基础、缺少神圣与人性品质、缺少科学精神与人文关怀，科学也带给人类空前严峻的生存危机与挑战。为此，后现代主义倡导有机的、人性的、伦理的、神圣的科学观，从而形成了后现代科学。同样，立足于有机、生态、伦理、和谐、共生、关怀等原则与立场，后现代主义还在理论层面建构起了后现代文化、后现代教育、后现代生活、后现代农业、后现代商业、后现代法律等，为人类社会的发展开辟了广阔的、崭新的后现代

① 王治河. 后现代哲学思潮研究［M］. 北京：北京大学出版社，2006：291.
② 王治河. 后现代哲学思潮研究［M］. 北京：北京大学出版社，2006：292.
③ 王治河. 作为一种生活方式的后现代主义［J］. 北京大学学报：哲学社会科学版，2006（5）.
④ 王治河，樊美筠. 第二次启蒙［M］. 北京：北京大学出版社，2011：290.

之路。

其次，就否定的方法与立场而言，后现代主义的否定不是对抗性、排斥性、全盘性的否定，而是"局限性"的否定、继承性的否定、建构性的否定。因而，后现代主义尤其是建设性后现代主义的否定更多地表现为完善、补充与重写。正如有学者所言："后现代主义是孕育于现代性中，并从现代性吸取养料而又试图超越现代性的复杂事物。"①

否定是变革的前提基础与决定性因素，没有否定就没有变革与发展。然而，并不是什么样的否定都具有同样的变革与发展效果。否定的方式与立场主要表现为两种类型：辩证的否定方式与立场以及形而上学的否定方式与立场。辩证的否定方式与立场立足于发展的、变化的、联系的逻辑前提，坚持否定是事物内在矛盾所引起的自我否定，否定是重要的发展环节和联系环节，是包含肯定的否定，是扬弃。而形而上学的否定方式与立场立足于绝对的、孤立的、静止的理论设定，坚持否定不是事物的自我否定，而是外力作用的结果。它把肯定和否定绝对对立起来，要么肯定要么否定，否定就是否定，不存在肯定的否定，而否定就是全盘抛弃。这种否定方式与立场的典型表现即"非左即右"的二元对立式的否定。它不仅割断了事物的联系，也中断了事物的发展。显然，二元对立是现代学术研究与社会实践中普遍遵循的立场与方法。后现代主义则旗帜鲜明地反对二元论，认为二元论是"不可理喻的"。② 因而，他们坚持辩证的否定方式与立场，对现代主义进行解构、改造与发展。对此，大卫·雷·格里芬强调，后现代主义指出现代概念的破坏因素并非反现代。他说："现代概念有无数的进步因素，它们并不因为其消极方面而被抛弃。西方世界的建设性的后现代思想是要保存现代概念中的精华，同时克服其消极影响。"③ 他还指出："建设性的或修正的后现代主义是一种科学的、道德的、美学的和宗教的知觉的新体系。它并不反对科学本身，而是反对那种允许现代自然科学数据单独参与建构我们世界观的科学主义。"④ 很显然，后现代主义的否定缘起于现代主义理论的局限性、片面性、对抗性品质及其消极的、负面的实践效果与影响，并试图通过舍弃、修正与补充的方式使其机械的、僵化的、绝对的立场与思维方式得到纠正。比如，

---

① 高宣阳. 后现代论 [M]. 北京：中国人民大学出版社，2005：99.
② 大卫·雷·格里芬. 后现代科学——科学魅力的再现 [M]. 马季方，译. 北京：中央编译出版社，1998：30.
③ 大卫·雷·格里芬. 后现代科学——科学魅力的再现 [M]. 马季方，译. 北京：中央编译出版社，1998：序言.
④ 大卫·雷·格里芬. 后现代科学——科学魅力的再现 [M]. 马季方，译. 北京：中央编译出版社，1998：序言.

针对现代主义还原论的分析方法的弊端，后现代主义提出了整体论方法。但这种整体论的方法不仅不排斥分析，而且将综合与分析融合于一体，"它包容、运用、吸收了现代所有严格的分析技巧，但它并不停顿在分析上，而是克服分析法的缺陷，在更高基础上达到综合。他们认为，分析和综合都不能片面使用，相反，必须把这两者辩证地统一起来。打个比喻，只见树木，固然不见森林，但只见森林，也就无法清楚地看见树木。在这个问题上偏向任何一边，都是不正确的，形而上学的。所以，奥德姆教授说：'任何一个层面上的发现，都有助于另一个层面上的研究，但决不能完全解释那一层面的现象。'"①

建设性后现代主义者王治河先生曾深刻地阐述后现代主义的辩证否定方式与立场。他认为："后现代主义与现代主义（包括传统）的关系绝非是一种'有他没我，有我没他'的对立关系，而是一种复杂的 ambivalent（既爱又恨的）关系。后现代主义要否定的并不是现代主义的存在，而是它的霸权，不是它的优点而是它的局限。它欣赏现代化给人们带来的物质和精神方面的进步，同时又对现代化的负面影响深恶痛绝。这种'既爱又恨'的关系决定了后现代主义对现代主义的否定不是机械的否定，而是某种程度的辩证否定。"② 显然，后现代主义并未完全彻底地抛弃、否定现代主义。它要超越现代主义、告别现代主义，并不意味着走向现代主义的反面、与现代主义形成对抗状态，而是要完善现代性。从这种意义上讲，后现代主义也可称为"重写的现代主义"或"重建的现代主义"。

3. 生成创造论

提倡生成与创造是异常复杂、充满歧异、难以体系化的后现代主义阵营难得一致的坚定立场与显著的思维特征、发展特征、实践特征，是后现代主义对现代主义批判与超越的轴心原则、核心内容与关键举措。无论是所谓激进的后现代主义还是建设性的后现代主义，无不猛烈抨击、批判本质主义方法论，极力倡导生成创造论。对此，王治河先生认为："在后现代主义多声部的大合唱中，创造的旋律始终占据着一个十分重要的地位，可以说，倡导创造性是后现代主义的一个极为重要的特征。"③ 毫无疑问，对生成创造的热衷是后现代主义共同的立场与追求。后现代主义对生成创造论的热衷与倡导，缘起于并立足于对现代主义文化核心立场、方法——本质主义的摧毁与

---

① 吴伟富. 论第三种形而上学——建设性后现代主义哲学研究 [M]. 上海：学林出版社，2002：40.

② 王治河. 后现代主义的建设向度 [J]. 中国社会科学，1997（1）.

③ 大卫·雷·格里芬. 后现代精神 [M]. 王成兵，译. 北京：中央编译出版社，1998：代序.

消解。

　　作为现代主义文化及其学术范式支撑与标志的本质主义，赋予了现代主义文化普遍性、客观性、永恒性、绝对性、同一性等品质与特点、逻辑与标准。显然，这种决定论的思维方式、原则与方法使现代主义文化从根本上排斥、拒绝生成与创新。而后现代主义在本性上拒斥确定性、普遍性和认同性的现代主义思维方式，否认终极本原、终极基础、终极本质的存在，认为"不存在理论上中立的事实集合，不存在绝对的清楚明白，不存在直接的给定，不存在永恒的理性结构"①。也就是说，任何事物都不存在一个先天的本质、基础。如果一定要对事物与现象进行所谓的本质性定位，那么，这种被称为本质的东西也只是人创造与解释的结果。

　　现代本质主义的一个突出的不良后果是唯科学主义世界观与方法论。它不仅使科学丧失了原有的和本应具有的伦理的、价值的、理性的、批判的、解放的、自由的精神品质与生成创造性取向，而且成为一种具有统治、控制与操纵功能的意识形态，成为一种束缚创新、阻碍思想解放的文化霸权。无疑，在人们一贯的思想观念及思维方式中，科学技术与意识形态是尖锐对立、水火不容的，更为重要的是，科学理性曾将人从神道肆虐的黑暗世界中解放出来。然而，随着科学技术力量的无限扩张，其作用性质也逐渐发生了变化。对此，法兰克福学派经过对现代科学技术的本质及效果进行深层次的解剖、透析后，得出了"科学技术是意识形态"的结论，并认为这种新的意识形态正逐渐取代旧意识形态，成为发达工业社会中占据统治与支配地位的意识形态。它无孔不入地渗透到社会生活的各个方面，其作用"比之旧的意识形态更加难以抗拒，且所涉及范围更广"②。同样，后现代主义将科学霸权主义视为现代科学局限的主要表征之一。在后现代主义看来，"具有讽刺意味的是：一方面，正是在科学反抗神学的霸权，带领人们走出愚昧之谷的过程中，科学建立了自身的霸权，使自身成了新的神话，新的膜拜对象。科学所不予承认的东西，在我们的文化中便不被认为是知识。对科学的崇拜使得科学家们成为人类唯一的公认立法者"③。于是，人成为"给定性"的存在。科学霸权主义从根本上消解了人的个性与创造性。"科学和技术产生了一个狂热信奉下列座右铭的社会：'一致和稳定'。个性已被抛弃。人类通过大规模生产方式而被制造出来，习惯于接受其社会地位。从婴儿时期起，'贝塔'工人就被反复地训导：'我很高兴，因为我是一名贝塔'。而其他社会阶层，

---

①　王治河. 后现代哲学思潮研究 [M]. 北京：北京大学出版社，2006：83.
②　欧力同. 哈贝马斯的"批判理论" [M]. 重庆：重庆出版社，1997：377.
③　王治河，樊美筠. 第二次启蒙 [M]. 北京：北京大学出版社，2011：290－291.

从高智商的知识分子到智力最低下的白痴，也同样地习惯于接受其社会地位。"① 为此，后现代主义立志摧毁科学主义神话，消解科学霸权主义，并使人从科学的奴役状态中解放出来，使其成为一个个性化存在、创造性存在。

后现代主义认为，生成、创造乃人之"天性"，"从根本说，我们是'创造性'的存在物，每个人都体现了创造性的能量，人类作为整体显然最大限度地体现了这种创造性的能量（至少在这个星球上如此）。我们从他人那里接受创造性的奉献，这种接受性同许多接受性价值（例如食物、水、空气、审美和性快感等）一起构成了我们本性的一个基本方面。但是，我们同时又是创造性的存在物，我们需要实现我们的潜能，依靠我们自己去获得某些东西。更进一步说，我们需要对他人做出贡献，这种动机和接受性需要及成就需要一样，也是人类本性的基本方面"②。因而，后现代思想家尤其主张创意性存在、创意性生活、创意性实践、创意性态度、创意性精神，并将生成、创造看作每一个人的品格、存在状态、生活方式与行为方式。人"'活着就是去创造'。'创造'是'每个人的主要需求'，而'对创造性的阻遏'最终将导致'文明的毁灭'"③。他们曾告诫决策者们："工人不仅仅是'工人'，他们首先是人，因而他们需要从工作中获得某种满足感，需要创造性地行事；需要感觉到他们对某些事情做出了有价值的贡献；需要参与公司的决策程序。"④ 为此，他们鼓励人们树立创造理想、创造信心，寻找、把握创造的机会，开拓新领域，尝试新思维，解决新问题，实现新跨越。在后现代思想家看来，生成、创造并非只局限于专业化领域，也不是少数专业化人物才具备的"才能"与"特权"。生成、创造孕育于生活的方方面面，"生活本身就是活生生的创造……生活的真正乐趣就在于创造"⑤。为此，他们呼吁要赋予每一个人创造的权利与机会，激发每一个人的创造热情与才能。

对生成、创造的推崇使后现代主义思想家普遍"不满现代人对现实性的迷恋，而标举'可能性'"⑥。为此，他们极力反对建立在某种霸权性的、固定不变基础上的强制性力量与强制性关系，认为后现代的前景依赖人类的首创精神，走向后现代就要敢于坚持异议，而不墨守成规，探索各种可能的思想、立场、道路与方法。为此，他们不仅呼吁、倡导每一个人树立创造精

　　① 大卫·雷·格里芬. 后现代科学——科学魅力的再现 [M]. 马季方，译. 北京：中央编译出版社，1998：181.
　　② 大卫·雷·格里芬. 后现代精神 [M]. 王成兵，译. 北京：中央编译出版社，1998：223.
　　③ 王治河，樊美筠. 第二次启蒙 [M]. 北京：北京大学出版社，2011：444.
　　④ 大卫·雷·格里芬. 后现代精神 [M]. 王成兵，译. 北京：中央编译出版社，1998：222.
　　⑤ 王治河，樊美筠. 第二次启蒙 [M]. 北京：北京大学出版社，2011：445.
　　⑥ 王治河，樊美筠. 第二次启蒙 [M]. 北京：北京大学出版社，2011：446.

神，遵循可能性原则与思维方式而迈入后现代式的世界，而且身体力行，对传统主义的、现代主义的世界观与方法论进行猛烈的批判，并在此基础上试图发现、创造"能给人类存在赋予意义的合理的精神基础"①。诸如整体论、内在关系、有机论、科学的返魅、稳态经济、文化互补、绿色生活方式等，不仅孕育出崭新的世界观与方法论，而且充分展示出后现代主义的创新品格、立场与精神。

4. 多元共生论

基于对现代主义二元对立思维方式所造成的一元化世界观和方法论的批判与解构，后现代主义倡导多元共生，猛烈抨击霸权主义、排斥主义、中心主义、极端主义，主张尊重差异、超越对立、崇尚和谐。美国著名后现代思想家霍伊以系谱学解释学方法论为依据，挑战普遍性、必然性、一元化立场及方法论。"系谱学解释学研究要告诉人们的是，那些想当然地被看作是一般的、永恒的和必然的东西，其实都是有一个历史的，也就是说是有开始的，因而也就是有结束的。我们对自我的理解其实也不是永恒的，也是有一个历史的。"② 依据这种系谱学解释学的逻辑与方法，每个人的认识与理解都不是绝对客观的、唯一正确的，而是具有历史性、偶然性特点的，我们可以坚持自己的立场与看法，但却无权将自己的认识与理解强加给别人，无权要求别人必须认同自己的认识与理解，并与自己保持一致。据此，霍伊认为，系谱学解释学是要让人们在坚持自己的意见与看法的同时要尊重差异、尊重不同的认识与理解、尊重多样性，"学会与偶然一起生活"③。

后现代主义大师费耶阿本德从科学发展的历史角度深刻论证了多元方法论必要性、必然性品质及特点。在他看来，任何一种方法论无论是产生还是被否定都是社会历史的必然，是科学发展的需要，"对确定的方法论原则的违反并不是偶发事件，也不是知识贫乏和心不在焉的结果。相反，对于科学的进步来说，这种违反是必要的"④。在他看来，现代主义认识论与科学哲学都坚持一元的、唯我独尊的方法论原则，而这种方法论原则既是不现实的，又是有害的。人类知识的发展及科学的进步都是思想家们不受已在的方法论规则的束缚，勇于打破旧方法论框框使然，所有的方法论都存在着自身的限度。这便意味着，任何方法都是相对的，都有其相适应的特定的历史性范畴，也都有其自身的局限性。因而，一元方法论既限制、阻碍了科学的进步

① 大卫·雷·格里芬. 后现代精神 [M]. 王成兵，译. 北京：中央编译出版社，1998：127.
② 大卫·雷·格里芬. 后现代精神 [M]. 王成兵，译. 北京：中央编译出版社，1998：代序.
③ 大卫·雷·格里芬. 后现代精神 [M]. 王成兵，译. 北京：中央编译出版社，1998：代序.
④ 王治河. 后现代哲学思潮研究 [M]. 北京：北京大学出版社，2006：223.

与发展，也抹杀了人性与自由。一元方法论否定影响科学发展的复杂的自然
及历史条件，使科学作茧自缚、故步自封，而且，科学的功能也被无限地夸
大，科学被视为唯一的"真理"，科学被神化，享有至高无上的特权。而这
种特权又常常被赋予意识形态品质，科学与权力的"联姻"导致了科学上的
沙文主义，从而造成科学发展中的条条框框及唯我独尊现象，严重阻碍科
学、知识的更新与进步。与此相联的是，一元方法论所造成的顺我者昌、逆
我者亡的僵化的教条或律则，又严重妨碍人性的全面发展，人的思想被束
缚、被奴役，人的个性、尊严与自由被剥夺。费耶阿本德认为，摒弃一元方
法论，倡导无政府主义和多元主义方法论是医治认识论和科学哲学之病的良
药。方法的多元论不仅是与思想的多元论相适应的，而且是符合人性的；多
元方法论不仅能促进科学的进步，而且也能促进人道主义的实现。他说：
"无政府主义对于科学和作为一个整体的我们的文化的进步不仅是可行的，
而且是必要的。"① 据此，费耶阿本德极力反对传统的唯一性、普遍性、永恒
性方法论立场与原则及其相互排斥现象，大力倡导多元方法论，并从两个角
度为多元方法论进行辩护："其一，从认识上看，我们所探索的世界在很大
程度上还是未知的，因此我们不能保守、封闭，而必须保持我们选择的开放
性，必须坚持'什么都行'的无政府主义方法论原则，否则不啻作茧自缚，
结果一定是处处碰壁。其二，从人道主义的角度上看，人只有摆脱僵化的科
学教条，摆脱形式理性的限制，才可能最终摆脱思想的被奴役状态而获得做
人的尊严。"②

　　强调多元共生，是后现代思想家的普遍主张与思维方式，也是后现代主
义文化思潮的基本特征。无论是反基础主义、非中心主义还是解构主义、视
角主义等，都在解构、批判一元论的同时旗帜鲜明地呼吁、捍卫多元论的立
场与方法。具体地说，后现代主义所倡导的多元共生论主要表现为互补与对
话的原则、立场及方法。

　　依据后现代解释学的逻辑与方法，超越历史的客观立场与永恒的结论是
不存在的，"对现实世界的解释不能是一元的、单向度的，而应是多元性的、
多向度的、歧义的和多视角的"③。因而，任何所谓客观性、绝对化、普遍性
结论都不具备历史辩护性。后现代主义认为："人总是历史地存在着，换句

① 王治河. 扑朔迷离的游戏——后现代哲学思潮研究 [M]. 北京：社会科学文献出版社，1998：233.
② 王治河. 后现代哲学思潮研究 [M]. 北京：北京大学出版社，2006：224.
③ 王治河. 后现代哲学思潮研究 [M]. 北京：北京大学出版社，2006：169.

话说，历史性是人类存在的基本事实。因此，理解也总是历史地进行的。"①
也就是说，任何认识与解释都是历史的，既具有历史合理性特点与依据，又
必然具有历史性局限与不足。超越时空的终极解释是不成立的。任何理解、
任何视界无不是在特定的时代社会文化背景中形成的。社会的发展变化决定
了人的视界的不同及合理性标准与依据的差异。"'初始视界'与'现今视
界'之间存在着各种差异，这种由时间间距和历史情景变化引起的差距是任
何理解者都不可能消除的。"② 据此，后现代主义强调人们必须历史地、发展
地看问题。然而，这并不意味着后现代主义只有历史概念，而没有逻辑概
念。事实上，后现代主义并不主张不同时代的理解与视界的简单转换与替
代，而是二者的互补、对话与融合，以实现新的理解与视界。比如在对待现
代化问题上，后现代主义并不坚持完全彻底地抛弃、否定的立场与态度。在
后现代思想家看来，"现代化是必要的，但这并不是强迫人们以唯一的技术
导向的方式去回应现代化。后现代文化毋宁是这样一种社会的文化，它能够
用人道的、符合人们意愿的方式实现现代化，同时又保持与往昔、传统的平
衡"③。

依据后现代视角主义的逻辑与方法，在认识、理解过程中，不同的视角
常常立足于不同的理论基础、思维方式、方法、依据及被认识对象的不同层
面，因而，所得出的结论不仅可能完全不同，而且难以判断哪个是对的哪个
是错的。后现代主义认为："任何一种视角，任何一种思维方式和思维方法
都是有限的，都仅仅是认识世界的一种方式，所得到的认识也仅仅是对世界
某一方面、某一层面、某一部分、某一片断的认识，而不是一种包罗万象的
绝对真理。因此没有必要，也无权压制、排斥其他认识和解释。"④ 这样，视
角主义消解了"唯一的超验存在及包含一切、解释一切的绝对真理"⑤，使
多元解释、多元方法具有了辩护依据与存在空间。但多元方法论并未使后现
代主义仅仅停留于对多元立场与方法的"认可"层面，也没有陷入相对主
义、虚无主义的误区，而是力图超越霸权主义、中心主义与排他主义的立场
与思维，主张达成不同认识与理解、文化与宗教、价值与文明之间的互融，
坚持互补、对话的原则、立场与方法，尤其是要消除真理与意义、科学与伦
理、价值与事实、道德与需要之间普遍的分离现象。也就是说，"后现代是

① 王治河. 后现代哲学思潮研究 [M]. 北京：北京大学出版社，2006：173.
② 王治河. 后现代哲学思潮研究 [M]. 北京：北京大学出版社，2006：175.
③ 彼得·科斯洛夫斯基. 后现代文化——技术发展的社会文化后果 [M]. 毛怡红，译. 北京：中央编译出版社，1999：中文版前言.
④ 王治河. 后现代哲学思潮研究 [M]. 北京：北京大学出版社，2006：185.
⑤ 王治河. 后现代哲学思潮研究 [M]. 北京：北京大学出版社，2006：175.

克服现代社会文化破碎与分离的时代。不同文化领域的彼此贯通、渗透是时代的特征。艺术与科学、文化与经济就是这种相互渗透的场所"①。显然，不同的认识与理解、文化与宗教、价值与文明在更多的情况下并不具有"天然的"排斥性与替代性品质及依据，而具有明显的共存性与互补性的特点、可能及需要。互补不仅使原有的立场、观点及方法得以补充与加强、完善与提高，而且还能消除原有的对抗与排斥的状态、意识及思维方式。比如，在东西方文化问题上，后现代思想家柯布曾说："我们希望通过向他们学习来丰富我们的生活，净化我们的信仰。当然，我们同时也贡献出在自己传统中被认为是真正有价值的东西。"② 这就是说，在不同的文化、文明、宗教以及不同的认识、理解、立场和方法之间，都存在着彼此可借鉴、可吸收、可补充的东西，互补即意味着取长补短。尤其是在经济、文化、社会发展全球化日益深入的今天，建立相互尊重、相互合作、相互理解、相互学习的关系，不仅应在理念上成为一种共识、常识，而且在实践上对人类的生存与发展而言尤为迫切，别无选择。对此，大卫·雷·格里芬教授强调："不同的文化传统和宗教传统不再需要因为基于不同的终极实在而相互冲突。它们不再相互取消，而是相互补充。根据彼此共有的许多价值，它们相互学习并相互合作。"③ 为了实现互补、合作、重构的美好前景，后现代主义主张通过对话的方式相互开放、倾听不同的声音、彼此深度了解，既了解对方的优势与长处，也认识到自己的弱势与不足，在此基础上实现各自的改进与完善。对此，王治河先生认为，后现代思想家所倡导的对话是指"现在与过去的对话，解释者与文本的对话，解释者与解释者的对话，这是一个无限展开的过程。对话的本质并非是用一种观点来反对另一种观点，也不是将一种观点强加于另一种观点之上，而是改变双方的观点，达到一种新的视界。因此，真正的对话总是蕴含着一种伙伴关系或合作关系"④。显然，对话是实现互补的前提与基础，是消解对抗与排斥的必由之路，也是后现代社会运行的重要机制及人们生活的基本方式。没有对话，就没有后现代的立场与思维方式；没有对话，也就没有后现代社会。

① 彼得·科斯洛夫斯基. 后现代文化——技术发展的社会文化后果 [M]. 毛怡红，译. 北京：中央编译出版社，1999：162.
② 王治河，樊美筠. 第二次启蒙 [M]. 北京：北京大学出版社，2011：210.
③ 王治河，樊美筠. 第二次启蒙 [M]. 北京：北京大学出版社，2011：210.
④ 王治河. 后现代主义的建设向度 [J]. 中国社会科学，1997（1）.

二、超越结构与行动的对立——当代实践社会学方法论

教育作为一种典型的社会实践活动，作为社会结构中一个重要组成部分，其发展必然以一定的社会学理论为支撑。教育的历史性发展主要表现为教育的社会历史性发展，满足社会发展需要，符合社会发展期待，促进社会健康、和谐、稳定、持续发展，不仅是教育发展的客观需要与必然选择，而且表现为教育发展的基本规律与逻辑。教育发展的社会性品质与逻辑决定了学校课程改革必然要立足于某种社会学理论基础，社会学方法论构成了课程改革方法论的重要理论来源。如果说哲学方法论更多地从宏观理论层面、从价值与指导思想层面规约课程改革方法论的话，那么，社会学方法论主要是从微观实践层面、政策与行动层面制约课程改革方法论。然而，基于对社会本体及其结构、功能、发生、发展的不同认识与理解，形成了两大社会学理论阵营——唯实论社会学理论与唯名论社会学理论，使社会学研究在人与社会、主体与客体、社会结构与心智结构、社会事实与社会现象之间遵循完全对立与排斥的立场与方法，造成社会学理论研究及社会实践发展逻辑与路线的两难困境，也使教育及其课程改革方法论选择与定位陷入迷惘、彷徨的境地。因而，超越二元对立方法论，不仅是当代社会学方法论研究的轴心原则与出路，也是当代课程改革方法的基本逻辑与立场。当代著名社会学家布迪厄、吉登斯对由来已久的二元论社会学方法论进行了猛烈批判与解构，并建构起以具有明显融合性品质的折中式的社会学方法论，使一直处于分裂、肢解、对抗性状态的课程改革方法具有了走向互补与折中的第三种视角与理论基础。

（一）经典社会学方法论的二元对立症结及困境

二元对立是经典社会学研究普遍遵循的立场与原则，由此形成了两类性质、思维方式、解题方法完全不同的社会学方法论。美国当代社会学家古尔德纳在《西方社会学面临的危机》一书中指出："无论是否喜欢，是否了解，社会学家都要根据预先确定的假设来组织自己的研究，社会学的特点就在于这些假设，并随这些假设的变化而变化。而要探讨社会学的特点，了解社会学是什么，就要我们去辨认那更深一层的关于人与社会的假设。"[①] 无疑，二元对立的社会学方法论根源于对人与社会关系的对立性假设。其一是

---

① 孟祥远，邓志平. 如何超越二元对立？——对布迪厄与吉登斯比较性评析 [J]. 南京社会科学，2009（9）.

立足于社会唯实论立场，将社会视为由各种制度和规范构成的有机整体。作为实体，社会虽然由个体构成，但却外在于个体、超越于个体，社会行为并不是单纯的个体行为的总和。一切社会事实与现象，诸如科学、文化、制度、道德、宗教、法律等，都不是纯粹的个体活动的结果，而是集体活动的产物。社会事实与现象对个体而言具有明显的外在性与强制性品质与特点，不能还原为个体生理或心理现象。因而，对社会事实与现象的研究必须遵循整体性、客观性、普遍性的逻辑、原则与立场。以唯实论为出发点的社会学方法论主要以结构－功能主义社会学方法论为代表。这种以社会事实为对象与出发点、以整体社会结构及秩序的平衡与维护为宗旨的社会学方法论，不仅始终在社会学理论研究中居主导地位，而且一直是人类社会实践的发展所遵循的基本原则与立场。其二是立足于社会唯名论立场，将个人视为实体，否认整体性、客观性、普遍性社会实体与规律的存在，认为社会现象是个人之间互动的结果，诸如文化、制度、道德、宗教、法律等社会现象并不是实体现象、抽象的存在，难以整体地定论与说明，只能由个体的行为与动机、个体间的交往与互动来解释。因而，个体行动是社会学研究的最基本单位，社会学就是关于人的社会行动的科学。社会学研究应遵循个体性、理解性的逻辑、原则与立场。以唯名论为出发点的社会学方法论主要以"理解社会学"方法论为代表。20世纪70年代以来，伴随着后现代主义文化思潮的兴起与发展，诸如规律性、必然性、真理性等各种决定论的思想、方法、逻辑、命题等遭到空前的批判、否定与挑战，人们越来越倾向于对随机性、解释性、差异性、个体性等观念、方法、立场与逻辑的认同，并为之辩护。于是，立足于现象理解、个体行动、交往互动的社会学理论及方法，尽管从社会实践的角度看依然处于边缘地带，却得到了来自学术界更多的赞誉与认可。

以社会唯实论与唯名论两种完全不同的出发点与立场为支点所形成的两类社会学方法论，在社会学研究中逐渐演变为客观主义与主观主义、整体主义与个体主义以及宏观与微观、结构与行动的二元对立思维方式与立场。社会科学研究无不因遵循这种二元论思维与立场而呈现出普遍的对立与排斥状态，并陷入非此即彼的极端化困境。

1. 结构－功能主义社会学方法论

结构－功能主义社会学方法论是以客观主义、整体主义、决定主义的逻辑与方式诠释社会、透视社会、定位社会的社会学方法论。这种社会学理论起源于孔德和斯宾塞的实证主义社会学传统，经迪尔凯姆、马林诺夫斯基、拉德克利夫－布朗和帕森斯等人的丰富、发展，形成了居于主导地位的社会学理论。作为一种立足于整体社会结构的社会学理论，结构－功能主义是以社会事实判断为准则、以自然科学方法为典范而建构起来的通则性的理论体系。它通过对社会结构及其各个要素功能及角色的分析后赋予了各个要素共同的、协调一致的社会职责，其根本性的旨趣在于社会秩序的稳定及维护。

首先，结构－功能主义坚持社会实在论与整体观，反对还原论与个体主义。

结构－功能主义社会学理论思想家将社会视为一种高于个体的独立的、客观的实体，它不能被还原为个体的行动、心理现象与作用。他们认为社会无疑是由个体组成的，但却不能还原为个体。社会是一种结构化或组织化的系统，其本身具有"功能自主性"和"自我调整"的作用，社会运行过程是一个趋向协调、均衡的过程。在这一过程中，个体作为社会整体结构的一个要素，其行动完全受社会事实的影响与制约，社会事实对个体具有最终的约束力。因而，结构－功能主义思想家始终把辩护重心放在社会整体性上，强调社会秩序与稳定、规范与共识，主张个体的行为、利益必须服从、让位于社会整体，社会通过社会化与社会监督机制对可能导致偏离的因素进行调整，以维持社会稳定及社会秩序。

孔德以其实证论哲学观为基础，提出了社会有机体论。他把人看作进化的产物，把社会看作有机体，认为社会生活规律是自然规律、生物进化规律的延续。英国社会学家艾伦·斯温杰伍德对孔德的社会有机体理论做了这样的解释："生物科学按其性质基本上是整体论的科学，它不像化学和物理学那样从孤立的元素开始，而是从有机整体开始。社会学的独特论题是作为整体，作为社会系统的社会。所以社会学就是研究社会系统各个组成部分的作用与反作用。个体成份必须根据他们同整体的关系，它们的相互关系与结合进行分析。如同生物学上的有机体一样，社会是一个不可分的复杂统一体，社会之不能分解为个人正如几何学上的面不能分解为线或线不能分解为点一样。只有通过对整体的认识才能产生对部分的认识而不是相反。"① 无疑，孔德的社会有机体论的核心在于社会整体观及其不可还原立场，强调社会整体的独特品质，坚持社会不是个人的简单集合，还原论的认识方式难以实现对社会及其现象的正确把握与理解。对个体存在的认识与理解，只有在其与社会整体的关系中才能获得解释。

被称为西方社会学学科体系奠基人的法国社会学家迪尔凯姆，其社会学

---

① A. 斯温杰伍德. 社会学思想简史 [M]. 陈玮，冯克利，译. 北京：社会科学文献出版社，1988：41.

理论的基础及核心就在于社会整体观。他认为，社会事实与个人事实具有质的区别，社会事实不可还原为个人事实。社会现象不是个体心理或行为的累积，而是超越个体心理或行为的客观存在。他说："（社会现象）是存在于人们身体以外的行为方式、思维方式和感觉方式，同时通过一种强制力，施以每个个人。这些现象不同于有机体的现象，后者是通过某些形态和动作表现而存在的。它们也不同于心理的现象，心理现象只存在于个人意识之中和通过个人意识表现出来。总而言之，这些现象具有一种新的性质，只有用'社会的'一词可以表明这种性质和它的含义。"[①] 因而，他认为尽管社会是由个体组成的，但已超越了个体，拥有独特的性质而构成一个实体。这个社会实体不但不受个体的影响，反而制约、支配着个体。据此，他坚决反对依据个人的或心理的因素来解释社会现象，认为："用心理学的方法去解释社会现象会歪曲社会现象的真实性质。"[②] 在他看来，社会是由各个群体或者说各个分子组成的整体，但不是一种简单的个人相加的总和。要考察社会现象的原因，或者社会现象的产生，不能在那些组成集体的各个分子中去寻找，而只能根据社会本身的性质，对这个已组成的集合体进行研究。同样，功能主义文化人类学的代表人物拉德克利夫－布朗认为社会文化是一个整体，任何文化现象都应被置于文化整体中去考察。他强调，文化是一个整合的系统，其中的每一个要素都执行着某种特定的功能、扮演着特定的角色，因而必须从社会的角度来研究、解释社会文化现象。在社会制度和文化现象中所发现的规律必定是社会学的，而不是心理学的；任何根据个人心理活动过程来解释具体社会现象的理论都是错误的；个人心理因素最终是由文化决定的。[③] 而被视为结构－功能主义社会学理论集大成者的帕森斯则以社会行为系统为基础，全面阐释、完善了结构－功能主义理论。他不再满足于仅就社会整体性的问题进行笼统的辨析与论证，而更多地致力于对社会行为系统内部的平衡、整合、协调的阐释与说明。他把个体行动者所处的地位和承担的角色看成社会结构的最基本单位。他认为社会系统为了保证自身的维持和存在，必须满足四种功能条件：目标达成、适应、整合、控制。因而，社会系统必须建构起由规范性规则、价值观和信仰构成的复合体系，以维护社会系统的整体性、平衡性。

其次，结构－功能主义坚持社会决定论及同质化，反对主观主义与价值判断。

---

① 埃米尔·迪尔凯姆. 社会学方法的规则 [M]. 胡伟，译. 北京：华夏出版社，1999：5.
② 埃米尔·迪尔凯姆. 社会学方法的规则 [M]. 胡伟，译. 北京：华夏出版社，1999：82.
③ 夏建中. 文化人类学理论学派 [M]. 北京：中国人民大学出版社，1997：120.

结构－功能主义社会学理论思想家坚持社会结构先于个体意识，认为社会团体对个体的行为与意识具有强制性的规约作用，个体则须经过社会化的过程，认同、接受社会团体的规范，以维持社会秩序的稳定、和谐与同质性。

结构－功能主义作为一种"社会物理学"理论，其立论依据、思维方式与方法无不指向所谓的实在性、实证性、功用性、确定性标准与尺度。因而，结构－功能主义者总是以所谓的科学化、客观性来诠释他们所称谓的社会事实、社会现象、社会观念。在他们看来，所谓客观知识就是非心理的、符合逻辑的、能被经验证实为真的命题或理论；是社会群体的客观经验体系，而非个人主观意向。相对于个体而言，这种实证性的客观知识的存在依据就在于使个体社会化，使个体认同与服从。19世纪中叶，孔德提出了实证主义社会学，开创了实证主义哲学及社会学研究方法论的典范。在他看来，"实证"一词包括以下几层含义及标准：与虚幻对立的真实、与无用对立的有用、与犹疑对立的肯定、与模糊对立的精确，强调以客观事实为依据，探索规律，反对神秘主义及主观主义。据此，孔德将社会学定位为类似自然科学的、以研究社会发展规律为目的的学科。社会学研究应采用观察法、实验法、比较法和历史法等实证主义方法。于是，他将自然科学研究方法引入社会学研究，强调实证性、客观性。他认为："（实证精神）从其性质来说，是唯一能够直接增进社会感情的精神，而社会感情乃是一切健全道德的首要基础……形而上学精神在道德方面从未能提出任何有效的理论，而只提供那糟透的利己主义体系。"① 因此，他极力主张广泛传播实证性学科知识，培养所谓的"社会感情""普遍良知"，以实现社会的稳定与和谐。对此，孔德把社会学叫作"社会物理学"，并参照力学的静态和动态概念，把社会学分为社会静力学和社会动力学。社会静力学研究社会各个组成部分的结构关系，以及彼此间作用和反作用，其目的在于社会基本秩序的和谐一致；社会动力学研究社会变迁的过程与阶段，其目的在于在维持社会基本秩序的前提下保持社会的进步与发展。孔德认为，社会静力学和社会动力学是密切联系、相互补充的社会学理论。如果社会进步不与社会秩序相联系，进步就不会持久，如果社会秩序不与社会进步相联系，社会秩序也难以建立。

与孔德一样，迪尔凯姆社会学理论的核心内容也是社会秩序论，其主题是社会整合或团结，即要在社会的制度、组织及个人之间形成共同的规范、价值观和信仰，并使社会成员共同遵守和维持，以实现社会团结和一致。在

---

① 奥古斯特·孔德. 论实证精神 [M]. 黄建华，译. 北京：商务印书馆，1996：51.

迪尔凯姆看来，社会事实是独立于个人的高层次现象。诸如社会现实体制文化层面的道德规范、法律、信仰、习俗、意识形态等社会事实都是社会集体共有的、客观的、不随个体的主观意愿而改变或消失的。迪尔凯姆认为，所有个体的存在皆归因于社会，个体是社会的产物。社会事实、集体观念对个体的存在、个体的行为及意识具有居先性及约束力。据此，他提出了社会事实的三个标准或特征：其一是社会事实的"外在性"；其二是社会事实的"强制性"；其三是社会事实的"普遍性"。他说："社会现象是由外界的强制力作用于个人而产生的现象"①，是对个人可施加外在强制的任何固定或不固定的行为方式，而能使社会现象"超越于个人意识之外而成为普遍现象的，就是社会强制力量"②。于是，他主张建立从个人到国家、从家庭到整个社会各个层次的社会道德规范体系，以调节、控制社会秩序，防止紧张与冲突。在社会学研究上，迪尔凯姆极力反对社会科学研究中的形而上学的方法与解释，要求社会学者以物理学家、化学家、生理学家的研究态度从事社会学研究。他认为，社会学的研究对象是社会现象，而社会现象是独立于个人的特殊现象，是客观存在的。他强调："所有呈现在我们面前的，或有待于我们进行观察的都是客观事物。把一切现象都看作是事物，是所有科学的出发点。社会现象毫无疑问体现着这种性质。"③ 因此，客观性是社会学研究最基本的原则、立场与方法。他说："社会现象是客观事物，要研究它，就必须把它当作事物来看待。既然是一个事物的问题，就无须以哲理推理它的性质。"④ 据此，他主张排除先入为主的价值判断，认为任何主观信念、价值、偏见或其他情绪的作用，都必须排除在科学研究过程之外，强调客观观察与演绎，反对主观推理与内省。

在对结构－功能主义社会学理论建构过程中，帕森斯虽然试图克服社会学理论的实证主义、机械主义弊端，但却未能从根本上超越社会决定论立场。立足于对社会现实文化维护之旨意，帕森斯一方面强调对社会现实主流文化予以合法化、合理化的确认与处理，以便确定社会整体系统中各要素适应与维持的对象与依据。对此，帕森斯认为，当社会有了文化的合法性，即当"我们的"文化定义早已超越了亲属、集团范围，而扩展到范围更大的社会，并且业已制度化的时候，社会便有了适应性的优势。⑤ 另一方面强调对

① 埃米尔·迪尔凯姆. 社会学方法的规则 [M]. 胡伟，译. 北京：华夏出版社，1999：10.
② 埃米尔·迪尔凯姆. 社会学方法的规则 [M]. 胡伟，译. 北京：华夏出版社，1999：10.
③ 埃米尔·迪尔凯姆. 社会学方法的规则 [M]. 胡伟，译. 北京：华夏出版社，1999：23.
④ 埃米尔·迪尔凯姆. 社会学方法的规则 [M]. 胡伟，译. 北京：华夏出版社，1999：23.
⑤ 何景熙，王建敏. 西方社会学说史纲 [M]. 成都：四川大学出版社，1995：280-281.

社会规则、价值观的"共同分享"或"内化"（也就是使社会性的价值观成为个体自己所有），强调社会系统中的所谓的"角色互动"，以便更好地实现社会内部各行动者或单位之间的协调一致，更有效地发挥社会控制机制，以促进和维持社会系统的平衡与稳定。为此，帕森斯提出了旨在维护社会系统协调一致的"六个普遍性原理"：社会分层；文化的合法化；科层组织；货币经济与市场；概念化的普遍性规范；民主社团。①

总之，立足于社会唯实论的逻辑与立场，结构－功能主义的社会物理学方法论从逻辑上否定作为社会主体的个体的存在；否定个体能动地改造、建构社会的社会发展方式与机制；否定社会科学与自然科学的区别，排斥价值涉入，使社会学研究严格遵循片面的、极端的整体主义、决定主义、客观主义的思维方式与方法，造成社会学理论研究的逻辑扭曲与辩护性品质缺失现象。

2. 理解社会学方法论

理解社会学方法论是以个体主义、主观主义的逻辑与方式诠释社会、透视社会、定位社会的社会学方法论。这种方法论主要表现为马克斯·韦伯的社会学理论。遵循社会唯名论的逻辑与立场，理解社会学方法论以个体的社会行动为立足点，强调社会科学与自然科学的本质性区别，试图建立一套以"理解"为中心的社会学方法理论体系，以超越实证主义、整体主义与决定主义的宏观社会学方法论。

首先，理解社会学以个体社会行动为研究重心，反对以"社会事实"为研究对象，使社会学研究超越了整体主义方法论。

与结构－功能主义对社会本体及社会学研究对象的理解不同，韦伯的理解社会学将社会本体还原为个体的社会行动，并将个体的社会行动作为社会学的研究对象，由此确立了理解社会学的个体主义方法论取向与品质。在韦伯看来，社会是由社会行动者组成的系统，个体才是社会的真实存在，独立于个人之外的社会实体是不存在的。国家、民族、团体等概念只是一定类型的人相互作用的结果，是由个体的社会行动的性质所决定的，社会现实从根本上说是由个人有意义的社会行动构成的，个人是有意义的社会行动的唯一载体。因而，个体的社会行动是社会学探究的基本单位，反对将独立于个体或超越个体的社会实体作为社会学研究对象。韦伯认为："社会学是一门致力于解释性地理解社会行动并通过理解对社会行动的过程和影响做出因果说

---

① 何景熙，王建敏. 西方社会学说史纲［M］. 成都：四川大学出版社，1995：278.

明的科学。"① 显然，社会行动是韦伯社会学的立论基点，是他的理解社会学与结构－功能主义社会学相区别的根本标志之一。

韦伯的社会行动具有独特的内涵、指向与标准，并不是个体的所有的行为、行动或活动都是韦伯所言的社会行动。对此，韦伯曾说："社会行动是指行动的个人赋予其行为以主观意义，行为考虑到他人的行为，并且在其行动过程中也是以他人的行为为目标的行动。"② "社会行为（包括不为和容忍）可能是以其他人过去的、当前的或未来所期待的举止为取向（复仇从前的进攻、抵御当前的进攻、对未来进攻的防卫措施）。'其他人'可能是单个个人和熟人，或者人数不定的很多人和完全不认识的人（例如，'货币'意味着是一种交换的财富，行为者在交换时所以接受它，因为他的行为以这样的期望为取向，即为数众多的、然而不认识的和人数不定的其他人，将来在交换时乐意接受它）。"③ 显然，对韦伯的社会行动的理解关键在于理解与把握"主观意向"与"他人取向"这两个标准。"主观意向"即个体行动的主观动机和意义，"他人取向"即针对他人。只有具备这两方面条件的个体行动才是韦伯所说的社会行动。从本质上讲，韦伯的社会行动是指具有针对他人的主观动机和意义的个体行动。在韦伯看来，只有这样的社会行动才是可以理解的，才属于社会学的研究范围。任何缺乏主观意向的或不针对他人的行动都不能构成社会行动，比如单纯的应激性反应行为就难以说是社会行动。所以，赋予个体行动以目的性与社会性品质，是韦伯社会行动的基本标准。韦伯社会学方法论的基本特点之一是立足于个体行动的主观意义与行动的他人取向两个维度定义、分析社会行动。

在韦伯看来，社会行动是有意义的，而且意义是可以理解的。于是，对社会行动的解释性理解与因果说明成为韦伯社会学的两大主题。为此，韦伯根据合理性程度区分了四种类型的行动。

第一，目的合理性行动，即把对外界事物及他人行为的期待作为条件与手段，以实现自己确立的某种目的或可预见的某种结果的行动。

第二，价值合理性行动，即为了某种伦理的、美学的、宗教的绝对价值或信仰而采取的行动，这种行动并不考虑成败得失、有无成效。

第三，情绪性行动，即由行动者特殊的情绪或情感状态所引发的行动。

第四，传统性行动，即由约定俗成的习惯和根深蒂固的传统而导致的行动。

① 马克斯·韦伯. 经济与社会：上卷 [M]. 林荣远，译. 北京：商务印书馆，1997：40.
② 于海. 西方社会思想史 [M]. 上海：复旦大学出版社，2005：312.
③ 马克斯·韦伯. 经济与社会：上卷 [M]. 林荣远，译. 北京：商务印书馆，1997：54.

从严格意义上讲，后两种行动即情绪性行动、传统性行动，不包含行动者明确的主观意义，因而不属于韦伯所说的社会行动。但韦伯对社会行动类型的划分，主要的目的不在于对社会行动进行精准归类，而在于阐明个体社会行动的主观意向。事实上，在韦伯看来，现实中个体的社会行动极其复杂，很少表现为某种单一的形式，常常是两种或两种以上形式的混合体。因而，任何分类法都难以精确定位社会行动的种类。韦伯认为，理解社会行动的背后动因至关重要。它关乎社会行动的主观意向性，即驱使个体做出某种社会行动的原因是什么。个体社会行动主要受利益所驱动，物质利益、精神利益、情绪和习惯都是个体社会行动的可能动因。而驱使个体社会行动背后的动因也不是单纯的某种利益、习惯或情绪，有可能是它们之间的复合体。

韦伯坚持社会学研究应始于个人及个人赋予其行动的意义。其理解社会学方法论就是通过对个人意向性行动的理解，来解释社会秩序的形成与发展过程。无疑，就韦伯的社会学理论而言，社会行动是社会秩序的前提与基础。按照意向性与他人指向的社会行动标准，个体的社会行动过程也就是社会关系产生的过程，即通过个体的社会行动产生了个体之间、个体与社会之间以及社会组织之间的社会关系。

根据社会关系的性质、方式的不同，韦伯区分了共同体关系与结合体关系。共同体关系是指社会行动的指向"建立在参与者主观感受到的互相隶属性上，不论是情感性的或传统性的"[1]。也就是说，共同体关系是社会行动者之间形成的相互隶属的关系。结合体关系是指社会行动的指向"基于理性利益的动机（不论是目的理性或价值理性的）以寻求利益平衡或利益结合"[2]。也就是说，结合体关系是社会行动者之间形成的利益关系。根据"是否排斥想加入者的参与"，韦伯还将社会关系区分为开放关系与封闭关系。在一定的秩序体系内不排斥任何想加入者的参与，这种社会关系就是开放的关系；否则，排斥、限制想加入者的参与，这种社会关系就是封闭的关系。对于某种已经形成的社会关系，韦伯做了进一步解释："相互指向的所有参与者并不必然赋予此关系以相同的意义内涵，这种关系也不必然有'互惠'的性质。"[3] 而且，已经形成的社会关系也会随着个体状况与社会环境的改变而改变。而当某种社会关系能够长久维持，则会产生一定的准则，即社会秩序的形成。对此，韦伯曾说："只有当一种社会关系的内容是指向可决定的'准

① 韦伯. 社会学的基本概念 [M]. 顾忠华，译. 桂林：广西师范大学出版社，2005：54.
② 韦伯. 社会学的基本概念 [M]. 顾忠华，译. 桂林：广西师范大学出版社，2005：54.
③ 韦伯. 社会学的基本概念 [M]. 顾忠华，译. 桂林：广西师范大学出版社，2005：36.

则'才能被称为一种'秩序'。"① 这样，韦伯立足于个体主义的原则与立场，以个体的社会行动为基点，构建了个体社会行动经由社会关系而导致社会秩序形成的社会学理论。

其次，理解社会学坚持"解释性理解"方法，反对社会学研究中的客观主义立场，使社会学研究超越了决定主义方法论。

与结构－功能主义社会学方法论的实证主义、客观主义原则与立场不同，韦伯的理解社会学力图在阐明自然科学与社会科学的根本区别基础上，采用解释性理解的方法来解释社会行动，开启了社会学研究的新路径，构建起具有独特逻辑与品质的社会学研究方法论。

韦伯继承和发展了德国人文主义传统，尤其是狄尔泰的生命哲学和李凯尔特的历史哲学直接构成了韦伯理解社会学的理论来源。关于哲学社会科学的方法论之争主要表现为实证主义与非实证主义的方法论之争。自19世纪中期以来，在学术研究中，一方面是实证主义方法论大肆扩张，另一方面是对实证主义方法论的反思与批评也与日俱增。尤其是孔德的实证主义社会学方法论主张社会科学要像自然科学那样"客观地"观察和研究社会现象。对此，狄尔泰、李凯尔特等哲学大师强调人文社会科学不同于自然科学，反对哲学社会科学领域的实证主义思潮，并在此基础上建构、阐释人文社会科学方法论。在狄尔泰看来，人文社会科学与自然科学是两种完全不同的学科。无论是研究对象、研究目的还是研究方法，人文社会科学都不同于自然科学。自然科学以外在的自然性的客观事物为研究对象，其目的在于解释自然现象、把握因果关系、探索客观规律，采用的方法通常是观察、实验等实证性方法。而人文社会科学则以具有历史发展性特点的社会实践及具有意识性、差异性特点的人及其活动为研究对象，其目的在于人生的意义和价值的理解与体会。历史性特点与人的自由意志决定了人的行为与社会历史事件并无普遍规律可循，也无法精准预测。因而，人文社会科学研究不能用自然科学的方法进行，只能用体验与理解的方法来研究人与社会的价值及意义。同样，李凯尔特也立足于非实证主义的原则与立场，认为自然科学的研究对象是"事实世界"，而文化科学的研究对象是"价值世界"。"事实世界"存在着一般性的结论，而"价值世界"则具有明显的特殊性、个别性特点。因而，文化科学应采取不同于自然科学的研究方法。

受狄尔泰和李凯尔特关于自然科学与人文社会科学方法论思想的影响，韦伯在继承、发展狄尔泰关于理解的理论和李凯尔特关于价值的理论的基础

① 韦伯. 社会学的基本概念 [M]. 顾忠华, 译. 桂林：广西师范大学出版社, 2005：42.

上，开创了以解释性理解为基点的理解社会学方法论。韦伯坚持社会科学不同于自然科学的立场。在他看来，自然科学是要探究、发现隐存于现象背后的一般规律，而社会学研究则在于揭示、理解特定的意义与价值。意义与价值不仅决定社会行动受制于个体的动机、感情、意志等因素，而且意味着社会文化现象总是与特定的价值观念、特殊的意义相关联。因而，自然科学的实证主义方法并不适用于社会学研究。社会学研究只能通过理解的方式进行。基于社会学是对行动者赋予社会行动的意义的解释性理解的定位，韦伯的理解主要指向行动者的某种社会行动的动机、意义与价值。也就是说，理解就是要揭示行动者社会行动的主观动机与意义。但就形式而言，韦伯赋予了理解繁杂玄奥的内涵，尤其是解释性理解这一术语将解释与理解这两个似乎可以通用的术语结合起来，形成一个专门的术语并赋予其独特的内涵。那么，韦伯的理解应如何理解呢？

为了使理解这一术语更容易被人理解，韦伯对理解的条件与基础作了具体的说明。在他看来，理解应具有明确性品质。"理解的明确性可能是：（a）或者具有理性的性质（因而或者具有逻辑特性或者具有数学特性）；或者，（b）是具有感觉上可以重新体验的特性（感情的、艺术感受的性质）。在行为的领域里，首先是那些在其所认为的意向的相互关系中可以彻底无遗地和显而易见地用理智去理解的事物，具有理性的明确性；在行为中，在其所体验的感觉的相互关系中完全可重新体验的事物，具有感觉的明确性。"① 基于此，韦伯将理解分为两种：直接观察理解与解释性理解。直接观察理解即通过对某种社会行动的直接观察就能清晰地了解、把握其意义。也就是说，直接观察理解是可直接地、明确地用理性或思维习惯的方法就能完全把握被观察对象的意义的理解。通常情况下，直接观察理解解决的是"是什么"或"干什么"的问题。无疑，这种理解具有高度的明确性品质。解释性理解即根据动机来把握行动者赋予行动的意义，即解释性理解的关键是对社会行动意向、动机与意义的把握。显然，解释性理解不可能依靠理性或思维习惯来进行。它是根据社会行动发生时的特定环境、背景，依靠主体移情、重新体验的方式，有效地把握行动者意向、动机，把握其社会行动的意义。通常情况下，解释性理解解决的是"为什么"的问题。例如，对于 $2 \times 2 = 4$ 的直接观察理解只能理解其数学意义，却不能理解写出 $2 \times 2 = 4$ 的行动者的动机与目的，而解释性理解则可以把握行动者为什么写下这个公式，如统计买卖账目、做一种科学的演算、一项技术的计算等；同样，对于樵夫砍柴的直接观

---

① 马克斯·韦伯. 经济与社会：上卷 [M]. 林荣远，译. 北京：商务印书馆，1997：41.

察理解只能理解樵夫的行为是砍柴，却不能理解砍柴行为的动机与目的，而解释性理解可以把握砍柴行为的动机与目的，如赚钱、自己需要或身体康复等。这种理解不具备"直接观察理解"的高度的明确性品质。

那么，韦伯为什么用解释性理解来定义对社会行动意向、动机与意义的理解呢？为什么不直接用理解或解释来定位对行动者社会行动意向、动机与意义的理解呢？解释性理解的独特之处到底表现在哪里呢？解决这些问题则首先需要明确当代西方人文主义方法论对解释与理解的定位情况。

从根本上讲，韦伯之所以煞费苦心地选择了解释性理解这个令人费解的术语，就是要使自己的社会学方法论既与实证主义社会学方法论形成鲜明的对照，又与其他的人文主义方法论区别开来。也就是说，韦伯的社会学方法论反对实证主义社会学的客观主义、决定主义的立场与原则，但却试图摆脱人文主义完全、彻底的主观主义形象与印象。

如前文所述，韦伯对理解这一术语的运用来源于狄尔泰。然而，韦伯的理解社会学方法论并不是完全照搬狄尔泰关于理解的理论，而是超越、扬弃了狄尔泰等人文主义思想家关于理解的理论。狄尔泰为了使自然科学与人文科学区别开来，采取完全对立的立场构建人文社会科学方法论。在狄尔泰看来，"解释"与"理解"的对立是自然科学与人文科学的分水岭。自然科学的方法是解释，表现为外部的、客观的因果说明；人文科学的方法是理解，表现为内部的心理体验。而韦伯的解释性理解意味着他的理解社会学方法论既不是狄尔泰所理解的"解释"方法，也不是狄尔泰所理解的"理解"方法，而是二者的有机结合。可以这样说，韦伯的解释性理解方法立足于"理解"，但吸纳了"解释"。具体地说，理解韦伯解释性理解这一术语，需明确价值关联与价值中立、移情体验与因果关系两方面问题。

关于价值关联与价值中立的问题。韦伯的理解社会学理论是建立在对实证主义社会学理论批判的基础上的，强调行动者社会行动的主观意向、动机与意义。理解社会学的研究目的与任务就在于对这种社会行动主观意向、动机与意义的揭示。因而，在社会学研究过程中必须与被研究的社会行动、社会现象的特定价值相关联。在研究态度、研究程序方面，韦伯坚持事实与价值相分离的原则与立场，坚持研究态度、研究程序的客观性标准。韦伯认为，在社会学研究过程中，研究者的价值立场应该退出研究过程，避免个人的价值观与情感等主观因素的干扰，采取价值中立的研究态度，严格区分事实领域和价值领域、事实判断和价值判断，并以客观的、中立的态度进行观察和分析，以保证研究的客观性。

关于移情体验与因果关系的问题。在韦伯看来，行动者社会行动的重要特征之一是其所赋予行动的主观意义，没有这种主观意义的赋予，社会行动则难以成立。理解的关键就在于对这种主观意向、情感意义的重新体验，体会其社会行动的价值或终极目标。如对教徒的激情行动、极端的狂热氛围，只凭观察是难以理解的，只有通过移情的方法，重新体验其内在的心境与意向，才能理解其行动的内在动机与意义。然而，韦伯的理解并非停留于对行动者内在心境与意向的体验，他试图进一步寻求一种因果关系，即通过对行动者社会行动动机与行动之间的意义关联来阐释行动者社会行动产生的原因。无疑，韦伯对社会行动因果关系的建构，是要达到他所确立的理解的标准，即对社会行动的理解须满足明确性的要求。显然，只有将解释与理解这两个术语结合起来，并赋予其新的意义，才能实现对社会行动的因果关系的推论与建构。原因很简单，韦伯的解释性理解既要进行对行动者社会行动内在的动机、意向的重新体验与感受，又要对行动者社会行动的动机与意义进行外在的推论，形成类似于自然科学定理定律的具有明确性的因果结论。

为了使解释性理解方式具有针对性与明确性，韦伯提出了又一个令人费解的术语：理想类型。韦伯无疑反对社会学研究仿照自然科学研究对规律性结论进行推理、证实与应用，但这并不意味着韦伯的社会学排斥一般性的、概念性的知识或方法。在韦伯看来，社会学研究的重要任务之一是获得关于各种特殊的、个别的文化现象的一般知识。其途径就是建立抽象的、一般性的分析框架或模型，即理想类型。作为一种概念性的分析图式，理想类型是社会学研究的特有方法。一般来说，自然科学研究须借助一定的规律性知识，社会学研究也须借助一定的工具性的支撑点。如同自然科学研究应用自然科学规律分析自然现象，社会学研究则通过建构某种理想类型作为工具或方法来分析具体的社会行动与事件。具体地说，为了获得对社会行动或事件的清晰的认识，应在对丰富多彩的、多样化的社会事件或现象的考察基础上，抽象、概括出某种一般性的概念图式与方法。借助这种概念性的理想类型可以把握行动者的行动动机、意义及行动类型，并确定其因果关系。比如，对社会行动的理解，引发行动者行动的因素可分为理性的、非理性的，而社会行动则分为目的合理性的、价值合理性的、情绪性的、传统性的。为了明确地分析这些行动的动机与意义，则应建构一个严格的目的合理性行动作为行动类型（即理想类型），作为分析其他的含有非理性取向的行动的工具，通过对比理性"偏差"来理解这些行动。

总之，韦伯的理解社会学方法论消解、颠覆了社会物理学方法论的霸权地位，促进了社会现象学的产生与发展，开创了又一个社会学研究的理论流派。继韦伯之后，符号互动论、现象学社会学、民俗学方法论、历史社会学等都立足于反实证主义方法论立场，主张自然现象不同于社会现象，反对实证主义社会学方法论，强调社会学研究方法的独特性品质；突出行动者社会行动的主观性、主体性、意义与价值性特点，强调社会学研究的价值关联及理解、体验方法。然而，尽管韦伯独特的解释性理解方法似乎既强调价值关联又强调价值中立，但其理解社会学方法论依然遵循个体与社会、行动与结构、微观与宏观、主观与客观之间的对立。因而，韦伯的理解社会学未能突破整体主义与个体主义、客观主义与主观主义二元对立的思维方式与立场。

（二）布迪厄的反思性社会学方法论

面对社会学研究中普遍的二元对立立场与方式方法及其造成的种种困境，探究、构建一种由对立走向折中的社会学方法论，已成为当代社会学研究迫切需要解决的根本性问题之一。法国当代著名社会学家皮埃尔·布迪厄在对传统社会学理论反思与批判的基础上，立足于对二元对立社会学方法论超越的立场、原则与追求，提出了著名的反思性社会学理论，不仅使社会学理论研究取得了突破性的进展，更为重要的是使社会学研究方法论摆脱二元对立困境成为可能。具体地说，布迪厄的反思性社会学理论在方法论层面主要表现为如下几方面的立场、逻辑与方法。

1. 总体性社会实践理论

布迪厄将由来已久的二元对立社会学理论称为社会物理学与社会现象学。而超越社会物理学与社会现象学的对立，构建总体性的、完整统一的社会科学理论及方法论，是布迪厄学术研究的基本追求。他的研究范围异常广泛，涉及哲学、社会学、人类学、政治学、教育学、历史学、文学等领域。其全部的学术研究的着眼点就在于克服根深蒂固的二元对立的思维方式与立场。"这些二元对立包括看起来无法解决的主观主义与客观主义知识模式间的对立，符号性分析与物质性分析的分离，以及理论与经验研究的长期脱节。"[①] 这种二元对立的思维方式与方法论立场，造成了社会学研究从本体论到方法论的普遍的分裂、冲突状态。为此，布迪厄立足于一种拒绝将主体与客体、意图与原因、物质属性与符号表象割裂开来的社会本体论立场，试图在综合结构主义与建构主义两种途径的基础上形成一种具有包容性品质的社会学理论，以克服、纠正社会学被机械地化约为只关注物质结构的客观主义物理学与只强调认知形式的建构主义现象学的对立现象及倾向。

社会学研究始于对研究对象予以本体论层面的基本定位。这种本体论定

---

① 皮埃尔·布迪厄, 华康德. 实践与反思——反思社会学导引 [M]. 李猛, 李康, 译. 北京：中央编译出版社, 1998：3.

位不仅决定社会学研究方法论建构的立场与原则，而且决定社会学方法论知识的逻辑、性质与范式。传统的社会学关于研究对象本体论定位的根本性缺陷在于对社会与个人片面的、绝对的本体设定，从而造成呈对立状态的社会物理学与社会现象学方法论。长期以来，作为社会科学领域方法论对立倾向与状态的具体体现，这两种对社会的解读方式无不从各自的本体论立场出发，为社会学研究确立了彼此完全不同、难以调和的逻辑、思维方式与方法。用社会物理学的方式透视社会，即立足于客观主义、结构主义立场，"将社会看作一种客观的结构，可以从外部加以把握，可以无视居处于其间的人们的各自看法而从物质上观察、测量和勾画这种结构的关联接合"①。用社会现象学的方式透视社会，即立足于主观主义、建构主义立场，将社会视为由个体行动者构成的系统，认为社会现实是行动者的社会行动所成就的。"社会行动者通过'日常生活里有组织的、富于技巧的实践'持续不断地建构他们的社会世界。"② 显然，如果仅就特定范畴与局部意义而言，无论是社会物理学的整体性与客观性立场，还是社会现象学的建构性与能动性立场，似乎都显现出一定的辩护性依据，难以在博弈过程中相互取代，并因此造成人们普遍的左右为难、不知所措的矛盾心态。当代社会学研究的困境之一就在于对这两种社会学方法论的两难选择。而这种两难困境一方面意味着在社会学方法论研究中研究者思维方式的误区，即排斥性的选择思维，另一方面也意味着这两种社会学方法论虽然都暴露出明显的理论上的、时代性的局限，但都具有一定的合理性品质。因而，跳出各自的范畴、视野与思维定式，这两种社会学方法论具有明显的互补性品质与空间，甚至对于今日社会学方法论研究而言，这种互补性显得十分必要与异常迫切。对此，布迪厄的社会学方法论研究充分展示了互补性立场对于社会学方法论研究摆脱困境是多么的必要与重要。对社会物理学与社会现象学的超越，布迪厄付出了全部的智慧与心血。而且，布迪厄的超越绝不是简单地抛弃这两种方法论。从根本上说，布迪厄的社会学方法论就是建立在对这两种社会学方法论的改造、折中与重构基础上的。

在布迪厄看来，"社会研究主要应该回答社会历史性和结构性的可能条件。为此，社会学家和哲学家在丰富生动的社会现象面前，不应有任何教条式的固定框框，尤其应排除主观主义和客观主义两种极端；必须同时地从动

---

① 皮埃尔·布迪厄，华康德. 实践与反思——反思社会学导引 [M]. 李猛，李康，译. 北京：中央编译出版社，1998：7.
② 皮埃尔·布迪厄，华康德. 实践与反思——反思社会学导引 [M]. 李猛，李康，译. 北京：中央编译出版社，1998：9.

态和静态两方面研究社会的历史性和结构性，避免单纯地导向任何一种抱有总体化倾向的哲学体系"①。布迪厄认为，社会学之所以不停地围绕个人与社会的关系问题而旋转并遭受困扰，其症结就在于"最初的一种错误定义"，即"以往各个社会科学都没有正确地理解个人与社会的关系，往往错误地将个人和社会分割成不同学科的研究对象，忽略了实际的个人和社会之间的不可分割关系"②。据此，布迪厄主张学科之间的相互渗透与融合，使立足于不同领域与不同视野的社会物理学与社会现象学从对立、冲突走向互补、整合，在取长补短的基础上重建社会学方法论。为了构建总体性社会学理论，布迪厄客观地分析了社会物理学与社会现象学方法论的缺陷与不足。在布迪厄看来，由于本体论定位的错误，社会物理学、社会现象学方法论都存在着自身难以克服与逾越的弊端及障碍。社会物理学方法论过于看重社会结构与客观知识，忽视行动者的地位与作用。其客观主义的立场否定个体对社会的能动作用与建构能力，将行动者的实践经验搁置一旁，因而只能消极地把握实践，即"只能产生一个代用的主体，将个人或群体看成被动消极的承受者，支撑着机械地展开它们的自在逻辑的那些力量"③。而社会现象学方法论否定社会结构的客观存在，只强调个体的能动作用，将个体从复杂的社会环境与现象中孤立出来。这种将社会结构单纯定位为个体行动者的意向、策略与行动，不仅无法充分说明社会结构的复杂性与广泛性品质，而且也无法解释现实的社会生产过程得以进行的缘由及其所遵循的原则。在布迪厄看来，无论是社会物理学方法论还是社会现象学方法论，都没有突破传统的二元对立思维方式、逻辑与立场，而且造成社会学理论及方法论支离破碎的状态与局面。因而，社会物理学与社会现象学都应在认清各自立场及方法局限的基础上，明确改造与重建方向。他认为，对于社会物理学方法论而言，要避免陷入社会决定论的陷阱，要"认识到行动者的意识和阐释是社会世界完整现实的一个基本要素。社会确实具有一个客观的结构，但同样千真万确的是，社会在根本上也是由——用叔本华那句名言来说——'表象和意志'构成的。这里的关键在于，每个人对世界都有一种实践知识，并且都将它运用于他们的日常活动之中"④。而对于社会现象学方法论而言，在反对机械主义的同时必须认识到："社会行动者是同时作为个人和集体，建构着社会现

① 高宣扬. 布迪厄的社会理论 [M]. 上海：同济大学出版社，2004：4.
② 高宣扬. 布迪厄的社会理论 [M]. 上海：同济大学出版社，2004：6.
③ 皮埃尔·布迪厄，华康德. 实践与反思——反思社会学导引 [M]. 李猛，李康，译. 北京：中央编译出版社，1998：8.
④ 皮埃尔·布迪厄，华康德. 实践与反思——反思社会学导引 [M]. 李猛，李康，译. 北京：中央编译出版社，1998：9.

实⋯⋯我们不能忘记行动者并没有建构那些他们在其建构活动中所运用的范畴。"①

在布迪厄看来，社会世界就像"过着一种双重生活"，以两种方式存在着，即社会事实和行动者的实践活动。因而，他主张将社会科学定位为一个二维的"关系体系"，并对其进行"双重解读"，"既吸取每种解读的长处，又避免每种解读的毛病"②。在此基础上重建社会学，超越极端化与排斥性状态，实现互补与整合。而这种互补与整合绝不是两种解读的简单、机械拼凑，"一门名副其实的探讨人类实践的科学，不能够只是满足于仅仅在一种社会结构学上再叠加上一种社会现象学"③。显然，总体性社会学理论的建构，必须首先在社会学的本体论层面与认识论层面实现深层次的思维方式转换。其基本的出发点在于"既必须摒弃那种将行动者'打发去度假'的机械结构主义，又必须杜绝目的论个人主义"④。布迪厄认为，当今社会学充满了虚假的对立。这些对立虽然有一定的社会基础，但缺乏科学依据。诸如主观主义与客观主义、机械论与目的论、结构必然性与个体能动性等二元对立思维、立场及方法，都是虚假的、人为的、危险的，是"学究"式的思维与学院性的习气。它肢解了整体的社会，打破了社会的同一性，掩盖了人类社会实践的真相及探讨人类实践的科学的真相。因而，必须颠覆、消解、转变这些对立性思维与立场关于社会世界的逻辑性假设。对此，布迪厄曾做过深刻的阐述。他说："在理论分析与经验研究之间，在定量手段与定性方法之间，在统计记录与人类学观察之间，在把握社会结构与构建个体之间所存在的这些为人们熟知的对立，原来是这么具有人为性。这些非此即彼的选择毫无用处，只不过是为唯理论主义那些空洞无物却又言之凿凿的抽象概括和实证主义虚有其表的严格观察提供一个正当性理由，或者作为经济学家、人类学家、历史学家和社会学家之间的分工，将他们在能力上的局限合法化：这就是说，这些对立以一种社会监察制的方式运作着，它们会妨碍我们去领会某种真相，而这一真相恰恰存在于因上述分工而被武断地予以割裂的实践的

---

① 皮埃尔·布迪厄，华康德. 实践与反思——反思社会学导引 [M]. 李猛，李康，译. 北京：中央编译出版社，1998：10.
② 皮埃尔·布迪厄，华康德. 实践与反思——反思社会学导引 [M]. 李猛，李康，译. 北京：中央编译出版社，1998：7.
③ 皮埃尔·布迪厄，华康德. 实践与反思——反思社会学导引 [M]. 李猛，李康，译. 北京：中央编译出版社，1998：11.
④ 皮埃尔·布迪厄，华康德. 实践与反思——反思社会学导引 [M]. 李猛，李康，译. 北京：中央编译出版社，1998：10.

各个实践领域之间的关系之中。"①

　　基于这样的认识，布迪厄强调，社会学研究应立足于社会世界双重现实本质立场，构建维持人类实践基本统一性的"总体性社会事实"，"这种'总体性社会事实'所涉及的人类实践兼跨各种支离破碎的学科断片、经验领域和观察分析技术"②。他要求摆脱唯理论主义与唯方法论主义的误区与困扰，指责、批判了那些将方法从研究对象中分离出来的错误做法，坚持认为："每一项研究工作都同时既是经验性的（它面对的是由可观察的现象组成的世界），又是理论性的（它必须构思有关现象所具有的根本关系结构的假设，而这些关系结构正是各种观察所欲加以把握的对象）。"③ 为此，他尤其强调理论研究与经验研究、社会结构分析与心智结构分析的相互渗透，以避免"盲见和短视"。

　　2. 关系主义方法论

　　立足于建构总体性社会实践理论的立场与追求，布迪厄提出了旨在超越整体主义与个体主义、主观主义与客观主义的关系主义方法论。在布迪厄看来，二元论式的抉择已成为关于社会现实的常识性观念，这种排斥性抉择状态与观念无疑是一元化的方法论使然。"所有方法论上的一元论，都声称要确立要么结构要么能动者、要么系统要么行动者、要么集合体要么个人在本体论意义上的先在性。"④ 这种一元化方法论的先在性思维造成了社会学研究方法论的整体主义与个体主义、客观主义与主观主义的对立与冲突。不突破一元化方法论的先在性思维定式，不仅总体性社会学理论的建构难以取得实质性突破，而且社会学方法论研究也难以摆脱困境。无疑，一元化方法论无论是整体主义的还是个体主义的、无论是客观主义的还是主观主义的，都立足于实在论立场。正是这种实在论立场造成了社会学研究中个体与社会对立的思维定式与方法论困境。对此，布迪厄认为："个人与社会之间的对立（以及转换成方法论上的个人主义与方法论上的结构主义的对立）是那些危害社会学的'毒瘤般的主张'之一……社会科学并无必要在这些极端间进行选择，因为社会现实既包括行动也包括结构，以及由二者相互作用所产生的

---

　　① 皮埃尔·布迪厄，华康德. 实践与反思——反思社会学导引 [M]. 李猛，李康，译. 北京：中央编译出版社，1998：30 - 31.

　　② 皮埃尔·布迪厄，华康德. 实践与反思——反思社会学导引 [M]. 李猛，李康，译. 北京：中央编译出版社，1998：29.

　　③ 皮埃尔·布迪厄，华康德. 实践与反思——反思社会学导引 [M]. 李猛，李康，译. 北京：中央编译出版社，1998：37.

　　④ 皮埃尔·布迪厄，华康德. 实践与反思——反思社会学导引 [M]. 李猛，李康，译. 北京：中央编译出版社，1998：15.

历史，而这些社会现实的材料存在于关系之中。"① 于是，布迪厄主张社会学研究必须祛除二元论式的抉择观念，既要抛弃方法论上的个体主义、主观主义，又要拒斥方法论上的整体主义、客观主义，从实在论转向关系论，突出关系的首要地位。

布迪厄关系主义方法论既缘起于社会学的统一性，又致力于社会学统一性的辩护与维护。它在对立与对抗的极端思维、立场与方法之间寻求互补、整合与重构，而不是左右出击，全面否定，另起炉灶，从而使社会学方法论超越由来已久的二元对立状态具有了可能性与现实性。关系主义方法论意味着相互关联地思考，是布迪厄社会学理论的核心观念、命题与立场。布迪厄曾说："我的愿望是创造一种语言，使得那些社会世界的话语的创造者们能够逃脱一种致命的非此即彼的选择。"② 于是，布迪厄提出了习性（habitus）与场域（field）概念，并深刻、具体阐述与论证了习性与场域思想，从而使关系主义方法论得以充分说明与解释。但无论是习性还是场域，布迪厄都没有给出具体的、精准的定义。因为他不喜欢专业性的定义。他对习性与场域的界定，更多的情况下是描述性的、解释性的。

在布迪厄看来，主观主义与客观主义的对立在人为地造成社会科学分裂的所有对立中，是最基本的，也是最具有破坏性的。布迪厄运用习性这一概念是要通过阐明个体社会行动的双重性品质及特点来消解主观主义与客观主义的对立，同时保留它们各自取得的成果，弥补彼此间的不足，并实现个体社会行动客观性与主观性的统一。习性这一术语的主要意图在于表明这样一种思想与立场：个体的社会活动具有双重性品质与特点，即个体的社会行动既受社会历史结构的限制，又反作用于社会历史结构的发展；社会历史结构现状作为一种客观性的存在影响、制约个体的社会行动，但个体的社会行动又促使社会结构不断生成与重构。显然，社会行动的客观性与主观性之间密切关联，相互制约。而习性就是二者相互关联的一个重要环节与纽带。

习性是"由'积淀'于个人身体内的一系列历史的关系所构成，其形式是知觉、评判和行动的各种身心图式"③。也就是说，习性是个人或集体在社会实践中形成的性情倾向体系，具体表现为生存方式、行为方式以及心理层面的认知图式、禀性等结构。习性植根于特定的历史文化与社会实践，客

① 皮埃尔·布迪厄，华康德. 实践与反思——反思社会学导引 [M]. 李猛，李康，译. 北京：中央编译出版社，1998：16.
② 包亚明. 文化资本与社会炼金术——布尔迪厄访谈录 [M]. 上海：上海人民出版社，1997：97.
③ 皮埃尔·布迪厄，华康德. 实践与反思——反思社会学导引 [M]. 李猛，李康，译. 北京：中央编译出版社，1998：17.

观的社会结构是习性产生的基础与根源，无论是集体性的还是个体性的习性
都是一定的社会历史结构作用的结果。在社会实践中，"随着个人不断接触
某些社会状况（这种接触的结果也因此日积月累），个人也就逐渐被灌输进
一整套性情倾向。这种性情倾向较为持久，也可转换，将现存社会环境的必
然性予以内化，并在有机体内部打上经过调整定型的惯性及外在现实的约束
的烙印"①。但习性并不是某种客观的、规定性的法则。从本体意义上讲，习
性虽然来源于客观的社会结构，但却是一种主观性的性情倾向结构，即"内
化的、具体化的社会结构"。也就是说，习性既不是单纯的主观意识的产物，
也不是绝对的理性思维的产物。对此，布迪厄曾明确地指出："谈论习性就
是宣称个体、个人、主体都是社会的、集体的。习性是一种社会化了的主体
性。"② 显然，作为一种积淀的、内化的、结构化的性情倾向体系，习性具有
明显的主观性与客观性、历史性与时代性、外在性与内在性、持久性与动态
生成性的统一等方面的特点。习性形成后通过行动者的社会行动又不断地改
变社会结构，促使新的社会结构的生成。习性是客观社会条件的产物，"它
一方面倾向于复制客观条件的客观逻辑，但另一方面又使它遭受新的改
造"③。也就是说，习性是以一种独特的、创造性的方式，改造、重构社会结
构，是社会结构不断发展的一种主动性、动力性因素。在布迪厄看来，"（习
性）一方面是指在特定历史条件下，在个人意识中内化了的社会行为的影响
的总结果；特别是特定社会中的教育制度在个人意识中的内在化和象征性结
构化的结果……是已经沉淀成生存心态的、长期反复的个人和群体特定行为
方式，是已经构成内在的心态结构的生存经验，是构成思维和行为模式的、
具有持久效用的禀性系统。但另一方面，这种来自长期实践的经验因素，一
旦经历一定的历史时期的沉淀，并内在化于特定历史阶段的人群和个人的意
识内部之后，（习性）便自然地去指挥和调动个人和群体的行为方向，赋予
各种社会行为以特定的意义"④。显然，布迪厄关于习性的思想深刻地阐释了
个体的社会行动既不是个体纯粹主观意向的产物，也不是纯粹客观的社会规
则的产物。任何集体的、个体的社会行动虽受制于社会结构，但并不是由社
会结构机械地决定的，而是受习性所制约和影响的，并使社会结构得以繁
衍、改造与重建，从而使社会行动超越了主观主义与客观主义的二元对立。

---

① 皮埃尔·布迪厄，华康德. 实践与反思——反思社会学导引 [M]. 李猛，李康，译. 北京：
中央编译出版社，1998：13.

② 包亚明. 文化资本与社会炼金术——布尔迪厄访谈录 [M]. 上海：上海人民出版社，1997：173.

③ 高宣扬. 布迪厄的社会理论 [M]. 上海：同济大学出版社，2004：117.

④ 高宣扬. 布迪厄的社会理论 [M]. 上海：同济大学出版社，2004：115.

布迪厄运用场域这一概念是要通过阐明社会活动空间的关系性品质及特点来消解主观主义与客观主义的二元对立。在传统的社会学研究过程中，研究者更多地遵循实体性思维、逻辑与方法，研究的视野与方法往往被定格在已定式了的实体系统里，如社会结构实体、个体行动实体。布迪厄研究工作的深远意义"在于他始终孜孜以求，力图超越某些导致社会科学长期分裂的根深蒂固的二元对立"①。场域这一术语就是要打破这种由来已久的实体论，代之以关系思维、立场与方法。从根本上讲，场域就是一种从关系角度进行思考的技术。"根据场域概念进行思考就是从关系的角度进行思考。"② 从场域的角度进行思考，就必须转换实体论的思维方式。

场域即行动者的社会行动得以进行的社会空间。它既是社会行动的平台，也是社会行动的基本要素。对此，布迪厄曾指出："从分析的角度来看，一个场域可以被定义为在各种位置之间存在的客观关系的一个网络（network），或一个构型（configuration）。正是在这些位置的存在和它们强加于占据特定位置的行动者或机构之上的决定性因素之中，这些位置得到了客观的界定，其根据是这些位置在不同类型的权力（或资本）——占有这些权力就意味着把持了在这一场域中利害攸关的专门利润（specific profit）的得益权——的分配结构中实际的和潜在的处境（situs），以及它们与其他位置之间的客观关系（支配关系、屈从关系、结构上的对应关系，等等）。"③ 显然，在场域中，任何社会行动都不是孤立的、静止的。它并不因其自身而存在，而是受制于特定的场域中的关系状态。社会整体、各个部分、个体都处在一种相互制约的关系网络中，"都处在活生生的力量较量和制衡之中"④。因而，无论是社会结构还是行动者的社会行动都不是抽象的、彼此分离的，更不具备单向度的决定性作用。社会结构与行动者的社会行动在特定的场域中密切关联，相互制约。"一方面表现为社会结构为行动者的具体实践提供客观的制约性条件，另一方面又表现为社会结构本身仰赖于行动者的整个实践过程。"⑤ 这种相互制约的关系决定了场域必然具有开放性、动态性、生成性品质。场域是诸要素"力的较量"场所，较量的结果则表现为场域的生成

---

① 皮埃尔·布迪厄，华康德. 实践与反思——反思社会学导引 [M]. 李猛，李康，译. 北京：中央编译出版社，1998：2.

② 皮埃尔·布迪厄，华康德. 实践与反思——反思社会学导引 [M]. 李猛，李康，译. 北京：中央编译出版社，1998：133.

③ 皮埃尔·布迪厄，华康德. 实践与反思——反思社会学导引 [M]. 李猛，李康，译. 北京：中央编译出版社，1998：133 - 134.

④ 高宣扬. 布迪厄的社会理论 [M]. 上海：同济大学出版社，2004：136.

⑤ 高宣扬. 布迪厄的社会理论 [M]. 上海：同济大学出版社，2004：136.

与变化。也就是说，场域不是固定不变的框架与形式，"场域不等于某个固定的社会结构，也不等于某个现成的社会关系，同样不等于不同的社会地位所构成的框架"①。场域将伴随着行动者社会地位、权力与资本等竞争因素不同而不断发生改变。对此，布迪厄曾说："作为一种场域的一般社会空间，一方面是一种力量的场域，而这些力量是参与到场域中去的行动者所必须具备的；另一方面，它又是一种斗争的场域；就是在这种斗争场域中，所有的行动者相互遭遇，而且，他们依据在力的场域结构中所占据的不同地位而使用不同的斗争手段、并具有不同的斗争目的。与此同时，这些行动者也为保持或改变场域的结构而分别贡献他们的力量。"② 显然，布迪厄关于场域的思想具体地阐释了社会活动空间的关系性品质与特点，深刻地揭示了传统社会学二元论的社会实体与个人实体的无效性以及社会结构与个体行动对立的虚假性，从而使社会结构超越了主观主义与客观主义的二元对立。

习性和场域构成了布迪厄关系主义社会学方法论的核心概念与思想。依据布迪厄的关系主义方法论立场，社会科学的研究对象，既不是个体，也不是群体，而是习性与场域及其相互关系。习性与场域相互关联，习性离不开特定的场域，是特定场域的习性；而场域的形成与变化也是习性变化的结果。也就是说，习性与场域都有一个生成变化的过程，历史性、关联性、动态性、生成性是它们共同的特点。综上所述，关系主义方法论消解了传统社会学方法论关于社会实践的一元化定位，并赋予社会实践双重性品质，即社会实践不是客观的社会结构机械决定的产物，也不是个体主观的自由意志的产物。对此，布迪厄概括性地指出："社会现实是双重存在的，既在事物中，也在心智中；既在场域中，也在惯习中；既在行动者之外，又在行动者之内。"③

3. 反思性思维方式

布迪厄社会学方法论最鲜明的特征是反思性。对此，华康德曾做过这样的评论："如果说存在着一个使布迪厄能够在当代社会理论的图景中出类拔萃的单一特征的话，那就是他引人注目的对反思性的迷恋。"④ 因而，布迪厄的社会学理论被称为反思性社会学理论。他的反思性社会学理论的立足点就在于超越各种导致社会科学长期分裂的根深蒂固的二元对立的思维方式及其

————————————

① 高宣扬. 布迪厄的社会理论 [M]. 上海：同济大学出版社，2004：140.

② 高宣扬. 布迪厄的社会理论 [M]. 上海：同济大学出版社，2004：138.

③ 皮埃尔·布迪厄，华康德. 实践与反思——反思社会学导引 [M]. 李猛，李康，译. 北京：中央编译出版社，1998：172.

④ 皮埃尔·布迪厄，华康德. 实践与反思——反思社会学导引 [M]. 李猛，李康，译. 北京：中央编译出版社，1998：38.

方法论体系。面对正统社会学研究中普遍的、顽固的二元对立思维方式与方法，布迪厄认为，社会学研究中二元对立的逻辑、立场与方法，已经使社会学丧失了活力，并陷入危机之中。他说："当今的社会学充满了虚假的对立，我的作品经常引导我去超越这些对立（即使我并不是有意去这样做）。在社会学场中这些对立确实是真正的区分性的标志，它们有一定的社会基础，但却缺乏科学基础。"① 而各种对立的理论与方法，造成了施加于社会学的合法化理由与方式五花八门，而研究人员也是鱼龙混杂，"各式人等都可以在社会学家的名义下集结，包括进行统计分析的人，发展数学模式的人，描述具体情况的人等等"②。社会学被赋予了各种排斥性的、简单化的、片面性的理论依据与方法论基础。据此，布迪厄认为，科学的社会学研究，其前提是对社会学的研究对象及从事社会学研究者的反思性考察。于是，以主客统一性为前提、以社会实践为出发点、以反思性为基本原则，布迪厄建构起了一门独特的反思性社会学理论。当然，在社会学研究中，布迪厄并非第一个也不是唯一一个主张、倡导反思性社会学的思想家。事实上，许多当代社会学研究者都积极倡导社会学研究的反思性立场与方法，如美国社会学家古尔德纳在对结构－功能主义社会学进行尖锐批判的基础上，积极倡导构建反思性社会学。他强调将社会学与社会、理论与实践紧密结合起来。他认为，社会学不仅是一种社会理论，也是它所植根的社会的一个部分，任何社会学都不可能是"价值中立"的，社会学家与其他理论家一样，他的社会知识，在很大程度上就是关于他自己的知识。因而，社会学家必须抛弃一切"价值中立"的幻想，把社会"事实""实在"看作与个人所持有的社会立场相关联的东西，主张使用社会学的方法来研究社会学的发展，把社会学知识与其赖以产生的历史、社会、文化背景联系起来，在社会、文化的框架中对社会学理论进行分析，坚持批判性态度与反思性思维方式。在古尔德纳看来，反思性社会学的关键在于一种"自觉的自我指涉"，它以社会学家对自身及其在社会世界中的位置的知识为基础，即"社会学家既是反思性的对象（或者说'靶子'），也是反思性的承担者"③。于是，反思性社会学也常常被称为"关于社会学的社会学"。

与古尔德纳一样，布迪厄也极力强调"自我指涉"，而且是在更深刻与更广泛的意义上定位"反思性回归自身"，并将反思性视为社会学研究的前

---

① 包亚明. 文化资本与社会炼金术——布尔迪厄访谈录 [M]. 上海：上海人民出版社，1997：110.
② 包亚明. 文化资本与社会炼金术——布尔迪厄访谈录 [M]. 上海：上海人民出版社，1997：111.
③ 皮埃尔·布迪厄，华康德. 实践与反思——反思社会学导引 [M]. 李猛，李康，译. 北京：中央编译出版社，1998：41.

提条件与特定方式，从而使布迪厄的反思性社会学具有了独特的品质。这种独特的品质具体表现为三个方面："首先表现在他的反思社会学的基本对象不是个别分析学者，而是根植于分析工具和分析操作中的社会无意识和学术无意识；其次，他的反思社会学必须成为一项集体事业，而非压在孤身一人的学究肩上的重负；而在第三方面，他的反思社会学不是力图破坏社会学的认识论保障，而是去巩固它。布迪厄的反思性远不是要削弱客观性，而是旨在扩大社会科学知识的范围，增强它的可靠性。"① 在布迪厄看来，反思作为一种特定的思维方式，简单地说就是研究者"转而针对自身"，"一种对于作为文化生产者的社会学家的自我分析，以及对一种有关社会的科学之所以可能的社会历史条件的反思"②。也就是说，反思性思维方式要求研究者首先将反思指向自身，指向其所在科学场域中的资格与位置，在此基础上，将反思指向知识生产的社会历史条件。布迪厄之所以强调社会学研究的反思性立场、原则与方法，根本原因表现为两个方面：其一是研究者本身的局限性。在布迪厄看来，任何一个社会学家在对社会现象进行研究过程中都不免会受制于他在社会结构及学术场域中的资格与位置。因而，他要求社会学家对社会现象的分析要意识到自身研究工作的局限性，并应随时准备进行反思。他反复强调"社会学家必须随时批判自己的固有知识和观点，要排除自发性知识所产生的各种虚幻印象，要善于协调主客观因素的影响，尽可能正确地'建构'自己所观察的社会，并正确地'建构'必要的研究资料和原始数据"③。其二是理论知识的局限性。除了要反思、批判、排除社会学家自身的偏见与固执，布迪厄强调要对理论知识及其生产的方法进行反思。在他看来，反思性是社会学理论研究的基本原则，是严密的社会学理论研究的先决条件。布迪厄认为："在社会科学中错误的主要来源之一是科学处于一种失控的状态，即没有控制好科学与对象之间的关系，这种状况导致了人们将与对象发生的关系投射到对象上。当我读社会学家写的一些作品时令我感到痛苦的是，那些其职业就是要使社会世界对象化的人，最后被证明他们很少能使他们自己对象化，他们很少能认识到他们那些形似实非的科学话语所谈论的东西其实并不是对象本身，而是他们与对象之间的关系。"④ 因而，布迪厄强调，反思社会学不仅要使研究者被对象化，使研究者在社会结构与学术场

① 皮埃尔·布迪厄，华康德. 实践与反思——反思社会学导引 [M]. 李猛，李康，译. 北京：中央编译出版社，1998：39.

② 皮埃尔·布迪厄，华康德. 实践与反思——反思社会学导引 [M]. 李猛，李康，译. 北京：中央编译出版社，1998：38.

③ 高宣扬. 布迪厄的社会理论 [M]. 上海：同济大学出版社，2004：7-8.

④ 包亚明. 文化资本与社会炼金术——布尔迪厄访谈录 [M]. 上海：上海人民出版社，1997：110.

域中所处的位置被对象化，而且还要使研究者的学术观点被对象化，以避免"学究式的谬误"导致的偏离，即将对社会现象的研究完全等同于理论研究，用理论研究逻辑代替社会实践逻辑，以至于社会学研究通常表现为归纳普遍性结论。在社会学研究中，理论与经验、实事与价值、主观与客观的二元对立，产生了种种虚构的所谓中立的、实证的"科学"理论知识。这种唯智主义偏见"诱使我们把世界看作一个旁观的场景，一系列有待解释的意指符号，而不是有待实践解决的具体问题"①。也就是说，社会学研究者普遍的唯智主义倾向，使他们只是从外部观察世界、分析世界，而不是直接参与到这个世界中来，从而使他们得出的所谓的理论知识严重缺乏实践性逻辑与依据。显然，普遍性结论难以充分解释社会实践的逻辑与运行机制。如研究美国学校制度的社会学家，"虽然也研究学校究竟有些什么'用处'，但这一'用处'与那些父亲要为自己的女儿寻找一所好学校而想了解的'用处'，几乎没有什么共同之处"②。当然，这并不能得出理论知识毫无用处的结论，而是要阐明社会科学知识生产的条件与机制，以及提醒人们了解、认清理论知识的局限性特点。

从总体性社会实践理论、关系主义方法论到反思性思维方式，布迪厄不仅建构了崭新的社会学理论体系，开创了社会学研究的新局面，而且其反思性与实践性社会学理论也使社会学方法论研究摆脱、超越了由来已久的二元对立、左右两难困境，使社会学方法论研究实现了历史性突破。

（三）吉登斯的二重性社会学方法论

与布迪厄秉持相同的社会学研究旨趣、立场、逻辑与方法，英国著名社会学家安东尼·吉登斯针对社会学研究中的二元对立现象与困境，在对自启蒙运动以来困扰社会学研究的简单、机械的二元对立认识论和方法论解构与批判的基础上，致力于结构与行动、社会与个体的整合及社会学方法论的重建工作，并提出了富有原创性的二重性社会学理论，澄清了社会学的逻辑与方法，明确了社会学独特的研究性质与使命，建立了社会学方法的新规则，使社会学方法论研究实现了由二元性到二重性的转换。具体地说，吉登斯的二重性社会学方法论主要包括如下几方面内容。

1. 实践论立场及视角

就社会学研究领域而言，超越二元对立困境已成为一种共识。因而，问

---

① 皮埃尔·布迪厄，华康德. 实践与反思——反思社会学导引 [M]. 李猛，李康，译. 北京：中央编译出版社，1998：42.

② 包亚明. 文化资本与社会炼金术——布尔迪厄访谈录 [M]. 上海：上海人民出版社，1997：103.

题不在于是否要超越这种困境，而是如何超越这种困境。具体地说，超越二元对立困境的关键是既要预防形式上的虚假超越，又要预防因矫枉过正而陷入新的绝对化、片面化困境。而确立与选择超越的支点及角度，对于能否实现对二元论的实质性的、恰切的超越至关重要。二元论源于本体论意义上的实体论。无论是社会实体论还是个体实体论，无不因化约论方法而使社会学研究陷入选择性困境。显然，任何企图在对立的二元之间寻找摆脱危机的办法，都是注定要失败的，而且还会强化恶性循环怪圈。为此，吉登斯抛弃了实体论思维，并以此为支点为社会学研究确立了新的研究视角与出发点，从而赋予了社会学研究新内涵与新主题，使社会学研究实现了本体论意义上的范式转换。

任何理论研究首先应明确其研究主题或出发点。研究主题或出发点的片面化，是以往经典社会学及其方法论二元对立立场与逻辑的始作俑者，而在对二元对立社会学理论及方法论的批判研究中，也正是研究主题或出发点的定位不当造成了种种形式上的虚假超越。因而，社会学研究出发点的本体论定位决定社会学的方法论取向。对二元对立的社会学研究逻辑与立场的超越首先是社会学本体论层面的超越。也就是说，社会学本体论层面的超越，是实现社会学方法论超越的前提与基础。在以往的社会学研究中，关于主题或出发点的确立，往往首先将整体与部分、社会与个体、结构与行动、宏观与微观等范畴对立起来，然后做排斥性选择。如立足于社会实体论的实证主义社会学，将社会事实定位为社会学的研究主题或出发点，强调社会事实的整体性、客观性与决定性品质。而立足于个体实体论的人文主义社会学则将个体行动定位为社会学的研究主题或出发点，强调个体社会行动的动机、意义与价值的首要地位与决定性作用。对此，吉登斯认为，无论是个体实体论还是社会实体论，"都没有为理论反思找到一个恰当的起点"[①]。在吉登斯看来，确立社会学视角、出发点的关键在于"如何确定行动、意义和主体性的概念，确定它们与结构、制约观念之间可能存在的关联。如果说，各种解释社会学的确以主体的某种霸主地位作为自身的基础，那么功能主义和结构主义所提倡的，则是社会客体的某种霸主地位"[②]。为了从本体上消解社会学研究主题的霸主地位，吉登斯从根本上抛弃了在对立的两极之间选择、确立社会学研究主题或出发点的常规思维与做法，而是促使对立的两极由排斥转向

①　安东尼·吉登斯. 社会学方法的新规则——一种对解释社会学的建设性批判 [M]. 田佑中，刘江涛，译. 北京：社会科学文献出版社，2003：53.

②　安东尼·吉登斯. 社会的构成——结构化理论大纲 [M]. 李康，李猛，译. 北京：生活·读书·新知三联书店，1998：61.

结构化。吉登斯认为，人类的社会实践才是社会学研究的对象，是社会学研究的主题与逻辑起点。社会学研究只有立足于实践论的立场、原则与方法，才有可能消除二元论的分歧、摆脱二元论的困境，进而使二元对立的难题得以解决。对此，吉登斯曾明确地指出："社会科学的研究主要领域既不是个体行动者的经验，也不是任何形式的社会总体存在，而是在时空向度上得到有序安排的各种社会实践。"① 吉登斯就是通过确立社会实践在社会学研究中的本体性地位与意义，使个体的能动性行动与社会结构的约束性作用有机地融合起来，从而消解了社会实在论与个体实在论的对立状态，终结了社会学理论及其方法论研究的实体论思维与立场。

在吉登斯看来，无论是个体的能动性行动还是社会结构，都不能单独构成社会学研究的本体内容，因而也就不能单独构成社会学研究的主题与逻辑起点。原因很简单，在社会构成中，个体行动与社会结构都是不可或缺的重要组成部分，它们分别扮演不同的角色。就社会存在而言，个体行动与社会结构是社会实践活动系统中的两个子系统，不可替代，缺一不可，唯一难行。因而，试图在社会实践活动系统的子系统中寻找、选择社会学研究主题与逻辑起点，必然造成本体论意义上的缺失现象。而个体行动与社会结构就是在社会实践活动过程中有机地统一在一起的。人类社会是建立在人类的各种社会实践活动基础上的，它"并不是一个'预先给定的'（pre-given）客体世界，而是一个由主体的积极行为所构造或创造的世界"②。一方面，行动者是社会实践活动的发起者与承载者，社会实践活动是行动者的存在方式，没有社会实践活动，行动者也就没有表现自身的手段。同时，行动者也是社会结构的构建者，社会结构源于行动者的社会实践活动，行动者通过社会实践活动不断地改造、创造一定的社会结构，没有社会实践活动，社会结构也就没有形成的途径。对此，吉登斯曾说："人类的社会活动与自然界里某些自我再生的物种一样，都具有循环往复的特性，也就是说，它们虽然不是由社会行动者一手塑成，但却持续不断地由他们一再创造出来。社会行动者正是通过这种反复创造社会实践的途径，来表现作为行动者自身；同时，行动者们还借助这些活动，在活动过程中再生产出使它们得以发生的前提条件。"③ 另一方面，行动者社会实践活动并不是个体主观意志的产物，而是受

① 安东尼·吉登斯. 社会的构成——结构化理论大纲［M］. 李康，李猛，译. 北京：生活·读书·新知三联书店，1998：61.

② 安东尼·吉登斯. 社会学方法的新规则——一种对解释社会学的建设性批判［M］. 田佑中，刘江涛，译. 北京：社会科学文献出版社，2003：277.

③ 安东尼·吉登斯. 社会的构成——结构化理论大纲［M］. 李康，李猛，译. 北京：生活·读书·新知三联书店，1998：61-62.

制于一定的社会结构。对此，吉登斯曾说："人类能动行为领域是受到限制的。人类建造社会，但是他们是作为具体历史情境中的行动者建造社会，而且是在并非可以由他们自己选择的条件下进行。"①

显然，行动与结构构成了社会实践活动的主体，同时社会实践活动又不断地创造了新的行动与结构。"结构内在于互动者的日常活动之中，而且由这些日常活动再生产，也就是说，结构既制约人，又给人以能动性。"② 吉登斯通过社会实践整合了结构与行动，并将社会实践作为社会学研究的主题与逻辑起点，使行动者社会活动的主体性与社会结构的客观制约性在社会实践活动中实现了动态统一。

2. 双重解释逻辑及品质

明确社会科学的研究性质与逻辑，是社会学理论及其方法论建构的前提与基础。社会学研究中最大的误区与最严峻的危机无不缘起于对社会学研究性质与逻辑解释的单一性、片面性的问题。不解决这一问题，摆脱、超越社会学研究过程中的二元对立的思维方式、立场及其方法论体系就缺乏充分的依据与可能性。对此，吉登斯在对社会科学研究中单纯的客观性或主观性解释原则批判与解构的基础上，赋予了社会学双重解释性的品质及研究的逻辑与原则。在吉登斯看来，社会不同于自然界，社会科学也不同于自然科学。"社会与自然界之间的差别在于，自然界不是人类的产物，不是由人类行动创造出来。尽管社会不是由任何单个人创造，但是它由每一个社会日常接触的参与者创造并重新再创造出来（如果不是无中生有的话）。"③ 当然，人并不像动物那样消极的适应自然，而是对自然界进行积极的社会性改造。然而，人类的社会性改造行动并不能创造自然界："人类社会性地改造自然界，而且通过'人化'自然改造着人类自身；但是，他们当然没有制造这个独立于人类存在而被构建为客体世界的自然界。如果说在改造自然世界的过程中，人类创造了历史并因此生活在历史中，这只是因为社会的生产与再生产并不像在低等生物中那样被'生物学规划'。（人类建立的理论可能会通过他们的技术应用而影响自然界，但是，他们不能像在社会世界中一样，来构成自然界的特征。）"④ 显然，社会与自然界的区别决定了社会科学与自然科

① 安东尼·吉登斯. 社会学方法的新规则——一种对解释社会学的建设性批判 [M]. 田佑中，刘江涛，译. 北京：社会科学文献出版社，2003：278.

② 郎友兴. 安东尼·吉登斯：第三条道路 [M]. 杭州：浙江大学出版社，2000：24.

③ 安东尼·吉登斯. 社会学方法的新规则——一种对解释社会学的建设性批判 [M]. 田佑中，刘江涛，译. 北京：社会科学文献出版社，2003：74 - 75.

④ 安东尼·吉登斯. 社会学方法的新规则——一种对解释社会学的建设性批判 [M]. 田佑中，刘江涛，译. 北京：社会科学文献出版社，2003：277.

学所面对的研究领域、性质、任务、逻辑与方法等方面的根本不同。因而，吉登斯反对以自然科学的逻辑与方法解释社会现象，反对实证主义社会学的立场、原则及其方法论体系。他认为，如果社会科学要将自己的认识论表达为类似于自然科学的规律性的结论，那么任何这样的取向或追求都注定要失败，而且只能导致对人类社会的有限理解。他说："如果把社会科学看作是一门关于社会的自然科学，那么它就不仅在缺乏一种抽象规律的完整基础方面明显失败，这种抽象规律的应用环境是众所周知的，并且需要得到'专业共同体'的接受；而且在对普通公众做出反应的方面，它的失败也很明显。"① 无疑，在现今的社会科学研究过程中，遵循自然科学的逻辑与方法，建立关于社会的自然科学的思维方式与立场根深蒂固，"那种希望出现一位社会科学的牛顿的渴望仍然非常普遍，尽管在今天，怀疑这种可能性的人比依然抱此希望的人可能要多得多。但是，那些仍然在等待'牛顿'的人不仅是在等待一列永远不会到达的火车，而且他们根本就站错了火车站"②。据此，吉登斯主张社会科学应该从自然科学的阴影中摆脱出来，无论后者披着什么样的哲学外衣。但吉登斯所说的摆脱自然科学的阴影并不意味着人类社会行为研究的逻辑和方法与自然科学的研究完全不一致，而且他也不是完全支持人文主义社会学的主观主义、个体主义的研究逻辑与方法。吉登斯社会学的双重解释学的定位便缘起于对社会学研究中的科学主义与人文主义的整合。他要在克服二元对立的社会学研究逻辑、立场与方法不足的基础上实现主观与客观、宏观与微观的整合，进而超越二元对立的社会学方法论，使社会学研究摆脱由来已久的二元论困境与危机。

吉登斯的双重解释学的立足点在于并不绝对地、单纯地否认社会科学研究中的客观性立场与主观性立场，而是试图在主体与客体、主观与客观的统一中确立社会学研究的方法论规则。因而，吉登斯的社会学方法论是建立在对社会结构的客观制约性与人的社会行动的主观能动性由排斥走向统一基础上的完整的社会学理论。"双重解释观念一部分是逻辑的，一部分又是经验的。"③ 也就是说，社会学研究既有客观逻辑性解释，也有主观经验性解释，即双重解释。二者并非非此即彼的排斥性的、选择性的矛盾体。在吉登斯看

---

① 安东尼·吉登斯. 社会学方法的新规则——一种对解释社会学的建设性批判 [M]. 田佑中，刘江涛，译. 北京：社会科学文献出版社，2003：73-74.
② 安东尼·吉登斯. 社会学方法的新规则——一种对解释社会学的建设性批判 [M]. 田佑中，刘江涛，译. 北京：社会科学文献出版社，2003：72.
③ 安东尼·吉登斯. 社会学方法的新规则——一种对解释社会学的建设性批判 [M]. 田佑中，刘江涛，译. 北京：社会科学文献出版社，2003：64-65.

来，社会学研究者要认识到社会科学不仅不应该成为自然科学的某种翻版，而且从某些方面看还是完全不同的一项事业。社会科学中现在没有、将来也不会有什么普遍法则，这里最主要的原因并不在于经验检验和证明的方法不够充分，而是因为关于行动者社会行动的研究过程中，牵涉到的因果条件本质上并不是一成不变的。他认为："我们无法将社会科学的理论和结论与它们所探讨的意义及行动世界截然分开；另一方面，普通行动者（Lay actors）也是社会理论家，他们的理论参与构成了作为职业社会观察者或社会科学家的研究对象的活动和制度。在普通行动者与专家分别作出的有根有据的社会学思考之间，并没有什么明显的区别。诚然，我并不想否认这两者之间确实有所区别，只是说它们不可能泾渭分明。无论是创新的理论，还是经验的调查，社会科学家对于他们所研究的主题，都没有绝对的垄断权。"① 这就是说，社会科学研究不应仅仅局限于社会学家的逻辑性解释，普通行动者的经验性解释同样构成了社会科学研究的重要组成部分。这两种不同的解释表现为两种不同的关于社会世界的语言，即来自社会行动者的非专业性的普通语言和来自社会学家的专业性的技术语言。但这两种解释、两种语言并非两种毫不相关的社会学研究的结论，而是相互交织、相互渗透。对此，吉登斯认为："每一个健全的社会行动者，她或他本身都是一个社会理论家，他们按常规解释其自身的行为以及形成社会生活所必需的他人的意图、原因和动机。因此，在社会成员使用的概念和社会学观察者使用或被他们当作新词创造的概念之间，必然存在一种互补关系。"②

无疑，社会学探讨的并不是一个全新的、陌生的世界，而是在社会行动者本身已经构建的意义框架范围内的领域。也就是说，在社会学家对社会现象进行专业性解释之前，已经存在关于这种社会现象的非专业性解释。这种非专业性解释即是由社会行动主体所构建的意义框架。以此为基础，"社会学在普通语言和专业性语言之间进行了协调，从而在它自己的理论图式中重新解释了这些意义框架"③。显然，吉登斯的双重解释学将逻辑性解释与经验性解释有机地结合起来，从而使社会学方法论研究超越了个体与社会、主观与客观的原则性对立。

① 安东尼·吉登斯. 社会的构成——结构化理论大纲 [M]. 李康，李猛，译. 北京：生活·读书·新知三联书店，1998：54.
② 安东尼·吉登斯. 社会学方法的新规则——一种对解释社会学的建设性批判 [M]. 田佑中，刘江涛，译. 北京：社会科学文献出版社，2003：268.
③ 安东尼·吉登斯. 社会学方法的新规则——一种对解释社会学的建设性批判 [M]. 田佑中，刘江涛，译. 北京：社会科学文献出版社，2003：280.

3. 二重性原理及方法

结构与行动及其关系问题是社会学研究中的经典问题、核心问题，也是社会学方法论探究中最为棘手的问题、原则性问题。社会科学研究中的二元对立逻辑、立场与方法主要缘起于结构与行动的二元定位。无疑，摆脱二元对立的前提是消解二元性存在。而要消解结构与行动的二元性存在，就必须使结构与行动由排斥性的实体性存在转换为一体化的系统性存在。为此，吉登斯创造性地提出了结构与行动一体化的结构化理论。在吉登斯的社会学理论中，结构化理论是最具原创性的理论。对此，有学者认为，结构与行动一体化理论"是吉登斯结构化理论最具创新、最显特色之处，也是吉登斯结构化理论之所以成为当代西方社会理论中较具有开创性和价值性的根源"①。

结构化理论是关于个体社会行动及其能动性与社会结构之间的关系的理论。结构化理论主要是针对社会学研究中的人与社会关系的对立性假设。吉登斯反对社会学理论探究将宏观与微观、个人与社会、行动与结构、主观与客观视为彼此独立存在的两极，主张从社会实践的角度论证、解释社会结构与个体行动及其关系。吉登斯认为，社会结构与个体行动并不是彼此独立与排斥的社会实体，而是相互包含、彼此制约、不可分割的人类社会实践的两个方面。为了超越社会与个体、结构与行动二元对立的社会学方法论，吉登斯批判、解构了两种典型的二元论社会学方法论，即结构－功能主义社会学方法论与解释社会学方法论，在此基础上提出了作为其结构化理论核心方法论原则的"结构二重性"理论。在吉登斯看来，结构－功能主义社会学方法论与解释社会学方法论都没能处理好社会与个体、结构与行动的关系。解释社会学方法论的问题在于"强行动而弱结构"。这种社会学方法论"把人看做是有目的的能动者，这些能动者意识到他们自己是有目的的能动者，而且有很多理由解释他们所做的一切；但是，它们几乎没有什么方法来应对功能主义者和结构方法中相当重要的问题——强制性问题、权力问题和大规模的社会组织问题等"②。而结构－功能主义社会学方法论的问题在于"强结构而弱行动"。基于这种社会学方法论的逻辑与立场，"行动者似乎被看做惰性的、无能的——更像是外在力量的玩偶而非他自己"③。对于个体与社会的二

---

① 李红专. 吉登斯社会历史观评析——兼论马克思主义的当代价值 [M]. 北京：科学出版社，2010：41.

② 安东尼·吉登斯. 社会学方法的新规则——一种对解释社会学的建设性批判 [M]. 田佑中，刘江涛，译. 北京：社会科学文献出版社，2003：53.

③ 安东尼·吉登斯. 社会学方法的新规则——一种对解释社会学的建设性批判 [M]. 田佑中，刘江涛，译. 北京：社会科学文献出版社，2003：53.

元论问题，吉登斯坚持认为，个体与社会都应该被解构。但解构社会，并不是要否定社会结构的客观性及对个体行动的制约性；而解构个体，也不是要否定个体的能动性及其行动对社会结构的促进作用。从根本上讲，吉登斯对个体与社会的解构，一方面是要抛弃要么结构要么行动的对立性、排斥性的思维方式与立场，另一方面是要通过社会实践使结构与行动结构化，使结构与行动由二元性存在转变为社会系统的二重性存在。对此，吉登斯强调："我们必须从概念上把这种二元论（dualism）重新构建为某种二重性（duality），即结构的二重性，这一假设正是结构化理论的基础。虽说结构化理论承认'语言学转向'的重要意义，但它并不是解释学或解释社会学的某种翻版。尽管它承认社会并不是主体个人的创造物，但和结构社会学的任何观念都相去甚远。"① 显然，吉登斯并不是要全面否定以往的社会学方法论。结构二重性原理及方法的核心思想在于结构与行动的一体化及其相互制约关系，即结构与行动作为社会系统的两个组成部分，在社会实践过程中同时存在、相互制约、不可分割。一方面，社会结构对个体行动不仅仅表现为制约性作用，而且也赋予行动者以主动性，是行动者社会行动得以进行的前提和中介。另一方面，行动者在社会行动过程中不仅维持着社会结构，而且不断地通过新的需要调整、改变社会制度与规则，进而改变社会结构。因而，社会结构制约与个体行动创造是社会实践活动的基本方式。对此，吉登斯明确指出："不能简单地认为结构是对人类能动性的限制，它实际上也是对人类能动性的促进。这就是我所说的结构二重性。原则上而言，结构总是能够从结构化的角度得到审视。考察社会实践的结构化就是寻求对以下情形的解释：结构是如何经由行动构成的，反过来行动又是如何被结构性地建构的。"② 无疑，结构二重性原理使长期以来始终处于二元对立状态的社会结构与个体行动具有了辩证统一的立场与方法。

从实践论立场及视角、双重解释逻辑及品质到二重性原理及方法，吉登斯不仅赋予了社会学研究新视角、新思维、新立场与新规则，而且使社会学方法论研究跳出了实在论的"非左即右"怪圈，从排斥性的两极化道路转向折中性的第三条道路。

总之，人与社会的关系问题无疑是哲学社会学方法论的核心问题，也是哲学社会学研究者普遍感到困惑的问题。在当代德国著名社会学家埃利亚斯

---

① 安东尼·吉登斯. 社会的构成——结构化理论大纲［M］. 李康，李猛，译. 北京：生活·读书·新知三联书店，1998：40.

② 安东尼·吉登斯. 社会学方法的新规则——一种对解释社会学的建设性批判［M］. 田佑中，刘江涛，译. 北京：社会科学文献出版社，2003：278.

看来，哲学社会学研究者"总是一再地陷入一个似乎是没有出路的死胡同"，因为在他看来，"个人，或者更确切地说，当前所流行的'个人'的概念所指的，似乎总是存在于社会'之外'的东西；而社会这个概念所指的，似乎也是超然于个人之上的东西。好像人们只能在两种理论之间进行选择"①。毫无疑问，超越由来已久的二元对立的思维方式与立场不仅是当代哲学社会学理论发展的客观需要，是当代哲学社会学研究的战略性选择，而且是当代社会实践发展与改革的一种价值导向及方法论立场。显然，没有一种具有建设性与替代性品质、价值及功效的新的哲学社会学理论的诞生，就不可能有陈旧的、僵化的思维方式、方法与立场的退场与消失。超越根深蒂固的排斥性的、单向度的、极端化的二元对立的哲学社会学方法论的关键在于哲学社会学理论的创新与突破。从后现代主义哲学方法论、布迪厄的反思性社会学方法论到吉登斯的二重性社会学方法论，这些标新立异的哲学社会学研究新理论，不仅有力地批判了长期以来一直困扰哲学社会学研究的二元方法论，而且卓有成效地构建了具有明显辩证统一性品质的哲学社会学研究方法论体系，为哲学社会学研究确立的新的视野、逻辑、立场与方法，同时也使立足于哲学社会学方法论的教育学理论建构及课程改革方法论探究具有了崭新的理论基础与路线选择。

---

① 郎友兴．安东尼·吉登斯：第三条道路 [M]．杭州：浙江大学出版社，2000：26.

第七章

超越左与右：课程改革的第三条道路

  课程改革是一种具有专业性、社会性、时代性品质的自觉的教育改革实践活动。改革意味着主动调试、生成与建构。没有改革，不仅教育活动难以取得突破与进展，而且教育行为也因其保守僵化、被动滞后品质与特征而无所适从。然而，课程改革的重要地位与意义并不意味着改革能自然而然地、成功地解决所有课程问题。异常频繁的课程改革运动让人应接不暇、不知所措，屡屡失败的改革结果令人茫然困惑、迷惘与沮丧，收效甚微的改革境遇遭到四面八方的批评与责难。课程改革陷入了困境，面临严峻的挑战。显然，再多的问题与困惑也不是改革必然带来的结果，而是简单化的、不恰切的改革使然。如今，超越"幼稚病"与"流行病"，明确课程改革方法论恰切性品质，规范课程改革的定位、立场与方法，不仅显得尤为重要与迫切，而且也是走出课程改革误区的必然选择。

一、课程改革过程及其复杂性品质

  课程改革是一项复杂、系统的课程改造与重建工程。任何将课程改革简单化、绝对化、极端化的想法与做法，都将导致对课程改革认识上的误读，并必然造成课程改革实践的失败。百余年的课程改革实践的成功经验与失败教训已充分说明、证实课程改革过程的复杂性特点及品质。因而，无论是对课程改革的诠释、定位、经验与教训解析还是对课程改革的酝酿、启动、实施，都需使研究者与实施者首先明确课程改革的复杂过程、程序与品质。

（一）课程改革的过程及程序

  课程改革应该如何进行？改革的过程应遵循哪些一般性的程序？这似乎

是一个看似简单、明确但实际上却模糊不清、模棱两可的复杂问题。尽管并不存在一套精准的、普遍适用的原则、标准及方式，但"这不是说，不存在任何一般的指南，而我们正努力去获得这些指南。我们应该更多地把关于变革过程的研究结果用作为一种手段，即帮助实践者和规划者使规划、实施策略和监控'更为合理'，而不是仅用作为'应用'的工具"①。无疑，探索课程改革的过程及一般性程序，并不是要为课程改革规定一套执行性的操作规程与步骤，而是为课程改革的进行提供建设性思路与指导性意见，使课程改革具有基本的可遵循、可借鉴的坐标与框架。

很久以来，关于改革过程与程序问题的研究并不被视为教育改革、课程改革研究的核心问题，研究成果也不多见。加拿大学者莱文（Benjamin Levin）教授提出了"四要素模式"的教育改革过程理论。在他看来，教育改革过程包括四个要素或四个阶段，即启动、采纳、实施和成果。

1. 启动。这一阶段的焦点是改革的缘起，即政府最初的提议，以及不同参与者和不同势力在发起改革方面的不同作用，还有这些议案中包含的关于教育和改革（清楚的或含蓄的）的假设。特定的提议来自哪里？它们是如何成为政府议程的一部分，而许多其他观点却没能做到？

2. 采纳。此时的兴趣在于，在每一个行政区，从最初的提案到实际写入法律或规章制度，这期间就改革来说到底发生了什么。最终采纳或写进法律的政策往往与那些最初的议案存在差异。我想要分析研究改革的政治以及在议案和正式批准之间造成任何变化的各种因素。

3. 实施。教育和其他领域政策中有大量研究都列举了从政策到实施过程中的困难。我的兴趣在于实施的模式——如果存在某种模式的话，政府运用这些模式来将它们的改革付诸实施。改革采取了什么步骤？运用了什么样的"政策杠杆"？在每一情形下激活改革过程时，如果有某种实施模式，那么是什么样的实施模式？

4. 成果。这里的兴趣在有关影响改革的有效证据上。任何政治行动都可能有许多结果，有些是政策制定者想要的，有些则不是。因为所研究的改革是关于教育的，所以我想对改革如何影响了学生在学校的学习过程及其成绩给予特别的关注。②

加拿大学者迈克尔·富兰教授曾指出："关于应该如何治疗教育病这个

① 迈克尔·富兰. 教育变革新意义 [M]. 赵中建，陈霞，李敏，译. 北京：教育科学出版社，2005：52.

② Benjamin Levin. 教育改革——从启动到成果 [M]. 项贤明，洪成文，译. 北京：教育科学出版社，2004：20-21.

问题，历来都不乏真知灼见。但是，如果我们不理解变革是何以得到启动和维持的话，有再多的'应该'也无济于事，补救举措犹如悬在空中的馅饼。"① 显然，对于课程改革而言，再有辩护性与说服力的理论、方案都必须以对改革过程的恰切理解、把握与合理实施、推进为前提。总结、概括世界各地学校教育改革、课程改革运动的过程及其经验与教训，课程改革过程一般应遵循以下几方面程序。

1. 酝酿与启动

这一阶段的主要任务是提出改革议题、制订改革方案、确定改革的保障措施、预测可能出现的问题并确定解决办法等。在这一阶段，关键的问题是对影响改革启动因素的诊断，并制订较为周全的课程改革方案。制约改革启动因素众多繁杂，来自社会各个领域，除了客观层面的社会政治、经济、文化以及学生、知识、教师等因素，改革者的价值取向、形势分析、问题诊断、条件准备等因素，也都从不同层面、角度与方式影响、制约课程改革的启动。无疑，成功的改革启动缘于对制约课程改革诸要素的客观精准的分析与综合性的判断与抉择。对此，迈克尔·富兰教授认为："变革是由并将总是由各种不同的资源和资源的结合所启动。"② 任何立足于某一个要素或某种要素被夸大基础上而启动的课程改革，都必然使课程改革陷入分裂、偏离、混乱的困境，最终难免失败。因而，改革方案的制订必须充分酝酿，不能急于求成、草率行事、仓促决策，要确保改革方案具有针对性、可行性品质。而改革方案的针对性、可行性品质，首先表现为综合性指标，即对制约课程改革的诸种因素进行全面的分析，并对由这些因素所引发的问题提出妥善、圆满的解决方案。其次表现为明确性指标，即对课程改革的指导思想、目标、内容、措施、途径等做出清晰的阐释。最后表现为建设性指标，即对课程改革实施过程留有空间与余地，使课程改革成为实施者的改革，促使实施者在基本的课程改革方案框架内进行自主建构与创造性的实施。

2. 试验与推广

这一阶段的主要任务是选择改革试验区、局部实施、人员培训、方案微调、全局推广等。实施是任何改革的关键阶段。然而，重大的课程改革不宜一开始就大面积推广。试验对富有成效的改革是十分必要的。"积极的启动、小处着手大处思考、行动有所偏重、在做中学等，这些才是使变革更易于管

---

① 迈克尔·富兰. 教育变革新意义 [M]. 赵中建，陈霞，李敏，译. 北京：教育科学出版社，2005：51.

② 迈克尔·富兰. 教育变革新意义 [M]. 赵中建，陈霞，李敏，译. 北京：教育科学出版社，2005：68.

理并使过程不偏离预想的方向的所有方面。"① 这就需要在正式推进改革之前，应在一定范围内进行课程改革试验。而改革试验区的选择在数量、地域、类型上都应具有代表性特点。课程改革试验的主要目的在于检验课程改革方案的可行性品质，在试验的基础上对课程改革方案进行充实与调整，培训参与课程改革人员，在全局范围内推广与实施改革。在这一阶段，关键的问题是采纳与实施。课程改革方案出台后，无论是在试验区实施还是在全局推进，都会遇到重重阻力、分歧与问题。原因很简单，任何改革都不可能在全局范围内令每个人完全赞同、达成一致，在实施过程中也不可能一帆风顺，没有任何问题，尤其是改革的指导思想、内容与手段，必然打破已有的呈定式状态的思维方式、信念与方法。因而，在采纳与实施过程中，分歧与冲突是必然的，"在整个过程中，改革的倡导者和反对者都会极力宣扬自己的观点，而排斥对方的观点，因此，改革总是蕴含着强烈的政治冲突"②。任何改革方案的出台、试验与实施也都不应该期待普遍的赞同与拥护，而且，没有分歧和反对的改革也难以取得成功。事实上，分歧与反对声音有助于促进对改革的思考、深化与完善，使改革富有针对性和可行性。对此，迈克尔·富兰教授做了极其深刻的阐述。他说："压力和支持对成功而言都是必须的。我们通常都认为压力不好，而支持才是好的。但在变革过程中，压力发挥着积极的作用……因为有了某些压力，才引发了行动……成功的变革项目总是既包括支持的因素也包括压力的因素。没有支持的压力会导致抵触和疏远，而没有压力的支持会导致放任自流和资源浪费。"③ 当然，改革的实施与推进不能在一片反对声或没完没了的争论中进行。如何解决分歧与争论，克服改革阻力，变压力为动力，使课程改革方案顺畅地实施与推进，是这一阶段的核心任务之一。显然，民主协商、充分讨论与赋予权利是解决这一问题的根本途径。"参与、积极讨论和授权在一开始就是关键的因素，但有时候这些因素要等到变革过程开始时才得以发挥作用。"④ 通过民主协商、充分讨论与赋予权利，不仅使每个人积极主动地参与到改革过程中来，而且使改革更加富有建设性品质。

---

① 迈克尔·富兰. 教育变革新意义 [M]. 赵中建，陈霞，李敏，译. 北京：教育科学出版社，2005：95.

② Benjamin Levin. 教育改革——从启动到成果 [M]. 项贤明，洪成文，译. 北京：教育科学出版社，2004：117.

③ 迈克尔·富兰. 教育变革新意义 [M]. 赵中建，陈霞，李敏，译. 北京：教育科学出版社，2005：95.

④ 迈克尔·富兰. 教育变革新意义 [M]. 赵中建，陈霞，李敏，译. 北京：教育科学出版社，2005：95.

3. 评估与调整

这一阶段的主要任务是收集信息、总结经验、查找问题、完善方案、实施干预。任何改革方案都不可能是完美无缺的，任何改革的进行也不可能一蹴而就。"变革不可能在一夜之间发生、完成，因此就必须不断地对变革进行评估和监控。即使对变革进行了清晰地阐释，并提供了人力资源，变革的这段历程也不会是一帆风顺的。"① 事实上，重大的课程改革实施过程具有明显的持续性、阶段性、发展性特点。课程改革的实施必然在一个个地区、一个个学校、一个个教室中进行，无论多么完美与明确的改革方案，都不可能覆盖、囊括所有具体的、个性化的、实践中可能发生的问题。"教育大系统的改革是异常复杂的，因此无法预测，更不用说去规划任何提案的精确轨迹。"② 因而，改革者必须树立改革是一种持续的学习、探究与建构的经历与过程的意识，并能够"开发和维持一个促进调查研究的氛围，强调问题解决法，对批评意见持开放心态……善于从错误中学习，以便领导行为具有更大的价值，并形成反思—决策—反思的循环"③。在这一阶段，关键的问题是方案的调整与完善。任何改革都是一个"运用中求发展"的过程。调整与完善是课程改革必须具备的环节、措施与手段。"如果在改革进程中没有允许合理的调整，改革目标就无法实现。鉴于教育系统和教育实践的复杂性，要预期一项重大改革项目所能取得的所有效果是不可能的。应该鼓励人们对政策加以调整以适应当地的环境，并对难以预料的因素加以考虑。"④ 这就要求改革者在改革实施过程中要密切关注改革的实施效果，了解改革过程中的实际情况、存在的问题，并在评估、反思、总结的基础上对改革方案进行调整，对改革实施过程进行干预，以增强课程改革的有效性、适应性、针对性品质。

（二）课程改革过程的复杂性品质

认识、理解课程改革过程是课程改革顺利进行的前提与基础。课程改革并不仅仅是关于学习内容的更新与完善的问题。它涉及课程改革的价值取

① 吉纳·E. 霍尔，雪莱·M. 霍德. 实施变革：模式、原则与困境 [M]. 吴晓玲，译. 杭州：浙江教育出版社，2004：138.
② Benjamin Levin. 教育改革——从启动到成果 [M]. 项贤明，洪成文，译. 北京：教育科学出版社，2004：195.
③ Benjamin Levin. 教育改革——从启动到成果 [M]. 项贤明，洪成文，译. 北京：教育科学出版社，2004：194.
④ Benjamin Levin. 教育改革——从启动到成果 [M]. 项贤明，洪成文，译. 北京：教育科学出版社，2004：193.

向、理论基础、思维方式与路线以及主体确立等方方面面的问题。具体地说，在课程改革过程中，改革者必须明确且需很好地解决四方面的问题：一是"为什么改"，即改革面临的背景与存在的问题。二是"改什么"，即改革的目标、框架与内容问题。三是"怎么改"，即改革的理论与现实基础、途径与方法问题。四是"谁来改"，即改革的主体问题。显然，无论是就制约因素、理论来源、资源条件而言，还是从标准、程序、方法而论，课程改革都显现出明显的复杂性品质与特点。任何简单化的思维与行动，不仅难以揭示课程改革过程的本来面目，而且必然使课程改革陷入困境。在课程改革运动中，无论是发起者还是实施者，普遍缺乏对课程改革过程复杂性品质与特点的正确认识。受传统的经典科学认识论与方法论的影响，人们通常遵循简单化、线性化、操作化、控制化以及还原论、因果论、决定论的思维与流程推进课程改革，并期待必然到来的预设的、明确的、理想化的结果。然而，不仅这种理想化的结果从未实现过，而且常常因为简单化的定位与操作而使课程改革实施过程总是面临着难以调和的纷争与冲突，总是遭遇强烈的抨击与抵触，总是陷入无穷的困惑与困境，最终走向穷途末路，不了了之。显然，无论是对课程改革过程的理解，还是对课程改革过程的推进，都缺乏恰切的理论支撑——尽管对课程改革的价值、标准、内容、方法等方面的定位与选择，从来不缺乏理论依据与来源。无疑，明确课程改革过程的复杂性品质与特点，并以此为依据，确定课程改革过程的理论基础，对长期以来一直处于"十字路口"的现当代课程改革运动而言既十分必要又尤为迫切。

1. 课程改革过程的复杂性品质及特点：非线性与不确定性

迈克尔·富兰教授曾指出："不管变革是人们所追求的还是抵制的，不管变革是偶然发生的还是有计划出现的，不管人们是站在改革者或操纵者立场上还是站在个人的或机构的立场上看待改革，他们对改革的反应具有矛盾特征。"[1] 为了具体说明教育改革过程的复杂性品质，迈克尔·富兰教授曾在《变革的力量——透视教育改革》一书中总结了八项基本启示（经验与教训）。

启示一：你不能强制决定什么是重要的（变革越复杂，你能迫使它做的越少）；

启示二：变革是一项旅程，而不是一张蓝图（变革是非直线的，充满着不确定性，有时还违反常理）；

启示三：问题是我们的朋友（问题不可避免要出现，如果没有问题，你

---

[1] 迈克尔·富兰. 教育变革新意义 [M]. 赵中建，陈霞，李敏，译. 北京：教育科学出版社，2005：31.

就学不到东西）；

　　启示四：愿景和战略计划稍后形成（不成熟的愿景和盲目计划）；

　　启示五：个人主义和集体主义必然有同等的力量（对于孤独性和小集团思想，没有单方面的解决办法）；

　　启示六：集权和分权都行不通（自上而下和自下而上的策略是必要的）；

　　启示七：与更广泛的环境保持联系对成功必不可少（最好的组织机构向外部学习也向内部学习）；

　　启示八：每个人都是变革的动力（变革太重要了，不能把变革只交给专家，个人的思维模式和熟练掌握是最后的保障）。①

　　后来，迈克尔·富兰教授又在《变革的力量（续集）》一书中进一步提出新八项启示（经验与教训）。

　　启示一：道德目标是复杂的和充满各种问题的；

　　启示二：变革的理论和教育的理论相互需要；

　　启示三：冲突和多样化是我们的朋友；

　　启示四：理解处在混沌边沿的意义；

　　启示五：情感因素既能引发焦虑，又能控制焦虑；

　　启示六：合作文化就是既能引发焦虑，又能控制焦虑；

　　启示七：解决分散、不一致的问题——关联性和知识创新是关键；

　　启示八：没有唯一的解决问题的办法——做一个具有批判精神的消费者，精心建构自己的理论和行为方式。②

　　显然，作为教育改革的核心内容，课程改革过程的复杂性品质在这些启示中得到了充分的体现与诠释。无疑，课程改革过程异常复杂，普遍充满似是而非、错综复杂、相互矛盾的现象与问题。课程改革过程的复杂性品质及特点有多种多样的维度，表现在课程改革过程的各个方面，不仅超出人们的预设，甚至超出人们的想象。其中最主要的表现是课程改革过程的非线性与不确定性特点。非线性与不确定性特点意味着课程改革过程不可能完全按照预设轨道进行。课程改革运动的历史发展表明，在课程改革过程中，似乎既难以控制，也不容易驾驭。所有的思路、设想、目标、方法等都难以如愿以偿，对所遇到的诸多问题的解决很难达成一致，甚至更多的问题的答案只能在课程改革的动态发展过程中去寻找。因而，无论多么明确、清晰、精准的

---

　　① 迈克尔·富兰. 变革的力量——透视教育改革 [M]. 中央教育科学研究所，加拿大多伦多国际学院，组织翻译. 北京：教育科学出版社，2004：30.

　　② 迈克尔·富兰. 变革的力量：续集 [M]. 中央教育科学研究所，加拿大多伦多国际学院，组织翻译. 北京：教育科学出版社，2004：27.

课程改革方案，都只能是指导性的、建议性的，而不是决定性的、绝对性的。事实上，在课程改革过程中，伴随性的与修正性的改革措施、行为与现象比比皆是，十分普遍。对于具有多变量的课程改革过程而言，线性逻辑不仅难以成立，更难以推进课程改革的顺利进行。在课程改革过程中，"一个很好的出发点是对变革的不确定性要有一个放松的态度，不要期望系统达到不可实现的目标，要着重于那些能够带来更多成果的更为敏锐、更为有效的变革力量"①。这就要求课程改革过程应始终遵循非线性、不确定性的逻辑与原则，将其视为一种动态性的、过程性的、建构性的课程重建活动。

2. 课程改革过程的复杂性思维方式与方法

复杂性品质与特点决定了课程改革过程只有遵循复杂性思维、逻辑与方法才能获得解释与辩护。现代课程改革运动的左右摇摆、屡改屡败困境表明："不掌握复杂性理论的实质，我们是无法开创教育改革新境界的……少做使原来就已经性质严重的问题更为加剧的事，不要去控制无法控制的事，学会使用关键的复杂性理论概念来设计和指导更有威力的学习系统。我们需要推动并相信变革的过程，同时认识到它的不可预测性。"② 显然，课程改革过程需要一种崭新的思维方式、逻辑与方法。而复杂性理论对课程改革过程的理解以及对课程改革过程的推进，指明了完全不同的思路、立场与方法。

20 世纪末期以来，许多国家的科学研究人员开始从新的角度，立足于新的思维方式研究自然、社会中一些复杂的现象，提出了"复杂性理论"的概念。这一概念一经提出，便引起了广泛的关注，相关理论研究在科学技术、政治、经济、管理、军事、教育等各个领域得以展开，使人们在认识问题、解决问题过程中具有了崭新的视野与方法，使传统的分析还原方法暴露出了许多致命性的问题，并使分析还原方法无法解决的问题具有了整体性的解释与解决途径。正如一位学者所言："用复杂性的眼光和方法去透视任何一个传统的学科领域，都可能发现传统方法难于采掘的新'矿藏'，以使老科学获得新生命。"③

复杂性理论是针对简单性、还原论、决定论、因果论等传统理论的问题而产生的新理论。当然，与传统经典的、规范性理论相比，复杂性理论似乎还不够成熟与完善，就像其称谓一样，显得过于复杂，难以精确地界定与厘

---

① 迈克尔·富兰. 变革的力量——深度变革 [M]. 中央教育科学研究所，加拿大多伦多国际学院，组织翻译. 北京：教育科学出版社，2004：34.

② 迈克尔·富兰. 变革的力量——深度变革 [M]. 中央教育科学研究所，加拿大多伦多国际学院，组织翻译. 北京：教育科学出版社，2004：29.

③ 黄欣荣. 复杂性科学的方法论研究 [M]. 重庆：重庆大学出版社，2006：5.

清。不仅关于复杂性的定义没有一个公认的结论，而且复杂性理论的构成及体系也缺乏系统性特征。但这并不意味着复杂性理论没有明确的、共识性的信念、立场与方法。无论是早期的系统论、控制论、信息论，还是后来的耗散结构论、协同学、突变论、混沌理论等，都赋予了现当代学术研究与社会实践崭新的、鲜明的、深刻的思维方式。对此，有学者指出："复杂性科学从目前来说更像是一场思维方式的变革运动。在这场运动中，一切传统学科都要进行复杂性再审视，把用传统的分析还原思维遗漏丢弃的东西重新筛选一番，从中找出分析还原方法忽视的东西。可以说，在这场复杂性运动中，以新方法论为特色的复杂性的光芒照亮了分析还原方法的死角，各门传统学科又焕发了青春。"① 无疑，复杂性思维及方法已成为现当代学术研究与社会各个领域的改革实践都难以漠视的方法论。复杂性思维的倡议者，法国当代著名思想家埃德加·莫兰认为："复杂性思维方式决不是这样一种思维方式：它排除确定性以便建立不确定性，排除分割以便建立不可分割性，排除逻辑以便允许对逻辑规则的任何违反。相反地，它的做法是不断地往返穿梭于确定性和不确定性之间、基本元素和总体之间、可分割性和不可分割性之间。同样地，我们使用经典逻辑，它的同一律、非矛盾律，演绎法、归纳法，但是我们知道它们效用的极限，我们知道在某些情况下必须违反它们。因此问题无关于抛弃经典科学的原则——有序、分割和逻辑——，而是把它们整合到一个更加广泛和更加丰富的框架内。问题也无关于用空洞的整体主义来反对刻板的还原主义，而是关系到把整体性与部分的具体性联系起来。应该联接有序和无序、分割和结合、自主和依赖的原则，它们在宇宙内部处于互补、竞争和对抗的两重性逻辑的关系中。总之，复杂性思维方式并不是简单化思维方式的对立面，它整合后者。"② 具体地说，复杂性思维的核心思想在于对整体性、开放性、双重性、非线性、自组织性等逻辑倡导、呼吁与辩护，强调宏观与微观、定性与定量、分析与整合、客观解释与实践生成等辩证性研究立场与方法，反对极端的、机械主义的、绝对化的思维方式与方法。对此，莫兰曾明确指出："今后科学思想在所有的部门要考虑有序和无序、偶然性和必然性之间的联合，或者用我的话来说是其间的重要性逻辑。这里值得注意的是这个联合，这个两重性逻辑构成了复杂性本身。complexity（复杂性）等于交织在一起的东西。我们的现象宇宙是由有序、无序和组织不可分割地交织构成的。这些概念同时是互补的和（当涉及到有序和无序时）对立的，甚至是矛盾的。这向我们表明复杂性是这样一个逻辑概念，它

① 黄欣荣. 复杂性科学的方法论研究 [M]. 重庆：重庆大学出版社，2006：5.
② 埃德加·莫兰. 论复杂性思维 [J]. 陈一壮，译. 江南大学学报：人文社会科学版，2006（5）.

把一和多统一起来形成 complexity（复杂性）的 unitas multiplex（多样性统一），把互补性和对立性统一起来形成两重性的逻辑统一，或者如某些人喜欢说的辩证法的统一。达到复杂性的思维从而意味着达到思想上的用双目视物而放弃只用独眼的思想方法。"① 因而，复杂性思维的关键在于让人们认识到人类传统的思维方式与立场的局限性，树立整体的、发展的、联系的、动态的、多元的思维、逻辑与立场，将对立的两极辩证地结合起来，超越僵化的二元对立、机械主义还原论、客观主义决定论、线性因果性原则与方法。

复杂性理论为以往课程改革过程中所遭遇的诸多认识上的、逻辑上的、方法上的矛盾与困惑得以化解提供依据与出路，并有望使课程研究、课程改革超越与摆脱由来已久的"茧式化"、钟摆式、"非左即右"的方法论范式与困境。复杂性理论为课程改革过程的推进确立了一种走向第三条道路的技术路线与方法论框架。它虽超越了传统的经典理论，但并不是抛弃传统的经典理论。"超越不是否定，也不是抛弃，而是对原有东西的应用做出某种限制，是经过它而又超越它。"② 也就是说，与以往的思维方式与方法不同，复杂性理论提供的不是完全对立与排斥的替代性的改革路线，而是一种遵循整合、循环、全息原则与立场的思想工具。无疑，复杂性理论为课程理论探究与课程改革过程提供了一种崭新的视角与思维方式。以复杂性理论为基础理解、定位课程改革，必须明确课程改革是一项综合性、整体性、过程性、系统性与长期性的课程调适与重建工程，而不是一种简单事件。无论是关于课程改革理论基础的定位与选择，还是关于课程改革的价值、逻辑、方式、内容等方面的定位与选择，都应从根本上超越那种一味地在处于博弈状态的两种具体理论门户之见进行非此即彼的排斥性选择做法，超越那种根深蒂固的、分析主义的"要么……要么……"思维方式与立场，而是立足于折中式的思维与方法，在对立的两极之间遵循最佳适度的原则，寻求、确立问题解决办法。尤其是要立足于当代哲学、社会学的最新的、走向整体与折中的方法论基础，如后现代主义的整体有机论、辩证否定论、生成创造论、多元共生论，以及当代实践性社会学的关系主义方法论、实践论立场、反思性思维方式、双重解释逻辑、二重性原理与方法等，使课程改革方法论超越二元对立的、简单化范式，使课程改革实践从此不再是"种试验田"，不再是"闹革命"，不再是只为了"医治社会病"。

① 黄欣荣. 复杂性科学的方法论研究 [M]. 重庆：重庆大学出版社，2006：10，18-19.
② 刘敏，董华. 简单范式与复杂范式——论经典科学与系统科学的不同认识论模式 [J]. 科学技术与辩证法，2006（4）.

二、课程改革方法论恰切性的一般指标

课程改革方法论是指课程改革活动赖以进行的指导思想、理论基础、思维方式、途径、手段等。在课程改革过程中，当目标与任务确定后，方法论的建构与选择则成为问题解决的关键。毛泽东曾说："我们不但要提出任务，而且要解决完成任务的方法问题。我们的任务是过河，但是没有桥或船就不能过。不解决桥或船的问题，过河就是一句空话。不解决方法问题，任务也就是瞎说一顿。"① 笛卡儿也曾说："最有价值的知识是方法的知识。"② 方法上的突破往往会促进科学研究突飞猛进地发展，如冯特就是因为引入实验方法从而使心理学逐渐摆脱了哲学的附庸地位，成为一门独立的学科。现代科学的发展、新学科的大量涌现都依赖于科学方法的改革、创新及突破。在课程改革过程中，作为指导课程改革实践的重要理论支撑，课程改革方法论无疑具有决定性意义。"在某些条件下获得的成就和在另一些条件下蒙受的失败使人们更加关心计划者、课程设计者、研究人员和教育者所用方法的质量。"③ 如今，改革方法的质量已成为制约课程改革的瓶颈性问题。研究、确立恰切的课程改革方法论，不仅十分重要，而且迫在眉睫。对此，有学者在总结课程改革一系列的成功经验与失败教训后提出了恰切方法论应具有的特征。

（1）总体性的，即适用于各级教育、各种教育形式和学科。

（2）严谨的，即以正确反映社会现实的哲学为基础。

（3）适合民族目标、社会和学校现实以及财政能力的。适应现实和条件限制不应损害方法论的严谨性和严肃性。

（4）跨学科的，即能根据教育目的结合并指导各个领域专家的活动。这些领域包括：社会学与劳动经济学、人类与遗传学、未来学与历史学等。为了利用这些繁多的途径、建议和成果，跨学科和严谨的方法论须把各种活动纳入教育方向，强调教育的特点和学校的观念是独立变化的。

（5）开放的，即吸收改革中各种因素所作的贡献，尤其是教育研究的成果和世界性的经验。

（6）现实主义的，即承认问题的复杂性和有待克服的障碍。

---

① 张余金. 科学方法论 [M]. 北京：劳动人事出版社，1988：1.

② 张余金. 科学方法论 [M]. 北京：劳动人事出版社，1988：3.

③ S. 拉塞克，G. 维迪努. 从现在到 2000 年教育内容发展的全球展望 [M]. 马胜利，等，译. 北京：教育科学出版社，1992：249.

（7）展望性的，即根据未来明显的或可预见的要求处理当前的问题。①

当然，课程发展与改革的历史经验表明，并不存在一种绝对正确的、万能的方法论。但这不等于说课程改革方法论没有恰切性品质与标准。反思、辨析风雨飘摇的课程发展史以及波澜起伏的课程改革运动，恰切的课程改革方法论应具备如下几方面的品质与特点。

（一）时代性

对于学校教育的发展，谁都难以否认其历史阶段性、时代合理性的特点。尽管教育作为培养人的活动在某些方面具有历史一贯性的依据、价值与立场，但在教育的发展过程中，无论是指导思想、目标、使命还是逻辑、标准、路径、方法等，都深深地打上了历史性、时代性烙印。"教育，如果象过去一样，局限于按照某些预定的组织规划、需要和见解去训练未来社会的领袖，或想一劳永逸地培养一定规格的青年，这是不可能的了。"② 如今教育的社会环境、社会基础与社会期待都已发生了天翻地覆的变化，这就使得仅仅局限于知识传承与技能训练的教育已完全不能适应当今社会的发展需要与状况。几乎没有人怀疑，当今人类面临着许多重大的、异常危险的世界性难题，它们使人类的前途与命运遭遇了空前严峻的挑战。诸如人口激增、环境恶化、生物圈的破坏、世界性的经济危机、核能危机、军备竞赛、食品安全、极端政治与宗教、政治腐败、价值观念的衰落、信仰丧失等世界性问题。S. 拉塞克，G. 维迪努在《从现在到 2000 年教育内容发展的全球展望》一书中指出当今世界性问题呈现出五大特征：普遍性、整体性、复杂性、深刻性和严重性。

（1）普遍性：因为世界的任何一部分或任何地区都避免不了这些问题。不可能指望一个国家甚至一个地区解决自然资源枯竭或污染等重大问题。

（2）整体性：危机涉及人类生活的各个方面和所有部门。

（3）复杂性：世界性问题的各个方面（人口、地缘政治、生态、社会、经济、文化、技术等方面）都紧密联系在一起，并相互渗透。研究任何一个问题，如果不考虑到它与其他问题的关系就不可能深入下去。

（4）深刻性：经验证明，一般性措施已解决不了当今的世界性问题，"头痛医头，脚痛医脚"的疗法难除病根。

---

① S. 拉塞克，G. 维迪努. 从现在到 2000 年教育内容发展的全球展望 [M]. 马胜利，等，译. 北京：教育科学出版社，1992：252 - 253.

② 联合国教科文组织国际教育发展委员会. 学会生存——教育世界的今天和明天 [M]. 华东师范大学比较教育研究所，译. 北京：教育科学出版社，1996：199 - 200.

（5）严重性：因为人类面临的重大问题几乎足以威胁到人类的生存。①

显而易见，这些世界性问题也就是教育的时代性问题。教育对世界性问题的解决具有不可推卸与不可替代的责任。这就要求教育无论是在原则、立场、目标方面还是在内容、方法、途径方面都应进行相应的改革与调整，以适应时代社会发展的新形势、新问题与新要求。"教育能够而且应该在发展伦理，培养未来社会必需的性格、品质方面负起责任。这些必需的性格、品质包括：向他人开放，有个人判断能力，能适应变化并能积极、创造性地掌握这些变化。"② 同样，课程改革与发展范式无论是模糊盲从的还是自觉明确的，都深深地凝聚着时代的文化品性，呈现出明显的社会历史制约性的特点。"学校课程不仅反映时代，而且就是时代的产物。"③ 课程的逻辑起点、课程标准、课程管理体制、课程内容、课程评价方法的确定与选择等，无不以特定形态与阶段的社会价值取向及发展需要为依据。因而，课程改革方法论也必然呈现出历史性、时代性品质。它必然经历着一个不断发展变化和完善的过程。企图美化历史上某一社会发展阶段课程改革指导思想、思维方式、标准、立场、逻辑，或追求一种固定不变的课程改革观念、模式、内容与路径，不仅违背课程发展的客观规律，使课程走向僵化、偏失和片面，而且也是徒劳的、无意义的。只有具备时代性品质的改革路线与方法才能使课程改革具有针对性和可行性。因而，并不存在一劳永逸的、永恒的、完美无缺的普适性的课程改革方法论。对此，奥利瓦曾形象地指出："课程规划者不断地致力于完美，然而，完美却总是躲避他们。"④ 事实上，"有步骤、有组织地制订教学规划并不意味着搞出一套理想化和脱离现实的标准"⑤。课程改革方法论只具有恰切性的标准，而无完美化的境地。学校课程总是处在不断被修正、改进的过程中，而直接制约和指导课程改革的课程改革方法论理所当然地在追随时代发展的进程中呈现出动态发展的态势，其恰切性品质只有基于特定时代的特定环境及背景才能得以实现。

课程改革方法论的时代性、动态性品质主要是由制约课程诸因素及价值取向的时代发展性特点所决定的。伴随着社会的发展与时代的变迁，课程的

① S. 拉塞克，G. 维迪努. 从现在到 2000 年教育内容发展的全球展望 [M]. 马胜利，等，译. 北京：教育科学出版社，1992：96.

② S. 拉塞克，G. 维迪努. 从现在到 2000 年教育内容发展的全球展望 [M]. 马胜利，等，译. 北京：教育科学出版社，1992：103－104.

③ Peter F. Oliva. Developing the Curriculum [M]. Glenview, Ill.：Brown Company, 1982：31.

④ Peter F. Oliva. Developing the Curriculum [M]. Glenview, Ill.：Brown Company, 1982：40.

⑤ S. 拉塞克，G. 维迪努. 从现在到 2000 年教育内容发展的全球展望 [M]. 马胜利，等，译. 北京：教育科学出版社，1992：250.

制约因素与来源也发生了深刻的变化。"恰当的'课程'已拥有许许多多的源泉。我们知道，在几百年中，普通教育的内容只有几种源泉：科学、宗教或伦理、母语和外国语，有时还有体操。然而，近几十年来，即在很短的时间里，能够改变教育内容传统结构和本质的源泉空前地增多了。"① 而且，仅仅局限于知识传承的学校课程已经从根本上丧失了辩护逻辑与依据。"从今以后，教育不能再限于那种必须吸收的固定内容，而应被视为一种人类的进程，在这一进程中人通过各种经验学会如何表现他自己，如何和别人进行交流，如何探索世界，而且学会如何继续不断地——自始至终地——完善他自己。"② 也就是说，不同的历史阶段，社会发展、文化价值取向，以及知识的积累、教育理念等都会呈现出不同的发展状态与方向，它们通常按照新的标准向学校提出变革课程的要求。尤其重要的是，如今"许多教育实践失灵，使教育革新成为必需进行之事。社会经济的变化与科学技术的革新，使教育革新成为迫切需要着手进行之事。教育科学的研究、教育技术的进步以及世界人民的不断觉醒，使教育革新成为可能之事"③。因而，课程改革方法论必须不断地依据新的理论来源及实践要求来调整与重建。在课程改革方法论构建过程中，必须坚持发展性的原则与立场，明确其恰切性品质的时代性内涵与依据。当然，课程改革方法论的时代性、动态性品质并非一定要通过与以往的方法论完全对立或抛弃以往的方法论的方式来实现，它是一个继承中的调整、扬弃、完善的过程。而且，这种调整、完善的发展过程也并非是瞬息万变、难以定论的，而是一个渐变、累积的过程。

（二）专业性

对课程问题进行大量研究首先出现在两次世界大战之间。起初，课程研究只侧重于管理和经营方面，但随着哲学、心理学、社会学、文化学、政治学等方面理论对课程问题的涉入，课程则逐渐变成了一个极其复杂及广泛的研究领域。各个学科的理论流派就课程的价值、功能与内容等各持己见，并彼此进行激烈的攻击和斗争，使课程研究及改革实践具有了多元对立的方法论坐标体系。然而，这些理论本身还不能称得上是完整的、教育学意义上的课程理论，它们只是从其他学科的角度对课程进行的支离破碎的、残缺不全

---

① S. 拉塞克，G. 维迪努. 从现在到 2000 年教育内容发展的全球展望 [M]. 马胜利，等，译. 北京：教育科学出版社，1992：117.

② 联合国教科文组织国际教育发展委员会. 学会生存——教育世界的今天和明天 [M]. 华东师范大学比较教育研究所，译. 北京：教育科学出版社，1996：180.

③ 联合国教科文组织国际教育发展委员会. 学会生存——教育世界的今天和明天 [M]. 华东师范大学比较教育研究所，译. 北京：教育科学出版社，1996：139.

的解释与定位。这些来自哲学、社会学、文化学、心理学、政治学等学科的课程逻辑与思维方式，使课程改革方法论呈现出明显的非专业性品质。于是，关于课程到底怎么改这一问题的解决，陷入了"公说公有理、婆说婆有理"的左右两难困境。长期以来，许多课程改革者习惯于仅仅从这些非专业化的理论流派思想中寻找、确定课程改革的方法论标准，使课程改革因没有一个专业化的方法论基础而混乱不堪、屡改屡败。显然，这些非专业化的课程改革方法论严重脱离学校教育本应具有的品质、逻辑与方法，并因"难调众口"而进退维谷，成为众矢之的。尤其是进入现代社会以来，一方面是大规模的、频繁的课程改革运动此起彼伏，另一方面是对学校教育及其课程的批评与责备之音不绝于耳。对教育不满意、对课程不认可成为一种普遍的社会现象。在全社会范围内，几乎每个人都在抨击、指责教育及其课程，每个人都在"指导着"学校教育与课程应该如何进行改革。然而，对教育及其课程的批评似乎怎么说都有理，而学校教育及其课程改革似乎怎么做都不对。这种状况使课程被置于重重迷雾之中，无所适从，犹如一叶疲于奔命的孤帆，茫然四顾，却难寻平静的港湾。其根本原因在于来自社会各个领域关于课程改革的"处方"，普遍缺乏专业性依据、标准与特点。"一些独特、诱人的方法听起来头头是道，但在教学实践中却令人失望。"[1] 无疑，众多的立足于某一学科理论或社会某一领域职业化需求的课程改革主张，可能显示出一定的、指称范畴内的"合理性"，但一旦推及课程改革实践，却没有一种方案具有普遍的恰切性与可行性。因而，在课程改革过程中，无论是理论基础的定位，还是改革方案的确立、改革路线与方法的选择等，都应区分两种不同的依据与标准，即教育性标准和教育学性标准。

课程作为教育活动的媒介与手段，具有独特的专业化依据与标准，其他学科与领域的理论及立场对课程改革具有一定的指导与借鉴意义，但不能构成课程改革方法论的唯一标准。基于某一具体学科理论来源或制约因素的改革依据只能构成课程改革方法论标准系统中的一个必不可少的组成部分，显示出某一方面的教育意义，具备某一方面的、指称范畴内的适切性。这就是所谓的教育性标准。但教育性标准只能构成课程改革方法论的必要条件，而不能构成课程改革方法论标准的最后依据。教育性标准不足以完全解释学校教育的本性及作为学校教育手段与媒体的课程的逻辑。只有通过对各个维度具有教育性的指标依据进行教育学意义上的重组、统合，形成具有教育学性品质的一体化结构，才能为学校课程改革方法论构建出充分的依据。这就是

---

① S. 拉塞克，G. 维迪努. 从现在到2000年教育内容发展的全球展望 [M]. 马胜利，等，译.
北京：教育科学出版社，1992：250.

所谓的教育学性标准。教育学性标准赋予了课程改革方法论专业化的逻辑、立场、标准和统合机制，它超越了一味地在子系统之间寻求所谓的"正确性"与"合理性"的非此即彼的二元对立的思维方式与方法，使学校课程改革摆脱钟摆怪圈具有了科学的理论基础及依据。因此，课程改革方法论与来自哲学、社会科学、自然科学等各个领域的理论来源之间不可单项还原，否则，只指向于某一种指标、诉诸某一种理论来源，课程改革方法论的性质就被异化了。教育学性标准是课程改革方法论的最后依据。抛开教育学性标准，从其他具体学科的理论、方法规范中演绎、建构的课程改革方法论，必将因教育学性标准的缺失而不具备辩护性。

（三）复合性

课程具有一个复合化的制约要素及理论来源系统。课程改革方法论的建构必然涉及制约课程发展要素的各个方面。社会、学生、知识形成了一个三位一体的课程改革标准及立论基点，任何一项的遗漏疏失都会造成学校课程的价值性迷失与功能性偏废。从理论上讲，诸如儿童中心论、学科或知识中心论、社会中心论，虽都显示出局部意义上的合理性，但却失之偏颇，难以对课程改革予以全面而有效的指导。据此，"这三种'理论'不管哪一种都不能单独成为完全正确的课程理论"[1]。因而，课程改革方法论必须具有一个复合化的理论基础来源。受制于课程理论制约要素的广泛性特点，课程改革方法论的构建也必然吸收、内化各个学科领域的理论。这些理论基础包括哲学、社会学、政治学、心理学、文化学等，它们从不同的角度制约着课程改革方法论的性质、方向、策略等方面的恰切性指标，既"不能把课程从社会问题中分离出来，而把它视作存在于真空中完全独立的实体，"[2] 也不能忘却其自身的独特品质与特点。为此，丹尼斯·劳顿的评论可谓一语破的，他说："哲学也好，社会学或心理学也好，它们本身都不能用来论证一项课程的正确与否，或者说，都不能用来作为课程设计的唯一基础。"[3] 而就教育教学实践过程而言，教育教学过程与工厂生产过程截然不同，工厂生产过程立足于完全统一的标准、程序、规格、方法。而教育教学过程则不同，并不存在简单的、一元化的、绝对统一的标准、程序、规格、方法。在教育教学过

① 丹尼斯·劳顿，等. 课程研究的理论与实践 [M]. 张渭城，等，译. 北京：人民教育出版社，1985：2-3.
② Arieh Lewy. The International Encyclopedia of Curriculum [M]. Oxford：Pergamon Press, 1991：293.
③ 丹尼斯·劳顿，等. 课程研究的理论与实践 [M]. 张渭城，等，译. 北京：人民教育出版社，1985：5.

程中，每一个个体的成长与发展都有完全不同的背景、基础及期待。"他有他自己的历史，这个历史是不能和任何别人的历史混淆的。他有他自己的个性，这种个性随着年龄的增长而越来越被一个由许多因素组成的复合体所决定。这个复合体是由生物的、生理的、地理的、社会的、经济的、文化的和职业的因素所组成的，而这些方面对于每一个人来说，都是各不相同的。当我们决定教育的最终目的、内容和方法时，我们又如何能够不考虑这一点呢？"①

复合化的制约要素与理论基础来源，要求课程改革方法论的选择与建构要在各个制约因素、理论来源之间，形成一个层次分明、目标一致、具有系统性品质的统合化结构，而不是简单拼凑、累加叠积起来的各部分之间或对立、冲突，或各行其是的松散结构。课程改革实践证明，"任何一种按照局限的、未经实践检验的理论模式重建教育体系的企图不仅违背参与的原则，而且还孕育着危险的敌意，以至会将以前的进步一笔勾销"②。因而，课程改革方法论恰切性的复合性指标，关键在于建构一种能促进平衡与协调的、立足全局的、严谨的原则及方法规范。"在传统上，教育内容的制订很少根据一整套方法并考虑到教育的各个层次、学科和形式。产生断裂和矛盾的主要根源便在于此。以学科划分的各委员会各行其是，在几乎与世隔绝的条件下工作，这种机构从一开始就成为促进平衡、协调和跨学科性的障碍。缺少总体和严谨的方法，人们就看不到方向，以致无视目标和内容的广阔领域。"③显然，课程改革方法论是否具有可行性特点，关键在于能否将多项变量因素进行系统性整合与构建，使课程改革方法论超越孤立、片面的狭窄视界，摆脱"多难选择"困境。

三、课程改革的立场与原则

改革意味着重新选择。在改革过程中，改革者不仅要合理地解决"改什么"的问题，更为重要的是恰切地解决"怎样改"的问题。"怎样改"的方法问题，对于改革能否成功具有决定性意义。巴甫洛夫曾指出："科学随着方法学上获得成就而不断跃进。方法学每前进一步，我们便仿佛上升了一级

---

① 联合国教科文组织国际教育发展委员会. 学会生存——教育世界的今天和明天 [M]. 华东师范大学比较教育研究所，译. 北京：教育科学出版社，1996：196.
② S. 拉塞克，G. 维迪努. 从现在到 2000 年教育内容发展的全球展望 [M]. 马胜利，等，译. 北京：教育科学出版社，1992：126.
③ S. 拉塞克，G. 维迪努. 从现在到 2000 年教育内容发展的全球展望 [M]. 马胜利，等，译. 北京：教育科学出版社，1992：251.

阶梯，于是，我们就展开更广阔的眼界，看见从未见过的事物。"① 在现当代课程改革过程中，无论是多元对峙的课程理论所导致的课程领域的混乱现状，还是课程改革的"钟摆"波动与改革无效的困境，其实质性根源在于课程改革指导思想、模式及方法的偏执导向。显然，在现当代各国课程改革中，普遍缺乏的恰恰是对"怎样改"的方法与路径问题的关注与思考。课程改革常常只局限于目标、教材、内容的更新与调整，似乎课程改革就在于解决教学内容是什么的问题。如今，处于十字路口的课程改革，迫切需要改革者高度重视和正确理解课程改革的原则、立场与路径等方法论问题，方法论问题已成为课程改革实践与研究必须正确面对与解决的根本性问题。不从方法论层面检视课程改革的弊端与误区，就难以诊断出课程改革运动失败的症结所在；不解决方法论问题，课程改革就难以摆脱误区与困境。

（一）整体性立场

培养在智力、技能、情感、精神、道德、体力等方面协调发展的人，无疑已成为当代社会的一种共识、一种对学校教育强烈而普遍的社会期待、一种学校教育应始终不渝地坚持与贯彻的立场、路线。然而，"在大多数现代社会中，指望培养出这样一个完人，是不现实的。他在各方面都遇到分裂、紧张和不协调状态。有些社会结构蔑视一切有关公正与和谐的规律。这不可能不影响到他生存的各个领域。社会分成各个阶级；人与工作的脱离以及工作的零星杂乱；体力劳动与脑力劳动之间人为的对立；意识形态上的危机；人们所信仰的神话的崩溃；身心之间或物质价值与精神价值之间分为两端——人们周围的这些情况看来都在促使一个人的人格产生分裂"②。造成这种状况的根本原因就在于现代主义文化那根深蒂固的分裂式的还原论和机械论思维方式。对此，后现代主义者认为："我们首要的错误是假设我们能够把某些要素从整体中抽取出来，并可在这种分离的状态下认识它们的真相。"③ 还原论和机械论就是因孤立、片面的立场使人难以准确地认识事物的真相。在现当代课程改革过程中，这种还原论和机械论立场使整体的课程被分裂与肢解，以至于我们总是夸大、强化课程某一方面的价值、功能与教育效果。显然，在充满片面性、极端性的论争中所做的任何选择都必然是片面

---

① 陈元晖. "一般系统论"与教育学 [J]. 教育研究，1990（3）.

② 联合国教科文组织国际教育发展委员会. 学会生存——教育世界的今天和明天 [M]. 华东师范大学比较教育研究所，译. 北京：教育科学出版社，1996：192.

③ 大卫·雷·格里芬. 后现代科学——科学魅力的再现 [M]. 马季方，译. 北京：中央编译出版社，1998：155.

的、极端的。课程改革方法论无论是理论探究层面的还是实践发展层面的，最突出的问题就在于从二元对立的立场与思维方式制约下的两极化理论中没完没了地做排斥性选择。对此，联合国教科文组织国际教育发展委员会强调："象今天这样零星地进行一些教育改革，而没有一个关于教育过程的目标与方式的整体观念，这已不再是可取的了。为了找出一个改组教育过程各个组成部分的办法，我们必须有一个整体的观点。"①

　　课程改革政策持有什么样的立场，主要取决于两方面的制约因素：理论思想与实践经验及教训。整体性立场的缺乏也主要是因为理论成果的片面性品质与实践经验、教训的夸张性现象。理论成果的片面性直接造成课程改革政策整体性立场的缺乏。这一点显而易见。在课程改革过程中，课程改革运动常常缘起于并立足于某种课程理论流派的、具有明显"门户之见"的理论思想，诸如进步主义课程论、永恒主义课程论、要素主义课程论、结构主义课程论等都曾作为重大的课程改革运动的理论基础。无疑，这些课程理论流派都是立足于单向度的立场定义、定位课程，使课程呈现出严重的元素性、价值性、功能性缺失现象。这种结构性失衡与失调的课程理论决定了课程改革政策必然缺乏整体性立场。

　　而实践经验及教训常常以隐形的、潜移默化的方式影响、制约课程改革政策的立场选择。它常常给人以已"被实践证明了的"印象，似乎具有充分的实践性依据，从而使人往往难以驳斥、拒绝与否定。因而，实践经验及教训对课程改革政策立场的选择通常更具有说服力与指导性。然而，实践经验及教训作为教育改革、课程改革政策立场选择的佐证性依据，常常被无限夸大。成功经验的局限与缺陷完全被忽视甚至被消解，那些被认定为实践经验的看法与做法常常令人感到完美无缺，可全盘吸收。而对失败的教训往往不能客观、正确地进行归因与辨析，那些被认定为失败教训的看法与做法则令人感到一无是处，应全面否定。无疑，在教育发展与改革过程中，在教育发展的制约要素中的任何一个角度都可以找到所谓的实践经验及教训。而这些被无限夸大的实践经验及教训与那些单向度的理论门户一样，必然赋予课程改革政策残缺不全的立场。如下面的两篇经验性报道都给人以思想观念与思维方式层面的启发与指导，但如果作为课程改革政策立场选择的唯一的佐证性依据，都会造成片面的、不完整的效果与结果。

　　2005 年 12 月 8 日《光明日报》刊登了一篇报道：《"自由主义教育"的警示》。

---

　　① 联合国教科文组织国际教育发展委员会. 学会生存——教育世界的今天和明天［M］. 华东师范大学比较教育研究所，译. 北京：教育科学出版社，1996：216.

意大利的服装、箱包、首饰、皮革制品以及比萨饼和面条享誉世界。但一些有远见的意大利学者早就指出，此类"低技术领域的艺术"远不能适应全球化条件下的激烈竞争。世界管理与发展研究所和达沃斯世界经济论坛相继公布的数据印证了这些学者的担心：在最近不到20年的时间里，意总体经济竞争力在世界排名榜上已由第18位滑落到第53位。导致这一局面有众多因素，其中学校教育失误可能是最重要的原因。

意大利学校长期实行"自由主义教育"。其基本理念是：放手让孩子们做他们喜欢做的事；对学生的要求和指导越少，他们的想象力就越丰富，创造力也就越高。基于这一理念，几乎在一代人的时间里，小学升级无需考试，家庭作业基本没有，学校纪律极度松弛。缺乏自制力的孩子所"喜欢做的事"唯有玩耍和游戏……过度的放任导致知识基础薄弱，随着课程难度加深，不少孩子完全失去了学习兴趣。目前全国只有29%的人完成了法定的中学义务教育。据意全国扫盲联合会调查，全国近40%的人是文盲或勉强会读、写、算的半文盲。显然，这些人尽管可以制作出精美的箱包或首饰，却难以适应数字化时代和全球化浪潮。

"自由主义教育"的另一结果是，学生知识结构失衡和眼界狭窄。意社会调查中心日前发表的报告显示，全国60%以上的人口对外语一窍不通，中学毕业生乃至相当比例的大学生缺乏基本国际常识。

"自由主义教育"不仅造成人才资源匮乏，更使受教育者精神素质下降，这恐怕是其最严重的后果。《晚邮报》专栏作家阿尔贝罗尼最近发表文章说，近几年美国顶尖大学屈指可数的奖学金名额大多被中国学子获取，这不是因为他们更聪明，而是因为他们从小就刻苦学习，受到良好教育……他说，反观今日意大利，由于学校在纪律、行为准则和价值方面放松对学生的约束和指导，青年一代"玩物丧志"，"放纵、懒惰、自私"，"缺乏克服困难与挫折的勇气"。"现在人们越来越没有责任感和协作精神"，"只是享受前人辛勤创造的成果，失去了学习和工作的愿望，从而也失去了科学和艺术的创造力"。他说，如果国家不想沉沦，就必须对教育体制和教育方式进行"痛苦的改革"。①

2005年11月14日《文汇报》刊登了一篇报道：《教育，要让学生"感到幸福"》。

有这样一所学校，学生可以选择上课或者不上课，也没有沉重的书包、繁缛的课业，孩子们在自由的、顺其自然的教育环境下汲取知识，发展人

① 穆方顺."自由主义教育"的警示 [N].光明日报，2005－12－08.

格……这就是英国的夏山学校。这所学校的创办人是二十世纪英国教育家尼尔。

尼尔先生认为："生命是一个过程，重在追求幸福，寻找乐趣。"所以，他的夏山学校就是要创办成最富人性化的快乐学校。任何学习都非常强调游戏的重要性，尤其是有创造性、趣味性、启发性和丰富想象力的游戏。在这样人性化的理念指导下，夏山学校呈现出独特的恬适景象："傍晚夜幕逐渐降临大地时，孩子们仍在校园的树丛中捉迷藏；在大树下谈天说故事；在操场上打网球、踢足球；在校舍内打桌球，打计算机；在草坪上翻滚或凝望着黛蓝的天幕，云朵悠然飘过……"

但是，尼尔先生还坚持："自由并非放纵。"孩子们可以有自己的爱好，可以听课或不听课，但必须尊重他人听课的权利，神圣而不可侵犯。每一个夏山的孩子因此都学会了自律。在这点上，恰恰是制度森严的各种体制下学校的孩子经意或不经意地去触犯纪律，甚至出现较强的叛逆行为，令教育者一再防范，而夏山的孩子偏偏轻而易举地做到了。这就是在充分自由下的自律，在严厉纪律下的冒犯。看似悖谬，细想一下却十分自然。

汤姆5岁时来到夏山，毕业时已经17岁。12年里汤姆没有上过一节课，他几乎都在手工房里玩（学）手艺。9岁时的一天，尼尔意外地发现他在读《汤姆·索亚历险记》。"是谁教你的字？"尼尔问。"自己学的。"汤姆回答。汤姆工作以后，尼尔询问老板，老板说："汤姆是最棒的员工，他从来不是在走，而永远都是在跑！"就课堂学习来说只是人生的一部分，并不是单纯的好分数就是成功。大部分的孩子将来都是平凡的人，一个平凡者的人生充实而快乐就是成功……沉重的书包、繁缛的课业，在这种高压式的教育下，孩子也许"智能好"，但他们的"真、善、美"却不那么实在，只是为争得那有限的"优质教育资源"，以期获得非常有限的成功。而在自由的、顺其自然的教育环境下汲取知识，发展人格，这样长大的孩子是不会畏惧去爱别人的。眼下，社会的导向已经完全把大众的评判标准定位在那为数极少的几个"成功人士"身上。如果成功果真如此，我们凡人大众的人生会变得多么沮丧，因为我们度过了一个"不成功"的人生。让大部分人的人生不成功，我们的社会生活不就因此而显得寡淡无味，甚至于是残酷的吗？相形之下，汤姆是多么幸福，至少他没有在受迫式教育下学习，至少他心里觉得自己幸福，自觉自愿地奔跑在人生的路上。[1]

显然，类似的关于教育的成功经验与失败教训的报道不胜枚举。尽管这

---

[1]　刘以浦. 教育，要让学生"感到幸福"[N]. 文汇报，2005 - 11 - 14.

两则报道体现出完全不同的教育改革与发展立场，但常常都能赢得那些不加分析、缺乏理性思维与判断能力的人的共鸣与掌声。这就使得选择任何一种缺乏完整性品质的改革立场，都会让人感觉到既是对的又是错的。

作为一项复杂的系统工程，课程改革必须明确改革的立场。改革的立场决定课程改革的路径、方式方法与实际效果。定位不得当、论据不充分，课程改革不仅不能取得成功，而且还会造成课程发展过程中的混乱与动荡局面。事实上，当代世界各地频繁的课程改革运动不仅没有使学校课程达到最佳的、理想的状态，相反使课程因过度的、不恰切的改革而无所适从。改革缘起于问题，解决存在的问题是改革的基本任务与目标。然而，一个十分重要且常常被忽视的现象是改革者在刻意解决已被诊断并证实了的问题的同时，却引发了种种新的问题。这种由改革引发新问题的现象在课程改革中不仅十分普遍，而且异常突出。究其原因，主要是课程改革缺乏整体性立场使然。改革的立场主要表现为发起与推动改革的各种假设。"我们为引起变革而采取的无论何种行动，都依赖于我们开始时形成的假设。从部分正确的假设入手，只能导致部分正确的答案，这会促使我们一直徒劳地朝着同一方向寄予希望：只要我们再努力些，或再多做些，或具有更大的热情，就会产生我们所期望的变革。这种恶性循环的后果是，教育改革被锁在一个封闭系统内；我们永远在根据一些陈旧的同样的假设寻找解决办法，而不是去搜寻新的、更确切的行动基础。"① 显然，改革立场决定改革的成败。

课程改革整体性立场的缺乏主要表现为由单向度的信念、内容、方法等构成的改革坐标体系。在众多的课程改革运动中，改革者常常将"复数化"的课程改革依据及理论基础分割开来，形成了具有明显"茧式化"特征与品质的绝对性、封闭性、排他性改革立场。课程从理论基础、内涵、范畴到目标、功能、意义与方法等，无不呈现出明显的分裂、冲突与对峙状态。课程改革立场定位的二元对立的极端化认识与现象司空见惯。尤其是社会与个人的割裂造成了课程改革逻辑起点与理论支点呈现出了明显的不完整、不充分、不合理的状态与特点。事实上，在教育过程中，社会与个人虽有不同的期待、目标与立场，但却是密切相连、不可分割的两个部分。在课程改革过程中，突出任何一方而忽视另一方，都是对教育的内涵、逻辑、价值的扭曲，并造成明显的失调、失衡、失败现象与状态。"如果一所学校无视当代社会的要求、变化和迫切问题，单纯迎合儿童和少年们的需求和兴趣（他们的兴趣往往尚不确定），那么它只能暂时满足学生（可能也包括家长）……

① 瞿葆奎. 教育学文集：国际教育展望 [M]. 北京：人民教育出版社，1993：274.

相反的情况也应该避免。因为一所学校如果不顾学生的才能、兴趣和智力程度，仅满足于严格回答社会要求（有些要求在制定时缺乏长远观点，其方法也有问题），那么它最终既不能满足个人的需求和愿望，也不能满足社会的需求。"① 无疑，在课程的来源及制约因素的复合化的指标系统中，不存在一个单质性因素可以囊括、覆盖课程改革标准中所有的指标规范。"教育内容的各种来源和教育的各种目的的多学科性和不可分离性要求人们拿出一种总体的方法，并在各种内部要求（特别的、带教学性质的）和外部要求之间作出一种综合。作为各种价值观念、知识和本领的整体的教育内容的恰当性是一个基本的和初始的问题，课程设计者、教师和评价者都面临着这个问题。"② 因此，整体性立场是课程改革必须坚持的基本原则，抛开整体性立场，从课程的某一具体来源或学科理论演绎、求证课程改革立场，都将因其单向度品质而不具备辩护性。

（二）过程性思维

改革的关键在于思维方式的转换。思维方式决定改革遵循的基本逻辑与方法。不转换作为改革所要解决问题支撑系统的思维方式，任何改革的努力都无济于事。"对改革的传统思维模式一般是这样的：确定所要完成的目标；设计达到目标的方案；把计划付诸行动；然后评价这个方案是否有效。由于这种策略看上去如此明确、如此合乎逻辑、如此讲究实效，以致几乎没人对此提出质疑。"③ 无疑，目标性思维作为百余年来课程研究科学化运动和课程重建运动的结果与主旋律，始终制约着课程改革运动的立场、信念与方法论基础。目标性思维遵循目标－手段、效率－控制、预期－验收的技术化路线与机制，强调课程的精确性、具体化和标准化。对此，博比特主张：就像铁轨制作从长度到重量都必须做到精确化、标准化一样，学校教育"必须将教育目标具体化、预测制度化，并研制一种预定的技术以决定将达到的特定的结果"④。在课程实施过程中，目标性思维由来已久、根深蒂固。目标性思维以明确的行为目标为基点，视内容的选择、组织为手段，通过将目标分解的方式实现对教育过程及个体发展的全方位、封闭化控制，教育的结果不过是

① S. 拉塞克，G. 维迪努. 从现在到 2000 年教育内容发展的全球展望 [M]. 马胜利，等，译. 北京：教育科学出版社，1992：173 - 174.

② S. 拉塞克，G. 维迪努. 从现在到 2000 年教育内容发展的全球展望 [M]. 马胜利，等，译. 北京：教育科学出版社，1992：207.

③ 瞿葆奎. 教育学文集：国际教育展望 [M]. 北京：人民教育出版社，1993：274.

④ Bobbitt, F. The Curriculum [M]. Boston：Houghton Mifflin Company, 1918：38.

预期教育目标的"复制"品，教育评价只关注"复制"的程度和效果，课程则充当着"复制"的媒介和手段。学校教育的训练化品性、原子化的目标指向、价值中立性的程序设计等，无不是技术主义的目标性思维方式使然。其自上而下的控制机制将教育过程完全束缚在预定的目标框架内，不仅使学生的自主性、个性逐渐萎缩、消失，而且使其习惯于消极、被动地反应，养成顺从、依赖的性格。正如有学者所言："如果忽略了过程，而只关注到它的起点和终点，我们的教育就会变成一潭死水而毫无生机了。"① 显然，当代课程改革迫切需要摒弃这种机械主义、技术主义的目标性思维，确立一种开放性的、情境性的、建构性的过程性思维。

首先，过程性思维的确立基于对课程的开放性、复杂性、不确定性品质的认识与理解。后现代主义课程理论的代表人物多尔曾说："我相信在新的课程概念中将出现一种新的教育秩序，并形成一种新的师生关系。今日主导教育领域的线性的、序列性的、易于量化的秩序系统——侧重于清晰的起点和明确的终点——将让位于更为复杂的、多元的、不可预测的系统或网络。这一复杂的网络，像生活本身一样，永远处于转化和过程之中。处于过程之中的网络是一种转变性的网络，不断地发生变化——超越稳定性以激发内在于不稳定性之中的创造性潜能。"② 而立足于过程思维的课程实施关键在于强调对知识的探索而不是单纯的传递与掌握。对此，多尔反复强调后现代主义课程观反对将课程指向对一套固定成果的掌握，反对将课程定位为"要跑的跑道"。他说："课程不再被视为固定的、先验的'跑道'，而成为达成个人转变的通道。这一侧重点和主体的变化将更为强调跑步的过程和许多人一起跑步所形成的模式，而较少重视跑道本身，尽管跑步者和跑道不能一分为二。组织和转变产生于活动之中，并非预设于活动之前。这一点是杜威和皮亚杰在他们漫长而多产的职业生涯中所不断强调的。不幸的是，现代主义者对他们的话充耳不闻。"③ 显然，过程属性是教育活动的基本属性之一。课程是一个开放的、复杂的系统，而不是一个封闭的、简单的系统。对教育活动过程的理解、定位与展开，不能完全局限于确定性、客观性、稳定性、线性等品质与逻辑，还应充分认识到诸如不确定性、主观性、情境性、生成性、非线性、多元性、差异性等品质与逻辑。课程改革必须符合教育各种基本品质与属性，反映课堂上的实际状况，仅仅合乎认识论逻辑与立场是不够的。"即使教育的理性理论得到了较好的发展——清晰的目标，可实施的手段，

① Brent Davis. 复杂理论与教育 [J]. 康长运，译. 全球教育展望，2008（1）.
② 小威廉姆·E. 多尔. 后现代课程观 [M]. 王红宇，译. 北京：教育科学出版社，2000：5.
③ 小威廉姆·E. 多尔. 后现代课程观 [M]. 王红宇，译. 北京：教育科学出版社，2000：6.

评价程序——它们仍不会产生多少影响，因为学校就像任何其他的社会组织一样，并非在理性的真空中运作。"① 无疑，对课程这样一个开放、复杂系统的改革，机械主义的目标性思维不仅缺乏专业性品质与逻辑，而且必将导致僵化的、缺乏针对性与时效性的结果。

其次，过程性思维的确立还基于对课程改革过程的开放性、复杂性、不确定性品质的认识与理解。"教育改革是一种复杂的现象——是理念、政策和体制结构、历史和文化的大杂烩。很多关于改革的描述都有简单化之嫌，改革经常被看作是由重要人物将深思熟虑的理念付诸实践的线性行为。事实上，整合一个项目，让人们接纳项目，再让人们去实施，并期望预期结果得以实现，是相当困难的过程，很少是直线前进的。很多因素相互作用，预想不到的因素不计其数，因此成功比失败更令我们惊奇。"② 在课程改革过程中，不可知、不确定情况与因素普遍存在，不仅无法精确地预测，而且也难以规划完美的控制性方案。从任何一个角度、层面上讲，课程改革都不是一项简单的具体事件，而是一项复杂的系统工程。课程改革受许多变量的影响和制约，不仅哲学、社会学、教育学、心理学等领域呈纷争状态的各个理论流派难以赋予课程改革明确与完整的认识论与方法论基础，而且诸如历史、文化、民族、地域等因素也难以使课程改革拥有无分歧的信念、立场与标准。因而，任何简单化的认识、措施与方法都不可能使课程改革卓有成效。

纵观课程改革运动的发展历程，改革不仅不可能按照某种具体的理论、逻辑而无障碍地展开，也不可能完全按照预想的路径、预设的方案而理想化地进行。"无论改革计划源于何处，但改革在实践中的推进将会有自己的规律，取决于一系列制度、个人和其他背景因素。这些因素如此复杂，几乎很难规划。在每一阶段，新的背景因素都会出现，影响着改革的进程，这一影响又会自然影响到下一阶段的改革。例如，改革起始阶段缺乏对实施的关注可能导致人们对改革总项目的愤世嫉俗思想的增长，结果又会影响下一阶段的改革，即便提供了另外的资源。更难预测的是少数人群的态度和行为，这些也可能改变特定改革发展的方式。研究者必须看到这些模糊性和不可预测性。"③ 显然，改革不仅要解决政策问题、内容问题、方法与技术问题、途径问题，更为重要的是解决定位问题、思维方式问题、实施问题。过程性思维

---

① 迈克尔·富兰. 教育变革新意义 [M]. 赵中建，陈霞，李敏，译. 北京：教育科学出版社，2005：102.

② Benjamin Levin. 教育改革——从启动到成果 [M]. 项贤明，洪成文，译. 北京：教育科学出版社，2004：186.

③ Benjamin Levin. 教育改革——从启动到成果 [M]. 项贤明，洪成文，译. 北京：教育科学出版社，2004：195-196.

将课程改革视为一种非直线的、复杂的、充满不确定性的过程而不是一项简单的、一次性的、确定性的、具体的事件或任务。也就是说，课程改革不是一种短期性、局部性、自上而下的、可轻而易举完成的任务，而是一项长期性、全局性、全员性的探索过程。

（三）实践性路径

改革路径最终决定改革的效果。路径不支持、不适应、不恰切，再好的改革理念与设想、再理想的改革蓝图与方案，都难以使改革取得成功。改革路径的选择取决于对改革过程与重心的认识及理解。课程改革过程一般包括启动、规划、实施、评价与调整等阶段。尽管改革的每一阶段都十分重要，议案的提出、氛围的营造、方案的设计以及效果的总结、方案的调整等无不决定改革的质量与结果，但改革的重心则在于如何有效地推进变革、实施变革。卓有成效的课程改革关键在于让变革在教育教学过程中真正发生、落到实处。在课程改革的历史进程中，更多的改革运动都忽视了这一点，将理论基础、政策与方案的论证作为改革的重点。这种自上而下的理论性与政策性改革往往因为人的改变以及教育教学实践的改变的缺乏而失败。事实上，"真正需要变革的恰恰就是人以及他们是如何在教室、学校、学区和州中实施变革的"①。显然，当代课程改革必须由理论性、政策性路径转向实践性路径。

实践性路径并不意味着课程改革不需要理论支撑与政策支持，也不意味着课程改革完全走向自下而上的自发性路径。实践性路径关键在于课程改革过程中支持性环境的营造与促进性环节的落实。课程改革不仅仅是理论研究者、政策制定者与教育管理者的事，也不仅仅局限于理论与政策层面的变革。课程实施者作为课程改革的主体，其信念、行动、方法与能力是课程改革的重要内容。无疑，改革必然造成课程实施者一系列诸如认知、技能、习惯等方面的失调现象。正如有学者指出的那样："当人们必须变革的时候，将不得不停止做一些他们知道该如何做好，甚至是他们喜欢做的事情，这将会让他们有一种悲痛感。人们对变革的抵触与反抗情绪，在很大程度上，可能就是人们对必须放弃自己喜欢做的事情和那些驾轻就熟的做事方法而显露出的悲伤之情。"② 显然，课程实施者的不支持与不适应状况往往构成课程改

---

① 吉纳·E. 霍尔，雪莱·M. 霍德. 实施变革：模式、原则与困境 [M]. 吴晓玲，译. 杭州：浙江教育出版社，2004：34.

② 吉纳·E. 霍尔，雪莱·M. 霍德. 实施变革：模式、原则与困境 [M]. 吴晓玲，译. 杭州：浙江教育出版社，2004：7.

革过程中最大的、最常见的障碍与阻力。改变课程实施者在认识、情感、行动、方法、能力等方面的失调状态，是支持性环境的营造与促进性环节的落实迫切需要解决的问题。

支持性环境的营造并不意味着在改革的启动与规划阶段制订一个能够容纳每一个人的意见与观点、令每一个人都认同与支持的无分歧的改革方案。事实上，这种方案是不存在的。那种认为只要在改革的初始阶段制订出完善、完美的方案就可以使改革顺利进行并取得成功的观点与看法，那种将改革遭遇排斥、抵触或失败就归咎于改革方案并另起炉灶的行为与做法，不仅是对改革的误读与歪曲，而且必将使改革永远处于失败的状态。支持性环境营造的前提与基础在于改变强制性与接受性的实施方式。以为"通过行政命令或对一些方法和组织的修修补补就可以引起富有生气的变革，这种假想只能引起徒劳的骚动。要在一个如此复杂的机构里进行真正有效的变革，只有通过促使人的变化——尤其是促使教师，即与学生接触十分密切的人的变化——才能完成"①。显然，支持性环境营造的关键在于改变教师的认识、态度与信念，并赋予教师改革的权利与地位。"任何改革项目，如果自上而下地将改革强加给不愿意改革的机构，遭遇困难不仅不可避免，也难以如愿以偿。无论政府怎么看待教师，但他们的帮助对任何重大改革计划的实施都是关键性的。"② 也就是说，在课程改革过程中，应赋予教师改革的主体地位与自主权，使其由改革的被动执行者转变为改革的积极主动的参与者、探索者，从而使课程改革超越仅仅局限于理论研究者、政策制定者的改革而步入实践者的改革之路。

课程改革的实施只是具备了支持性环境还不够。课程改革措施能否得到有效、充分的落实，还取决于教师的课程改革素质。教师在课程改革方面的态度、能力与方法则是制约课程改革实施的又一重要因素。"人们常常指责教师缺乏热情。但缺乏热情并不是起因，而是要他们去做在他们看来不重要或不值得花费精力的事情的结果，在人们还没有认可或愿意承担义务的情况下，一定要他们实施改革，只会增添挫折、怨恨和泄气。"③ 因而，在课程改革过程中，迫切需要促进性环节以解决在客观上教师是否具备课程改革素质尤其是是否具备担负课程改革能力的问题。教育改革是教师职业生涯的重要内容。教育改革素质尤其是课程改革能力是教师职业能力的重要组成部分。

———————————————————

① 瞿葆奎. 教育学文集：国际教育展望 [M]. 北京：人民教育出版社，1993：274.
② Benjamin Levin. 教育改革——从启动到成果 [M]. 项贤明，洪成文，译. 北京：教育科学出版社，2004：193.
③ 瞿葆奎. 教育学文集：国际教育展望 [M]. 北京：人民教育出版社，1993：277.

在课程改革过程中，"如果我们忽视了教师的实际现状和他们必要的职业发展，即随着时间的推移让他们去经历并内化要他们接受的新东西，单纯按照新的教学法去教育学生是不够的。问题比仅仅应对教学法和课程模型复杂得多"①。其中，教师的改革能力是教师能否自如而有效地驾驭新课程与教学活动的核心要素。显然，教师实施课程改革能力的缺乏是课程改革失败的重要原因之一。"由于在变革过程中，总是缺少'促进变革'这个环节，因此对变革的典型评价就是，该变革非常糟糕，应该否决。诸如此类的判决仍然左右着几十年来变革被否决的宿命，在某个变革还未得到充分实施之前，钟摆又向另一个方向摆动，开始了新一轮变革。"② 任何课程改革都必然带来课程内容、课程实施策略、教学组织与实施方式、教学评价标准等方面的变化。教师对新课程驾驭能力的养成与提高、对实施新课程技能与方法的掌握等，无不需要系统的培训与探究等促进变革环节才能实现。尤其是在当代教育发展过程中，教师的课程改革能力与方法已成为课程改革的瓶颈问题。传统的自上而下的、直线式的改革，一般只关注对改什么问题的解决，却忽略了改革之所以能够进行与完成的现实基础与条件。那些仅仅依靠理论权威与管理权力实施的改革，即便是在形式上得到贯彻与实施，但不可能是顺利的，而且实施的效果与水平难以保障。在任何改革过程中最重要的基础与最现实的力量莫过于每个个体的能力与行动。"只有每个人采取行动来改变他们自己的环境，才有机会进行深入的变革。"③ 而个体在课程改革过程中都必然经历一个由可能的实施者向现实的实施者转变的过程，即由身份实施者向能力实施者转变。这一转变具有决定性意义。因而，教师作为课程改革的主体，迫切需要将促进性环节作为课程改革实施的重要程序。在课程改革过程中，"每一位个体所达到的实施水平以及他们在变革中取得的成功在很大程度上都得益于他/她所受到的干预措施。如果没有得到支持或促进性的干预，那么很多人都不可能充分地实施变革，甚至有些人将永远都不会去实施变革"④。无疑，课程改革只有伴随着教师的成长才能顺利地展开，并取得理想的效果。

---

① Leticia Pere. 第二届能力为本的方法网上论坛综述 [J]. 教育展望，2007 (6).
② 吉纳·E. 霍尔，雪莱·M. 霍德. 实施变革：模式、原则与困境 [M]. 吴晓玲，译. 杭州：浙江教育出版社，2004：34.
③ 迈克尔·富兰. 变革的力量——透视教育改革 [M]. 中央教育科学研究所，加拿大多伦多国际学院，组织翻译. 北京：教育科学出版社，2004：52.
④ 吉纳·E. 霍尔，雪莱·M. 霍德. 实施变革：模式、原则与困境 [M]. 吴晓玲，译. 杭州：浙江教育出版社，2004：112.

四、课程改革的中介道路

课程改革是教育发展中的普遍现象，尤其是在现当代，课程改革已成为教育改革的主旋律。因而，在教育发展史上尤其是在现当代教育过程中并不缺乏课程改革。风起云涌、一浪高过一浪的课程改革运动使学校课程的发展始终处于改革状态。然而，异常频繁的课程改革运动却因普遍遵循"非左即右"的改革路线而屡屡失败，动荡不安、左右摆动的混乱局面使课程改革似乎陷入了"疑无路"的境地。无疑，为课程改革寻求出路已成为今日课程改革探究的主题。课程改革路在何方？历史教训表明，简单化的极左与极右的改革道路，必将使课程发展陷入困境。只有超越左与右，从两极走向中介的第三条道路，即中介道路，才能使课程改革摆脱困境。

（一）中介道路的辩证性品质与逻辑

自古迄今，在学术研究领域，研究者总是企图一劳永逸地找到、发现关于事物与现象的唯一性、终极性解释。为此，研究者普遍遵循机械论、化约论、决定论的逻辑与方法，将各种复杂的自然、社会以及人的精神现象尽可能地化约、分解成为微小的部分与要素，并从中确定单一的、抽象的、普适性的结论。无疑，这种只见树木不见森林的门户之见，无不因其非此即彼的认识论、方法论原则而造成认知的整体性与充分性、历史性与发展性品质的缺乏。阿尔文·托夫勒曾指出："在当代西方文明中得到最高发展的技巧之一就是拆零，即把问题分解成尽可能小的部分。我们非常擅长此技能，以致我们竟时常忘记把这些细部重新装到一起。"[1] 这种严重缺乏辩证性品质的门户之见及其技术文明，堵塞了我们"从了解部分到了解整体，到洞察普遍联系的道路"[2]。不仅造成文化思想、意识形态、生产生活、教育教学等各个方面的分裂状态及"两难困境"，而且造成对事物认知普遍的冲突、对峙与片面、极端现象。对此，联合国教科文组织国际教育发展委员会曾指出："技术已经产生了严重的有害结果。它已经危害着，并且仍然在破坏着人与他的环境之间、自然与社会结构之间、人的生理组织与他的个性之间的平衡状态。无可挽回的分裂状况正在威胁着人类。应付这许多危险的责任大部落在教育上面了。挽救这种局面的工作包括竭尽全力设法防止这种分裂，预防和

---

①　伊·普里戈金，伊·斯唐热. 从混沌到有序 [M]. 曾庆宏，沈小峰，译. 上海：上海译文出版社，1987：5.

②　马克思恩格斯选集：第3卷 [M]. 北京：人民出版社，1972：468.

抵制来自技术文明的危险。教育要承担这个新任务，即提醒人们去认识这种危险。虽然有许多理由说明由教育承担这个任务是十分合适的，但是人们却时常低估了这一点。"① 而教育要承担预防和抵制分裂的任务，首先须改变自身的分裂状态，尤其是改变其分裂的逻辑、思维、功能、内容、方法与机制。

在近现代以来的课程探究过程中，研究者无不立足于不同哲学流派的思想、立场与方法，没完没了地在两极之间进行恶性循环性的批判与选择，并形成种种从立场、信念到逻辑、方法完全不同的课程理论门户，形成了两种极端化的课程思维。诸如知识与能力、科学与人文、主观与客观、理性与情感、经验与活动、个人与社会等，一直是课程探究过程中难以调和的两极。两极化思维将完整的课程肢解、分裂、简化为"碎片化"课程现象，并将其绝对化、唯一化，从而形成了种种单向度的课程逻辑、理念与方法论范式。而受制于种种单向度的课程理论门户，课程改革始终在左右两条极端化道路上摇摆、徘徊。

第三条道路对左右两条道路的根本性突破在于从两极走向中介。第三条道路是否成立、是否可行，关键在于其是否拥有辩证性品质。无疑，中介因常常被与折中主义相提并论而遭受了广泛的简单化、庸俗化的误读、批判与否定。然而，中介并不等于折中主义，从根本上讲，中介意味着辩证性品质、思维与方法，是对立统一规律所昭示的现代哲学基本的方法论原理。而折中主义作为东拼西凑的代名词，其根本问题在于无原则地将对立的两极"东抽一点、西抽一点"，机械地拼凑。显然，中介与折中主义具有本质性区别。

中介是摆脱长期以来一直制约学术研究与社会实践的左与右两种极端思维方式、逻辑、立场与方法的必然选择。如今，超越二元对立思维方式与实践道路已成为时代的最强音，实现从两极到中介的转换，已被视为"现代哲学的革命"。"从对立的两极出发，并以抽象的两极对立关系为基础而形成的旧唯物论和旧唯心论，被探索两极融合、过渡和转化的中介哲学——现代哲学——所取代了。这种取代，是迄今为止的最深刻的哲学革命。它改变了哲学的提问方式和追求方式，从而改变了人类的致知取向、价值取向和审美取向，即从深层改变了人类的思维方式。"② 显然，以中介的逻辑与思维看待事物，是现代学术研究的基本趋势，也是当代教育摆脱长期以来二元对立思

---

① 联合国教科文组织国际教育发展委员会. 学会生存——教育世界的今天和明天 [M]. 华东师范大学比较教育研究所，译. 北京：教育科学出版社，1996：134.

② 孙正聿. 从两极到中介——现代哲学的革命 [J]. 哲学研究，1988 (8).

维、立场、方法所造成的种种误区与困境的必由之路。中介的逻辑意味着在教育过程中在突出重点的同时必须兼顾均衡。如"保持一个人的首创精神和创造力量而不放弃把他放在真实生活中的需要；传递文化而不用现成的模式去压抑他；鼓励他发挥他的天才、能力和个人的表达方式，而不助长他的个人主义；密切注意每一个人的独特性，而不忽视创造也是一种集体活动"①。课程改革的第三条道路，就是超越二元对立思维方式制约下的"非左即右"式的课程改革道路，立足于辩证性的原则与立场所确立的一种中介性课程改革道路。作为带有全局性、整体性品质的课程改革，是一项十分艰巨的、复杂的系统工程。任何简单化、片面化、极端化的认识与行为，都将导致课程改革的失败。"作为课程工作者，我们的工作是寻求一个中间区域，这是一个高度抽象和令人困惑的概念。在中间区域里，既不过分强调学科，也不过分强调学生；既不过分强调认知发展，也不过分强调社会心理的发展；既不过分强调卓越，也不过分强调平等。我们需要的是一种明智的学校哲学，它在政治上和经济上都是可行的，还能满足学生和社会的需要。这种教育观意味着过分强调任何一派的哲学都可能造成危害并导致冲突。不管是打着改革的旗号还是其他什么理由，把握好一种哲学的分寸是十分关键的。因为一个对各种极端主义或极端的政治观点听之任之的社会，是不可能保持民主的。"② 左与右两条课程改革道路存在的主要问题在于辩证性的改革逻辑、立场与方法的缺乏，从而导致课程改革道路的选择始终在极端之间进行钟摆式的、恶性循环般的选择。而作为从两极到中介的课程改革的第三条道路，就是基于对"非左即右"两条道路所固有的僵化的逻辑、思维、立场与方法的超越，采取折中的思维、方法与途径，预防与抵制任何过分的理论、政策与行动方案，将对立与排斥的两极辩证地结合起来，形成系统、完整的课程改革路线图式。

（二）中介道路的系统性信念与立场

有什么样的理论思维，就有什么样的改革实践。如今，尽管二元论已声名狼藉，但在认识、分析、解决教育的各种问题过程中，人们从来没有真正摆脱二元对立的思维方式，并常常在不经意间陷入二元论陷阱之中。二元论思维方式及其"门户之见"，决定了课程改革信念与立场的冲突性及不稳定性、不平衡性、不完整性的特点与状态。课程改革道路的转变从根本上讲也

---

①　联合国教科文组织国际教育发展委员会. 学会生存——教育世界的今天和明天 [M]. 华东师范大学比较教育研究所，译. 北京：教育科学出版社，1996：188.

②　阿伦·C. 奥恩斯坦，等. 当代课程问题 [M]. 余强，主译. 杭州：浙江教育出版社，2004：10.

就是课程改革信念与立场的转变。在改革过程中，改革者要合理地解决"为什么改"与"怎样改"的问题。然而，长期以来，课程改革普遍缺乏对"为什么改"与"怎样改"问题的深度关注与理性思考。课程改革常常因信念、立场的偏失而失败。尤其是二战以来世界各地的课程改革运动，普遍遵循"非左即右"的极端化改革路线，采取"告别式"的立场与路径，全面否定与彻底摧毁以往的课程范式。这种非理性的"打倒一个，另立一个"的立场与行动，造成了课程改革中明显的"头痛医头，脚痛医脚"现象，使课程总是在刻意突出一种因素的重要地位与要求的同时却藐视或忽视甚至否定其他因素的价值与存在依据。如"目前教育青年人的方式，对于青年人的训练，人们接受的大量信息——这一切都有助于人格的分裂。为了训练的目的，一个人的理智认识方面已经被分割得支离破碎，而其他的方面不是被遗忘，就是被忽视；不是被还原到一种胚胎状态，就是随它在无政府状态下发展。为了科学研究和专门化的需要，对许多青年人原来应该进行的充分而全面的培养被弄得残缺不全。为从事某种内容分得很细或者某种效率不高的工作而进行的训练，过高地估计了提高技术才能的重要性而损害了其他更有人性的品质"①。于是，每一次课程改革运动都以完全否定并抛弃以往的课程理论及实践为开端，又以失败而结束，被下一次课程改革运动而否定，使学校课程发展呈出明显的钟摆现象。这种失衡的改革，不仅造成学校课程的混乱局面，教育质量每况愈下、危机越发严重的状况，而且教师、学生对这种在极端之间摆动的课程也无所适从。课程改革陷入难以摆脱的屡改屡败困境。究其原因，主要是课程改革道路的偏失。具体地说，课程改革道路的偏失主要表现为左、右两种极端化思维与路线因"过"或"不及"所造成的失衡问题。如今，面对知识、信息的分化以及文化与价值观念严重的分裂状态及趋势，在知识传播过程中，培养学生的识别判断能力、辩证性与批判性思维意识及能力显得尤为关键。这就需要学校教育要高度重视教育过程中的平衡性立场、标准及方法。中介道路的课程改革方法论范式重在解决失衡的问题，以实现课程改革信念与立场系统的平衡与恰切状态。

失衡是近代以来人类文化发展过程中最为突出的问题之一，而解决失衡问题则是今日人类文化发展的重要目标与立场之一。"自文艺复兴以来，西方文明'不均衡和无限制地一下从精神跳到物质'。因此，应该重新建立起文明所属各方面的平衡与和谐，以及精神与物质之间、信仰与科学之间、神

---

① 联合国教科文组织国际教育发展委员会. 学会生存——教育世界的今天和明天 [M]. 华东师范大学比较教育研究所，译. 北京：教育科学出版社，1996：193 - 194.

与人之间的平衡与和谐。"① 同样，失衡也是近代以来教育改革运动尤其是课程改革运动中的普遍现象与严重问题。"人们忽视或轻视教育计划中某些因素，课程计划中存在着某些缺陷和不平衡状态，在我们看来这乃是毛病中最严重的病症，而教育既是这种疾病的受害者，也是它发生的原因。把教育中智力的、体力的、美感的、道德的和社会的组成部分加以分隔，这是人类互相疏远、轻视和支离破碎的一种迹象。"② 在课程改革过程中，失衡现象与问题主要表现为制约课程研制、发展的要素系统被分割肢解，使课程来源各个要素之间呈现对立与排斥状态，并从中做抛弃性选择，从而造成课程结构被破坏，课程的某些使命与功能被消解。显然，将课程这一复杂系统内部的某一个子项确定为课程改革的唯一依据，必然引起无休止的但却是"无解"的论争。改革意味着对系统进行调整、重构与选择，其目的在于使系统更适切与更完善。而系统适切与完善的主要指标在于：其一是使系统不断更新，其二是使系统保持平衡。任何系统不仅具有历史性依据与时代性发展特征，而且具有内在的逻辑性规范与标准。因而，改革只有在历史与逻辑辩证统一的原则、框架内进行，才具有辩护性、可能性与可行性。否则，无论多么必要、多么重要、多么宏伟的改革蓝图与方案，都难逃失败的命运。课程改革的屡改屡败状态与困境，主要是没能解决好课程结构的更新与平衡问题使然。在课程改革过程中，课程结构的否定性更新与排斥性选择，不仅使课程的发展割断了历史，而且违背了课程的逻辑，致使课程改革茫然困惑，找不到出路。而中介道路则坚持课程的来源及制约因素具有一个复合化的指标系统，任何一个指标虽必不可少，但也只是课程改革立场坐标系中的一个坐标点。无论是什么样的坐标点都不足以解释学校教育的本性及课程的逻辑。因而，中介道路与左、右两条极端化道路在课程改革过程中遵循完全不同的方法论原则与思维，改革的信念与立场具有本质性的区别。中介道路要求改革者突破和超越二元论、还原论的思维方式，立足于系统论的原则与方法，在实施、调整、重构与选择等改革行动过程中，必须处理好系统的历史结构与现实结构的继承关系、系统结构内部各要素之间的平衡关系。

（三）中介道路的折中性路径与方法

课程改革路径与方法最终决定改革的效果。"今天，无论改革是局部的，

———————————————
① S. 拉塞克，G. 维迪努. 从现在到 2000 年教育内容发展的全球展望 [M]. 马胜利，等，译. 北京：教育科学出版社，1992：101.
② 联合国教科文组织国际教育发展委员会. 学会生存——教育世界的今天和明天 [M]. 华东师范大学比较教育研究所，译. 北京：教育科学出版社，1996：98.

还是比较一般的，我们都必须联系到整个局势，既看到这一方面，也看到那一方面，而且必须正视它们的后果。"① 左、右两种极端化课程改革道路坚持"是"或"不是"以及"要么……要么……"的排斥性课程改革路径与方法，使课程改革无不因立足于单向度的理论基础、内涵、目标、功能与价值信条而顾此失彼、动荡不安。中介道路则立足于"既是……又是……"的结构化、兼容性原则与立场，坚持从坐标点漂移转向坐标系构建的折中性解题方式，从而实现课程改革路径与方法的根本转变。这种折中性的路径与方法具体表现为以下三个方面。

1. 理论与理论的折中：为不同声音留有余地

任何改革都需要理论支撑，没有理论指导的课程改革实践必然是盲目、盲从的。课程改革的启动、规划、实施、评价与调整等各个环节无不是在践行某种理论。课程改革能否成功首先取决于理论基础是否恰切与完善。理论基础的冲突与对峙是左、右两种极端化课程改革道路的始作俑者。在课程发展与改革的历史长河中，课程改革决策与理论保持着一种"对号入座"的关系。某种教育哲学、教育社会学、心理学理论常常成为课程改革政策制定的唯一依据。于是，课程改革常常因理论基础的单一、片面而陷入极端化境地。现代课程改革过程中最突出的问题就在于单向度的理论所造成的课程价值、目标、逻辑、过程、内容、方法等各个方面被撕裂与分解。"教育哲学及其对课程产生影响的方式是从两极对立的角度来分析的。这种分析的危险性在于两极对立的方式过于简单化，没有认识到双方有许多交叉重叠之处。"② 显然，只立足于某一种理论的改革政策不仅违背政策制定的逻辑，而且是危险的。"无论何种哲学，不管是旧的还是新的，都不应成为学校或课程决策的唯一指南。"③ 理论与改革政策虽然密切相联，但却属于两种完全不同的领域、范畴。仅以一种理论为依据所建构的课程改革方案不可能是恰切的、可辩护的。理论与改革政策不可能完全对应与相符，理论研究与改革政策制定遵循不同的逻辑与方法。理论研究并不完全来自完整的实践活动与行为，通常只是基于某种理论性的假说或命题，所涉及的常常是局部性的实践行为与问题，研究的目的在于证明与证伪，得出结论并论证、解释令人认可与信服的理由。理论研究关注的是局部性结论的深刻性与可信性。而改革政策的制定则必须立足于完整的实践活动与行为，在解决局部问题的同时不能

① 联合国教科文组织国际教育发展委员会. 学会生存——教育世界的今天和明天 [M]. 华东师范大学比较教育研究所，译. 北京：教育科学出版社，1996：216.

② 阿伦·C. 奥恩斯坦，等. 当代课程问题 [M]. 余强，主译. 杭州：浙江教育出版社，2004：6.

③ 阿伦·C. 奥恩斯坦，等. 当代课程问题 [M]. 余强，主译. 杭州：浙江教育出版社，2004：10.

诱发新的问题。政策制定关注的是政策的可行性与操作性。因而，理论与政策之间应保持一定的张力。事实上，在课程改革过程中，我们很难找到一种现成的、完全适合的理论，也难以简单地彻底否定某种理论。任何一种理论都呈现出某种指称范围内的、局部性的深刻性与合理性特点，但一旦推及改革实践，却无一具有全面性、恰切性品质。对此，钟启泉先生曾指出："每一个人的见解都是相对的，不是绝对的，有深度未必有广度；有局部未必有整体。而课程问题是一个整体的问题，需要整体的、全局的思考；也需要善意的批评和理性的响应。教育是一个公共文化的领域，需要作为公共的论题加以思考和讨论教育，其公共性呼唤的是'对话文化'。"① 显然，理论必须在折中的基础上才能构成课程改革实践的依据，即以实际问题的解决为核心，将不同的理论予以剪裁、修正、重组，形成新的创造性的问题解决方案。无疑，理论指导改革实践并不意味着理论机械地决定实践，任何改革政策都不应该直接套用、照搬某种现成的理论。课程改革的中介道路就是要从根本上改变由来已久的只在不同理论流派之间选择与转换课程改革路线的非理性的极端化做法，通过不同理论的折中而赋予课程改革充分的、全面的、结构化的理论依据与基础。

　　2. 历史与现实的折中：为发展拓展空间

　　在教育发展过程中，课程始终面临着恰切与合理状态实现的问题。而改革则是使学校课程不断丰富、完善、适切的重要途径。于是，改革成为课程发展的根本性动力。而在课程改革过程中，时代性依据无可争辩地成为课程改革鲜明的主题与源泉，赋予课程时代性品质和内涵成为课程改革的重要依据与追求。显然，历史缘起与时代依据之间的平衡是实现课程改革恰切与合理状态的重要内容与途径。然而，课程改革常常因不能辩证地处理历史性与时代性制约因素而进退维谷，具体表现为保守主义与激进主义两种截然不同的思维与态度所造成的课程改革左右两难困境，其根本的问题在于没能处理好变革与继承的关系。

　　保守主义的思维方式与态度总是力图从历史的角度阐述其主张的合法性，坚持机械决定论的一成不变的课程逻辑与立场。如保守主义者认为："课程知识是或应是人类知识的精华，课程知识的传递和掌握是教学的基本目标，接受式学习是基本的学习方式。"② 而激进主义的思维方式与态度则常常从时代的角度论证其主张的合理性，坚持"革命化"的改革路线，全面否

---

　　①　王斯敏，凌莲莲. 课程改革要突破"三个瓶颈"［N］. 光明日报，2005 - 09 - 21.
　　②　石中英. 中庸之道：超越激进主义与保守主义［J］. 宁波大学学报：教育科学版，2004（12）.

定传统课程，并旗帜鲜明地走向旧课程的反面，建构一种全新的课程范式。如激进主义者认为："课程不是意味着静态的知识，而是动态的活动，举凡能够对学生的身心发展产生影响的活动或因素都可以视作课程范畴……教学的首要目标不是课程知识的掌握，而是培养学习探究的态度、成功的体验和完整的人格。实践性学习、研究性学习、体验性学习、反思性学习、自主性学习、合作性学习等成为基本的或主要的学习方式。"① 就具体的课程种类及内容而言，保守主义教育思潮强调以传统的学科课程诸如数学、物理、历史等为基础，认为"新教育内容以各种形式存在于传统内容的最终目的或本质中，因而，只须把物理、生物、历史、地理等传统学科的内容现代化，就可以对各种新要求作出满意的回答"②。而激进主义教育思潮则主张彻底抛弃传统教育内容，以全新的课程目标为依据建构全新的课程内容体系。如有学者提出现代整体课程的六项目标：获取信息、清楚地思考、有效交流、认识人类环境、认识人类和社会、个人能力，并依据这六个目标设计以突出能力培养和问题解决为旨趣的课程内容体系。③ 显然，保守主义阻断了课程发展的道路，而激进主义割断了课程发展的历史。在课程改革与发展过程中，"除了保守方法和激进方法之外，还有一条中间道路，它尽管显得有些过于谨慎，却无疑体现了某种现实主义精神：它的目的是要取得在现存社会政治条件下可能取得的东西"④。这是一条超越保守主义与激进主义的既现实又理想的课程发展与改革之路。也就是说，超越保守主义与激进主义的唯一途径是遵循历史性、时代性统一的基本原则与立场，坚持折中式改革的逻辑与方法。"改革不应回避现实压力，它应该按照一整套方法来进行，既考虑到未来的要求和传统，也考虑到变革和延续性的需要，把学校作为保障社会生活机动性和稳定性的机构。"⑤ 教育作为社会历史性实践活动，其课程必然要伴随着社会的变迁与时代的进步而不断地改革，但课程改革并不意味着全面否定、彻底抛弃传统的理念与做法。历史与传统的东西不仅意味着过去，更重

---

① 石中英．中庸之道：超越激进主义与保守主义 [J]．宁波大学学报：教育科学版，2004（12）.

② S. 拉塞克，G. 维迪努．从现在到2000年教育内容发展的全球展望 [M]．马胜利，等，译．北京：教育科学出版社，1992：190－191.

③ S. 拉塞克，G. 维迪努．从现在到2000年教育内容发展的全球展望 [M]．马胜利，等，译．北京：教育科学出版社，1992：191.

④ S. 拉塞克，G. 维迪努．从现在到2000年教育内容发展的全球展望 [M]．马胜利，等，译．北京：教育科学出版社，1992：193.

⑤ S. 拉塞克，G. 维迪努．从现在到2000年教育内容发展的全球展望 [M]．马胜利，等，译．北京：教育科学出版社，1992：251.

要的是逻辑的凝练。历史的未必符合现在及未来的逻辑，但符合逻辑的必定有历史的依据。逻辑不是突如其来的，而是历史发展的结果。因而，课程改革的可行性品质只有在兼顾教育的继承性与发展性品质的基础上才能实现。

3. 本土传统与外来经验的折中：为最佳状态的实现创造机会

教育无疑具有强烈的民族性、国家性价值取向与立场。"教育体系是每个民族的民族意识、文化与传统的最高表现。既然没有一个国家与其他国家相同，那么世界上有多少国家，就有多少种不同的对教育问题所下的定义。在教育方面，可能比在其他领域，更多地在国家策略上采取了有决定性的行动。"① 但现当代大规模的课程改革运动不仅具有独特的时代性与地域性的社会发展依据，而且具有广泛的国际背景与视野。于是，课程改革常常面临着本土传统与外来经验之间的对立与冲突，并形成两种截然不同的课程改革路线。"本土"与"外来"之争在我国教育改革过程中由来已久，尤其是在对伴随着新课程改革不断推进而暴露出的种种问题的反思过程中，"本土"对所谓的"外来"进行了猛烈批判。立足本土的改革路线一般以"国情论""本土化"为立论基点，把课程改革的理论基础、思维方式、改革方式区分为本土的与外来的、自家的与人家的，抨击所谓"引进""移植"情结与偏好，将新课程改革所出现的问题归因于理论基础不符合中国实际，强烈主张"国情适应""守护家园"等。而对于在课程改革过程中应借鉴国外现代教育理论诸如建构主义、多元智能、后现代主义等课程理论的主张及其改革路线被视为不问国情、脱离国情、不现实、理想化。

"国情论"主张者认为："基础教育课程改革必须立足于本国国情，从本国实际出发；新课改没有从中国国情出发，难免会出现严重问题。"② "建立在实践基础上的理论才是有生命力的理论，基础教育课程改革的理论基础也是一样，必须从我国的基本国情和现实条件出发……不能盲目地将国外的一些理论进行翻译和组装之后就成为我们进行改革的理论基础。"③ "任何理论都是在特定的社会背景中产生的，其成熟和完善并不是一蹴而就的，而是伴随着社会文化发展起来的，是在批判继承、扬弃超越传统基础上逐渐形成的……我们也有我们博大精深的文化传统，为什么我们偏要忽视自己的文化传统，不从我们的传统文化中汲取养料发展自己的理论作为我们课程改革的

---

① 联合国教科文组织国际教育发展委员会. 学会生存——教育世界的今天和明天［M］. 华东师范大学比较教育研究所，译. 北京：教育科学出版社，1996：218.

② 王本陆. 论中国国情与课程改革［J］. 北京师范大学学报：社会科学版，2006（4）.

③ 靳玉乐，艾兴. 新课程改革的理论基础是什么［J］. 基础教育外语教学研究，2005（9）.

理论基础呢？"① 从"国情论"主张者的诸多论述中不难看出其对外来理论及其文化思想排斥与否定的主流态度和立场，尽管也有所谓的借鉴甚至"中体西用"意思的流露，但从根本上将本土传统与外来经验进行意识形态化的分割，造成对外来文化普遍的误读与歪曲，而更为重要的是，这种排斥与否定的态度与立场必然造成本土传统与外来经验之间的对立与冲突，葬送借鉴与融合的基础与道路。对此，联合国教科文组织国际教育发展委员会曾指出："直到最近一个时期，东方还非常普遍地认为西方文化是追求物质享受的，而东方文化才是讲伦理或精神的，而且总的说来优于西方文化。因此东方国家应只限于学习西方的科学技术知识，但要提防西方文化中的其它方面……但是，这种普遍存在的设想是错误的。只有了解西方的逻辑、批判性的思维和对未知事物的好奇心、发现真理的试验方法和处理问题的客观态度，我们才能正确评价它的文化。尽管东方对西方文化有某些偏见，但是在西方文化中，不难找到西方人毫无私心地热爱真理（尤其是科学真理）、伦理学和逻辑学的许多实例。"② 显然，"国情论"的立场与主张总是让人体会到一种狭隘的、自闭的民族文化情结。而这种民族文化情结尽管在外在形式上体现出的是民族优越感，但实质上却是一种典型的民族自卑情结。"在教育活动中，任何用来帮助人过着和平生活的因素，任何能使他脱离不愉快和孤独寂寞之境的因素，同时也能帮助各民族之间和谐相处。对别人持敌对态度，破坏捣乱的欲念，是同挫折、失败和自卑感密切相联的。一个有自卑感的人总是颂扬民族主义，把自己局限于地方性文化的圈子里，拒不了解和认识他自己局限的范围以外的民族生活、思想或价值。他总是找机会争取同胞的支持，相信他自己优越于外国人，维护他自己的高大形象。"③

　　无疑，面对"本土"与"外来"之争，"现代人有一种头晕目眩的感觉：一方面是世界化，他们看到而且有时承受这种世界化的各种表现；另一方面是他们在寻根、寻找参照点和归属感。他们在这两者之间左右为难"④。而突破、超越本土传统与外来经验之间的壁垒与藩篱，实现自身的传统优势与外来先进经验的融合，是课程改革从封闭走向开放、从僵化走向充满生机与活力道路的必然选择。如今，"我们已经进入一个不再有国界的世纪。世

　　① 田友谊. 课程改革："外来"与"本土"的融通［J］. 教育科学研究，2008（8/9）.
　　② 国际21世纪教育委员会. 教育——财富蕴藏其中［M］. 联合国教科文组织总部中文科，译. 北京：教育科学出版社，1996：230.
　　③ 联合国教科文组织国际教育发展委员会. 学会生存——教育世界的今天和明天［M］. 华东师范大学比较教育研究所，译. 北京：教育科学出版社，1996：191.
　　④ 国际21世纪教育委员会. 教育——财富蕴藏其中［M］. 联合国教科文组织总部中文科，译. 北京：教育科学出版社，1996：6.

界各国人民不管愿意与否都应一起生活。我们每个人都应意识到这一点并应对未来的世界公民进行相应的教育"①。这就需要我们真正以改革与开放的态度、思维、眼光与魄力对待外来经验，摒弃意识形态化的自家的与人家的势不两立的思维方式与理念。而"向各种世界性问题和共同目标打开教育的大门，并不意味着取消每种制度的特殊性，也并不意味着降低爱国主义教育的重要性或造成传统与现代之间的断裂"②。改革无疑意味着现存的理论思维、实践范式存在问题，意味着抛弃某些滞后的信念、内容、方法与运行路径、机制，实现理论与实践范式的转换。而对于那些长期制约教育及其课程发展的根本性问题的解决，必须依靠思维方式的转换。课程改革不仅仅是课程内容更新或教材变换的问题，更为重要的是基于一种新思维方式的课程重建问题。那么，新的思维从哪里来？显然，仅仅局限于在本土传统中挖掘新的思维与理念是很难想象的。外来经验为寻找、确定新的思维提供了一个重要的参照点。"'国际视野'与'本土行动'原本不是二元对立的，而是相辅相成的。不汲取先人的成就，缺乏国际视野，理论和行动就不可能有高度。"③对于学校课程而言，本土传统与经验赋予其独特的思想、智慧、立场与标准，同样也必然使其显现出特有的局限与缺陷。联合国教科文组织国际教育发展委员会曾指出："教育有一个使命，就是帮助人们不把外国人当作抽象的人，而把他们看作具体的人，他们有他们自己的理性，有他们自己的苦痛，也有他们自己的快乐；教育的使命就是帮助人们在各个不同的民族中找出共同的人性。"④ 对这种共同的人性的理解及培养，外来的经验尤其是外来的教育经验中必然有其独特的、可供我们借鉴的认识与做法。

　　而一个需要重申并且也十分有必要重申的常识是，吸收外来经验并不等于抛弃与否定本土传统。学校课程无疑具有本土性的传统、依据、源泉、立场、使命等品质，但课程发展与改革的逻辑不能只局限于本土性品质。对此，钟启泉和张华两位教授提出了一个在当代课程改革过程中令人深思并须得到很好解决的问题："我们如何在东方课程智慧和西方课程理论之间创造

　　① 国际21世纪教育委员会. 教育——财富蕴藏其中 [M]. 联合国教科文组织总部中文科，译. 北京：教育科学出版社，1996：229.

　　② S. 拉塞克，G. 维迪努. 从现在到2000年教育内容发展的全球展望 [M]. 马胜利，等，译. 北京：教育科学出版社，1992：230.

　　③ 王斯敏，凌莲莲. 课程改革要突破"三个瓶颈" [N]. 光明日报，2005 - 09 - 21.

　　④ 联合国教科文组织国际教育发展委员会. 学会生存——教育世界的今天和明天 [M]. 华东师范大学比较教育研究所，译. 北京：教育科学出版社，1996：191 - 192.

出对话的可能性，并且形成一种富有活力的关系?"① 无疑，在全球化的时代背景下理解、实施课程改革，认识到本土的优势、特色与认识到本土的局限、缺陷同样至关重要，保持本土的优秀传统与吸收外来的先进经验同样至关重要。"尽管教育策略实质上是属于国家性质的，一个国家有它自己选择的主权，但是这种策略却同时也可以从国际范围内吸收各种观点，并可以从包含在所有国家丰富教育经验中的那些有用的事例里面获得助益。"② 也就是说，对待本土传统与外来经验的正确做法无疑是既要看到本土传统的优势与问题，也要正视外来经验的可借鉴、值得借鉴之处，并通过折中的办法与途径，使二者相互融合与补充，构建课程改革最优化的平台与基础。

---

① 威廉·F. 派纳. 构建连接中国和北美课程研究的桥梁 [J]. 彭亚梅，韦立君，顾彬彬，译. 全球教育展望，2004 (1).
② 联合国教科文组织国际教育发展委员会. 学会生存——教育世界的今天和明天 [M]. 华东师范大学比较教育研究所，译. 北京：教育科学出版社，1996：219.

结　论

课程改革研究的新视点与新规则

雅克·德洛尔曾在《教育：必要的乌托邦》一文中指出："在一个以喧嚣、狂热以及分布不均的经济和科学进步为标志的世纪即将结束，一个其前景是忧虑和希望参半的新世纪即将开始的时候，迫切需要所有感到自己负有某种责任的人既能注意教育的目的，也能注意教育的手段。"① 而无论是对教育目的的反思还是对教育手段的批判，都离不开对学校课程发展与改革的理性检视。尤其需要对课程改革的理论基础、课程改革的逻辑、课程改革的方式等方法论问题进行批判性思考与重建，以赋予今日学校课程发展一种面向未来的品质、逻辑、标准与思维方式。基于百余年课程改革的历史经验与教训，课程改革方法论的重构需明确如下几方面的现象与问题、立场与规则。

（1）课程具有明显的功能性起源、时代性依据与发展性特征。对课程赋予任何固定不变的定位、解释与追求都是徒劳的，不具备辩护性。改革不仅是课程发展中的普遍现象，而且是课程发展的动力与源泉。因而，课程改革不仅是必要的，而且是必须的。

（2）课程发展过程中主要存在三方面问题：因一成不变而产生的课程僵化问题、因累加叠积而产生的课程超载问题、因二元对立思维而产生的课程失调问题。对这些问题的解决无不依赖于课程改革。课程改革主要缘起于社会需求的时代性与课程功效的滞后性、教育性资源的丰富性与课程空间的有限性、教育期待的多元性与课程旨趣的单向性之间的矛盾。

（3）课程改革主要是对现行课程的调整与完善。课程改革过程一般应遵循以下几方面程序：酝酿与启动、试验与推广、评估与调整。在课程改革过

---

① 国际 21 世纪教育委员会. 教育——财富蕴藏其中 [M]. 联合国教科文组织总部中文科，译. 北京：教育科学出版社，1996：1-2.

程中，改革者与实施者必须明确且需很好地解决四方面的问题：一是"为什么改"，即改革面临的背景与存在的问题。二是"改什么"，即改革的目标、蓝图与内容问题。三是"怎么改"，即改革的理论与现实基础、途径与方法问题。四是"谁来改"，即改革的主体问题。

（4）课程改革是一项复杂、系统的课程重建工程，是一个非直线的、充满不确定性的过程，而不是一个简单的、一次性的、确定性的、具体的事件；是一个长期性、全局性、全员性的探索过程，而不是一种短期性、局部性、自上而下的、可轻而易举完成的任务。无论是就制约因素、理论来源、资源条件而言，还是从标准、程序、方法而论，课程改革都显现出明显的复杂性品质与特点。任何单向度的思维、立场与行动，不仅难以揭示课程改革过程的本来面目，而且必然使课程改革陷入困境。

（5）在课程改革运动发展史上，人们通常遵循简单化、线性化、操作化、控制化的思维与流程推进课程改革，并期待着必然到来的预设的、明确的、理想化的结果。然而，不仅这种理想化的结果从未实现过，而且常常因为简单化的定位、操作与期待而使课程改革实施过程总是面临着难以调和的纷争与冲突，总是遭遇强烈的抨击与抵触，总是陷入无穷的困惑与困境，最终走向穷途末路，不了了之。

（6）在课程发展的历史长河中并不缺乏改革，课程改革作为一种现象性存在并不令人陌生。课程改革几乎无处不在、无时不在。尤其是二战以来，英、美、日等发达国家频繁地对学校课程进行调整，掀起了一浪高过一浪的课程重建运动，使改革成为课程发展的常态形式。

（7）在现当代众多的课程改革运动中，几乎没有成功的案例，值得借鉴的经验也不多，而失败的教训却不少。屡改屡败、屡败屡改现象十分明显，普遍暴露出极端化、钟摆化、片面化弊端以及必要性、可行性、针对性、专业性、过程性品质的缺乏。教师对课程改革一方面普遍感到茫然困惑、无所适从，另一方面批评、抵触之声异常强烈。

（8）课程改革是当代教育工作者使用异常频繁的一个术语。人们常常草率地甚至肤浅地使用、谈论与实施课程改革。然而，改革是什么、为什么改、改什么与怎么改，却是一个严重缺乏深刻、系统、全面思考的问题。课程改革失败的主要原因在于对改革方法与路径问题缺乏全面、深刻的认识与把握。

（9）任何改革都需要必要性前提。没有必要的改革不仅无助于发展，而且必然造成发展过程中的混乱局面。改革是否必要，关键在于处理好改革与发展的关系。无疑，改革不等于发展，改革只是教育发展的手段，而不能成为教育发展的内容与目的，更不能成为教育发展的常态形式。然而，在教育发展史上，尤其是在现当代教育发展过程中却充斥着大量的缺乏必要性或必要性不够充分的改革项目，使教育发展为大量形式上的、片面化的改革项目所困扰。种类众多、纷繁杂乱的改革项目，使教育无时无刻不处于改革状态，教育中任何不尽如人意的地方，都被归因于改革的缺乏与不够。教育过程不得不承受铺天盖地的改革压力，过度改革显而易见。

（10）在现当代教育发展过程中，越来越多的人热衷于改革，甚至是否改革成为对教育工作者的一个评价标准。人们无不竞相提出改革的新思路、新举措、新方案，并试图试验只要是新的、与以往不同的想法与做法。新与旧的区分成为改革的依据。今天所流行的可能明天就变得过时。新的潮流又会召唤改革者去追赶更新的时尚。于是，改革成为一种教育管理的"时尚"活动与手段，严重缺乏把改革作为一种过程性的调整活动加以理解与运用的传统、制度和运行措施。

（11）现当代课程改革运动因不当的改革方法论普遍陷入恶性循环的怪圈。前一轮改革运动的失败引发了新一轮改革运动的登场，而新的改革运动往往坚持与失败的改革运动完全相反的方法论原则与立场。于是，无休止地进行改革成为不当的课程改革方法论带给学校教育难以避免的结局。无疑，学校不应没完没了地成为那些肤浅的改革运动的试验场。课程改革艰难曲折的历程，使完善、调整课程改革方法论显得十分必要与迫切。

（12）课程改革方法论应成为当代课程理论探究与课程改革实践的核心问题之一。不从方法层面检视课程改革的弊端与误区，就难以诊断出课程改革运动失败的症结所在；不解决方法问题，课程改革就会因为陈旧僵化的、片面极端的思维方式与方法的制约而难以摆脱困境。

（13）课程改革方法的主要问题涉及三个方面。其一，课程改革定位的错位：课程改革作为一种政治运动；课程改革作为一种社会"疗方"；课程改革作为一种新政"要件"。其二，课程改革方式的扭曲：突变式——课程改革过程的脱节；垂直型——课程改革支持性环境的缺乏；革命化——课程改革路线的偏失。其三，课程改革方法的本质主义立场及困境：二元论思维及盲人摸象式课程改革信条的价值性紊乱；"主义化"逻辑及"茧式化"课程改革立场的难为境遇；还原论方法及单向度课程改革"处方"的无为状态。

（14）课程改革的关键不在于是否实施了改革，而在于是否取得了实质性效果。但更多的课程改革运动及其发起者、实施者，似乎只关心"是否改"的问题，而不在意"是否变"的问题，尤其是教师变化的缺乏造成课程改革的"无效"状况。其主要表现与症结包括："专家操纵"造成教师的

"未改变"状况，致使课程改革陷入未曾"发生"状态；改革权利的缺乏造成教师主观上不支持改革，致使课程改革只是得到有限的、支离破碎的执行；改革能力的缺乏造成教师客观上不适应改革，致使课程改革形式上变化较多、实质性进步很小。

（15）理论基础决定课程改革的方法论取向。作为培养人的活动赖以进行的媒介，学校课程的研制与改革需具有明确的哲学社会学基础。有什么样的哲学社会学理论基础，就有什么样的课程理论思维及课程改革逻辑、信念、立场与方法。长期以来，课程改革普遍立足于二元论的哲学社会学理论基础，遵循机械论、化约论、决定论的逻辑与方法，使课程改革始终在左、右两条极端化道路上摇摆、徘徊，造成课程改革过程中普遍的钟摆现象、单向度品质、非理性状态、过度改革、路线冲突、失败困境等问题。

（16）合理的课程设计必须说明课堂上的实际状况，仅仅合乎逻辑是不够的。在课程改革过程中，不可知、不确定情况与因素普遍存在，不仅无法精确地预测，而且也难以规划完美的控制性方案。改革不仅不可能按照某种具体的理论、逻辑而无障碍地展开，也不可能完全按照预想的路径、预设的方案而理想化地进行。任何简单化的认识、措施与方法都不可能使课程改革卓有成效。

（17）超越二元对立的逻辑、立场与方法，不仅成为当代哲学社会学理论发展的客观需要与战略性选择，而且成为当代哲学社会学方法论探究的轴心原则与路线。从后现代主义哲学方法论、布迪厄的反思性社会学方法论到吉登斯的二重性社会学方法论，不仅有力地批判了长期以来一直困扰哲学社会学研究的二元方法论，而且卓有成效地构建了具有明显辩证统一性品质的哲学社会学方法论体系，为哲学社会学研究确立了新的视野、逻辑、立场与方法，同时也使立足于哲学社会学方法论的教育学理论建构及课程改革方法论探究具有了崭新的理论基础与路线选择，也使课程改革超越"非左即右"两条极端道路，摆脱屡改屡败、屡败屡改困境具有了现实性与可能性。

（18）当代课程改革的出路在于突破本质主义思维方式、二元对立价值取向、"主义化"逻辑与化约论方法的束缚，走向第三条道路，即超越两极对立思维方式制约下的"非左即右"的课程改革道路，从两极走向中介，立足于"既是……又是……"的结构化、兼容性原则与立场，坚持从坐标点漂移转向坐标系建构的整体性方法论原则与立场，从而实现课程改革路径与方法的根本转变。

参考文献

A. C. 奥恩斯坦. 美国教育学基础 ［M］. 刘付忱, 译. 北京: 人民教育出版社, 1984.

A. J. 汤因比, 池田大作. 展望二十一世纪——汤因比与池田大作对话录 ［M］. 荀春生, 等, 译. 北京: 国际文化出版公司, 1985.

A. 斯温杰伍德. 社会学思想简史 ［M］. 陈玮, 冯克利, 译. 北京: 社会科学文献出版社, 1988.

Benjamin Levin. 教育改革——从启动到成果 ［M］. 项贤明, 洪成文, 译. 北京: 教育科学出版社, 2004.

Brent Davis. 复杂理论与教育 ［J］. 康长运, 译. 全球教育展望, 2008（1）.

E. 哈奇. 人与文化的理论 ［M］. 黄应贵, 郑美能, 编译. 哈尔滨: 黑龙江教育出版社, 1988.

H. A. 吉鲁. 后结构主义者的论争及其对于教育学的几种影响: 转向理论 ［J］. 谭晓玉, 郑金洲, 译. 华东师范大学学报: 教育科学版, 1995（1）.

R. C. 巴罗. 文化繁衍与教育 ［J］. 黄向阳, 译. 华东师范大学学报: 教育科学版, 1996（1）.

R. 柯文. 一九四四年以来的英国教育改革 ［J］. 石伟平, 译. 外国教育资料, 1991（2）.

S. E. 佛罗斯特. 西方教育的历史和哲学基础 ［M］. 吴元训, 等, 译. 北京: 华夏出版社, 1987.

S. 拉塞克, G. 维迪努. 从现在到2000年教育内容发展的全球展望 ［M］. 马胜利, 等, 译. 北京: 教育科学出版社, 1992.

W. 卡尔. 技术抑或实践? ——教育理论的未来 ［J］. 袁文辉, 译. 华东师范大学学报: 教育科学版, 1995（2）.

阿伦·C. 奥恩斯坦, 等. 当代课程问题 ［M］. 余强, 主译. 杭州: 浙江教育出版社, 2004.

埃德加·莫兰. 论复杂性思维 ［J］. 陈一壮, 译. 江南大学学报: 人文社会科学版, 2006（5）.

埃米尔·迪尔凯姆. 社会学方法的规则 ［M］. 胡伟, 译. 北京: 华夏出版社, 1999.

艾柯, 等. 诠释与过度诠释 ［M］. 王宇根, 译. 北京: 生活·读书·新知三联书店, 2005.

安东尼·吉登斯. 社会学方法的新规则———一种对解释社会学的建设性批判 ［M］. 田佑

中，刘江涛，译. 北京：社会科学文献出版社，2003.

奥古斯特·孔德. 论实证精神 [M]. 黄建华，译. 北京：商务印书馆，1996.

包亚明. 后现代性与公正游戏——利奥塔访谈、书信录 [M]. 上海：上海人民出版社，1997.

包亚明. 文化资本与社会炼金术——布尔迪厄访谈录 [M]. 上海：上海人民出版社，1997.

保罗·弗莱雷. 被压迫者教育学 [M]. 顾建新，等，译. 上海：华东师范大学出版社，2001.

彼得·科斯洛夫斯基. 后现代文化——技术发展的社会文化后果 [M]. 毛怡红，译. 北京：中央编译出版社，1999.

波林·罗斯诺. 后现代主义与社会科学 [M]. 张国清，译. 上海：上海译文出版社，1998.

博伊德，金. 西方教育史 [M]. 任室祥，吴元训，译. 北京：人民教育出版社，1985.

陈伯璋. 课程研究与教育改革 [M]. 台北：师大书苑有限公司，1987.

陈伯璋. 潜在课程研究 [M]. 台北：五南图书出版公司，1985.

陈桂生. 教育学的迷惘与迷惘的教育学 [J]. 华东师范大学学报：教育科学版，1989 (3).

陈侠. 课程论的学科位置和它同教学论的关系 [J]. 课程·教材·教法，1987 (3).

陈霞. 英国现行国家课程标准的特征及启示 [J]. 课程·教材·教法，2003 (6).

陈晓端. 当代英国中小学课程与教学改革探析 [J]. 教育研究，2003 (4).

陈友松. 当代西方教育哲学 [M]. 北京：教育科学出版社，1982.

陈元晖. "一般系统论"与教育学 [J]. 教育研究，1990 (3).

大卫·雷·格里芬. 后现代精神 [M]. 王成兵，译. 北京：中央编译出版社，1998.

大卫·雷·格里芬. 后现代科学——科学魅力的再现 [M]. 马季方，译. 北京：中央编译出版社，1998.

达因·普鲁菲塔·斯切勒，霍伯特·J. 沃尔伯格. 日本：一个学习的社会 [J]. 钱扑，译. 外国中小学教育，1984 (4).

戴伯韬. 论研究学校课程的重要性 [J]. 课程·教材·教法，1981 (1).

丹尼斯·劳顿，等. 课程研究的理论与实践 [M]. 张渭城，等，译. 北京：人民教育出版社，1985.

邓晓春. 遵循教育规律　发挥教育科研作用 [J]. 教育研究，1994 (4).

费劳斯. 美国人眼中的日本教育——日本教育的优势、不足和教训 [J]. 叶定国，编译. 比较教育研究，1993 (4).

弗洛姆. 为自己的人 [M]. 孙依依，译. 北京：生活·读书·新知三联书店，1988.

高清海. 高清海哲学文存：哲学的奥秘 [M]. 长春：吉林人民出版社，1997.

高宣扬. 布迪厄的社会理论 [M]. 上海：同济大学出版社，2004.

高宣扬. 后现代论 [M]. 北京：中国人民大学出版社，2005.

国际 21 世纪教育委员会. 教育——财富蕴藏其中 [M]. 联合国教科文组织总部中文科，

译．北京：教育科学出版社，1996.

国家教育发展研究中心．发达国家教育改革的动向和趋势：第二集 ［M］．北京：人民教育出版社，1987.

国家教育发展研究中心．发达国家教育改革的动向和趋势：第四集 ［M］．北京：人民教育出版社，1992.

何景熙，王建敏．西方社会学说史纲 ［M］．成都：四川大学出版社，1995.

贺来．现实生活世界——乌托邦精神的真实根基 ［M］．长春：吉林教育出版社，1998.

赫舍尔．人是谁 ［M］．隗仁莲，译．贵阳：贵州人民出版社，1994.

黑格尔．历史哲学 ［M］．王造时，译．上海：上海书店出版社，1999.

黑格尔．小逻辑 ［M］．贺麟，译．北京：商务印书馆，1980.

华东师范大学教育系，杭州大学教育系．现代西方资产阶级教育思想流派论著选 ［M］．北京：人民教育出版社，1980.

华勒斯坦，等．开放社会科学 ［M］．刘锋，译．北京：生活·读书·新知三联书店，1997.

华勒斯坦，等．学科·知识·权力 ［M］．刘健芝，等，编译．北京：生活·读书·新知三联书店，1999.

黄志成．西方教育思想的轨迹——国际教育思潮纵览 ［M］．上海：华东师范大学出版社，2008.

吉纳·E. 霍尔，雪莱·M. 霍德．实施变革：模式、原则与困境 ［M］．吴晓玲，译．杭州：浙江教育出版社，2004.

姜丽华．日本新课程中的综合学习时间：规范、实施及问题 ［J］．辽宁师范大学学报：社会科学版，2003（11）.

金生鈜．理解与教育——走向哲学解释学的教育哲学导论 ［M］．北京：教育科学出版社，1997.

金一鸣，袁振国．对四十年教育理论研究的历史反思 ［J］．华东师范大学学报：教育科学版，1989（4）.

靳玉乐，艾兴．新课程改革的理论基础是什么 ［J］．基础教育外语教学研究，2005（9）.

卡尔·普尔．客观知识——一个进化论的研究 ［M］．舒炜光，等，译．上海：上海译文出版社，1987.

莱·克莱登，等．课程与文化 ［M］．刘民，等，译．大连：大连理工大学出版社，1992.

郎友兴．安东尼·吉登斯：第三条道路 ［M］．杭州：浙江大学出版社，2000.

李红专．吉登斯社会历史观评析——兼论马克思主义的当代价值 ［M］．北京：科学出版社，2010.

李茂．美国名师梅耶尔论考试：我不能容忍只要求考试分数 ［N］．中国教师报，2007 - 03 - 14.

李茂．美国教育的真正危机——梅耶尔论美国中小学教改 ［N］．中国教师报，2007 - 03 - 21.

李涛．新中国历次课程改革中的"双基"理论与实践探索 ［J］．课程·教材·教法，

2009（12）.

利奥塔. 重写现代性［J］. 阿黛，译. 国外社会科学，1996（2）.

联合国教科文组织国际教育发展委员会. 学会生存——教育世界的今天和明天［M］. 华东师范大学比较教育研究所，译. 北京：教育科学出版社，1996.

列宁全集：第29卷［M］. 北京：人民出版社，1956.

刘大椿. 科学逻辑与科学方法论名释［M］. 南昌：江西教育出版社，1997.

刘敏，董华. 简单范式与复杂范式——论经典科学与系统科学的不同认识论模式［J］. 科学技术与辩证法，2006（4）.

卢乃桂，王夫艳. 当代中国教师教育改革与教师专业身份之重建［J］. 教育研究，2009（4）.

鲁洁. 教育社会学［M］. 北京：人民教育出版社，1990.

鲁洁. 通识教育与人格陶冶［J］. 教育研究，1997（4）.

鲁洁. 教育：人之自我建构的实践活动［J］. 教育研究，1998（9）.

鲁洁. 实然与应然两重性：教育学的一种人性假设［J］. 华东师范大学学报：教育科学版，1998（4）.

鲁洁. 超越与创新［M］. 北京：人民教育出版社，2001.

鲁洁. 一个值得反思的教育信条：塑造知识人［J］. 教育研究，2004（6）.

鲁洁. 超越性的存在——兼析病态适应的教育［J］. 华东师范大学学报：教育科学版，2007（12）.

陆俊. 理想的界限［M］. 北京：社会科学文献出版社，1998.

吕达，周满生. 当代国外教育改革著名文献：美国卷·第一册［M］. 北京：人民教育出版社，2004.

吕型伟. 为了未来——我的教育观［M］. 上海：上海教育出版社，1994.

罗伯特·W. 康奈尔. 教育、社会公正与知识［J］. 李复新，马小梅，译. 华东师范大学学报：教育科学版，1997（2）.

罗莎·玛丽亚·托雷斯. 从改革的代理人到变革的主体：拉丁美洲教育的十字路口［J］. 龙治芳，译. 教育展望，2001（2）.

马尔库塞. 现代文明与人的困境［M］. 李小兵，等，译. 上海：上海三联书店，1989.

马克思恩格斯全集：第7卷［M］. 北京：人民出版社，1959.

马克思恩格斯选集：第3卷［M］. 北京：人民出版社，1972.

马克思恩格斯选集：第4卷［M］. 北京：人民出版社，1972.

马克思恩格斯全集：第29卷［M］. 北京：人民出版社，1985.

马克斯·韦伯. 经济与社会：上卷［M］. 林荣远，译. 北京：商务印书馆，1997.

马斯洛，等. 人的潜能和价值［M］. 北京：华夏出版社，1987.

马忠虎. "第三条道路"对当前英国教育改革的影响［J］. 比较教育研究，2001（7）.

迈克尔·富兰. 变革的力量：续集［M］. 中央教育科学研究所，加拿大多伦多国际学院，组织翻译. 北京：教育科学出版社，2004.

迈克尔·富兰. 变革的力量——深度变革［M］. 中央教育科学研究所，加拿大多伦多国际学院，组织翻译．北京：教育科学出版社，2004.

迈克尔·富兰．变革的力量——透视教育改革［M］．中央教育科学研究所，加拿大多伦
多国际学院，组织翻译．北京：教育科学出版社，2004.

迈克尔·富兰．教育变革新意义［M］．赵中建，陈霞，李敏，译．北京：教育科学出版
社，2005.

孟祥远，邓志平．如何超越二元对立？——对布迪厄与吉登斯比较性评析［J］．南京社
会科学，2009（9）.

内尔·诺丁斯．学会关心——教育的另一种模式［M］．于天龙，译．北京：教育科学出
版社，2003.

倪娟，沈健．课程变革的一种推进策略：确立"可行变革区"［J］．教育研究，2009
（7）.

诺尔－塞蒂纳．制造知识——建构主义与科学的与境性［M］．王善博，等，译．上海：
东方出版社，2001.

区冰梅．当前欧美"第三条道路"刍议［J］．现代国际关系，1998（12）.

欧力同．哈贝马斯的"批判理论"［M］．重庆：重庆出版社，1997.

皮埃尔·布迪厄，华康德．实践与反思——反思社会学导引［M］．李猛，李康，译．北
京：中央编译出版社，1998.

戚万学．决定教育的最后根据是哲学［J］．江苏教育学院学报：社会科学版，1995（1）.

乔伊斯·阿普尔比，林恩·亨特，玛格丽特·雅各布．历史的真相［M］．刘北成，薛绚，
译．北京：中央编译出版社，1999.

庆吉利根川．日本人眼中的美国教育［J］．费学勤，译．比较教育研究，1993（4）.

瞿葆奎．教育学文集：教育与社会发展［M］．北京：人民教育出版社．1989.

瞿葆奎．教育学文集：美国教育改革［M］．北京：人民教育出版社，1990.

瞿葆奎．教育学文集：国际教育展望［M］．北京：人民教育出版社，1993.

全增嘏．西方哲学史：上册［M］．上海：上海人民出版社，1983.

单丁．课程流派研究［M］．济南：山东教育出版社，1998.

单世联．反抗现代性：从德国到中国［M］．广州：广东教育出版社，1998.

邵泽斌．教育改革的专家风险［J］．教育发展研究，2011（8）.

盛宁．人文困惑与反思——西方后现代主义思潮批判［M］．北京：生活·读书·新知三
联书店，1997.

石中英．教育学的文化性格［M］．太原：山西教育出版社，1999.

石中英．中庸之道：超越激进主义与保守主义［J］．宁波大学学报：教育科学版，2004.

斯蒂芬·J．鲍尔．教育改革——批判和后结构主义的视角［M］．侯定凯，译．上海：华
东师范大学出版社，2002.

斯蒂文·贝斯特，道格拉斯·凯尔纳．后现代理论——批判性的质疑［M］．张志斌，
译．北京：中央编译出版社，1999.

宋全成，张志平，傅永军．现代性的踪迹——启蒙时期的社会政治学［M］．济南：泰山
出版社，1998.

孙世雄. 科学方法论的理论和历史 [M]. 北京：科学出版社，1989.

孙正聿. 从两极到中介——现代哲学的革命 [J]. 哲学研究，1988（8）.

唐莹. 事实/价值问题与教育学研究 [J]. 华东师范大学学报：教育科学版，1994（1）.

陶行知全集：第 2 卷 [M]. 长沙：湖南教育出版社，1984.

田友谊. 课程改革："外来"与"本土"的融通 [J]. 教育科学研究，2008（8/9）.

托马斯·E. 希尔. 现代知识论 [M]. 刘大椿，等，译. 北京：中国人民大学出版社，1989.

万伟. 新课程改革下的困惑与思考——来自教师的回应 [J]. 当代教育科学，2003（2）.

王本陆. 论中国国情与课程改革 [J]. 北京师范大学学报：社会科学版，2006（4）.

王本陆. 中国教育改革三十年：课程与教学卷 [M]. 北京：北京师范大学出版社，2009.

王策三. 认真对待"轻视知识"的教育思潮——再评由"应试教育"向素质教育转轨提法的讨论 [J]. 北京大学教育评论，2004（3）.

王桂. 日本教育史 [M]. 长春：吉林人民出版社，1987.

王坤庆. 20 世纪西方教育学科的发展与反思 [M]. 上海：上海教育出版社，2000.

王荣江. 知识论的当代发展：从一元辩护走向多元理解 [J]. 自然辩证法通讯，2004（4）.

王斯敏，凌莲莲. 课程改革要突破"三个瓶颈" [N]. 光明日报，2005 - 09 - 21.

王啸. 全球化与中国教育 [M]. 成都：四川人民出版社，2002.

王治河. 后现代主义的建设向度 [J]. 中国社会科学，1997（1）.

王治河. 扑朔迷离的游戏——后现代哲学思潮研究 [M]. 北京：社会科学文献出版社，1998.

王治河. 后现代哲学思潮研究 [M]. 北京：北京大学出版社，2006.

王治河. 作为一种生活方式的后现代主义 [J]. 北京大学学报：哲学社会科学版，2006（5）.

王治河，樊美筠. 第二次启蒙 [M]. 北京：北京大学出版社，2011.

韦伯. 社会学的基本概念 [M]. 顾忠华，译. 桂林：广西师范大学出版社，2005.

吴伟富. 论第三种形而上学——建设性后现代主义哲学研究 [M]. 上海：学林出版社，2002.

夏建中. 文化人类学理论学派 [M]. 北京：中国人民大学出版社，1997.

小威廉姆·E. 多尔. 后现代课程观 [M]. 王红宇，译. 北京：教育科学出版社，2000.

小威廉·多尔. 杜威的智慧 [J]. 余洁，译. 全球教育展望，2001（1）.

小威廉姆·E. 多尔，诺尔·高夫. 课程愿景 [M]. 张文军，等，译. 北京：教育科学出版社，2004.

谢湘. 21 世纪教师该具有什么专业素质 [N]. 中国青年报，2002 - 09 - 06.

徐长福. 论个别性与本质主义的矛盾 [J]. 复旦学报：社会科学版，2001（5）.

许杰. 第三条道路的社会公平观与教育对策 [J]. 全球教育展望，2003（9）.

叶立群. 回顾与思考——中小学教材建设四十年（1949—1989）管窥 [J]. 华东师范大学学报：教育科学版，1992（2）.

叶立群. 课程教材改革探索［M］. 北京：人民教育出版社，1997.

伊·拉卡托斯. 科学研究纲领方法论［M］. 兰征，译. 上海：上海译文出版社，1986.

伊·普里戈金，伊·斯唐热. 从混沌到有序［M］. 曾庆宏，沈小峰，译. 上海：上海译文出版社，1987.

伊姆雷·拉卡托斯，艾兰·马斯格雷夫. 批判与知识的增长［M］. 周寄中，译. 北京：华夏出版社，1987.

易红郡. 撒切尔主义与《1988 年教育改革法》［J］. 湘潭大学社会科学学报，2003（7）.

尹弘飚，李子建. 论课程改革中的教师改变［J］. 教育研究，2007（3）.

永井道雄. 近代化与教育［M］. 王振宇，张葆春，译. 长春：吉林人民出版社，1984.

于海. 西方社会思想史［M］. 上海：复旦大学出版社，2005.

于忠海. 英国课程改革中的官僚主义与专业主义矛盾的历史反思［J］. 外国中小学教育，2007（4）.

余秋雨. 余秋雨台湾演讲［M］. 桂林：漓江出版社，1998.

余小茅. 明确教育究竟"姓"什么［N］. 中国教育报，2005 - 10 - 15.

郁振华. 克服客观主义——波兰尼的个体知识论［J］. 自然辩证法通讯，2002（1）.

张崇善. 实现课堂教学改革两步跨越的构想［J］. 教育理论与实践，1999（9）.

张楚廷. 教育研究中一个难以无视的问题——教育学最好少说"必须"、"应当"之类［J］. 教育研究，2010（6）.

张国清. 中心与边缘——后现代主义思潮概论［M］. 北京：中国社会科学出版社，1998.

张华. 美国当代"存在现象学"课程理论初探［J］. 外国教育资料，1997（5）.

张华. 学习哲学论［J］. 全球教育展望，2010（6）.

张焕庭. 西方资产阶级教育论著选［M］. 北京：人民教育出版社，1964.

张人杰. 国外教育社会学基本文选［M］. 上海：华东师范大学出版社，1989.

张汝伦. 时代与思考：中国哲学 1996［M］. 上海：上海人民出版社，1998.

张余金. 科学方法论［M］. 北京：劳动人事出版社，1988.

郑文. 当代美国教育问题透析［M］. 广州：中山大学出版社，2002.

钟启泉. 现代课程论［M］. 上海：上海教育出版社，1989.

钟启泉，张华. 世界课程改革趋势研究［M］. 北京：北京师范大学出版社，2001.

钟启泉，有宝华. 发霉的奶酪——《认真对待"轻视知识"的教育思潮》读后感［J］. 全球教育展望，2004（10）.

钟启泉. "学校知识"的特征：理论知识与体验知识——日本学者安彦忠彦教授访谈［J］. 全球教育展望，2005（6）.

钟启泉. 从课堂失范走向课堂规范——兼评《学校的挑战：创建学习共同体》［J］. 全球教育展望，2011（1）.

佐藤学. 课程与教师［M］. 钟启泉，译. 北京：教育科学出版社，2003.

佐藤学. 学习的快乐——走向对话［M］. 钟启泉，译. 北京：教育科学出版社，2004.

Allan Feldman. Research in Science Education in the USA［J］. Curriculum Studies, 1993, Vol. 25, No. 3.

Arieh Lewy. The International Encyclopedia of Curriculum [M]. Oxford: Pergamon Press, 1991.

Bob Moon, Patricia Murphy and John Raynor. Policies for the Curriculum [M]. London: Hodder and Stoughton Ltd. , 1989.

Bobbitt, F. The Curriculum [M]. Boston : Houghton Mifflin Company, 1918.

Daniel Tanner and Laurel N. Tanner. Curriculum Development: Theory into Practice [M]. New York: Macmillan Publishing Co. , Inc. , 1975.

Elliot W. Eisner and Elizabeth Vallance. Conflicting Conceptions of Curriculum [M]. Berkeley, Calif. : Mccutchan Publishing Corporation, 1974.

G. Boomer, N. Lester, et al. Negotiating the Curriculum: Educating for the 21st Century [M]. London: The Falmer Press, 1992.

George F. Kneller. Foundations of Education [M]. New York: John Wiley & Sons, Inc. , 1971.

Michael Barber. An Entitlement Curriculum: A Strategy for the Nineties [J]. Curriculum Studies, 1992, Vol. 24, No. 5.

Peter F. Oliva. Developing the Curriculum [M]. Glenview, Ill. : Brown Company, 1982.

Philip H. Taylor and Colin Richards. An Introduction to Curriculum Studies [M]. Windsor: NFER Publishing Company Ltd. , 1979.

Stenhouse, L. An Introduction to Curriculum Research and Development [M]. London: Heinemann, 1975.

后　记

　　本书是由我主持的国家社科基金项目"当代课程改革：方法的检视与超越"的研究成果。本研究以课程改革的逻辑、立场、方式与方法为主要内容，重点探讨二元论课程改革的问题、症结及超越路线。本研究认为，在现当代教育发展过程中，课程改革已成为一种普遍现象，风起云涌的课程改革运动使学校课程始终处于改革状态。然而，纷争与冲突作为一种普遍现象与棘手问题，造成课程改革运动成功的经验并不多，失败的教训却不少，其根本原因在于课程改革路线的偏失。几乎所有课程改革运动都伴随着两种对立的信条、立场、路径与方法的博弈。在两极之间进行"合理性"维度辩护、"正确性"维度选择，成为课程改革的主旋律，致使课程改革一再地陷入没有出路的"死胡同"。课程改革如何进行，看似一个简单问题，却深深地困扰着我们。显然，对于课程发展而言，重要的不是改不改的问题，而是怎么改的路线问题，即课程改革应遵循什么样的逻辑、立场与方法。

　　本研究立足于为课程改革寻找出路的设想，展开对课程改革路线的检视与重建。本研究的基本结论是：在对立的两极之间，无论选择哪个维度，都难以赋予课程改革充分性依据与品质。课程改革只有突破简单化思维与二元论立场，超越左与右，立足于"既是……又是……"的结构化、兼容性原则与立场，走向第三条道路，才能改变分裂、肢解与对抗状态，摆脱由来已久、根深蒂固的"非左即右"困境。

　　本课题研究得到了全国教育科学规划办的资助，得到了周浩波、刘国瑞、周润智、张君、朱成科、刘万海等同行专家的指点与帮助，在此深表谢意！感谢教育科学出版社的大力支持，使这一研究成果得以出版。特别感谢本书的责任编辑孔军老师，本书的出版凝聚了他大量的心血与汗水，他字斟句酌、一丝不苟的敬业精神令人感动。

郝德永

2012 年 11 月 20 日

于沈阳师范大学

出 版 人　所广一
责任编辑　孔　军
版式设计　贾艳凤
责任校对　贾静芳
责任印制　曲凤玲

图书在版编目（CIP）数据

超越左与右：课程改革的第三条道路／郝德永著．—北京：教育科学出版社，2013.5（2014.8 重印）
　ISBN 978 - 7 - 5041 - 7398 - 0

Ⅰ．①超…　Ⅱ．①郝…　Ⅲ．①课程改革—研究—中小学　Ⅳ．①G632.3

中国版本图书馆 CIP 数据核字（2013）第 022110 号

超越左与右：课程改革的第三条道路
CHAOYUE ZUO YU YOU：KECHENG GAIGE DE DI SAN TIAO DAOLU

出版发行　**教育科学出版社**

社　　址　北京·朝阳区安慧北里安园甲 9 号　　**市场部电话**　010 - 64989009
邮　　编　100101　　　　　　　　　　　　　**编辑部电话**　010 - 64981167
传　　真　010 - 64891796　　　　　　　　　网　　址　http：//www. esph. com. cn

经　　销　各地新华书店
制　　作　北京大有图文信息有限公司
印　　刷　保定市中画美凯印刷有限公司
开　　本　169 毫米×239 毫米 16 开　　　　版　　次　2013 年 5 月第 1 版
印　　张　18　　　　　　　　　　　　　　　印　　次　2014 年 8 月第 2 次印刷
字　　数　317 千　　　　　　　　　　　　　定　　价　45.00 元

如有印装质量问题，请到所购图书销售部门联系调换。